Legitimation einer staatlichen Industriepolitik
und Analyse der europäischen Industriepolitik
in ausgewählten Teilbereichen

Europäische Hochschulschriften

Publications Universitaires Européennes
European University Studies

Reihe V
Volks- und Betriebswirtschaft

Série V Series V
Sciences économiques, gestion d'entreprise
Economics and Management

Bd./Vol. 2263

PETER LANG
Frankfurt am Main · Berlin · Bern · New York · Paris · Wien

Jürgen Reul

Legitimation einer staatlichen Industriepolitik und Analyse der europäischen Industriepolitik in ausgewählten Teilbereichen

PETER LANG
Europäischer Verlag der Wissenschaften

Die Deutsche Bibliothek - CIP-Einheitsaufnahme

Reul, Jürgen:

Legitimation einer staatlichen Industriepolitik und Analyse der europäischen Industriepolitik in ausgewählten Teilbereichen / Jürgen Reul. - Frankfurt am Main ; Berlin ; Bern ; New York ; Paris ; Wien : Lang, 1998
(Europäische Hochschulschriften : Reihe 5, Volks- und Betriebswirtschaft ; Bd. 2263)
Zugl.: Aachen, Techn. Hochsch., Diss., 1997
ISBN 3-631-32916-4

D 82
ISSN 0531-7339
ISBN 3-631-32916-4

Meiner Frau und meinen Eltern

carpe diem

INHALTSVERZEICHNIS

VERZEICHNIS DER TABELLEN UND ABBILDUNGEN

Tabellen

Abbildungen

ABKÜRZUNGSVERZEICHNIS

a.a.O.	am aufgeführten Ort
Abb.	Abbildung
Abs.	Absatz
AG	Aktiengesellschaft
AIST	Agency for Industrial Science and Technology
Art.	Artikel
ASIC	Anwendungsspezifische Integrierte Schaltkreise
Aufl.	Auflage
Bd.	Band
BDI	Bundesverband der Deutschen Industrie
BIP	Bruttoinlandsprodukt
BMFT	Bundesministerium für Forschung und Technologie
BSP	Bruttosozialprodukt
BStVG	Branchenstruktur-Verbesserungsgesetz
bzgl.	bezüglich
bzw.	beziehungsweise
ca.	circa
d.h.	das heißt
DIW	Deutsches Institut für Wirtschaftsforschung
ECU	Europäische Währungseinheit (veraltet)
Ed.	Editor
EEA	Einheitliche Europäische Akte
EG	Europäische Gemeinschaft
EGKS	Europäische Gemeinschaft für Kohle und Stahl
EIC	Electronics Industry Council
EPA	Economic Planning Agency
ESPRIT	European Strategic Programme for Research and Development in Information Technologies
EU	Europäische Union
EuGH	Europäischer Gerichtshof
EUV	Europäischer Unionsvertrag
evtl.	eventuell
EWG	Europäische Wirtschaftsgemeinschaft
EWS	Europäisches Wirtschafts- und Steuerrecht

F&T	Forschung & Technologie
f.	folgende
FAW	Flexible Automated Wafer
FAZ	Frankfurter Allgemeine Zeitung
ff.	fortfolgende
FN	Fußnote
FTC	Fair Trade Commission
FuE	Forschung und Entwicklung
GATT	General Agreement of Tariffs and Trade
gem.	gemäß
ggfs.	gegebenenfalls
GME	Gesellschaft für Mikroelektronik
GNP	Gross National Product
ha	Hektar
HdWW	Handwörterbuch der Wirtschaftswissenschaften
Hrsg.	Herausgeber
i.d.R.	in der Regel
i.S.	im Sinne
ICOT	Institute for New Generation Computer Technology
incl.	inclusive
IPTS	Institut für Technologische Zukunftsforschung in Sevilla
ISC	Industrial Structure Council
i. V. m.	in Verbindung mit
JECC	Japan Electronic Computer Company
JESSI	Joint European Submicron Silicon
JETRO	Japan External Trade Organization
Kap.	Kapitel
KBStG	Krisenbranchen-Stabilisierungsgesetz
KMU	Kleine und mittelgroße Unternehmen
KOM. EG	Kommission der Europäischen Gemeinschaften
MAC	Ministry of Agriculture and Commerce
MCI	Ministry of Commerce and Industry
Mio.	Million
MIT	Massachusetts Institute of Technology
MITI	Ministry of International Trade and Industry
MoF	Ministry of Finance

Mrd.	Milliarde
NASA	Nationale Aeronautics and Space Administration
Nr.	Nummer
NRW	Nordrhein-Westfalen
o.O.	ohne Ortsangabe
o.S.	ohne Seitenangabe
OECD	Organization of Economic Cooperation and Development
R&D	Research & Development
S.	Seite
SEMATECH	Semiconductor Manifacturing Technology
s.o.	siehe oben
s.u.	siehe unten
sog.	sogenannt
Sp.	Spalte
STA	Science and Technology Agency
SVR	Sachverständigenrat
t	Tonnen
Tab.	Tabelle
tot	terms of trade
u.a.	unter anderem
u.U.	unter Umständen
USA	United States of America
usw.	und so weiter
v.Chr.	vor Christi
VDE	Verein deutscher Elektrotechniker
VDI	Verein deutscher Ingenieure
VDMA	Verein deutscher Maschinen- und Anlagenbauer
Vgl.	Vergleiche
VLSI	Very Large Scale Integration
Vol.	Volume
vs.	versus
wd	Wirtschaftsdienst
WiSt	Wirtschafts-Studium
WISU	Wirtschaftswissenschaftliches Studium
wiwo	Wirtschaftswoche
wuw	Wirtschaft und Wettbewerb

z.B.	zum Beispiel
ZfB	Zeitschrift für Betriebswirtschaft
zfw	Zeitschrift für Wirtschaft
ZVEI	Zentralverband der Elektro- und Investitionsgüterindustrie

Kapitel 1: Einführung

1.1 Problemstellung

Im Rahmen der EU-Binnenmarktintegration ist in Europa die industriepolitische Diskussion entflammt, ob die europäische Integration primär durch eine aktive Wettbewerbspolitik oder eine gestaltende Industriepolitik bewirkt werden soll. Die Errichtung des Binnenmarktes eröffnet der europäischen Industrie große Chancen, ist aber auch mit einem härteren Wettbewerb verbunden. Speziell mit Blick auf die außereuropäische Konkurrenz auf den europäischen Märkten stellt sich die Frage nach der Erhaltung eines funktionsfähigen Wettbewerbs durch wettbewerbspolitische Rahmensetzungen oder der Verbesserung der internationalen Wettbewerbsfähigkeit der europäischen Industrieunternehmen durch aktive industriepolitische Unterstützung.

Die der Wettbewerbspolitik zugrundeliegende Wettbewerbstheorie impliziert eine staatliche Enthaltsamkeit, um den Marktkräften größtmögliche und effizienteste Entfaltungskraft zu gewähren. Der freie Wettbewerb soll als Entdeckungsverfahren[1] die Güterproduktion und -allokation leiten. Staatliche Markteingriffe sind nur in wenigen Ausnahmefällen ordnungspolitisch legitim.[2] Wettbewerbspolitik bedeutet vielmehr ordnungspolitische Rahmensetzung, um einen reibungslosen und chancengleichen Wettbewerb zu garantieren.

Dagegen sind Forderungen aus der wirtschaftlichen Praxis nach industriepolitischen Eingriffen des Staates zugunsten bedrohter Industriezweige bzw. zur Förderung von Schlüsselindustrien seit den 1980er Jahren häufiger zu hören. Die Argumentation der Bittsteller ist in beiden Fällen unterschiedlich, aber stets wird ein hoheitliches Eingreifen in den Wettbewerb zugunsten der heimischen Industrie gefordert.

---

[1]Vgl. ausführlich: H a y e k v o n , F . A . : Der Wettbewerb als Entdeckungsverfahren, Kieler Vorträge, N.F. 56, Tübingen 1968.

[2]Zur ordnungspolitischen Bewertung von Industriepolitik vgl. ausführlich: H o l z e m , R . : Industriepolitik und Wirtschaftsordnung - Ordnungstheoretische Bewertung von Schwerpunkten der Europäischen Industriepolitik und der Deutschen Forschungs- und Technologiepolitik, Aachen 1995.

Im Zuge dieser Argumentation zwischen Industriepolitikern einerseits und Wettbewerbspolitikern andererseits fällt das Ungleichgewicht zwischen den theoretisch begründeten Vorteilen staatlicher Zurückhaltung und den faktisch weltweit mehr oder weniger umfangreichen industriepolitischen Interventionen auf. Eine Untersuchung dieses Widerspruchs auf politischer Ebene kann deshalb weniger darin bestehen, die Praxis wegen ihrer theoretischen Unzulänglichkeiten zu kritisieren. Auf einer politisch pragmatischen Grundlage stellt sich vielmehr die Frage, ob nicht die Theorie praktische Mängel aufweist. In der Politik ist das Handeln das Maß der Dinge, und faktisch wird Industriepolitik betrieben.

Den Ursprung der Auseinandersetzung bildet das bestehende Spannungsverhältnis von Industriepolitik in marktwirtschaftlich organisierten Wirtschaftssystemen. Als Spielball unterschiedlicher ordnungspolitischer Grundauffassungen und politischer Interessenlagen wird Industriepolitik oftmals lediglich nach situationsbedingter Brauchbarkeit praktiziert. Die Folge ist, daß Industriepolitik weder wirtschaftstheoretisch noch politisch mit der Institutionalisierung der Wettbewerbspolitik vergleichbar ist.

Demzufolge definiert sich auch die Spannbreite industriepolitischer Maßnahmen in liberalen Wirtschaftssystemen durch die ordnungspolitische Aufnahmebereitschaft für industriepolitisches Gedankengut. Am weitesten geht die Integration von Industriepolitik in der marktwirtschaftlich ausgerichteten Volkswirtschaft Japans. Konsensbildung und Informationsaustausch zwischen allen am Wirtschaftsprozeß beteiligten Gruppen bilden eine Konstellation, die industriepolitische Unvoreingenommenheit begünstigt. Auch in Frankreich versucht man seit Jahrzehnten, mittels indikativer staatlicher Planung den Erfolg einheimischer Hersteller zu sichern, ohne marktwirtschaftliche Grundprinzipien in Frage zu stellen. Dagegen stehen die offiziellen deutschen und US-amerikanischen Standpunkte, die Industriepolitik wegen ihrer punktuellen und sektoriellen Eingriffe verwerfen und befürchten, daß der marktbestimmte Wirtschaftsablauf verfälscht wird.[3]

[3]Vgl. Caspari, M.: Zur Abgrenzung von Industriepolitik und Wettbewerbspoltik der EG, in: Gröner, H. (Hrsg.): Wettbewerbsfragen der Europäischen Gemeinschaft, Berlin 1989, S.9.

Dennoch wurde und wird auch in diesen Ländern gestaltend in den Wirtschaftsprozeß eingegriffen. Die Vereinigten Staaten traten nach dem Zweiten Weltkrieg als treibende Liberalisierungskraft und freihändlerische Hegemonialmacht auf, aber ihre herausragende Stellung nach dem Zweiten Weltkrieg verdankten sie weniger der Verfolgung dieses Leitbildes. Die amerikanische Binnenwirtschaft hat sich noch bis in die 1960er Jahre hinter hohen tarifären Schutzmauern entwickelt.[4] Die öffentlichen Investitionen in die Luft- und Raumfahrt haben zumindest indirekt auch der amerikanischen Industrie Wettbewerbsvorteile verschafft. In der Bundesrepublik lernt man gerade durch den wirtschaftlichen Anschluß Ostdeutschlands, was es heißt, industrielle Kerne aufrechtzuerhalten. Betrifft dies eine ganze regionale Industrielandschaft, so sind schon seit *Ludwig Erhards* Zeiten ehemalige Wachstumsbranchen und heute strukturschwache Zweige wie Kohle und Stahl tatkräftig subventioniert worden.

Industriepolitik hat also erhebliche praktische Relevanz. Waren es früher eher handelspolitische Schutzmaßnahmen und direkte Subventionierung, die unter der Rubrik "Protektionismus" bis in die 1970er Jahre vordrangen, so spricht man seit dieser Zeit von der sog. "Neuen Industriepolitik". Diese ist konstruktiver und gestaltender, da sie nicht nur versucht, ex post Symptome zu bekämpfen, sondern vorzubeugen. Ersteres hat der Industriepolitik nach dem Zweiten Weltkrieg einen - bis heute vorherrschenden - schlechten Ruf verliehen. Auf Mißerfolge durch - aus rein ökonomischer Sicht - sinnlose Subventionszahlungen an notleidende Industrien kann nahezu jede Nation verweisen.

Seit den 1980er Jahren werden jedoch verstärkt staatliche Gelder und Hilfestellungen auf junge Zukunfts- und Schlüsselindustrien ausgerichtet. Die Herausforderungen und Bewährungsproben auf den Weltmärkten für neue innovative Produkte werden immer komplexer und undurchsichtiger. Nicht entgegen dem wirtschaftlichen Trend, sondern entlang der ökonomischen Entwicklung sieht man hier staatlichen Handlungsbedarf, um Wachstumsmärkte zu erschließen und zukunftsweisende Entwicklungslinien zu ergreifen. Diese Zukunftsbezogenheit erfordert immer mehr Technologie, und diese Technologie verlangt in steigendem

---

[4]Vgl. dazu u.a.: Briggs, V.: Mass Immigration, Free Trade, and the Forgotten American Worker, in: Challenge, May-June 1995, S. 37-44.

Maße industrielle Forschung. Dieser Trend spiegelt sich in der Forschungs- und Technologiepolitik wider.

Die wettbewerbstheoretische Angreifbarkeit einerseits und die praktische Relevanz der Industriepolitik andererseits zwingen dazu, die Kritikpunkte der "Wettbewerbspolitiker" an der staatlichen und staatlich induzierten Industriepolitik auf ihre Haltbarkeit im umfassenden Sinn zu prüfen. Die wirtschaftspolitische Praxis der Industrieländer zeigt, daß industriepolitische Überlegungen nicht mit einem einfachen ordnungspolitischen Verweis beantwortet werden können.

Die Begründung der vorgebrachten Bedenken wirkt doch oft sehr pauschal und stereotyp. Industriepolitik und Interventionismus schlicht als Wettbewerbsverfälschungen und nationalen Egoismus abzukanzeln, erscheint nicht nur realitätsblind, sondern übergeht Probleme, die von der Wettbewerbstheorie per Annahmen als nichtexistent aus der Theorie eliminiert werden. Doch auch den Befürwortern einer aktiven staatlichen Industriepolitik fällt es oft schwer - trotz intuitiver Zuneigung - industriepolitische Forderungen zu legitimieren oder gar zu konzeptionieren. Beides ist jedoch unabdingbar für die politische Durchsetzbarkeit und rationale Durchführbarkeit von Industriepolitik.

Wissenschaftliche Aufklärungsarbeit tut hier not. Die gerade im Zuge des japanischen Aufholprozesses seit den 1980er Jahren erdrückende praktische Bedeutsamkeit einer staatlichen industriepolitischen Agitation erfordert die wissenschaftliche Darlegung der historischen, theoretischen und empirischen Legitimation von Industriepolitik.

Erfolgreiche Politik braucht darüberhinaus praktikable und zukunftssichere Konzepte. Die industriepolitische Legitimation muß also in brauchbare Konzeptionen münden. Die wissenschaftliche Legitimation soll helfen, Industrie- und Wettbewerbspolitiker auf eine gleichermaßen verständliche Kommunikationsebene zu stellen. Nur dann kann eine - für ausgewählte Branchen - konzeptionierte, praxisorientierte europäische Industriepolitik fruchten.

1.2 Zielsetzung und Untersuchungsverlauf

Mit Blickpunkt auf die dargelegte Problematik soll ausgehend von den wettbewerbspolitischen Gegenargumenten zur Industriepolitik erörtert werden, ob und wie auf europäischer Ebene eine industriepolitische Orientierung begründet werden kann. Die Überlegungen greifen auf ausgewählte Branchen zurück.

Die von den Protagonisten einer liberalen Grundeinstellung vorgetragenen Kritikpunkte lassen sich prinzipiell in zwei Gruppen einteilen: Zum einen handelt es sich um grundsätzliche Bedenken gegenüber staatlichen Regulierungen und Interventionen. Im **ersten Teil** der Untersuchung soll deshalb eine Legitimation industriepolitischer Motive auf der Grundlage dieser Grundsatzkritik erfolgen. Auf der anderen Seite werden europäische Rahmenbedingungen und wirtschaftspolitische Mißerfolge in die ablehnende Argumentation bezüglich einer europäischen Industriepolitik eingebaut. Im **zweiten Teil** werden dann die gewonnenen Erkenntnisse genutzt, um Teilbereiche der europäischen Industriepolitik zu analysieren.

Die erste Gruppe verneint grundsätzlich die Legitimation industriepolitischer bzw. interventionistischer Bestrebungen. In den folgenden drei Kapiteln soll darauf eingegangen werden. Das *zweite Kapitel* beschäftigt sich zunächst mit dem Vorwurf, daß in einer liberalen Weltwirtschaftsordnung kein Platz für Protektionismus bzw. für eine aktive Industriepolitik sei. Die US-amerikanische Außenhandelspolitik nach dem Zweiten Weltkrieg gilt als Paradebeispiel einer freihänderischen Interessensvertretung und einer erfolgreichen Marktliberalisierungsstrategie. Es wird aber zu zeigen sein, daß trotz liberaler Grundeinstellung erfolgreich staatlich interveniert und somit Industriepolitik praktiziert wurde. Es soll der Frage nachgegangen werden, ob staatliche Regulierungen bereits in der Vergangenheit tatsächlich die Ausnahme in dieser wettbewerbsorientierten Marktwirtschaft bildeten und welche Ergebnisse Regulierungs- und Deregulierungsphasen hervorbrachten.

In der neueren industriepolitischen Diskussion werden von liberalistischer Seite theoretische Grundlagen für ein Tätigwerden durch Industriepolitik bestritten. Das Nichtvorhandensein einer griffigen und in sich schlüssigen industriepolitischen Theorie (vergleichbar der Ordnungs- oder Wettbewerbstheorie) verleitet die Gegner dazu, einer staatlichen Industriepolitik die theoretische Fundierung *in summa* zu verwehren. Im *dritten Kapitel* sollen deshalb neuere theoretische Begründungen für Industriepolitik entgegengehalten werden. Gibt es theoretische Legitimationen für industriepolitisches Handeln? In der Theorie ist die wirtschaftliche Vorteilhaftigkeit staatlicher Eingriffe freilich von den zugrundegelegten Prämissen abhängig, doch dies gilt für die Wettbewerbstheorie analog. Es stellt sich in dem Zusammenhang vielmehr die Frage, inwiefern die zugrundegelegten Prämissen die wirtschaftliche Realität abbilden? Die zunehmende praktische Relevanz staatlicher Eingriffe erschüttert die Prämissen der traditionellen Theorie, insbesondere die Prämissen polypolistischen Wettbewerbs auf vollkommenen Märkten. Die neuen Theorieansätze implizieren sowohl unvollkommenen Wettbewerb als auch unvollkommene Märkte. Unter diesen Annahmen sind staatliche Interventionen völlig anders zu bewerten. Nach einer Analyse der empirischen Evidenz traditioneller Außenhandelstheorieprämissen (3.1) werden die theoretischen Ansätze der Strategischen Handels- und Industriepolitik (3.2) sowie der Neuen Wachstumstheorie (3.3) hinsichtlich ihrer industriepolitischen Rechtfertigungen analysiert und ergänzt.

Die Grundsatzkritik an einer staatlichen Industriepolitik gipfelt in der Aufzählung von Beispielen, die den Mißerfolg industriepolitischen Handelns dokumentieren sollen. Angeführt werden dann beispielsweise die massive finanzielle Unterstützung zugunsten der europäischen Stahlindustrie, die gesetzliche Verankerung von Subventionszahlungen an deutsche Kohleförderer, die regulierenden Eingiffe in die deutsche bzw. europäische Binnenschiffahrt sowie nicht zuletzt die erheblichen Regulierungen der europäischen Landwirtschaft. Letzteres ist zwar nicht dem industriellen Sektor zuzuordnen, wird aber dennoch in diesem Zusammenhang häufig erwähnt. Unabhängig davon weist jede Nation staatliche Interventionen auf, die nicht den gewünschten Erfolg brachten. Die rein ökonomischen Mißerfolge dieser industrie- und handelspolitischen Maßnahmen sind in den meisten Fällen evident und bedürfen nicht der weiteren Erläuterung. Doch es ist nicht gerechtfertigt, wegen dieser punktuellen Fehlschläge einer gestaltenden Industriepolitik die konzeptionelle Umsetzbarkeit zu versagen, zumal diesen Markteingriffen in aller Regel keine industriepolitischen Konzepte zugrunde liegen, also unsystematische und ad hoc-Politik betrieben wird.

In den meisten Fällen werden aus Gründen der Arbeitsplatzerhaltung Gelder zur Verfügung gestellt, die Industriestrukturen gegen den Trend der wirtschaftlichen Entwicklung aufrechterhalten sollen. Daß eine nach vorne gerichtete konzeptionelle Einbindung von Industriepolitik in einem wettbewerbsorientierten Umfeld anders zu beurteilen ist, soll die im *vierten Kapitel* dargestellte japanische industriepolitische Konzeption nach dem Zweiten Weltkrieg belegen. Es wird zu zeigen sein, daß das japanische Konzept als eine empirische Legitimation für gestaltende Industriepolitik gelten kann.

Auf europäischer Betrachtungsebene wird diese Grundsatzkritik noch durch europaspezifische Kritikpunkte erweitert. Mit Hilfe der im ersten Teil der Untersuchung abgeleiteten Ergebnisse erfolgt im zweiten Teil eine Analyse der europäischen Industriepolitik. Deshalb werden im *fünften Kapitel* die bisherigen Ergebnisse zusammengefasst und perspektivisch eingeordnet. Die Entgegnung auf diese Kritik umschließt die Darlegung der Rahmenbedingungen für eine europäische Industriepolitik ebenso wie die Ableitung einer branchenspezifischen konzeptionellen Umsetzbarkeit.

Die Verankerung der Industriepolitik nach Maastricht erteilt der EU-Kommission nach Auffassung der Industriepolitikgegner lediglich ein Mandat zu staatlichen Rahmensetzungen und steht insofern nicht im Widerspruch zum Wettbewerbsrecht. Der Interpretationsspielraum in jenem Spannungsverhältnis setzt die Rahmenbedingungen für eine europäische Industriepolitik. Diese Rahmenbedingungen sind einerseits durch die ökonomische Performance der europäischen Industrie gekennzeichnet und zum anderen durch die industriepolitischen Ansichten der Kommission. Aus diesem Grund werden im *sechsten Kapitel* nach der Darlegung von ökonomischen Basisdaten zur EU die wichtigsten Veröffentlichungen und Stellungnahmen der Kommission zur Industriepolitik seit den Maastrichter Verträgen (1991) hinsichtlich ihrer konzeptionellen Brauchbarkeit untersucht. Den Bewertungsmaßstab bilden die zuvor abgeleiteten Ergebnisse aus der Analyse der japanischen Industriepolitik.

Wie eingangs bereits erwähnt, wurde Industriepolitik lange Zeit nur als Unterstützung für notleidende Industrien betrieben. Seit den 1980er Jahren werden parallel dazu sogenannte Zukunfts- oder Schlüsselindustrien durch staatliche Maßnahmen gefördert. Sowohl die eine als auch die andere Art der Industrieförderung kennt in Europa Vorläufer, die immer wieder als Anlaß zur Kritik herangezogen werden. Im *siebten Kapitel* wird die europäische Stahlbranche als Beispiel für eine strukturschwache Industrie untersucht. Ausgehend von den Grundlagen des EGKS-Vertrages (7.1) werden die Maßnahmen und Ergebnisse der EU-Stahlpolitik seit den 1970er Jahren bis heute dargelegt (7.2). Im Anschluß daran wird die europäische Stahlpolitik vor dem Hintergrund der Ergebnise aus dem ersten Teil der Untersuchung analysiert (7.3).

Im Gegensatz dazu beschäftigt sich das *achte Kapitel* mit einer sogenannten Zunkunftsindustrie, nämlich der Mikroelektronik, die als Schlüsseltechnologie für das nächste Jahrtausend auf ein breites Feld verschiedenster Anwendungen ausstrahlt. Auch die europäische Forschungs- und Technologiepolitik (F&T-Politik) hat seit den 1980er Jahren massive Kritik einstecken müssen. Die umfangreichste Förderung ist mit sukzessive steigendem Anteil dem Bereich der Informationstechnologien zugeflossen. Innerhalb dieser Informationstechnologien nimmt wiederum die Mikroelektronik oder Halbleitertechnik den größten Raum ein. Dennoch ist der technologische Rückstand Europas evident (8.1). Nach Darstellung der europäischen Schwerpunkte im Bereich Forschungs- und Technologiepolitik (8.2) erfolgt sodann eine Analyse dieser Politik (8.3), die zu der rückständigen Wettbewerbsposition europäischer Anbieter beigetragen hat. Dabei werden analog die Ergebnisse aus der Analyse der japanischen F&T-Politik berücksichtigt.

Die Arbeit endet mit einer Zusammenfassung der wesentlichen Ergebnisse im *neunten Kapitel*.

1.3 Begriffsbildung

Die Problemstellung zu Beginn hat bereits angedeutet, daß Industriepolitik von einer eindeutigen und allgemeingültigen Definition weit entfernt ist. Gründe dafür sind sowohl die mangelnde wirtschaftswissenschaftliche Berücksichtigung interventionistischer Theorieansätze als auch die Scheu im überwiegenden Teil der westlichen Industrieländer vor einer politischen Institutionalisierung von Industriepolitik. Die bisherige Zurückhaltung von Wissenschaft und Politik hat allgemein zu einer spürbaren Verunsicherung hinsichtlich eines industriepolitischen Grundverständnisses geführt. Hinzu kommt, daß dieser Begriff in der Regel nicht unvoreingenommen kommentiert wird, und von daher - je nach Betrachtungsstandpunkt - nicht immer ein brauchbarer konstruktiver Definitionsansatz gewählt wird. Unter diesen Umständen ist es nur logisch, daß die Einigung auf eine gemeinsame Formel schwerfällt.

Dennoch soll an dieser Stelle ein industriepolitisches Verständnis aus der Literatur abgeleitet und in einer für die Untersuchung brauchbaren Weise definiert werden. Denn bei der - im folgenden dargebotenen - Ansichtenvielfalt muß ein industriepolitisches Grundverständnis beschrieben werden, um später das, was legitimiert werden soll, identifizieren zu können.

Die Tatsache, daß Uneinigkeit darüber vorherrscht, was Industriepolitik ist, schließt nicht aus, daß gewisse abstrakte Definitionen gemeinsam getragen werden. So könnte man beispielsweise Industriepolitik als aktives bzw. reaktives staatliches Handeln in Bezug auf den ökonomischen Bereich des Industrialisierungsprozesses bezeichnen.[5] Ebenso ist Industriepolitik im weitesten Sinne jede staatliche Politik, sofern und soweit sie sich auf die Unternehmen des industriellen Sektors auswirkt.[6] Abgesehen von diesen wenig konkret formulierten Ansätzen sind die meisten Definitionsbestrebungen an fünf Kriterien orientiert. Diese Kriterien sind Ursachen, Ziele, Träger, Adressaten und Mitteleinsatz. Die vorgenommenen Definitionen sind dabei selten an nur einem Merkmal angelehnt; meist werden zur Definition mindestens zwei dieser Kriterien herangezogen.

Ausgehend von den *Ursachen* industriepolitischen Handelns definiert *Ziegler* Industriepolitik als Notwendigkeit, den Wandel der industriellen Struktur über den direkten und indirekten Einsatz staatlicher Steuerungselemente sowohl kurzfristig als auch langfristig zu unterstützen.[7] In diesem Punkt herrscht Einigkeit darüber, daß der gesamtwirtschaftliche Strukturwandel in einer Volkswirtschaft

---

[5]Vgl. Voigt, F.; Melcher, J.: Industrialisierung und Industriepolitik, in: Glastetter, W. u.a. (Hrsg.), Handwörterbuch der Volkswirtschaft, Wiesbaden 1978, Sp. 518-530.

[6]Vgl. Bussmann, K. F.: Industrie- und Gewerbepolitik, in: Handwörterbuch der Betriebswirtschaft, Stuttgart 1975, Sp. 1859.

[7]Vgl. Ziegler, B.: Auf dem Weg zu einer neuen Industriepolitik, in: Jahrbuch für Sozialökonomie und Gesellschaftstheorie, 1986, S. 231.

oder gar der Weltwirtschaft Ausgangspunkt für industriepolitisches Handeln ist.[8] Nur durch einsetzenden Strukturwandel infolge neuer volkswirtschaftlicher Allokationspräferenzen werden ehemalige Wachstumsbranchen notleidend und neue Betätigungfelder lukrativ.

Signifikante Unterschiede ergeben sich dann, wenn Industriepolitik anhand der *Zielorientierung* definiert wird. Die definitorische Eingrenzung fokussiert dabei die prinzipiellen industriepolitischen Zielsetzungen und nicht die konkrete Quantifizierung branchenspezifischer Ziele. So bezeichnen *Leone/Bradley* als Industriepolitik all die Maßnahmen, die das wirtschaftliche Wachstum einer Volkswirtschaft fördern, die Produktivität steigern und die internationale Konkurrenzfähigkeit erhöhen.[9] Auf der anderen Seite sehen *Jürgens/Krumbein* auch in der Berücksichtigung gesellschaftlicher und sozialer Aspekte ein Ziel industriepolitischer Maßnahmen. Diese Polarisierung zwischen ökonomischen und außerökonomischen Zielen greift jedoch zu kurz, wenn man bedenkt, daß wirtschaftspolitisches Handeln immer auch gesellschaftlich relevant ist, da der Staat in seinen Bestrebungen die Gesellschaft vertritt, in jedem Fall aber gestaltet.

In einem weitergehenden Ansatz definiert *Geister* Industriepolitik deshalb als "... eine besondere Ausprägung bzw. Unterform sektoraler Wirtschafts- und Strukturpolitik, d.h. alle Maßnahmen staatlichen Handelns, die auf Erhaltung, Anpassung oder Gestaltung industrieller Strukturen gerichtet sind."[10] *Brösse* weist darauf hin, daß Ziele wie Erhaltung, Anpassung und Modernisierung nicht alles subsumieren, was Industriepolitik darstellt. Beispielsweise wird in Form restriktiver gentechnischer Vorschriften ebenfalls Industriepolitik betrieben, ohne den oben genannten Zielen zu folgen[11]. Vordergründig folgt Industriepolitik öko-

---

[8]Zwar gehen nicht alle Definitionsversuche auf diesen Kausalzusammenhang explizit ein, jedoch wird er implizit unterstellt.

[9]Vgl. Leone, R.B.; Bradley, S.P.: Toward an effective industrial Policy, in: Harvard Business Review, Vol. 59, No. 6 1981, Boston, S. 91 f..

[10]Vgl. Geister, H.-A.: Wettbewerbs- und Industriepolitik der Europäischen Gemeinschaft, Berlin 1981, S. 26; ähnliche Definitionen finden sich auch bei Conrad, M.: Industriepolitik als wirtschaftspolitische Option in der Sozialen Marktwirtschaft, Hamburg 1987, S. 19-26 und Franzmeyer, F.: Zum Begriff Industriepolitik im Verhältnis zu anderen Bereichen der Wirtschaftspolitik, in: Deutsches Institut für Wirtschaftsforschung (Hrsg.): Industriepolitik im westlichen Ausland - Rahmenbedingungen, Strategien, Außenhandelsaspekte, Band 1, Berlin 1987, S. 12-14.

[11]Vgl. Brösse, U.: Industriepolitik, München 1996, S. 12-15.

nomischen Zielsetzungen, jedoch eindeutig unter Berücksichtigung übergeordneter gesellschaftlicher Grundsätze. Industriepolitik in diesem Sinne ist ergebnis- und nicht wirtschaftsprozeßorientiert oder gar ideologisiert.[12]

Um jedoch den bestehenden Zielkonflikt zwischen ökonomischer Rationalität und gesellschaftlichem Postulat zu schmälern, muß ein Unterziel industriepolitischer Unterstützung darin liegen, sich an der zukünftigen Nachfrage in einer - notleidenden oder zukünftig florierenden - Branche zu orientieren. Strukturwandel (und somit die Ursache für Industriepolitik) verlangt neue unternehmerische Kombinationen für neue innovative Produkte und nicht die Orientierung am bestehenden Produktangebot.

Gerybadze unterscheidet hinsichtlich der Zielorientierung noch zwischen missions- und diffusionsorientierter Industriepolitik.[13] Unter ersterer versteht er große staatliche Förderprojekte, während ein diffusionsorientierter Ansatz die volkswirtschaftliche Verbreitung technologischer Fähigkeiten verfolgt. Vor dem Hintergrund einer grundsätzlichen Ergebnisorientierung industriepolitischen Handelns für die betreffende Branche darf eine entsprechende Begriffsbildung wohl keinen der beiden Ansätze außer acht lassen.

Nach der Eingrenzung von Ursachen und Zielen sind als nächstes die *Träger einer Industriepolitik* zu spezifizieren. Nach *Jürgens/Krumbein* rücken neben dem Staat auch halb-staatliche Organisationen in den Vordergrund, da Industriepolitik weniger auf der Makroebene als vielmehr in einer Dimension zwischen Markt und Staat stattfindet. Und betrachtet man in der Tat die industriepolitische Praxis von Bund, Ländern und Gemeinden, so entfallen auf die Unternehmensverbände, Handelskammern und gewerkschaftlichen Vereinigungen erhebliche Durchsetzungskompetenzen.[14] Die Unterscheidung zwischen Bund, Ländern und

---

[12]Vgl. den Diskussionbeitrag von G r ö n e r , H . (Hrsg.): Wettbewerbsfragen der Europäischen Gemeinschaft, Berlin 1989, S. 23 und E i n e m v o n , E . : Industriepolitik: Anmerkungen zu einem kontroversen Begriff, in: J ü r g e n s , U . ; K r u m b e i n , H . (Hrsg.): Industriepolitische Strategien: Bundesländer im Vergleich, Berlin 1991, S. 11-34.

[13]Vgl. G e r y b a d z e , A . : Raumfahrt und Verteidigung als Industriepolitik ?, Frankfurt/M., New York 1988, S. 12-13.

[14]Dies macht schon die Vielzahl von Symposien zur Industriepolitik auf Länder- oder Bundesebene deutlich, wo Politiker, Manager, Gewerkschaftsvertreter und Wissenschaftler über industriepolitische Konzepte diskutieren.

Gemeinden, zwischen Europäischer Kommission und Nationalstaat ist obsolet. Es ist weniger wichtig, welche Instanz die Initialzündung liefert, sondern daß die Beteiligten zielorientiert kooperieren. Da die Verantwortung für die Zielerreichnung von allen industriepolitisch Involvierten getragen wird, sind *alle* auch Träger der Industriepolitik, wenn auch nicht immer alle erwähnten Instanzen bei jeder industriepolitischen Einzelmaßnahme in jeder Branche involviert sind.

Unter Hervorhebung des Kooperations- und Integrationsgedankens sind somit nicht nur die Anbieter, sondern auch die Nachfrager nach Industriepolitik Funktionsträger. Denn die industriepolitische Konsensbildung geht ebenso von den betroffenen Unternehmen aus.

Die betroffenen Unternehmen sind gleichzeitig die *Adressaten der Industriepolitik.* Hier herrscht grundsätzlich Uneinigkeit darüber, ob Industriepolitik im deutschen Wortsinn nur den industriellen Sektor entsprechend seiner volkswirtschaftlichen Bedeutung umschließt[15], oder ob das gesamte ökonomische Branchenspektrum - entsprechend der angelsächsischen Bezeichnung von "industrial policy" - einbezogen werden muß. Letzteres ist beispielsweise nach *von Einem* der Fall, da *industry* zu deutsch "Wirtschaftssektor" bedeutet.[16] In diesem Sinne könnte man auch treffender von *Wirtschaftssektorpolitik* oder *sektoraler Wirtschaftspolitik* sprechen. Dies umsomehr, da die Selektivität (im Sinne von Sektorbezogenheit) industriepolitischen Handelns weitgehend unstrittig ist.[17] Hinsichtlich der Selektion bietet sich höchstens noch die Unterscheidung zwischen bestimmten Unternehmen oder zwischen bestimmten Branchen sowie zwischen

---

[15]Dieser Ansicht sind u. a. B r ö s s e , U.: a.a.O. (FN 11), S. 12-15; J o h n s o n , C . : MITI and the Japanese Miracle, Stanford, California 1982, S. 26-27; C o n r a d , M .: a.a.O. (FN 10), S. 19-26; B u s s m a n n , K . F . : a.a.O. (FN 6), Sp. 1859; V o i g t , F . ; M e l c h e r , J .: a.a.O. (FN 5), Sp. 518-530.

[16]Vgl. E i n e m v o n , E . : a.a.O. (FN 12), S. 11-34.

[17]Vgl. K o k a l j , L . ; A l b a c h , H .: Industriepolitik in der Marktwirtschaft - Ein internationaler Vergleich, Stuttgart 1987, S. 13; G e i s t e r , H . - A .: a.a.O. (FN 10), S. 21; A i s l a b i e , C . J .: Targets and Instruments in Industrial Policy, Bureau of Industrial Economics, Canberra 1978, S. 14; F r a n z m e y e r , F .: a.a.O. (FN 10), S. 12-14; J ü r g e n s , U . ; K r u m b e i n , H . (Hrsg.): a.a.O. (FN 12), S. 7-10 und C o n r a d , M .: a.a.O. (FN 10), S. 19-26.

einer betrieblichen Teilaktivität oder dem gesamten Betrieb.[18] Kurzum macht es wenig Sinn, Industriepolitik im Rahmen der Begriffsbildung auf den industriellen Sektor zu beschränken, wenn industriepolitische Ziele, Träger und Konzepte nicht an die Besonderheiten industrieller Strukturen anknüpfen. Insofern fällt es auch schwer, der Definition von *Aislabie* zu folgen, der industriepolitische Adressaten durch "strukturelle Besonderheiten" gekennzeichnet sehen will.[19] D.h. Industriepolitik wählt diejenigen Branchen aus, die volkswirtschaftlich strukturelle Besonderheiten aufweisen. Was darunter zu verstehen ist, lässt er allerdings offen.

Industriepolitik orientiert sich dennoch bei der Auswahl der zu fördernden Bereiche an volkswirtschaftlich gewichtigen Kriterien. Die Spezifizierung dieser volkswirtschaftlichen Kriterien ist das Produkt eines gesellschaftlichen Wertekanons mit all seinen ökonomischen und sozialen Ansprüchen, der in Form eines übergreifenden Konsensbildungsprozesses instrumentalisiert wird.

Damit ist schon die letzte, aber nicht weniger entscheidende Komponente einer industriepolitischen Begriffsbildung angesprochen: nämlich der *Mitteleinsatz.* Zunächst kann man grundsätzlich zwischen dem direkten und indirekten Einsatz staatlicher Instrumente unterscheiden.[20] Doch selbst wenn man sich darauf einigen könnte, was darunter jeweils zu verstehen ist, so impliziert die oben erwähnte strikte Ergebnisorientierung im Zweifelsfalle beides. D.h. die von allen Beteiligten getragene Zielsetzung in Verbindung mit den erwarteten branchenspezifischen Ergebnissen impliziert die Kooperation und Integration aller Instrumente aus allen Wirtschaftspolitikbereichen. *Jürgens/Krumbein* unterstellen eine Konzentration auf neue Politikinstrumente wie weiche Medien der Konsensherstellung, Überzeugung und Aushandlung.[21] Die integrative Zusammenarbeit mehrerer Trägerinstanzen zur Verfolgung eines ergebnisorientierten und volkswirtschaftlich bedeutsamen Ziels in einem hochkomplexen und von Außeneinflüssen

---

[18] Vgl. C o n r a d , M .: a.a.O. (FN 10), S. 19-26. Bei Selektion auf betriebliche Teilaktivitäten, bestimmte Branchen oder Unternehmen spricht *Brösse von* sektoraler Industriepolitik. Vgl. B r ö s s e , U.: a.a.O. (FN 11), S. 14.

[19] Vgl. A i s l a b i e , C . J .: a.a.O. (FN 17), S. 14.

[20] Vgl. Z i e g l e r , B . : a.a.O. (FN 7), S. 231.

[21] Vgl. J ü r g e n s , U . ; K r u m b e i n , H . (Hrsg.): a.a.O. (FN 12), S. 7-10.

nicht verschonten ökonomischen Umfeld erfordert argumentative Hinführung anstelle von gesetzlichen Kodifizierungen.

Die Zielerreichnung ist gefährdet, wenn Kommunikation durch Verordnung ersetzt wird. Dies erhöht auch die Gefahr eines industriepolitischen Fehlschlags, da engste Betroffene ungehört bleiben. Die als notwendig postulierte Nachfrageorientierung ist unsinnig, wenn nicht Hersteller wie Anwender, Politiker wie Wissenschaftler, Manager und Forscher gemeinsam über die Zukunft sprechen.

Auf der anderen Seite verlangt dieses Verständnis von Industriepolitik allerdings eine wohldurchdachte Konzeptionierung des industriepolitischen Vorhabens und schließt auf der anderen Seite unkoordinierte und *ad hoc* getroffene wirtschaftspolitische Maßnahmen aus. Da jedoch *ad hoc*-Maßnahmen ebenso wie - in einem größeren Zusammenhang stehende - Maßnahmenbündel Einfluß auf die industrielle Struktur einer Volkswirtschaft haben und selektiv wirken, stellen auch sie prinzipiell Industriepolitik dar[22]. Die industriepolitische Konzeptionierung impliziert allerdings einen vorausgegangenen Zielbildungsprozeß sowie die erwähnte integrative Zusammenarbeit mehrerer Trägerinstanzen und Instrumentegruppen. Eine Integration anderer Wirtschaftspolitikbereiche, wie z.B. die Struktur-, Regional- oder Wettbewerbspolitik wird dabei eindeutig impliziert.

Die Notwendigkeit einer industriepolitischen Konzeptionierung als Definitionskriterium von "Industriepolitik" würde an dieser Stelle dennoch ein zu enges Verständnis von Industriepolitik liefern. Denn auch bei *ad hoc*-Maßnahmen sind wirtschaftspolitische Debatten vorausgegangen und mit der letztlich getroffenen Entscheidung wird auch ein bestimmtes - sogar ergebnis- statt prozeßorientiertes - Ziel verfolgt. Kurzum: Eine integrative Zusammenarbeit mehrerer Trägerinstanzen und Wirtschaftspolitikbereiche auf der Grundlage eines industriepolitischen Konzepts soll im Rahmen der Begriffsbildung nicht ausgeschlossen werden, ist jedoch andererseits keine notwendige Bedingung, um wirtschaftspolitische Maßnahmen als industriepolitisch zu bezeichnen. Wie später noch zu zeigen sein wird, ist jener konzeptionelle Charakter jedoch für die erfolgreiche praktische Umsetzung von Industriepolitik unabdingbar.

---

[22]Vgl. Brösse, U.: a.a.O. (FN 11), S. 14.

In Tabelle 1.1 ist die vorgenommene industriepolitische Begriffsbildung durch Spezifizierung der erwähnten Definitionselemente dargestellt.

Ursache	Gesamtwirtschaftlicher Strukturwandel
Ziele	Ergebnis- und Nachfrageorientierung im Sinne von Förderung des wirtschaftlichen Wachstums, der Produktivität und der internationalen Wettbewerbsfähigkeit sowie der Berücksichtigung außerökonomischer Aspekte
Träger	Alle industriepolitisch involvierten Instanzen: Staat, halbstaatliche Organisationen, Verbände, Kammern etc. sowie die betroffenen Unternehmen
Adressaten	Selektivität, die im Einzelfall keine Branche und keine betriebliche Teilaktivität ausschließt
Mitteleinsatz	Direkt und indirekt wirkende Einzelmaßnahmen sowie konzeptionierte Maßnahmenbündel auf der Grundlage von übergreifender Konsensherstellung und Integration anderer Wirtschaftspolitikbereiche

Quelle: eigene Zusammenstellung

Tabelle 1.1: Begriffsbildung "Industriepolitik"

Erster Teil: Industriepolitische Legitimation

Kapitel 2: Historische Legitimation von Industriepolitik Die US-amerikanische Außenhandelspolitik nach dem 2. Weltkrieg

In einer puristisch liberalen Wirtschaftsordnung ist vom Grundsatz her kein Platz für staatliche Interventionen und Regulierungen. Prinzipiell obliegt es den Marktmechanismen, Mengen, Preise und Einkommensverteilung zu bestimmen. Demzufolge werden und wurden Interventionen und Regulierungen in der liberalen Weltwirtschaftsordnung der Nachkriegszeit offiziell abgelehnt. Speziell die liberale Vorreiterrolle der Amerikaner nach dem Zweiten Weltkrieg hat diese dazu veranlaßt, bei internationalen Verhandlungen stets Marktliberalisierungen voranzutreiben. Bis heute gilt die US-amerikanische Freihandelspolitik mit ihren initiierten Zollsenkungsrunden des GATT (General Agreement of Tariffs and Trade) als Fundament des gestiegenen Wohlstands der US-Bürger und der Menschen in den westlichen Partnerländern.

In diesem Kapitel soll anhand der US-amerikanischen Außenhandelspolitik nach dem Zweiten Weltkrieg untersucht werden, inwiefern die offiziell ablehnende Haltung hinsichtlich staatlicher Interventionen und Regulierungen praktisch beibehalten wurde und mit welchen Ergebnissen.

2.1 Die Entwicklung der US-amerikanischen Freihandelsinteressen

Vielfach wird heute von Ökonomen behauptet, daß Freihandel wichtig war für den Erfolg der US-Wirtschaft. Im Kontext internationaler Handelsthemen nach dem Zweiten Weltkrieg spricht man bezüglich der Vereinigten Staaten auch häufig von einer freihändlerischen Hegemonialmacht, die als Triebfeder einer liberalen Weltwirtschaftsordnung wirkte.[1]

Untersucht man jedoch die Außenhandelspolitik der Vereinigten Staaten in den letzten 200 Jahren, so stellt man fest, daß ein wirkliches branchenübergreifendes und politisch durchführbares Interesse an Freihandel frühestens 1932 spürbar

[1]Vgl. u.a. B h a g w a t i , J .: Geschützte Märkte, Frankfurt a. M., 1990, S. 6.

wurde. In den 140 Jahren zuvor lag das durchschnittliche Importzollniveau beinahe ständig über 40%, häufig sogar über 50% (vgl. Abb. 2.1).

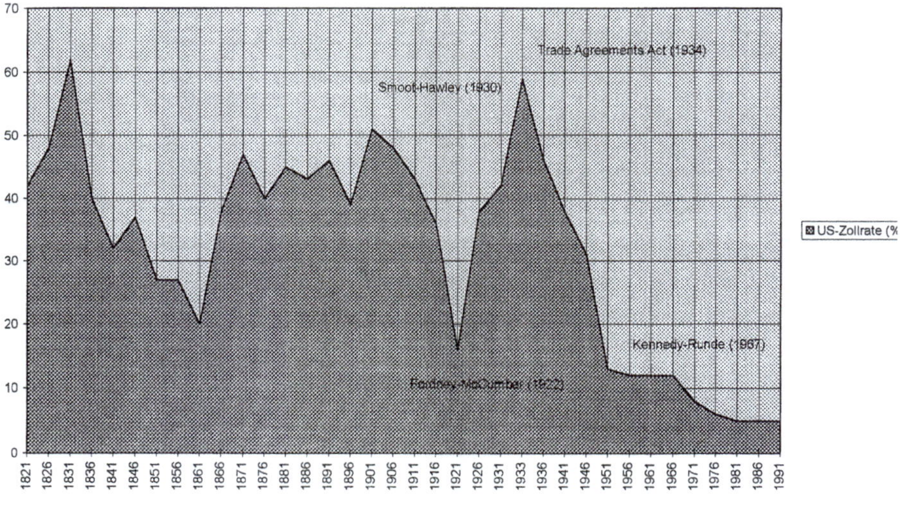

Quelle: Historical Statistics of the United States and Statistical Abstract of the United States, in: Batra, R.: The Myth of Free Trade, New York, Toronto, Oxford, 1993, S. 134.

Abbildung 2.1: Durchschnittliche US-Zollrate[2] in Prozent , 1821-1991

Nach Amerikas Unabhängigkeitserklärung wies die neue Republik Ende des 18. Jahrhunderts alle Merkmale eines Agrarstaates auf. Amerika belieferte Europa und besonders Großbritannien mit Rohmaterial für deren Industrie und diente gleichzeitig als Exportmarkt für die britische Industrie. Mehr als 90% der Beschäftigten waren in der Agrar- und Forstwirtschaft tätig.[3] Der notwendige Import von Industriegütern wurde über den Export von landwirtschaftlichen Gütern finanziert.

[2]Dabei handelt es sich um ungewichtete Zolltarife. Enthalten sind sowohl Rohmaterialien als auch Halb- und Fertigwaren, jedoch keine Dienstleistungen.

[3]Vgl. B a t r a , R . : The Myth of Free Trade - A Plan for America's Economic Revival, New York, Toronto, Oxford, 1993, S. 129.

Als 1793 England Frankreich den Krieg erklärte und ebenso die Kontinentalmächte Holland und Spanien in einen Konflikt verstrickt waren, ging der Güterhandel zwischen diesen Mächten entsprechend zurück. Amerika versuchte seinerseits, in das bestehende industrielle Handelsvakuum einzutreten und es zu seinen Gunsten zu nutzen. Doch weder England noch Frankreich waren einer zunehmend amerikanischen Hauptrolle im internationalen Handel freundlich gesonnen. Als schließlich von seiten der Europäer einige restriktive Handelsdekrete erlassen und US-Handelsschiffe beschlagnahmt wurden, erließ der amerikanische Kongreß 1807 seinerseits den *Embargo Act*, wodurch amerikanische Exporte praktisch verboten wurden und der internationale Handel zum Stillstand kam. Als es 1812 zum zweiten Unabhängigkeitskrieg mit England kommt ist Amerika praktisch ein isolierter, sich selbstversorgender Staat.[4]

Diese Isolationsphase hatte eine nachhaltige Auswirkung auf die Struktur der amerikanischen Wirtschaft. Die Konsumentennachfrage richtete sich nun - in Ermangelung europäischer Produkte - verstärkt auf inländische Industrieprodukte. Für inländische Unternehmer wurden industrielle Produkte durch zu erwartende attraktive Profitraten lukrativ. Auf diese Weise wurde zwischen 1809 und 1815 der Grundstein für eine atemberaubende Industrialisierung der US-Wirtschaft im 19. Jahrhundert gelegt. Weder Hilfe von außen noch internationaler Handel waren dafür verantwortlich; allein ein großer und von außen geschützter Binnenmarkt war dafür ausschlaggebend. 1828 erreichte das unter einer starken protektionistischen Lobby entstandene durchschnittliche Zollniveau den Höchststand von 62% (vgl. Abb. 2.1).

Der voranschreitende Industrialisierungsprozeß ging einher mit dem verstärkten Einfluß industrieller Interessensvertretungen. Diese standen den traditionellen Interessen des landwirtschaftlichen Sektors gegenüber. Die erstarkte nordamerikanische Industrie befürchtete, durch Freihandel Einbußen hinnehmen zu müssen. Die nach wie vor überwiegend Landwirtschaft betreibenden Südstaaten benötigten für ihre Produkte hingegen die Weltmärkte und favorisierten deshalb eine Liberalisierungspolitik.[5]

---

[4]Vgl. B a t r a , R . : a.a.O. (FN 2), S. 130 f..
[5]Vgl. ebenda, S. 131.

Zwischen diesen beiden Lagern entfachte ein bis zum Ende des Jahrhunderts fortwährender Streit mit dem Ergebnis, daß eine anfängliche "Liberalisierungspolitik" (1831-1861)[6] infolge ökonomischer Einbußen schließlich in eine Schutzzollpolitik umgewandelt wurde, an deren Ende die Vereinigten Staaten als dominierende industrielle Weltmacht dastehen sollten. Aus einem Agrarstaat war nach einer Protektion von 40 Jahren hinter hohen Tarifmauern eine weltwirtschaftliche Führungsnation geworden.[7]

Allerdings waren zu Beginn des 20. Jahrhunderts viele mächtige Kartelle und Monopolstellungen entstanden, die eine diesbezügliche Antistimmung (Anti-Trust-Gesetze) entstehen ließen, in deren Zuge auch die Tarifraten gesenkt wurden: von ehemals 50% (1900) auf ca. 20% (1918) (vgl. Abb 2.1). Durch den Krieg in Europa sah sich der Kongreß in die Lage versetzt, für die eigene Volkswirtschaft Importzollsenkungen vorzunehmen.[8] Dieser Prozeß und die teilweise drastischen Zollsenkungen während des Ersten Weltkrieges wurden jedoch durch den *Fordney-McCumber Tariff* 1922 ebenso drastisch korrigiert.[9] Denn der wiedergewonnene Frieden war mit einer tiefen Rezession verbunden, die die protektionistischen Kräfte umgehend aktivierte.

Die imposante - wenn auch kurze - Zollsenkungsphase während des Ersten Weltkriegs und unmittelbar danach wurde zwischen 1922 und 1932 mit einer einmaligen Zollerhöhungspolitik mehr als korrigiert (vgl. Abb. 2.1). Bis zur Weltwirtschaftskrise stiegen die durchschnittlichen Zölle von 20% auf annähernd 60% an. Der Kongreß reagierte auf die Erscheinungen der Weltwirtschaftskrise (1929) in gleicher Weise wie er die Nachkriegsrezession beantwortet hatte, nämlich mit massiven Zollerhöhungen. Der darauf abzielende *Smoot-Hawley-Act* von 1930 hob die durchschnittlichen Zölle knapp unter die Höchstmarke, die 100 Jahre zuvor bestanden hatte.

---

[6]Die Formulierung "Liberalisierungspolitik" ist vor dem Hintergrund einer durchschnittlich immer noch 30%igen Zollrate irreführend. Im Vergleich zu den hohen Tarifmauern von teilweise weit über 40% nach 1861 war der Zugang zum US-Markt für europäische Produkte in dieser Zeit allerdings relativ leichter. Vgl. auch Abb. 2.1.

[7]Vgl. B a t r a , R. : a.a.O. (FN 2), S. 137 und L a k e , D. A.: International Economic Structures and American Economic Policy, in: Frieden, J.A.; Lake, D.A.: International Political Economy, New York, 1991, S. 120-138.

[8]Vgl. S t e r n , R.: The U.S. Tariffs and the Efficiency of the U.S. Economy, in: American Economic Review, May 1964, S. 459-470.

[9]Vgl. B a t r a , R. : a.a.O. (FN 2), S. 138.

Die kurzperiodige Zollsenkungsphase von 1914 bis 1920 ist wegen ihrer mangelnden Nachhaltigkeit nicht repräsentativ für die traditionelle US-amerikanische Außenhandelspolitik. Denn das Zolltarifniveau der Vereinigten Staaten lag während des Zeitraums von 1790 bis 1930 bei durchschnittlich über 40% (vgl. Abb. 2.1).

Das *Smoot-Hawley*-Zolltarifgesetz mit seinen drastischen Zollerhöhungen als Antwort auf die Erscheinungen der Weltwirtschaftskrise sollte nachträglich allerdings einen -zumindest ideologischen - Wendepunkt in der US-amerikanischen Handelspolitik darstellen. Die Weltwirtschaftskrise trieb die Arbeitslosigkeit auf immer höhere Prozentzahlen, was nach Ansicht wirtschaftspolitischer Kreise die Unzulänglichkeit der Schutzzollpolitik bewies. Aus dem *Smoot-Hawley-Act* wurde im zukünftigen Sprachgebrauch das *Smoot-Hawley*-Desaster.[10] Im Wahlkampf von Präsident *Roosevelt* 1932 begann die USA, ihre Schutzzollhaltung zu ändern. Die neue Maxime lautete "Reciprocal Tariff Reductions" und meinte die gegenseitige Zollsenkung in bilateralen Verhandlungen.[11] Damit wurde eine 140jährige Schutzzolltradition erstmals offiziell aufgegeben.

Diese neugewonnene liberale Einstellung leitete die Wende in der amerikanischen Handelspolitik von 1934/35 mit dem *Reciprocal Trade Agreements Act* ein.[12] In der allgemeinen Ratlosigkeit der Weltwirtschaftskrise wurde Freihandel von vielen Ökonomen als Wundermittel empfunden, um die anstehenden Probleme zu lösen. Doch auch darüberhinaus haben die Erfahrungen mit dem *Smoot-Hawley-Act* die Freihandelsanhänger bis heute in ihrer Überzeugung gegen eine Schutzzollpolitik bestärkt.[13]

Hinzu kam, daß sich im Laufe der 1930er Jahre das politisch-gesellschaftliche Gefühl *für* Freihandel durch weltpolitisch friedensbedrohende Tendenzen verstärkte. Die Entwicklungen in Deutschland, Italien und Japan verlangten und

---

[10]Vgl. B h a g w a t i , J .: a.a.O. (FN 1), S. 34-35.
[11]Vgl. B r i g g s , V . M . (ed.):The Internationalization of the U.S. Economy: Its Labor Market Implications, New York, Oxford, 1986, S. 59-60.
[12]Vgl. K i n d l e b e r g e r , C . : Die Weltwirtschaftskrise 1929-1939, München 1973, S. 227 ff.
[13]Das zeigt z.B. der jährliche Wirtschaftsreport des Präsidenten von 1988, in dem die *Smoot-Hawley*-Periode als abschreckendes Beispiel für protektionistische Tendenzen aufgeführt wird. Siehe E c o n o m i c R e p o r t o f t h e P r e s i d e n t . Washington D.C.: U.S. Government Printing Office, 1988, S. 149.

erwarteten eine Weltführerschaft der Amerikaner[14]. Die weltpolitischen Strömungen und die den Amerikanern zugedachte Befreierrolle implizierten eine Theorie des freien Handels. In diesem Sinne verstärkten globale Herausforderungen die nationalen amerikanischen Interessen und Stimmungslagen.

Während des Zweiten Weltkriegs kam dieser freihändlerische Prozeß ins Stocken (vgl. Abb. 2.1), was jedoch an der offiziell verfolgten liberalen Grundeinstellung nichts änderte, wie sich nach dem Krieg herausstellte.

Nach dem Ende des Zweiten Weltkriegs waren die Rahmenbedingungen für eine Liberalisierungspolitik von amerikanischer Seite noch günstiger. Bereits auf der 1944 in *Bretton Woods* abgehaltenen Konferenz, an der insgesamt 44 Nationen teilnahmen, kam es zu einer umfassenden Neuordnung der Weltwirtschaft. Dort wurde für den Welthandel mit der Schaffung des Internationalen Währungsfonds und der Weltbank eine institutionelle Infrastruktur entworfen. Die Weltmachtstellung der Amerikaner hatte sich als Siegernation des Zweiten Weltkriegs weiter verfestigt. Die offiziellen innenpolitischen Statements zur Liberalisierung der Weltmärkte trafen nach dem Ende des Krieges auf fruchtbaren wirtschaftlichen und außenpolitischen Nährboden.

Die wirtschaftliche Ausgangssituation in Amerika war gänzlich anders als in Europa und Japan. Hochmoderne Industrieanlagen infolge der massiven Rüstungsinvestitionen der Bundesregierung hatten nach Kriegsende einen gesunden industriellen Kapitalstock geschaffen[15], während die Produktionsanlagen der westlichen Verbündeten entweder blockiert (Deutschland)[16], nicht in entsprechendem Maße vorhanden (Frankreich) bzw.

---

[14]Vgl. B h a g w a t i , J . ; I r w i n , D . : The Return of the Reciprocitarians: U.S. Trade Policy Today; in: World Economy, 1987, Nr. 10; S. 109-110.

[15]Als die Kriegsausgaben zurückgingen, konnte man den heimischen Markt mit kriegsbedingt vernachlässigten Konsumgütern versorgen.

[16]Die deutsche Industrie war keineswegs in dem Maße zerstört worden wie zunächst angenommen. Tatsächlich war das Bruttoanlagevermögen im Vergleich zu 1936 sogar noch um rund 20% gewachsen. Dies hatte im wesentlichen zwei Gründe. Erstens war in Deutschland nach der Weltwirtschaftskrise und vor der strategischen Luftkriegsoffensive der Alliierten beispiellos investiert worden, so daß die Bodenschäden erst 1944 den Wert der laufenden Investitionen übertraf. Zweitens wurde das Ausmaß der Bombenschäden überschätzt. Tatsächlich fielen auf die Zivilbevölkerung sowie auf Transport- und Verkehrseinrichtungen siebenmal mehr Bomben. Für den Rückgang der industriellen Erzeugung nach 1944 waren vielmehr die Uneinigkeit der Besatzungsmächte hinsichlich ihrer Zonenpolitik einerseits und ein gelähmtes Transport- und Verkehrssystem andererseits verantwortlich. Vgl.

kriegsbedingt veraltet waren.[17] Den weit ausgedehnten Heimatmarkt hatte man unter Abstinenz ausländischer Konkurrenz dazu genutzt, die eigenen Produkte international wettbewerbsfähig zu machen.[18] Man vertraute grundsätzlich auf die Wettbewerbsfähigkeit amerikanischer Produkte, zumal Europa und Japan diesen Produkten zunächst nichts Vergleichbares entgegensetzen konnten.[19] So entsprang die freihändlerische Gesinnung auch einer eher darwinistischen Neigung im Vertrauen auf die eigene Stärke. Unmittelbar nach dem Ende des Krieges waren ca. 52 % des Weltkapitals im Besitz der Vereinigten Staaten; 1950 produzierte die USA rund 50 % der Güter und Dienstleistungen.[20]

Darüberhinaus war die amerikanische Wirtschaft bestrebt, neue Absatzmärkte in Europa zu sichern. Die bewährten amerikanischen Produkte sollten nicht nur Aufbauhilfe in Europa leisten, sondern auch gleichzeitig Marktanteile sichern. Dieses Ansinnen wurde durch den Charakter der partnerschaftlichen Aufbauhilfe zum integrativen Bestandteil der US-amerikanischen Außenpolitik. Somit waren für die Forcierung von Marktöffnungen ebenso außenpolitische Macht- und Sicherheitsinteressen verantwortlich. Gegenüber der von *Stalin* betriebenen Politik der Machtausweitung des kommunistischen Ostblocks, bemühte sich die *Truman*-Administration um eine Eindämung (Containment) des Weltkommunismus. Mit Militär- und Wirtschaftshilfe suchte *Truman* die freie Welt zu stabilisieren. Die umfassenden europäischen Wiederaufbauprogramme und die großzügige Einbindung in den Handel mit den Vereinigten Staaten sollten die Chancen der örtlichen kommunistischen Parteien eindämmen.

Vorläufiger Höhepunkt dieser Entwicklung war die Annahme des GATT-Vertrages am 30. Oktober 1947 von 23 Unterzeichnerstaaten. Ziele waren eine allgemeine Wohlstandssteigerung und eine Förderung des wirtschaftlichen Wachstums in den Mitgliedstaaten durch Intensivierung des internationalen Handels.

Abelshauser, W.: Wirtschaftsgeschichte der Bundesrepublik Deutschland von 1945-1980, Frankfurt a.M. 1983, S. 13-31.

[17]Vgl. u.a. Kokalj, L.; Albach, H.: Industriepolitik in der Marktwirtschaft - Ein internationaler Vergleich, Stuttgart 1987, S. 140-142.

[18]Vgl. Bhagwati, J.: a.a.O. (FN 1), S. 6-7.

[19]Vgl. Bhagwati, J.; Irwin, D.: a.a.O. (FN 14), S. 111.

[20]Vgl. Briggs, V.: Mass Immigration, Free Trade, and the Forgotten American Worker, in: Challenge, May-June 1995, S. 40.

So war in den Vereinigten Staaten seit 1932 ein freihändlerisches Interesse und liberales Grundverständnis gereift, das einer vormals protektionistischen Tradition gegenüberstand. In der Nachkriegszeit galt es nun, die liberalen Ansichten in konkrete Handelspolitik umzusetzen.

2.2 Die US-amerikanische Außenhandelspolitik in der Nachkriegszeit

Insgesamt war das politische Interesse am Freihandel in den Vereinigten Staaten seit 1932 spürbar gestiegen, allerdings ohne die Außenhandelspolitik vorerst freihändlerisch zu gestalten. An der praktischen Handelspolitik hatte der *Reciprocal Trade Agreements Act* von 1934 wenig verändert. Die Handelspolitik wurde lediglich von der Legislative auf die Exekutive verlagert,[21] wodurch sie zwar dem offenen politischen Interessensstreit entzogen wurde, aber durch den Einfluß von mächtigen Interessensgruppen außerhalb der Kongreßmehrheit blieb sie ebenso protektionistisch. Das durchschnittliche Importzollniveau lag bis 1946 nur knapp unterhalb der 40 %-Grenze, wie die 150 Jahre zuvor ebenfalls (vgl. Abb. 2.1). Sicherlich sind nach 1932 Zollsenkungen durchgeführt worden, jedoch nur, um das bestehende Rekordniveau (von durchschnittlich fast 60 %) auf das - seit 140 Jahren bestehende - Durchschnittsmaß von ca. 40 % zurückzuschrauben. Allgemein schien nach der Weltwirtschaftskrise und dem heraufziehenden Weltkrieg die Zeit noch nicht reif für massive internationale Zollsenkungen.

Als 1947 das Vertragswerk des GATT von 23 Staaten, darunter alle wichtigen westlichen (nicht-kommunistischen) Industrienationen, angenommen wurde, schien dem internationalen Durchbruch des Freihandels nichts mehr im Wege zu stehen. Das GATT war von US-amerikanischer Seite als Basiseinrichtung für eine liberale Weltwirtschaftsordnung nach dem Zweiten Weltkrieg gedacht und sollte zukünftig die Grundlage der US-amerikanischen Außenhandelspolitik sein.

Untersucht man in diesem Lichte das GATT und die US-amerikanische Außenhandelspolitik seit 1947, so läßt sich aber folgendes feststellen:

Eine genauere Betrachtung des GATT zeigt, daß die Ausnahmeregelungen und die faktischen Wirkungen des GATT den Liberalisierungsprozeß einschränkten und daß spürbare Zollsenkungen und Liberalisierungstendenzen erst mit der

[21] Vgl. Kindleberger, C.: a.a.O. (FN 12), S. 227 ff..

Kennedy-Runde (1964-67) auftraten; speziell die US-amerikanische Wirtschaft hat sich bis zur Kennedy-Runde durch hohe Schutzmauern weitgehend unabhängig von den internationalen Märkten entwickelt.

Das Allgemeine Zoll- und Handelsabkommen (GATT) als äußeres Zeichen der Nachkriegsliberalisierung war einerseits durch die von vornherein bestehenden Ausnahmeregelungen und andererseits durch seine faktischen Wirkungen auf den internationalen Güteraustausch eingeschränkt. In gleichem Maße fußte die US-amerikanische Wirtschaft bis weit in die 1960er Jahre nicht auf dem Freihandelsprinzip.

2.2.1 Die Ausnahmeregelungen des GATT

Dem *Agrarsektor* kam im Rahmen der GATT-Verhandlungen von Anfang an eine Sonderstellung zu. Nahezu alle Industriestaaten (incl. der Staaten, die im Laufe der 1950er und 1960er Jahre hinzutraten) verfügten über eine starke protektionistische Interessensvertretung hinsichtlich der nationalen Agrar- und Forstwirtschaft. Und auch die Vereinigten Staaten wollten hier einer starken protektionistischen Lobby nicht entgegenwirken.[22] Die beteiligten Entwicklungsländer ihrerseits waren mehr auf den Schutz heimischer Fertigwaren bedacht, was ihnen durch eine *spezielle und differenzierte Behandlung* auch zugestanden wurde.[23] So regelte Artikel XI, 2a des GATT-Vertrages den Schutz der nationalen Agrarpolitik im Sinne einer nationalen Versorgungssicherheit hinsichtlich landwirtschaftlicher Produkte. Faktisch war die Landwirtschaft dadurch von allen Liberalisierungsregelungen befreit.

Ähnliches gilt prinzipiell für den Handel mit *Textilien.* Beim Versuch, den Textilmarkt zu organisieren, traten in den 1950er Jahren verstärkt nichttarifäre Handelsbeschränkungen auf[24], die ein Indiz für die Unausgewogenheit der diesbezüglichen GATT-Regelungen waren. Auf Druck der heimischen Textilindustrie wurde 1961 von den USA ein Abkommen über Baumwolltextilien ausgehandelt, das im folgenden Jahr in eine langfristige Regelung für den internationalen Textilhandel überging. Dabei handelte es sich um mehrere

---

[22]Erst im Rahmen der Uruguay-Runde in den 1980er Jahren äußerten die Amerikaner ihr Ansinnen, diesen Bereich zu liberalisieren.

[23]Vgl. u.a.: B h a g w a t i , J. : a.a.O. (FN 1), S. 17.

[24]Vgl. ebenda, S. 14.

bilaterale Vereinbarungen über Importquoten, die zwischen den Beteiligten festgelegt wurden und Exportselbstbeschränkungsabkommen gleichkamen. Über Artikel XXV (Befreiung von Verpflichtungen) bzw. Artikel XXVII (Neuverhandlung von Handelszugeständnissen) waren derartige bi- oder multilateral getragenen Regelungen GATT-konform.[25]

Desweiteren erfuhren die *Entwicklungsländer* eine *spezielle und differenzierte Behandlung*,[26] nach der die beteiligten Entwicklungsländer alle Vorteile des erhöhten Marktzugangs genossen, ihre eigenen Märkte aber nicht öffnen mußten. Dieses Entgegenkommen der Industrieländer hatte allerdings mehr mit deren geringen Bedeutung für den Welthandel zu tun als mit ihrer politischen Verhandlungsstärke.

Art der Schutzklausel	Artikel im GATT-Abkommen
Allgemeine Schutzklausel (Zahlungsbilanzschwierigkeiten)	XII
Nationale Sicherheit	XXI
Gesundheit, Sittlichkeit etc.	XX
Unfaire Handelspraktiken	VI
Schutz der nationalen Agrarpolitik	XI:2a
Neuverhandlung über Handelszugeständnisse	XXVII
Befreiung von Verpflichtungen	XXV
Unterstützung der eigenen wirtschaftlichen Entwicklung	XVIII
Spezifische Schutzklauseln (einzelne Industrien betreffend)	XIX

Quelle: Smeets , H.-D.: a.a.O. (FN 29), S. 7.

Tabelle 2.1: Schutzklauseln im GATT-Vertrag

Doch der Ausklammerung bestimmter Branchen und Mitgliedsländer stand mit einer Reihe weiterer Schutzklauseln ein weitaus protektionistischeres Instrumentennetz zur Seite (vgl. Tab. 2.1). Die Ausnahme- und Schutzklauseln,

---

[25]Vgl. z.B. D a m , K . : The GATT-Law and International Economic Organization, Chicago, London 1977, S. 83.

[26]Vgl. Art. XVIII des GATT-Vertrages von 1947.

die in ihrer gesetzlichen Kodifizierung branchenunabhängig waren, sind vor allem als nationalstaatliche Schlupflöcher in das GATT-Vertragswerk aufgenommen worden. Ein international getragener Konsens über einen Liberalisierungsrahmen hätte sich ansonsten nie finden lassen und viele Nationen wären dem GATT erst gar nicht beigetreten.

Von den in Tabelle 2.1 aufgelisteten Schutzklauseln sollen exemplarisch die beiden quantitativ bedeutendsten kurz erläutert werden:

In *Artikel XII (Allgemeine Schutzklausel)* ist geregelt, daß ein Mitgliedsland bei auftretenden Zahlungsbilanzschwierigkeiten als Ausgleichsmaßnahme das Instrumentarium quantitativer Importbeschränkungen branchenspezifisch einsetzen darf. Den ökonomischen Hintergrund bilden die durch die Intensivierung internationalen Handels (infolge der angestrebten Handelsliberalisierung) hervorgerufenen strukturellen Anpassungserscheinungen in einer Volkswirtschaft. Diese wirken sich gesamtwirtschaftlich in erster Linie auf die Zahlungsbilanz aus. Die Anpassungsnotwendigkeiten an geänderte Marktbedingungen stellen zwar gewöhnliche und kontinuierliche Prozesse in einer Marktwirtschaft dar, aber nicht allen Industrien gelingt die Bewältigung dieses Wandlungsprozesses. Dem zwangsläufigen Ruf nach staatlicher Hilfe versucht dieser Artikel Rechnung zu tragen. Vorgesehen sind dann regelmäßige Konsultationen der betroffenen Nationen zur Überprüfung und baldigen Aussetzung der ergriffenen Importrestriktionen.

Dieser Mechanismus erwies sich in den 1950er und 1960er als umständlich und langwierig, so daß nicht selten die mengenmäßigen Importbeschränkungen zur Dauereinrichtung wurden.[27] In noch viel stärkerem Maße wurden jedoch die GATT-Vorschriften und somit auch die Nachteile des Artikels XII durch sog. *import surcharges* (Importsteuern) umgangen. Damit konnte man sich auf nationaler Ebene der ausländischen Konkurrenz wirksam erwehren, ohne in regelmäßigen Abständen durch den Konsultationsmechanismus des Artikel XII überprüft zu werden.[28]

[27]Vgl. Minx, E.: Von der Liberalisierungs- zur Wettbewerbspolitik, Berlin, New York, 1980, S. 186-188.
[28]Vgl. ebenda.

Ein weiteres Instrument zum Schutz des Heimatmarktes war die spezifische Schutzklausel des Artikel XIX. Die durch den amerikanischen Kongreß (Reciprocal Trade Agreements Act) in das GATT-Vertragswerk eingebrachte *escape-clause* ermöglicht unter gewissen Umständen eine sektorale Entbindung von eingegangenen Verpflichtungen. Dazu mußte ein unverhältnismäßiges Ansteigen der Importe des betreffenden Produkts vorliegen; diese Entwicklung mußte die unvorhergesehene Folge einer früher eingegangenen GATT-Verpflichtung sein, und es bedurfte einer bereits eingetretenen oder zu erwartenden ernsthaften Schädigung der inländischen Hersteller.[29]

Der unbestimmte Ermessensspielraum bei der Bestimmung eines "ernsthaften Schadens" sowie die Möglichkeit der Proliferation und Prolongation einmal sanktionierter Schutzmaßnahmen hoben dieses Instrument in der Folgezeit an die Spitze der Argumentation für heimische Protektion.[30] Eine Auswertung der GATT-Dokumente von 1950 bis 1985 bei *Smeets* entlarvt die Vereinigten Staaten neben Australien als Hauptanwender dieser Vorschrift.[31] Desweitern geht aus dieser Auswertung hervor, daß ca. 70 % der Anwendungsfälle auf das verarbeitende Gewerbe entfielen. Der spärlichen Anwendung in den 1950er Jahren folgte zu Beginn der 1960er infolge des für die US-Industrie zunehmenden Importwettbewerbs ein wachsendes Interesse an diesbezüglichen Schutzmöglichkeiten.[32] Auf diese Weise war es prinzipiell möglich, den eigenen Markt geschlossen zu halten, wenn man in bilateralen Verhandlungen die Gegenseite von der entsprechenden Notwendigkeit überzeugen konnte.

Als zu Beginn der 1960er Jahre durch das Schließen der technologischen Lücken der europäischen und japanischen Industrie immer mehr US-amerikanische Branchen unter Importdruck gerieten, machte man regen Gebrauch von dieser Schutzklausel.[33] Allerdings ähnlich wie bei der Inanspruchnahme von Artikel XII war man auch hier verstärkt bemüht, den Rechtfertigungszwang des Artikel

---

[29]Vgl. auch S m e e t s , H . - D .: Importschutz und GATT - Eine handelspolitische Studie unter besonderer Berücksichtigung der spezifischen Schutzklausel (Artikel XIX) des GATT, Stuttgart 1987, S. 8-9.

[30]Vgl. S m e e t s , H . - D . : a.a.O. (FN 29), S. 8-9.

[31]Vgl. S m e e t s , H . - D . : a.a.O. (FN 29), Tabelle A5, S. 259.

[32]Vgl. M i n x , E .: a.a.O. (FN 27), S. 189 f..

[33]Vgl. K o k a l j , L .: A l b a c h , H .: a.a.O. (FN 17), S. 141 ff. und M a g a z i n e r , I . R . ; R e i c h , R . B . : Minding America's Business - The Decline and Rise of the American Economy, New York 1982, S. 203-208.

XIX durch "freiwillige" Selbstbeschränkungsabkommen und bilateral ausgehandelte Importquoten zu umgehen.[34]

2.2.2 Die Wirkungen des GATT

2.2.2.1 Einfluß der Zollsenkungen

Die USA haben versucht, die westlichen Partnerländer von der Vorteilhaftigkeit der Zollsenkungen zu überzeugen. Die Re-Integration der Weltwirtschaft sollte nach den Wirren des Krieges an oberster Stelle stehen. Generell waren die Verhandlungen auch erfolgreich, jedoch darf man den Erfolg nicht an der Quantität der Senkung der durchschnittlichen US-Zölle (gem. Abb. 2.1) messen.

In der Anfangsphase des GATT lag seine wichtigste Liberalisierungsmaßnahme in der Schaffung eines Rahmens für internationale Verhandlungen über Handelspolitik.[35] Dieser Verhandlungsrahmen ermöglichte einerseits multilaterale Verständigungen über Liberalisierungsbestrebungen, er eröffnete andererseits den Mitgliedsländern aber auch die *legale* Gelegenheit zu bilateralen Ausnahmeregelungen. In Abb. 2.1 ist die Entwicklung der durchschnittlichen US-Zölle dargestellt. Die erst seit Beginn des GATT ermöglichten bilateralen Selbstbeschränkungsabkommen finden darin keine Berücksichtigung. Die in der Abbildung ausgewiesenen drastischen Zollsenkungen unmittelbar nach dem Krieg verleiten somit zu falschen Rückschlüssen.

Darüberhinaus war der Wert des von den Zollsenkungen erfaßten Handels in den ersten fünf Verhandlungsrunden zusammen geringer als in einer einzigen Verhandlungsrunde Mitte der 1960er Jahre (Kennedy-Runde von 1964-67). Vgl. dazu Tab. 2.2. Auch die durchschnittliche Zollsenkung wird in dieser Aufstellung in Relation zu den davon betroffenen Handelsvolumen gesetzt. Daraus geht hervor, daß spürbare Liberalisierungserfolge erst mit dieser sechsten Verhandlungsrunde eintraten. Die Zollsenkungen bis zur Kennedy-Runde fanden in nationalwirtschaftlich und wettbewerblich ungefährlichen Dimensionen und

---

[34]Vgl. M a g a z i n e r , I. R.; R e i c h , R. B.: Minding America's Business - The Decline and Rise of the American Economy, New York 1982, S. 203-208.
[35]Vgl. auch B a t r a , R.: a.a.O. (FN 2), S. 140.

Bereichen statt.[36] Die Zollmauern blieben dort stehen, wo sie für die US-amerikanische Wirtschaft wichtig waren.

Zollrunde	Jahr	durchschnittliche Zollsenkung in v.H.	Wert des von Zollsenkungen erfaßten Handels in Mrd. US-Dollar	Welthandelsvolumen in Mrd. US-Dollar
Genf	1947/48	19	10,0	ca. 57,5
Annecy	1949/50	2	-	ca. 61,1
Torquay	1950/51	3	-	-
Genf	1955/56	2	2,5	-
Genf (Dillon-Runde)	1961	7	4,9	128,0
Genf (Kennedy-Runde)	1964-67	35	40,0	214,5 (1967)

Quelle: zusammengestellt aus Müller, U.: Wohlstandseffekte des internationalen Handels unter den Regeln des Allgemeinen Zoll- und Handelsabkommens, Köln 1983, S.57; Minx , E.: a.a.O. (FN 27), S. 290.

Tabelle 2.2: Zollsenkungen in den Verhandlungsrunden des GATT bis zur Kennedy-Runde

Die ersten Verhandlungsrunden des GATT kamen somit über die erfolgreiche Generierung eines internationalen Kommunikationsterrains nicht hinaus. Es hatte sich herausgestellt, daß sich Zollsenkungen auf multilateraler Ebene zwar politisch gut "verkaufen" lassen, aber praktisch - infolge der bilateralen Aussetzungsbestrebungen - weitaus weniger Wert waren. Erst mit Inkrafttreten des EWG-Vertrages (1958) wurde aus dem multilateralen Handelskonflikt eine bilaterale Verhandlungsachse (USA - EWG).[37]

Als schließlich der *Trade Expansion Act* (1962) Präsident Kennedy in die Lage versetzte, in Verhandlungen einzutreten, die eine bis zu 50%ige Zollsenkung für bestimmte Produkte vorsah, waren die grundlegenden Voraussetzungen für

[36]Vgl. M i n x , E .: a.a.O. (FN 27). S. 31-39 oder im allgemeinen S m e e t s , H . - D . : a.a.O. (FN 29).
[37]Vgl. M i n x , E . : a.a.O. (FN 27). S. 35.

spürbare Liberalisierungen im Rahmen der 1964 beginnenden nächsten Verhandlungsrunde[38] geschaffen.[39]

2.2.2.2 Importschutz

Neben dem geringen Handelsvolumen, welches von den anfänglichen Zollsenkungen erfaßt war, und im Zusammenhang mit den bilateralen Ausnahmebestimmungen des GATT, bewirkten bis Ende der 1960er Jahre weitere Schutzmaßnahmen, daß sich die US-Wirtschaft weitgehend unabhängig von den internationalen Märkten entwickeln konnte.

Die Ziele der GATT-Vereinbarung waren von vornherein nicht gradlinig auf die Öffnung nationaler Märkte gerichtet. Ein derart plumper Grundkonsens hätte die kriegsgeschädigten Länder sicherlich nicht zur Annahme des GATT-Vertrages animiert. Die Ziele richteten sich vielmehr -wie es in der Präambel heißt- "...auf die Erhöhung des Lebensstandards, auf die Verwirklichung der Vollbeschäftigung, auf ein hohes und ständig steigendes Niveau des Realeinkommens und der wirksamen Nachfrage, auf die volle Erschließung der Hilfsquellen der Welt, auf die Steigerung der Produktion und den Austausch von Waren."[40]

Bei den Gründungsverhandlungen des GATT stand zunächst gar nicht so sehr die Überwindung des Protektionismus im Vordergrund, sondern vielmehr die Vollbeschäftigung.[41] Vor diesem Hintergrund sind die GATT-konformen

---

[38]Aus einer Untersuchung von *Marvel/Ray* geht allerdings hervor, daß die im Rahmen der Kennedy-Runde erreichten massiven Zollsenkungen durch das verstärkte Auftreten von nichttarifären Handelshemmnissen unterminiert wurden. Die Analyseergebnisse widerlegen die Verbindung von Zollsenkungen und Importzunahme. Tatsächlich ist die Korrelation sehr gering, teilweise sogar negativ, was auf einen protektionistischen Effekt der Zollsenkungen verweist. Demnach bestand aus amerikanischer Sicht die Funktion der Kennedy-Runde darin, die Struktur der Handelsbeschränkungen angesichts der veränderten und ökonomischen Rahmenbedingungen neu zu definieren, ohne bisherige Protektionsbestrebungen aufzugeben. Eine Zolltarifstruktur wurde zerschlagen, ohne das politische Gleichgewicht auf dem "Markt für Protektion" zu verändern. Es wurde versucht, die politischen Kosten im Rahmen der Zerstörung importinduzierter Branchen durch nichttarifäre Handelshemmnisse zu minimieren. Vgl. Marvel, H.P.; Ray, E.J.: The Kennedy Round: Evidence on the Regulation of International Trade in the United States, in: American Economic Review, March 1983, S. 190-197.

[39]In Anerkennung für diesen Liberalisierungsvorstoß hat man die folgende Verhandlungsrunde nach Präsident Kennedy benannt.

[40]Vgl. u.a. bei Smeets, H.-D.: a.a.O. (FN 29), S. 2.

[41]Dies reflektiert die keynesianische Sichtweise, wonach Vollbeschäftigung den absoluten Vorrang vor einem ungehinderten Außenhandel hat.

bilateralen Selbstbeschränkungsabkommen als nationalwirtschaftliche Schlupflöcher zu verstehen. Denn es war offensichtlich, daß internationale Liberalisierungsbestrebungen dort an Grenzen stoßen würden, wo sie zu nationalen Beschäftigungsproblemen führen.

Jene nationalwirtschaftlichen Konzessionen existierten allerdings ohne einen bestehenden Konfliktlösungsmechanismus im Einzelfall. Dies führte auf US-amerikanischer Seite zu protektionistischen Ausweichmanövern durch Schutz der heimischen Industrie vor Importkonkurrenz. Aus einem Gefühl der Stärke heraus legte die US-Administration nach dem Krieg Freihandelsbekenntnisse ab. Sie stimmten in den ersten Verhandlungsrunden Zollsenkungen dort zu, wo sie die Handelsstruktur nicht veränderten und somit nicht zu einem Anstieg der Importkonkurrenz führten.

Eine Auswertung des US-amerikanischen Import- und Exportvolumens in Relation zum *Gross National Product* (GNP)[42] in ausgewählten Jahren seit 1890 verdeutlicht, daß man im Laufe der 1950er und 1960er Jahre eine ansteigende Importpenetration und somit den direkten Angriff auf die heimische Industrie zu verhindern wußte (vgl. Abb. 2.2).[43] Der relative Anteil der Importe am GNP war 1965 (4,7 %) fast genauso hoch wie bereits zu Beginn der Liberalisierungsphase 1950 (4,3 %).

[42]Vergleichbar dem Bruttosozialprodukt.

[43]Vgl. auch B a t r a , R .: a.a.O. (FN 2), S. 35-43.

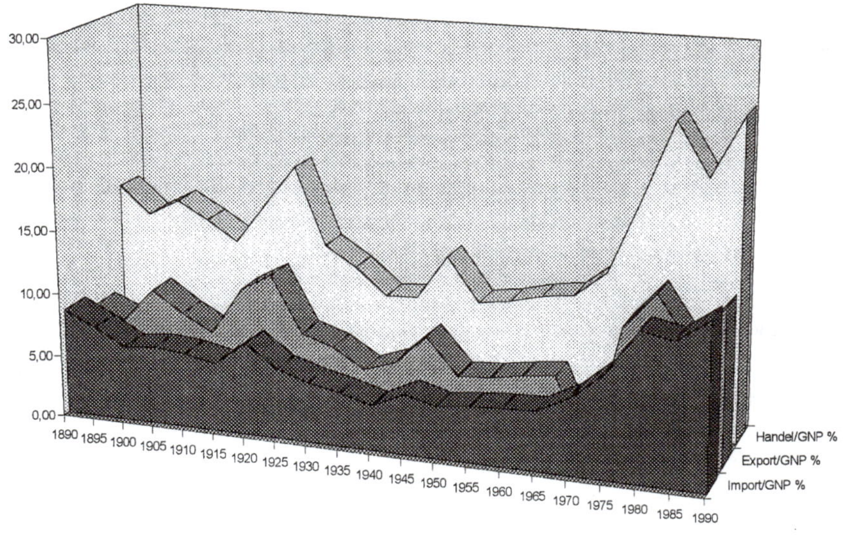

Quelle: Historical Statistics of the United States and Economic Report of the President, 1991, in: Batra, R.: a.a.O. (FN 2), S. 38-40; Wattenberg, B.J.: The Statistical History of the United States, From Colonial Times to the Present, New York 1981, Bd. 1, S. 215-224 sowie Bd. 3, S. 858-864.

Abbildung 2.2: Verhältnis von Import, Export und Handel zum GNP, 1890-1990

Auch der Anteil des Gesamthandels (Exporte und Importe) hat sich nur unmerklich erhöht. Betrachtet man Abb. 2.2 so läßt sich leicht ablesen, daß eine spürbare Handelsausdehnung erst gegen Ende der 1960er Jahre einsetzte. Mit Ausnahme des kriegsbedingten Sonderzeitraums von 1940 bis 1946 bewegt sich der US-amerikanische Handelsumfang seit der Weltwirtschaftskrise auf Jahrhunderttiefstständen. Trotz freihändlerischer Statements seit 1932 (s.o) wird Freihandelspolitik im Sinne hoher Importe und Exporte sowie niedriger Zölle erst seit dem Ende der 1960er / Anfang der 1970er Jahre betrieben.[44] Erst seit 1970 kann man von einer wirklichen Marktöffnung durch Handelsausweitung sprechen.

---

[44] Vgl. auch Briggs, V.M.: a.a.O.(FN 20)), S. 37-44 oder Magaziner, I.R.; Reich, R.B.: a.a.O. (FN 33), S. 203-235.

Mit 11 bzw. 16% ist die US-amerikanische Importquote zu beiden Erhebungszeitpunkten die niedrigste unter den aufgeführten Industrieländern[45] (vgl. Tab. 2.3). Kann man bei allen anderen Industrieländern - aufgrund der Liberalisierungstendenzen - teilweise gewaltige Zunahmen der Importquoten feststellen, so hat sich die US-amerikanische Importquote nur unmerklich verändert.

Land	Importquote 1960 in %	Durchschnittlich jährliche Importwachstumsrate 1960-73 in %	Importquote 1970 in %	Durchschnittlich jährliche Importwachstumsrate 1974-82 in %
Bundesrepublik Deutschland	26	10,5	39	4,0
Frankreich	17	11,2	26	4,4
Japan	14	14,8	23	0,0
USA	11	8,7	16	2,2

Quelle: Smeets, H.-D.: a.a.O., S. 272-274.

Tabelle 2.3: Importquoten und reale Importwachstumsraten wichtiger Industrieländer, 1960-182

Die Außenhandelsverflechtung eines Landes kann jedoch nicht unabhängig von seiner Binnenmarktgröße betrachtet werden. Je kleiner der Binnenmarkt, umso größer wird in der Regel das Außenhandelsvolumen sein. Die oben vorgenommene Aussage ist somit nur bei vergleichbarer Binnenmarktgröße zutreffend. Ein entsprechender Vergleich der realen Importwachstumsraten abstrahiert von der Binnenmarktgröße und bestätigt den geringen Offenheitsgrad der US-amerikanischen Wirtschaft, insbesondere für den Zeitraum von 1960 bis 1973 (vgl. Tab. 2.3).

Trotz der als Synonym für Liberalisierungstendenzen geltenden Zollsenkungen ist das relative US-amerikanische Handelsvolumen bis Ende der 1960er Jahre annähernd gleich geblieben. Bis zur Kennedy-Runde wurde das

[45] Vgl. auch S m e e t s , H . - D . : a.a.O. (FN 29), S. 274.

Freihandelsprinzip nie konsequent praktiziert. Man vermied vielmehr, sich der Abhängigkeit von Auslandsmärkten auszusetzen.[46] Erst mit Beginn der 1970er Jahre begann auch in den USA ein Marktöffnungsprozeß. Anhand der Abbildung 2.2 und der Tabelle 2.3 läßt sich die spürbare Wende in der US-amerikanischen Außenhandelspolitik auf das Jahr 1970 datieren. Zu diesem Zeitpunkt beträgt das Handelsvolumen 15,6 % vom GNP und liegt damit erstmals im Zeitraum von 1890 bis 1990 über dem Durchschnitt von 13,7 %. Die Zölle erreichten den Jahrhunderttiefststand nach Inkrafttreten der letzten Vereinbarungen aus der Kennedy-Runde.[47]

Die US-amerikanische Industrie machte regen Gebrauch von den Ausnahmeklauseln des GATT, insbesondere als zu Beginn der 1960er Jahre die europäischen und japanischen Industrien stabilisiert waren und eine massive Importpenetration drohte. Für die dadurch in Schwierigkeiten geratenen Industrien (Textilien, Unterhaltungselektronik, Stahl, Automobile, Chemie und Schiffbau) wurden Importschutzmaßnahmen eingeleitet. Dabei handelte es sich stets um Tarife, Quoten und bilaterale Selbstbeschränkungsabkommen,[48] die zeitlich befristet waren und der Reorganisation der betreffenden Industrie dienten. Doch infolge der Argumentation hoher sozialer Kosten und drohender Arbeitsplatzverluste wurden daraus in aller Regel Dauereinrichtungen.[49]

Diese Importschutzmaßnahmen waren allerdings nicht von einer ergänzenden Politik zur Verbesserung der Wettbewerbsfähigkeit begleitet.[50] Beispielsweise wurden in der US-Stahlindustrie besonders in den späten 1960er Jahren Importzölle als Handelshindernisse erhoben. Sie wurden unter Berücksichtigung des Rüstungsaspekts sowie der Bedeutung der Stahlindustrie als Rohstofflieferant für die Automobilindustrie mit dem Argument der nationalen Versorgungssicherheit begründet[51]. Eine Studie von 1968 kommt zu dem Ergebnis, daß die Importschranken für Stahlprodukte (insbesondere Zölle) in den USA bis zu diesem Zeitpunkt höher sind als die nicht-tarifären

46 Vgl. Briggs, V.M.: a.a.O. (FN 20), S. 39.

47 Erst Mitte 1972 waren alle Liberalisierungs-Regelungen der Kennedy-Runde in Kraft getreten.

48 Vgl. Kokalj, L.; Albach, H.: a.a.O. (FN 17), S. 141-157 und Magaziner, I.R.; Reich, R.B.: a.a.O. (FN 33), S. 203-222.

49 Vgl. ebenda.

50 Das blieb der Privatwirtschaft überlassen, die damit bereits zuvor überfordert war.

51 Vgl. Dertouzos, M.L.; Lester, R.K.; Solow, R.M.: Die Krise der USA, Frankfurt a.M. 1989, S. 28-30.

Handelsbeschränkungen in Kanada, Japan und Großbritannien[52]. Bereits 1966 befürwortete das *American Iron and Steel Institute* zeitlich befristete Zölle auf Stahlimporte. Ende 1967 sollten sogar die Stahlimporte auf 9,6% des US-Stahlmarktvolumens beschränkt werden. Unter dem Einfluß dieser Drohgebärden offerierten Japan und die Bundesrepublik im Sommer 1968 eine freiwillige Selbstbeschränkung der Stahlexporte. Schließlich wurden im Januar 1969 durch das *Voluntary Restraint Agreement* Quoten für bestimmte Stahlimporte aus Europa und Japan festgelegt[53]. Erst im Zuge der Kennedy-Runde sind die Zollschranken dann kontinuierlich gefallen.

Analog wurde in der Textilindustrie bereits 1957 mit dem *Voluntary Export Restraint Agreement* zwischen Japan und den USA der Zutritt für Textilien behindert[54]. Es folgten eine Vielzahl bilateraler Selbstbeschränkungsabkommen mit wichtigen Ausfuhrstaaten mit dem gleichen Ziel. Im Resultat waren die US-Textilprodukte in 75 Kategorien aufgeteilt, wodurch - je nach Einzelmarktlage - gezielt interveniert werden konnte[55]. Diese Abkommen wurden auch im Verlaufe der 1970er Jahre nur schrittweise aufgehoben.

Es besteht somit eine fundamentale wirtschaftliche Inkonsistenz in der US-amerikanischen Außenhandelspolitik zwischen der Unterstützung für niedrige Tarife im Rahmen der Liberalisierungsstrategie und dem Versuch, die importbedrohten Industrien zu protektionieren. Die starke Verhandlungsposition der Amerikaner auf der GATT-Ebene war in diesem Zusammenhang sicherlich hilfreich. Da unilaterale Zollerhöhungen gegen das GATT-Vertragswerk verstoßen, wurde ein breites Produktfeld durch bilaterale Verhandlungen geschützt. Diese freiwilligen Selbstbeschränkungsabkommen waren politisch bequem, da der Präsident es derart vermeiden konnte, den Kongreß in einem politisierten Entscheidungsverfahren um unilaterale Zollerhöhungen anzurufen und das GATT zu verletzten.

---

[52]Vgl. O E C D : Costs and Benefits of Protection, Paris 1985, S. 91 f.
[53]Vgl. ebenda sowie K e r z , S . : Bewältigung der Stahlkrisen in den USA, Japan und der Europäischen Gemeinschaft, insbesondere in der Bundesrepublik Deutschland, Institut für Europäische Wirtschaftspolitik und für Industrie- und Gewerbepolitik der Universität Hamburg, Göttingen 1991, S. 98-128.
[54]Vgl. K e r z , S . :a.a.O. (FN 53), S. 107-130
[55]Vgl. D e r t o u z o s , M . L . ; L e s t e r , R . K . ; S o l o w , R : M.: a.a.O. (FN 51), S. 300-315.

Es gab allerdings keine offizielle industriepolitische Zielsetzung oder Planung, sondern es handelte sich stets um *ad hoc*-Maßnahmen. Auch waren meist traditionelle Industriezweige betroffen.[56] Die Eingriffe waren eindeutig durch Strukturwandel bewirkt, ziel- und ergebnisorientiert, selektiv und produktspezifisch. Letzteres gilt besonders für die Außenhandelspolitik[57], so daß man im Sinne der vorangestellten Begriffsbildung (1.3) eindeutig von Industriepolitik für traditionelle Industriezweige sprechen kann.

2.2.3 Verteidigungspolitik

Was der Importschutz im klassischen Sinne (über Zölle, Quoten und Selbstbeschränkungsabkommen) für die traditionellen Industrien bewirkte, das schaffte die umfangreiche Verteidigungspolitik (incl. Luft- und Raumfahrt) für die Schlüsseltechnologiebranchen: Wettbewerbsvorsprünge durch zivile *spill-over*-Effekte.[58] Die enormen Rüstungsausgaben für Militärtechnologien im Zuge des Kalten Krieges, die Finanzierung von bis zu 50 % der Forschungs- und Entwicklungsaufwendungen, die an die Industrie vergebenen Forschungsaufträge sowie Staatskäufe waren nach den Untersuchungen von *Gerybadze* ausschlaggebend für die Führungsrolle der US-Wirtschaft Ende der 1960er Jahre in den Branchen Luft- und Raumfahrt, Computer, Halbleiter, Laser, Telekommunikation, Satelliten, Roboter und Optoelektronik.[59]

Während der 1950er und 1960er Jahre waren das Verteidigungsministerium und die NASA (National Aeronautics and Space Administration) Hauptabnehmer von *Halbleitern*. Die staatlichen Käufe sicherten dieser Branche während des gesamten Zeitraums eine äußerst stabile Nachfrage. Die staatliche Subventionierung von Forschung und Entwicklung reduzierte die Risiken der Privatindustrie hinsichtlich innovativer Vorhaben und schaffte für die privaten Investoren von neuen Technologien eine vertrauensvolle Basis. Als Resultat dieser staatlichen Unterstützung sanken die Herstellungskosten für Integrierte

---

[56]Vgl. Kokalj, L.; Albach, H.: a.a.O. (FN 17), S. 141-157 und Magaziner, I.R.; Reich, R.B.: a.a.O. (FN 33), S. 203-222.

[57]Vgl. Kokalj, L.; Albach, H.: a.a.O. (FN 17), S. 151.

[58]Vgl. ausführlich: Gerybadze, A.: Raumfahrt und Verteidigung als Industriepolitik ?, Frankfurt/M., New York 1988.

[59]Damit sind nur die wichtigsten High-Tech-Bereiche genannt. Vgl. auch: Kokalj, L.; Albach, H.: a.a.O. (FN 17), S. 141-157 und Magaziner, I.R.; Reich, R.B.: a.a.O. (FN 33), S. 223-234.

Schaltkreise (ICs) von $ 50 (1962) auf $ 2,33 (1968). Dies erhöhte die Attraktivität dieses Produkts für zivile Anwendungen. Als Folge stieg im gleichen Zeitraum das Halbleitermarktvolumen von $ 4 Millionen auf $ 31 Millionen.[60]

Doch auch im Bereich der Schlüsseltechnologien ist kein amerikanisches industriepolitisches Bekenntnis zu entdecken. Industriepolitik wird als nationale Verteidigungspolitik getarnt, da man sich vor konkreten Maßnahmen, die den Strategien der betroffenen Industrien explizit entgegenkamen, scheute, um die interventionistische Neutralität zu wahren. Die Steigerung der Wettbewerbsfähigkeit der nationalen Industrie wurde lediglich als Randeffekt gesehen. Von den Verteidigungs- und Raumfahrtausgaben profitierten nicht alle Industrien gleichermaßen. Nutznießer waren insbesondere die High-Tech-Branchen. Eine Verbesserung der Wettbewerbsfähigkeit ausgewählter High-Tech-Branchen[61] führte keineswegs zu einer Verbesserung der Konkurrenzfähigkeit wichtiger traditioneller Branchen und Low-Tech-Sektoren. Im Gegenteil: Der Export dieser Produkte, durch die Produktivitätseffekte in nachgelagerten Industrien ausgelöst werden, führte dazu, daß ausländische Hersteller (insbesondere aus Japan und Südostasien) auf Nicht-High-Tech-Märkten Fuß fassen konnten. Damit verfolgte man in den Vereinigten Staaten ein langfristig riskantes Spezialisierungsmuster[62].

Nicht nur die Scheu vor expliziten branchenspezifischen industriepolitischen Konzeptionen, sondern auch die relative Verringerung der Verteidigungs- und Raumfahrtausgaben seit 1970 sollte schließlich in den 1980er Jahren auch die Wettbewerbsposition der High-Tech-Branchen verschlechtern. Tabelle 2.4 verdeutlicht, wie der Anteil der Verteidigungs- und Raumfahrtausgaben im Verlaufe der 1970er Jahre immer geringer wurde und 1980 nur noch 5,0 % betrug.

---

[60] Vgl. Magaziner, I.R.; Reich, R.B.: a.a.O. (FN 33), S. 223-234.

[61] Die demzufolge auch noch bis 1980 Außenhandelserfolge verbuchen konnten, während sich in den traditionellen Industrien seit Beginn der 1970er Jahre Handelsbilanzdefizite einstellten. Vgl. Gerybadze, A.: a.a.O. (FN 58), S. 108 ff.

[62] Vgl. ebenda, S. 108-137.

Jahr	Ausgaben für Verteidigung und Raumfahrt in Mrd. $ (Index 1982)	Anteil am BSP in %
1960	199,5	9,5
1965	197,1	7,9
1970	230,6	8,4
1975	156,2	5,6
1980	163,6	5,0
1985	236,8	6,5

Quelle: Gerybadze, A.: a.a.O. (FN 58), S. 34.

Tabelle 2.4: US-Ausgaben für Raumfahrt und Verteidigung 1960-1985

Es läßt sich festhalten, daß der Aufstieg der US-amerikanischen Wirtschaft nach dem Zweiten Weltkrieg nicht auf Freihandel basiert. Bis Ende der 1960er Jahre wurde daran faktisch nie festgehalten. Der Aufstieg basiert auf der Tatsache, daß man sich nicht der Abhängigkeit durch die Kontrolle der Auslandsmärkte hingab, sondern den großen Heimatmarkt unter Beschränkung der Auslandskonkurrenz dazu nutzte, die heimischen Produkte wettbewerbsfähig zu machen. Nach dem Einsetzen des Liberalisierungsprozesses mit dem Abschluß der Kennedy-Runde betreibt die USA erst seit dem Anfang der 1970er Jahre eine freihändlerische Außenhandelspolitik im Sinne niedriger Zölle sowie hoher Importe und Exporte[63].

2.3 Ergebnisse der US-amerikanischen Außenhandelspolitik

Die US-Administration hat also bis Ende der 1960er Jahre - trotz anderslautender offizieller Statements - selektiv und produktspezifisch interveniert. Der seit der Kennedy-Runde des GATT tatsächlich einsetzende Liberalisierungsprozeß der US-Außenhandelspolitik hat jedoch keineswegs die seit 1932 hervorgehobenen theoretischen Vorteile des Freihandels bewirkt.

---

[63]Die Entwicklung muß jedoch einerseits unter dem Einfluß der Dollar-Abwertung zu Beginn der 1970er Jahre und andererseits in Abhängigkeit des durch den Vietnamkrieg hervorgerufenen Importsogs betrachtet werden. Bemerkenswert in diesem Zusammenhang ist - wie schon erwähnt - die Untersuchung von *Marvel* und *Ray*. Vgl. FN 38.

2.3.1 Theoretische Vorteile des Freihandels

Die Vorteilhaftigkeit des Freihandels wird mit Rückgriff auf die Theorie der *komparativen Kostenvorteile* begründet. Demnach ist Handel für jede Nation lohnend, in dem sich jedes Land auf die Produktion der Güter spezialisiert, bei denen es die größten komparativen Kostenvorteile besitzt. Die Güterpalette, bei der dies nicht der Fall ist, wird importiert. Auf diese Weise ergeben sich für eine handelstreibende Nation Wohlfahrtssteigerungen in zweifacher Hinsicht.

Einerseits bewirkt der internationale Güteraustausch einen Nutzenzuwachs, da die handelnde Volkswirtschaft Güter importiert, die sie selber nicht herstellen kann oder bei deren Produktion sie keine komparativen Kostenvorteile besitzt. Das Güterangebot für die inländischen Konsumenten steigt und der Grad der Bedürfnisbefriedigung wächst. *Andererseits* bewirkt die Produktionsspezialisierung Produktivitätsgewinne. Die volkswirtschaftlichen Ressourcen werden durch die Spezialisierung auf die Güterproduktionen, bei denen ein komparativer Kostenvorteil vorhanden ist, effizient eingesetzt. Die Produktion für einen größeren Markt ermöglicht die Realisierung von Größenvorteilen, und Produktivitätsgewinne führen zu Einkommenssteigerungen.

Ein *erhöhtes Güterangebot* kann jedoch nur dann wohlfahrtssteigernd wirken, wenn die Konsumenten diese Güter nachfragen und auch bezahlen können. Ebenso dürfen *Produktivitätsgewinne* kein Selbstzweck sein, sondern müssen in Form von Einkommenssteigerungen an die Konsumenten weitergeleitet werden. In der Präambel des GATT-Vertrages sind denn auch die positiven Effekte des Freihandels plastischer formuliert.[64] Von Freihandel erhofften sich die Mitgliedsländer 1947 die *Erhöhung des Lebensstandards*, die *Verwirklichung der Vollbeschäftigung* sowie *steigende Realeinkommen*.

Die Untersuchung des US-amerikanischen *Lebensstandards* bereitet allerdings einige Schwierigkeiten, da der Begriff vage, subjektiv und kaum quantifizierbar ist. Es herrscht jedoch Einigkeit darüber, daß *Lebensstandard* in einer Volkswirtschaft unweigerlich an die *Realeinkommen* sowie an eine relativ

---

[64] Vgl. S. 53.

gleichmäßige Verteilung der Einkommen gekoppelt ist.[65] Demnach hätten in der US-Wirtschaft seit Beginn der 1970er Jahre die Realeinkommen steigen und die Arbeitslosenquote sinken müssen. Die Realeinkommenssteigerungen hätten darüberhinaus innerhalb der Volkswirtschaft gleichmäßig verteilt werden müssen.

2.3.2 Tatsächliche Entwicklung seit Anfang der 1970er Jahre

Bis zum Jahr 1973 sind die *Realeinkommen* in den Vereinigten Staaten gestiegen, danach kontinuierlich gefallen.[66] Abbildung 2.3 zeigt den durchschnittlichen Wochenverdienst eines Arbeitnehmers in den USA für die Jahre 1950 bis 1991. In dieser Statistik sind Produktionslöhne sowie jegliche Löhne aus nichtselbständiger Arbeit enthalten. Damit sind ca. 80 % der US-amerikanischen Erwerbstätigen erfasst.

Die Realeinkommen stiegen von 1950 bis 1973 um 48 %. Mit dem Übergang zu einer liberalen Außenhandelspolitik im Jahre 1973 fielen die Realeinkommen der US-amerikanischen Arbeitnehmer. 1991 waren die Realeinkommen geringer als 1960.[67]

---

[65]Vgl. Magaziner, I.R.; Reich, R.B.: a.a.O. (FN 33), S. 11 oder Barlett, D.L.; Steele, J.B.: America: What went wrong ?, Kansas City 1992, S. 1-4 oder Batra, R.: a.a.O. (FN 2), S. 7-17.

[66]Vgl. Peterson, W.C.: The Silent Depression, in: Challenge, July-August 1991, S. 29-34; Batra, R.: a.a.O. (FN 2), S. 18-34; Barlett, D.L.; Steele, J.B.: a.a.O. (FN 65), S. 1-30, 88-95; Magaziner, I.R.; Reich, R.B.: a.a.O. (FN 33), S. 11-39; Briggs, V.M.: a.a.O.(FN 20), S. 41-42.; Harrison, B.; Bluestone B.: The Great U-Turn - Corporate Restructuring and the Polarizing of America, New York 1988, S. 109-138.

[67]Vgl. Economic Report of the President, Council of Economic Advisers, Washington D.C.: U.S. Government Printing Office 1992, S. 27.

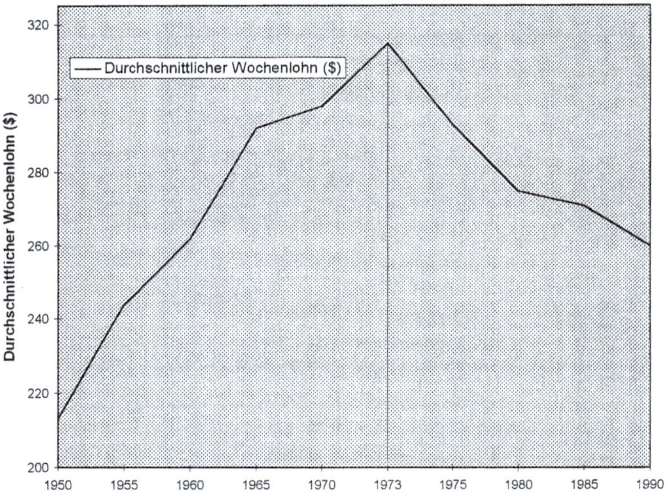

Quelle: Council of Economic Advisers, Economic Report of the President (Washington D.C.: U.S. Goverment Printing Office, 1991 and 1992), in: Batra, R.: a.a.O. (FN 2), S. 26.

Abbildung 2.3: Durchschnittlicher wöchentlicher Reallohn in Dollar (Index 1982), 1950-1991

Die Vorteilhaftigkeit des Freihandels impliziert - wie erwähnt - eine positive Korrelation zwischen der gesamtwirtschaftlichen Produktivität und den Realeinkommen. Bis 1973 stimmte dieser theoretische Zusammenhang mit der Realität überein. Abbildung 2.4 verdeutlicht den entgegengesetzten Verlauf von Realeinkommen und Produktivität im produzierenden Gewerbe seitdem.[68]

[68]Vgl. B a t r a , R .: a.a.O. (FN 2), S. 48-53; P e t e r s o n , W . C .: a.a.O. (FN 66), S. 30-31.

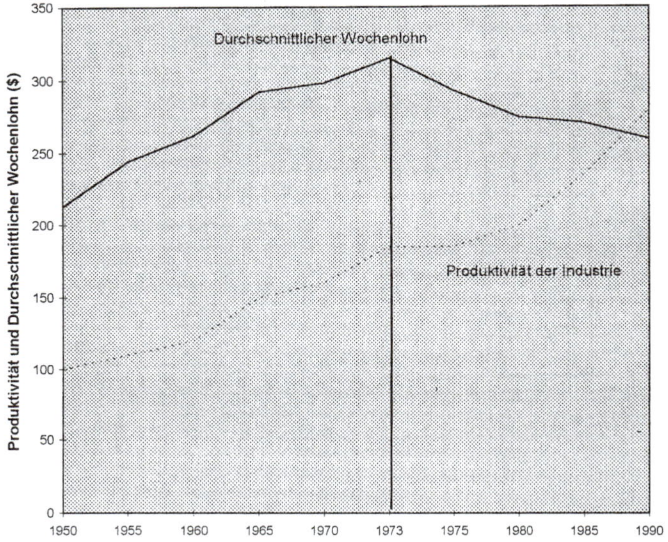

Quelle: Bureau of Labor Statistics, Employment and Earnings, in: Batra, R.: a.a.O. (FN 2), S. 52.

Abbildung 2.4: Realeinkommen und industrielle Produktivität in Dollar (Index 1982), 1950-1991

Vor 1973 sind in der amerikanischen Wirtschaftsgeschichte die Löhne nie gefallen, wenn die Produktivität stieg. Unabhängig davon welche Kennzahlen man für Realeinkommen oder Produktivität verwendet, stets galt diese Korrelation bis 1973.[69] Seit 1973 haben aber 75 % der Amerikaner Realeinkommenseinbußen hinnehmen müssen, obwohl die Produktivität nach der Stagnation[70] in den 1970er Jahren wieder gestiegen ist. Der Automobilkonzern *Ford* produzierte 1993 annähernd genauso viele Autos wie 1975 mit der halben Belegschaft. Die Arbeitsproduktivität hat sich also verdoppelt. Trotzdem verdient ein Ford-Mitarbeiter heute (inflationsbereinigt) weniger als damals.[71]

---

[69]Vgl. Batra, R.: a.a.O. (FN 2), S. 48-53; Peterson, W. C.: a.a.O. (FN 66), S. 30-31. Batra weist sogar darauf hin, daß selbst während der Weltwirtschaftskrise 1929 diese positive Korrelation beibehalten wurde, da hohe Zollmauern eine Unterberechnung verhindert haben. Erst der Übergang zum "tatsächlichen" Freihandel 1973 hat diese Korrelation umgekehrt.

[70]Zum Produktivitätsproblem der USA vgl. ausführlich: Zinn, K. G.: Das amerikanische Produktivitätsproblem, Krisensymptom oder Normalität einer reifen Volkswirtschaft?, in: Wirtschaft und Gesellschaft, 1/1991, 17. Jahrgang, Heft 1, S. 37-54.

[71]Vgl. Zinn, K. G.: a.a.O. (FN 70), S. 37-54. Das Pro-Kopf-Einkommen ist in den USA allerdings seit 1950 permanent gestiegen obwohl die Realeinkommen von 3/4 der amerikanischen

Die Realeinkommen sind neben der Produktivität auch vom Marktpreis des Produkts abhängig. Der zunehmende Wettbewerbsdruck infolge der Liberalisierungspolitik hat die Industriepreise so stark und so schnell fallen lassen, daß trotz weiterhin steigender Produktivität die Realeinkommen gesunken sind. Ein im Ausland niedrigeres Industrielohnniveau[72] kann von heimischen Anbietern nicht einfach "wegkonkurriert" werden, sondern führt über den immensen Preisverfall zu Verdrängungswettbewerb und Marktanteilsverlusten.

Auf diese Weise werden nicht nur Realeinkommensverluste für einen Großteil der Arbeitnehmerschaft spürbar, sondern langfristig werden Arbeitsplätze exportiert. Bereits seit Ende der 1960er Jahre war ein aufsteigender Trend bei der *Arbeitslosenquote* feststellbar. Zuvor lag die Arbeitslosenquote bei ca. 3 %. Die jährliche Arbeitslosenquote hat seit 1970 hingegen nicht mehr unter 5 % gelegen.[73]

Parallel dazu werden anfallende Gewinne vollständig von Arbeitgebern und Selbständigen absorbiert; das Arbeitnehmerlohnniveau wird geprägt von den Marktöffnungskosten. Die gesamtwirtschaftliche Einkommensverteilung verschiebt sich zugunsten der Großverdiener. Seit dem Übergang zu einer liberalen Außenhandelspolitik in den Vereinigten Staaten Anfang der 1970er Jahre sind die Erwerbstätigen mit niedrigerem Einkommen immer ärmer und die Besserverdienenden immer reicher geworden.[74] Tabelle 2.5 verdeutlicht, daß sich die *Verteilung der Familieneinkommen* seit 1970 zu Lasten der Geringverdiener und zu Gunsten der Besserverdienenden verändert hat.

Erwerbstätigen seit 1973 gesunken sind. Mögliche Erklärungen dafür liegen einerseits im Anteilsgewinn wenig produktiver Dienstleistungen und andererseits in einer zunehmend ungleichen Verteilung der Familieneinkommen (vgl. Tab. 2.5).

[72]Infolge der ökonomischen Vormachtstellung und durch hohe Schutzmauern war das US-amerikanische Lohnniveau zu Beginn der 1970er Jahre im Vergleich zu den Importkonkurrenten sehr hoch.

[73]Vgl. Briggs, V.M.: a.a.O.(FN 20), S. 42; Magaziner, I.R.: Reich, R.B.: a.a.O. (FN 33), S. 14-15.

[74]Vgl. Peterson, W.C.: a.a.O. (FN 66), S. 31-33.

Jahr	Niedrigstes Fünftel	Zweites Fünftel	Drittes Fünftel	Viertes Fünftel	Höchstes Fünftel	Top 5 Prozent
1950	4,5	12,0	17,4	23,4	42,7	17,3
1955	4,8	12,3	17,8	23,7	41,3	16,4
1960	4,8	12,2	17,8	24,0	41,3	15,9
1965	5,2	12,2	17,8	23,9	40,9	15,5
1970	5,4	12,2	17,6	23,8	40,9	15,6
1975	5,4	11,8	17,6	24,1	41,1	15,5
1980	5,1	11,6	17,5	24,3	41,6	15,3
1985	4,6	10,9	16,9	24,2	43,5	16,7
1988	4,6	10,7	16,7	24,0	44,0	17,2

Quelle: Bureau of the Census, Current Population Report P-60, No. 167, Trends in Income by Selected Characteristics: 1947-1988, S. 16, in: Peterson, W.C.: a.a.O. (FN 66), S. 33.

Tabelle 2.5: Verteilung der Familieneinkommen in den USA: 1950-1988

Von 1950 bis 1970 hat sich die Verteilung der Familieneinkommen zunehmend ausgeglichener gestaltet. Der Anteil der Familien mit dem geringsten Einkommen stieg im Verhältnis zum volkswirtschaftlichen Gesamteinkommen während der diesbezügliche Anteil der Besserverdienenden sank. Ab 1970 kehrte sich dieser Trend um.

Analog sank von 1960 bis 1973 der Anteil der Familien, die unterhalb der Armutsgrenze lebten, um ein Drittel. Von 1973 bis 1985 stieg die Armutsrate[75] wieder von 8,8 % auf 11,4 % an.[76] Eine Wohlfahrtssteigerung im Zuge der Liberalisierung kann auch hier nicht konstatiert werden.

Zum Abschluß der Untersuchung der US-amerikanischen Außenhandelspolitik läßt sich somit folgendes feststellen: Entgegen der allgemeinen Ansicht entwickelte sich erst im Jahre 1932 im politisch-administrativen Bereich ein freihändlerisches Interesse. Allerdings wäre eine Liberalisierungspolitik erst nach dem Zweiten Weltkrieg - infolge der uneingeschränkten Vormachtstellung der amerikanischen Wirtschaft - ökonomisch und politisch operabel gewesen. Jedoch erst nach Abschluß der Kennedy-Runde des GATT sind spürbare

[75]Anteil der unterhalb der statistisch festgelegten Armutsgrenze lebenden Familien im Verhältnis zur Gesamtzahl der US-amerikanischen Familien.

[76]Vgl. Batra, R.: a.a.O. (FN 2), S. 31-34; Peterson, W.C.: a.a.O. (FN 66), S. 33.

Liberalisierungstendenzen feststellbar. Die US-amerikanische Wirtschaft hat sich somit bis zum Ende der 1960er Jahre hinter hohen Protektionsmauern entwickelt. Der seit dieser Zeit einsetzende Liberalisierungsprozeß hatte 1973 seinen ersten Höhepunkt erreicht. Die durch Freihandel erhofften (theoretischen) Vorteile für die US-Ökonomie haben sich in den Folgejahren nicht bestätigt. Die Erwartung steigender Realeinkommen, höherer Beschäftigungsquoten sowie gleichmäßigerer Verteilung der Einkommen wurde nicht erfüllt. Im Gegenteil: Bis 1973 haben sich die Realeinkommen, die Arbeitslosenquote und die gleichmäßige Einkommensverteilung positiv entwickelt.

Der vorstehende Überblick zu den enttäuschenden Effekten der US-amerikanischen Außenhandelsliberalisierung und zu der relativ positiven Entwicklung der US-Wirtschaft während der Protektionsphase soll den Betrachter auf zwei Aspekte aufmerksam machen: *Erstens* widersprechen die tatsächlichen Entwicklungen im Zusammenhang mit Wachstum und Außenhandelsliberalisierung dem in der Öffentlichkeit verbreiteten Deutungsmuster. *Zweitens* lässt sich daraus folgern, daß die positiven Seiten von Industriepolitik einschließlich Außenhandelsprotektionismus doch wohl überwiegen bzw. überwiegen können. Dies wiederum steht im Widerspruch zur gegenwärtig vorherrschenden Liberalisierungsphilosophie. Hierauf soll im folgenden detaillierter eingegangen werden.

Kapitel 3: Theoretische Legitimation von Industriepolitik Die Strategische Handels- und Industriepolitik und die Neue Wachstumstheorie

In diesem Kapitel werden neuere theoretische Ansätze der Außenhandels- und Wachstumstheorie hinsichtlich ihrer Argumente für interventionistisches Vorgehen des Staates untersucht. Denn in der industriepolitischen Diskussion werden - entsprechend der vorherrschenden Liberalisierungsphilosophie - theoretische Grundlagen für ein Tätigwerden durch Industriepolitik bestritten. Zur theoretischen Begründung einer solchen Politik wird seit Mitte der 1980er Jahre erstens auf die Theorie der "Strategischen Handels- und Industriepolitik" und zweitens auch auf die sogenannte "Neue Wachstumstheorie" verwiesen. Erstere behandelt den Aspekt der internationalen Rentenumlenkung durch Staatseingriffe, letztere sieht in den stimulierenden Ausstrahlungen der Hochtechnologie-Produktion (spill-overs) auf die gesamte Volkswirtschaft einen Rechtfertigungsgrund für gezielte staatliche Interventionen.

Ausgehend von den traditionellen Theorieansätzen wird zunächst der Übergang zu den neuen Theorieansätzen beschrieben. Anschließend werden die Modelle der Strategischen Handels- und Industriepolitik dargestellt und beurteilt. Abschließend werden in analoger Weise die Ansätze der Neuen Wachstumstheorie untersucht und beurteilt.

3.1. Traditionelle Außenhandelstheorieansätze und empirische Evidenz

Die Erklärungsansätze der traditionellen Außenhandelstheorie[1] sorgten bis zu Beginn der 1980er Jahre für eine geschlossene Freihandelsfront unter den gelehrten Nationalökonomen. In kaum einer anderen Thematik war man sich derart einig. Das Grundverständnis der klassischen Theorie sieht die Vorteile des Freihandels in erster Linie durch die internationale Arbeitsteilung gegeben.

[1]Ausführliche Beschäftigungen mit den theoretischen Ansätzen der traditionellen Außenhandelstheorie finden sich u.a. bei: B e n d e r , D . : Außenhandel, in: Vahlens Kompendium der Wirtschaftstheorie und Wirtschaftspolitik, Bd. 1, 4. Aufl., München 1990, S. 403 ff.; B o r c h e r t , M . : Außenwirtschaftslehre, Opladen 1977; G a n d o l f o , G . : International Economics, Berlin 1987; R o s e , K . : Theorie der Außenwirtschaft, München 1989, 10. Aufl..

Adam Smith (1723 - 1790) ging davon aus, daß die Fähigkeit von Arbeitern zur Produktion von Gütern international divergiert. Daraus schloß er, daß die Weltproduktion dann ihr höchstmögliches Niveau erreicht, wenn sich jedes Land auf die Produktion der Güter spezialisiert, bei denen es über die absolut höchsten Produktivitäten verfügt. Umgekehrt bedeutet dies, daß die Länder auf die Produktion derjenigen Güter verzichten, die im Ausland absolut billiger produziert werden können.[2]

Liegen die absoluten Vorteile für alle Güter bei einem Land, so ist dieses Kriterium nicht anwendbar. Internationaler Handel würde demnach nicht stattfinden. *David Ricardo* (1772 - 1823) wies einen Ausweg aus diesem Dilemma durch die Annahme konstanter, realer Stückkosten, die in Arbeitsstunden gemessen werden[3]. Abgesehen von absoluten Kostenvorteilen für das Inland bei beiden Produkten ist der Kostenvorteil beispielsweise bei X_1 (40 % der Auslandskosten) höher als bei X_2 (50 % der Auslandskosten). Damit ist die Erzeugung von X_2 im Ausland *relativ* günstiger. Das Ausland hat bei der Erzeugung von X_2 einen *komparativen Kostenvorteil.* Die Wahl der Güterproduktion nach dem Kriterium des *komparativen Kostenvorteils* liefert somit ebenso einen Anreiz zu internationalem Handel.

Die Umlenkung der nationalen Ressourcen in Bereiche mit komparativen Kostenvorteilen zwecks Export und der gleichzeitige Import der im Ausland (relativ) billiger produzierbaren Güter erweitern die Konsummöglichkeiten der eigenen Bevölkerung und erhöhen im Gegenzug den Wohlstand der Handelspartner[4].

Dieser Ansatz wurde von *Eli Heckscher* und *Bertil Ohlin* (1933) dahingehend weiterentwickelt, daß auch beim Nicht-Vorhandensein von Produktivitätsunterschieden Außenhandel aufgrund von komparativen Kostenvorteilen lohnend sein kann.[5]

---

[2]Vgl. S m i t h , A . : Wealth of Nations, Eine Untersuchung über Wesen und Ursachen des Volkswohlstandes, Giessen 1973, S. 17-34.

[3]Vgl. ausführlich R i c a r d o , D . : Grundsätze der Volkswirtschaft und Besteuerung, 3. Aufl., London 1821, deutschsprachige Ausgabe in: Waentig, H. (Hrsg.), Sammlung sozialwissenschaftlicher Meister, Bd. V, 3. Aufl., Jena 1923. Bzgl. des Beispiels vgl. L a n g , F . - P . : Komparative Kostenvorteile und Außenhandel, in: WISU, 1989, 10, S. 540-542.

[4]Dieser theoretische Wohlstand kann allerdings durchaus ungleich verteilt sein.

[5]Vgl. O h l i n , B . : Interregional and International Trade, Harvard Economic Studies, London 1967, S. 305-319.

Die relativen quantitativen Verfügbarkeiten von Produktionsfaktoren bestimmen deren relative Preise: in relativ arbeitsreichen (kapitalarmen) Ländern sind die Löhne relativ niedriger als in arbeitsarmen (kapitalreichen) Ländern. Produkte, die im wesentlichen durch den Faktor Arbeit hergestellt werden, sind relativ billiger in arbeitsreichen Ländern erzeugbar. Wo Arbeit relativ knapper ist, spezialisiert man sich demnach mehr auf kapitalintensive Güter, die hier komparative Kostenvorteile besitzen.

Diese *Faktorproportionentheorie* gewinnt angesichts der Produktionsspezialisierung in den (arbeitsintensiven) Entwicklungsländern einerseits und den (kapitalintensiven) Industrieländern andererseits an Bedeutung.

Die *Neo-Faktorproportionentheorie* (1969) unterscheidet gar noch zwischen hoch- und minderqualifizierter Arbeit sowie zwischen Human- und Realkapital.[6] Sie trägt damit dem Umstand Rechnung, daß *Leontief* 1956 festgestellt hatte, daß die USA relativ arbeitsreiche Güter ex- und relativ kapitalintensive Güter importierte (*Leontief*-Paradoxon). Durch die Offenlegung inhomogener Faktorbestände erklärt sich, daß die USA für qualifikationsintensive Erzeugnisse gemäß ihrem Humankapitalreichtum über komparative Kostenvorteile verfügt.[7]

Schließlich wurde beobachtet, daß die Produktion von Gütern (inbesondere von technischen Gütern) im Zeitablauf einer Kostendegression und einer Kostenumverteilung unterliegt. Gemäß der Einteilung des Produktlebenszyklus in Innovations-, Imitations- und Standardisierungsphase liegt zunächst beim Humankapital (Forschung und Entwicklung), dann beim Realkapital (Fertigungstechnik) und schließlich bei der minderqualifizierten Arbeit (billige Lohnkosten) der komparative Kostenvorteil.[8] Diese *dynamische Betrachtung der komparativen Kostenunterschiede* findet in etlichen Branchen (z.B. Textilien, Automobile, High-Tech-Geräte) ihre praktische Relevanz.

Ausgangspunkt sind vollkommene Weltmärkte im stationären Gleichgewicht und Produktionsfunktionen mit konstanten Skalenerträgen. Beides ist nur dann

---

[6]Vgl. L e o n t i e f, W. : Essays in Economics, Vol. 2, Oxford 1977, S. 111-149.
[7]Vgl. ebenda.
[8]Vgl. ausführlich G r a y, H. P. : The Theory of International Trade among Industrial Nations, Weltwirtschaftliches Archiv, Bd. 116, 1980, S. 447-470.

gegeben, wenn homogene Standardprodukte gehandelt werden (also Variantenvielfalt in Grenzen gehalten wird), wenn weder Marktzutritts- noch Marktaustrittsbarrieren vorliegen, wenn an einem einheitlichen Weltmarkt alle Freihandelsländer bei identischen Gleichgewichtspreisen teilnehmen und wenn sich dadurch letztlich Verkaufspreis und Durchschnittskosten entsprechen.

Wie bei den neueren Theorieansätzen, so wurde auch bei der herkömmlichen Außenhandelstheorie aus Praktikabilitätsgründen das Partialmodell der Totalanalyse vorgezogen. Den damit einhergehenden Erkenntnisdefiziten steht eine plastische Aufdeckung intrasektoraler Struktureffekte entgegen. Konkret existiert in einem Zwei-Länder-Gleichgewichtsmodell eine große Anzahl von Anbietern eines homogenen Gutes, bei denen *Cournot*-Verhalten (Mengenanpassung) vorausgesetzt wird. Da weder Märkte segmentiert, noch Marktzutrittsschranken vorhanden sind, bleiben die vielen Anbieter zu klein, um die Weltmarktpreise alleine beeinflussen zu können.[9]

Lediglich große Länder können durch Variation des Gesamtangebots bzw. -nachfrage aller inländischen Produzenten bzw. Haushalte Einfluß auf den Weltmarktgleichgewichtspreis nehmen. Für kleine Länder sei der Freihandelszustand immer vorzuziehen, da es einer aktiven Handelspolitik an Durchschlagskraft fehlen würde.

Die einzige Ausnahme vom Freihandelszustand im traditionellen Theoriegebäude gilt nur für große Länder: Geht man von der Prämisse des großen Landes aus, so kann eine Nation die eigenen *Terms of Trade* durch Import- bzw. Exportzölle verbessern, wenn gewisse Bedingungen erfüllt sind. Durch einen Importzoll wird das betreffende Gut auf dem Weltmarkt weniger knapp, so daß der Weltmarktpreis sinkt. Umgekehrt wirkt ein Exportzoll, welcher das Gut auf dem Weltmarkt verknappt, wodurch der Preis steigt. In beiden Fällen verbessern sich die *Terms of Trade* für das zollerhebende Land.[10]

---

[9]Vgl. ausführlich R o s e , K . : a.a.O. (FN 1), S. 277 ff..

[10]Letztlich muß man diese Ausnahme jedoch schon als Fremdkörper in der klassischen Außenhandelstheorie ansehen, denn dadurch, daß das zollerhebende Land aktiv wird (statt sich zu fügen), glaubt es an eine Besserstellung im Vergleich zu anderen Nationen, verhält sich somit strategisch und impliziert eine Marktposition des unvollständigen Wettbewerbs.

Die Diskrepanz zwischen den traditionellen Prämissen und internationaler Handelsrealität wurde immer offensichtlicher. Und es stellte sich somit die Frage nach der Richtigkeit der traditionellen Schlußfolgerungen. Doch erst in den 1980er Jahren bewegte sich die Theorie internationaler Handelsbeziehungen. Die neuen Ansätze der Außenhandelstheorie weisen nun auf die Produktionsbedingungen als wichtigste Triebfeder für internationalen Handel hin. Diese sind eben nicht - wie bis dato angenommen - von außen quasi vorgegeben, sondern beinflußbar.

Zu einem Meinungsumschwung kam es durch die beobachtete Zunahme des *intra-industriellen* Handels zwischen Nationen mit annähernd gleichem Entwicklungsniveau.[11] Intra-industrieller Handel liegt vor, wenn ein Land Produkte derselben Gütergruppe sowohl exportiert, als auch importiert (vgl. Tab. 3.1).

	1970 in % des Gesamthandels	1980 in % des Gesamthandels	1991 in % des Gesamthandels
USA	49,4	56,7	66,1
Japan	30,4	25,7	35,1
Deutschland	58,7	64,7	79,9
Frankreich	75,7	78,1	80,9
Italien	59,9	61,5	63,3
Großbritannien	62,1	76,0	81,3
Kanada	52,5	55,9	61,4

Quelle: OECD: Wirtschaftsausblick, Paris Dezember 1994, S. 48.

Tabelle 3.1: Intra-industrieller Handel mit Industriegütern

Die OECD-Statistik in Tabelle 3.1 zeigt, daß abgesehen von Japan der intra-industrielle Handel der sieben reichsten Industrienationen 1991 mindestens 2/3 des Gesamthandels ausmacht. Diese Ausweitung des intra-industriellen Handels,

[11] Vgl. ausführlich B a l a s s a, B.: Tariff Reductions and Trade in Manufactures among the Industrial Countries, in: American Economic Review, Vol.56, 1966, S. 466-473 und derselbe (1975) sowie S t e g e m a n n, K.: Wirtschaftspolitische Rivalitäten zwischen Industriestaaten: Neue Erkenntnisse durch Modelle strategischer Handelspolitik?, in: Streit, Manfred E.: Wirtschaftspolitik zwischen ökonomischer und politischer Rationalität, Wiesbaden 1988, S. 3-23.

der vermutlich nicht unwesentlich zu den Wachstumsschüben der Nachkriegszeit beigetragen haben dürfte, war durch die herkömmlichen Theorieansätze nicht mehr erklärbar. Denn demnach hätte der komplementäre (und nicht der substitutive) Warenhandel ausgeweitet werden müssen.[12] Der empirische Befund zeigt aber, daß der internationale Warenaustausch zwischen den Ländern am intensivsten ist, die sich hinsichtlich ihres wirtschaftlichen Entwicklungsstandes weitgehend ähnlich sind. Dabei verteilt sich der Anstieg des intra-industriellen Handels und der entsprechende Rückgang des inter-industriellen Handels (am Gesamthandel) nicht über alle Gütergruppen gleichermaßen. Wie Tabelle 3.2 für Westdeutschland belegt, ist insbesondere der Handel mit Erzeugnissen des Investitionsgüter produzierenden Gewerbes (Elektrotechnik, Maschinenbau, Straßenfahrzeuge etc.) stark angestiegen. Ähnliches gilt für chemische Erzeugnisse, Textilien und Kleidung. Demgegenüber ist der Handel mit Erzeugnissen der Land- und Forstwirtschaft, des Bergbaus und der Grundstoffindustrie[13] rückläufig[14].

Branche	1970 in % aller Importe	1990 in % aller Importe	1970 in % aller Exporte	1990 in % aller Exporte
Erzeugnisse des Investitions-güter produzierenden Gewerbes	22,4	37,8	54,2	56,2
Chemische Erzeugnisse	7,4	9,8	13,4	13,0
Textilien und Kleidung	8,3	9,2	5,0	5,1
Land- und Forstwirtschaft	13,6	5,6	1,3	1,0
Bergbauerzeugnisse	9,3	5,6	2,3	0,5
Grundstoffindustrie (ohne Chemie)	22,5	15,8	13,6	10,5

Quelle: zusammengestellt aus Institut der deutschen Wirtschaft Köln (1991), Tabelle 109.

Tabelle 3.2: Außenhandel nach Warengruppen in West-Deutschland

[12]Vgl. Klodt, H.; Schmidt, K.-D.: Weltwirtschaftlicher Strukturwandel und Standortwettbewerb, Kieler Studien Nr. 228, Tübingen 1989, S. 37 ff..

[13]ohne Chemie.

[14]Vgl. auch Siebert, H.: Außenwirtschaft, Stuttgart 1994, 6. Aufl., S. 106.

Es kam zu einer theoretischen Neuorientierung, deren Ansätze letztlich auch Vorteile für "kleine" Länder durch den Einsatz staatlicher Instrumente bringen sollten. Das Argument, nationale Vorteile durch internationalen Handel besser ausspielen zu können, tritt zugunsten der älteren Einsicht von *Adam Smith* in den Hintergrund: Die Größe des Marktes begrenzt das Ausmaß der internationalen Arbeitsteilung und der internationale Handel vergrößert den Markt.[15] Branchen, die einer großen Produktvielfalt gegenüberstehen, können dieser Nachfrage nur in dem Maße nachkommen, wie der damit verbundene Verzicht auf das Ausschöpfen von Kostendegressionspotentialen vom Markt toleriert wird. Durch Außenhandel können größere Stückzahlen von mehr Produkttypen abgesetzt werden.

Gründe für den höheren empirischen Erklärungsgehalt der neuen und die schwindende Relevanz der alten Theorie waren jedoch nicht auf die beobachtbare intra-industrielle Handelsausweitung beschränkt. Die meisten Produktionsfaktoren haben keinen nationalen Bindungscharakter, sondern sind mobil. Dies scheint in erheblichem Maße auf die Präferenzgüter des intra-industriellen Handels zuzutreffen (vgl. Tab. 3.2). Rückläufig ist demnach vor allem der Handel mit den Produkten, bei denen unterschiedliche Faktorausstattungen zwischen den handeltreibenden Ländern bestehen (Land- und Forstwirtschaft, Bergbau, Grundstoffindustrie). Somit sind auch die - in der traditionellen Fassung - entscheidenden komparativen Kostenvorteile nicht festgeschrieben, sondern variierbar. Die Variierbarkeit der Produktionsbedingungen wird in der Theorie der *Strategischen Handels- und Industriepolitik* nicht durch "komparative Kostenvorteile", sondern durch "Größenvorteile" erklärt. Man spricht auch von sogenannten *steigenden Skalenerträgen* (economies of scale), welche in statischer und dynamischer Form vorliegen können.

Steigende Skalenerträge entstehen infolge hoher Fixkosten der Produktion. Fixkosten sind auf eine technisch bedingte Mindestgröße der Produktion bzw. auf einen Mindestumfang der evtl. vorgelagerten Forschung zurückzuführen. Diese Tatsache verschafft den schon im Markt etablierten Anbietern einen Vorteil, der nicht "wegkonkurriert" werden kann, d.h. der nicht durch Intensivierung des Wettbewerbs ausgeglichen werden kann. Das wiederum bedeutet nichts anderes,

[15] Vgl. ausführlich S m i t h , A . : a.a.O. (FN 2); S. 22-27.

als daß Marktzutrittsschranken bestehen und der Wettbewerb unvollständig ist. Somit stoßen traditionelle Theorieansätze an ihre Grenzen, da sie stets von vollständigem Wettbewerb ausgehen.

Steigende Skalenerträge entstehen insbesondere bei Ausbringung großer Stückzahlen und gleichzeitigem Vorhandensein von Fixkosten. Die größere Ausbringung führt zu einer Stückkostendegression durch die günstigere Verteilung der Fixkosten. Etablierte Firmen haben den Vorteil, auf diese Weise in eine große Produktionskapazität hineingewachsen zu sein und schrittweise den Finanzbedarf über schon erzielte Gewinne gedeckt zu haben.

Steigende Skalenerträge resultieren ebenfalls aus erfahrungsbedingten Lernprozessen. Je öfter und in je größeren Stückzahlen ein Produkt gefertigt wurde, desto größer die *Lerneffekte* bei der Herstellung ("learning by doing"). Da hier eine periodenübergreifende Betrachtung vorliegt, spricht man in diesem Fall auch von *dynamischen steigenden Skalenerträgen.* Das Resultat sind ebenfalls sinkende Stückkosten.

Drittens spielen *steigende Skalenerträge* dann eine große Rolle, wenn es sich um forschungsintensive Branchen handelt. Auch hier liegt ein dynamischer Aspekt vor: Einmal - in der Vergangenheit - erworbenes Wissen muß nicht wieder neu angeschafft werden. Eventuell sogar durch ein Patent besiegelt, sind temporäre Monopolgewinne für den etablierten Anbieter möglich.

Neben dem Argument der *steigenden Skalenerträge* auf Märkten mit unvollkommenem Wettbewerb und der damit erklärbaren Ausweitung des intra-industriellen Handels, sowie der dadurch implizierten Feststellung, daß die internationalen Produktionsbedingungen dann beeinflußbar sind, bilden desweiteren auftretende sogenannte *externe Effekte* auf einigen Märkten einen theoretischen Anlaß zur staatlichen Regulierung.

Externe Effekte sind Wirkungen, bei denen Verursacher und Betroffene nicht übereinstimmen. Es handelt sich um Interdependenzen zwischen ökonomischen Aktivitäten verschiedener Wirtschaftssubjekte, die nicht über marktmäßige Austauschbeziehungen vermittelt werden. Zu unterscheiden sind *positive* und *negative externe Effekte.*

In der Theorie der Strategischen Handels- und Industriepolitik sind ausschließlich *positive externe Effekte* bedeutsam. Sie sind das entscheidende Argument zur Förderung von Forschung und Entwicklung (FuE). Innovative Unternehmen, die Ressourcen in FuE-Anstrengungen binden, sind letztlich nicht in der Lage, sich dieses produzierte Wissen alleine anzueignen. Dadurch, daß früher oder später auch Mitkonkurrenten von jenem erforschten Wissen profitieren, entstehen gesamtwirtschaftlich *positive externe Effekte*[16].

Damit fallen die einzelwirtschaftlichen Vorteile von Innovationen geringer aus als der gesamtwirtschaftliche Nutzen, was dazu führt, daß private Unternehmen tendenziell zu wenig Ressourcen in FuE investieren. Flankiert von Kapitalmarktunvollkommenheiten wird kein ausreichendes Risikokapital (Venture Capital) zur Verfügung gestellt, wodurch der potentielle Innovator abgeschreckt wird.[17]

Wenn nun jene Marktunvollkommenheiten und Marktzutrittsschranken offensichtlich auf den bedeutendsten Welthandelsmärkten bestehen[18], dann kann daraus abgeleitet werden, daß einmal im Markt etablierte Unternehmen Aussicht auf Gewinne haben werden, die eine überdurchschnittliche Verzinsung des eingesetzten Kapitals versprechen. Der Kampf um diese Gewinne steht im Mittelpunkt der *Strategischen Handels- und Industriepolitik.* Intuitiv ist es naheliegend, durch staatliche Eingriffe zu besseren Ergebnissen (für die heimische Industrie) zu gelangen.

Die Prämissen und Erklärungsmöglichkeiten der traditionellen bzw. der "neuen" Theorie sind in Tabelle 3.3 gegenübergestellt.

---

[16]Man spricht auch von sogenannten *spill overs !*

[17]Neben diesen theoretischen Überlegungen hat speziell die weltwirtschaftspolitische Praxis in Form der japanischen Herausforderung auf den Weltmärkten zu einer aufkeimenden Diskussion der neuen außenhandelstheoretischen Ansätze geführt. Denn gerade den Japanern unterstellt man bei der Eroberung der Weltmärkte strategisches Verhalten. Dort hat man offenbar Markt/Staat-Kombinationen entwickelt, welche in ihren nationalstaatlich positiven Wirkungen bis heute nicht zu verleugnen sind. Vgl. u.a. S e i t z , K .: Die japanisch-amerikanische Herausforderung, München 1990, S. 292 ff..

[18]D.h., daß der größte Teil des Welthandels in solchen Branchen abgehandelt wird, die eine oligopolistische Marktstruktur aufweisen. Vgl. auch K r u g m a n , P . R .: Is Free Trade Passe ?, in: Economic Perspectives, Vol.1 (1987), S. 132 ff..

	Traditionelle Theorie	"Neue" Theorie
Anbieter-Marktstruktur	atomistischer Wettbewerb	monopolistischer und oligopolistischer Wettbewerb
Wettbewerbsverhalten der Anbieter	Cournot-Mengenanpasser	Cournot-, Bertrand-, Bowley- und Stackelbergverhalten
Gütermarkt	homogene Güter	heterogene und homogene Güter
Marktsegmentierung	nein	möglich
Marktzutrittsschranken	nein	ja
Außenhandelsanreiz	absolute und komparative Kostenvorteile	steigende Skalenerträge, Produktdifferenzierung
Spezialisierungsgrund	gegeben durch Unterschiede in Humankapitalausstattung, Produktivität, Rohstoffvorkommen, klimatische Bedingungen, Technologie, Präferenzen etc.	nicht festgelegt, sondern beeinflußbar (u. a. durch staatliche Eingriffe)
Produktionsbedingungen	konstant (quasi exogen)	variierbar, da die meisten Produktionsfaktoren keinen nationalen Bindungscharakter haben
Mengenstrategie	ja	möglich
Preisstrategie	nein	möglich
Einsatz handels- und industriepolitischer Instrumente	nur für "große" Länder lohnend gem. "Optimalzollthese" (terms of trade-Effekt)	auch für "kleine" Länder lohnend (durch Änderung der Wettbewerbsintensität)
inter-industrieller Handel	erklärbar	erklärbar
intra-industrieller Handel	nicht erklärbar	erklärbar

Quelle: eigene Zusammenstellung

Tabelle 3.3: Traditionelle versus neue Außenhandelstheorie

3.2 Prämissen und Modelle der Strategischen Handels- und Industriepolitik

3.2.1 Realitätsgehalt der Prämissen

Die Theorie der strategischen Handels- und Industriepolitik enthält Modelle, in denen durch staatliche Eingriffe unter Zugrundelegung oligopolistischen Wettbewerbs und strategischem Wettbewerberverhalten die nationale Wohlfahrt gegenüber der Freihandelssituation gesteigert werden kann. Das Ziel ist jeweils die Umlenkung von Gewinnen zur Steigerung der nationalen Wohlfahrt (*rent shifting)* bzw. Aufbau gänzlich neuer Industrien (*rent creation),* nicht jedoch die Überwindung von allgemeinen Entwicklungs- und Wachstumsschwächen.[19]

Der Maßstab zur Bewertung handels- und industriepolitischer Eingriffe ist die nationale Wohlfahrt, nicht jedoch die Weltwohlfahrt. Führt ein handels- und industriepolitischer Instrumenteeinsatz zu einer Steigerung der nationalen Wohlfahrt, so kann man zumindest in statischer Betrachtung[20] von einer der Freihandelssituation überlegenen Politik sprechen. Wohlfahrtstheoretisch läßt sich die nationale Wohlfahrt durch eine Erhöhung (Verminderung) der *Produzenten-* oder der *Konsumentenrente* steigern (vermindern). Das eine betitelt die Gewinne der Unternehmen, das andere mißt die Kaufkraft der Nachfrager. Darüberhinaus müssen in einer wohlfahrtstheoretischen Analyse stets evtl. angefallene Staatskosten (Subventionszahlungen) bzw. -einnahmen (Zölle) berücksichtigt werden[21].

Zunächst scheint die theoretische Neuorientierung keine substantiell anderen Implikationen hinsichtlich des Freihandelsprinzips mit sich zu bringen. Freihandel erweist sich dem Zustand der Autarkie als überlegen.[22] Nach den traditionellen Theorieansätzen führt Protektion - unter Zugrundelegung des dort verwendeten Wohlfahrtsbegriffs - zu Wohlfahrtsverlusten für das

---

[19]Eine Rückwirkung auf bzw. Berücksichtigung von Entwicklungs- und Wachstumstendenzen ist jedoch unumgänglich, da Außenhandel kein Selbstzweck ist.

[20]Denn in einer späteren Periode (dynamische Betrachtung) könnte jene Vorteilhaftigkeit durch ausländische Vergeltungsmaßnahmen ins Gegenteil umkippen.

[21]Daß diese Wohlfahrtsfunktion die gegenwärtigen Probleme der Industrienationen (insbesondere hohe und andauernde Arbeitslosigkeit) ausblendet bzw. "wegtheoretisiert", soll an späterer Stelle näher behandelt werden.

[22]Vgl. Krugman, P. R.: a.a.O. (FN 18), S. 133.

protektionistische Land.[23] Unterschiedliche Annahmen über die jeweilige Wettbewerbssituation in den Modellen der strategischen Handels- und Industriepolitik liefern nun jedoch Gründe für protektionistisches Länderverhalten.

Die neuen Theorieansätze gehen von der Annahme unvollkommener Konkurrenz auf den zu schützenden Märkten aus. Ursache für derartige Unvollkommenheiten sind *Externalitäten* und insbesondere *steigende Skalenerträge*[24]. Skaleneffekte sind allenfalls dann, wenn sie betriebsextern - aber doch industrieintern[25]- anfallen noch mit vollständigen Konkurrenzmärkten der klassisch-neoklassischen Theorie vereinbar. Gütermärkte mit *vollkommener Konkurrenz* sind in der Praxis aber nur schwerlich anzutreffen. Die Mehrzahl der Märkte ist durch ein gewisses Maß an Marktmacht gekennzeichnet. Auf vielen wichtigen Weltmärkten stehen meist eine relativ geringe Anzahl größerer Anbieter zueinander in Konkurrenz, welche sich in einer Situation strategischer Interdependenz befinden. In der Regel führen sie zur Herausbildung monopolistischer oder oligopolistischer Marktstrukturen. Produktdifferenzierung und intra-industrieller Handel sind die Resultate. Die empirische Evidenz der intra-industriellen Handelsausweitung wurde bereits dargelegt. Solange Größenvorteile in der Produktion vorherrschen, fallen die Durchschnittskosten mit steigender Ausbringung. Und genau dieser Kostenverlauf ist typisch für die Mehrzahl industrieller Produktionsbetriebe[26]. Als Beispiele seien der Flugzeugbau, die Automobilindustrie, die Stahlindustrie oder die Mikroelektronik erwähnt.

Die traditionelle Theorie knüpft darüberhinaus in ihren Schlußfolgerungen an den Handel mit *homogenen Gütern* an. Homogene Güter sind sachlich gleichartige Güter, die völlig substituierbar sind. *Heterogene Güter* sind sachlich ungleichartige Güter, die miteinander konkurrieren, da sie in gewisser Weise

---

[23]Eine erwähnte Ausnahme bildet das Optimalzoll- bzw. Erziehungszollargument.

[24]Umfassende Darstellungen zu den theoretischen Grundlagen finden sich in: Siebert, H.: Strategische Handelspolitik - Theoretische Ansätze und wirtschaftspolitische Empfehlungen, in: Aussenwirtschaft, 1988, IV, S. 549-584; Bletschacher, G.; Klodt, H.: Strategische Handels- und Industriepolitik, Kieler Studien Nr. 244, Tübingen 1992; Deutscher Bundestag: Wettbewerb und strategische Handelspolitik, 12. Wahlperiode, Drucksache 12/3031 1993, Kap. VII, S. 373-401; Stegemann, K.: a.a.O. (FN 11), S. 3-23; Bender, D.: Neuere Entwicklungen in der Theorie internationaler Handelsbeziehungen, in: Jahrbuch für Sozialwissenschaften 1994, S. 1-49.

[25]D.h., wenn alle Wettbewerber einer Branche von den gleichen Skaleneffekten profitieren.

[26]Vgl. auch Brösse, U.: Mikroökonomische Grundlagen der Preistheorie, Aachen 1986, S. 51 f.

substituierbar sind (wie z.B. verschiedene Automarken oder Flugzeughersteller). Auf der Mehrzahl der Weltmärkte werden heterogene Güter gehandelt. Somit darf der Handel mit heterogenen Gütern in den theoretischen Annahmen keinesfalls ausgeblendet werden.

Ebenso ist die in der traditionellen Theorie verneinte *Marktsegmentierung* wenig realistisch. Marktsegmentierung bedeutet, daß Märkte (z.B. Inland und Ausland) unabhängig voneinander betrachtet werden können. Transportkosten können beispielsweise eine Marktsegmentierung hervorrufen. Deshalb ist die Möglichkeit zur Marktsegmentierung in den Modellannahmen sinnvoll.

Beim Vorliegen oligopolistischer Marktstrukturen ist desweiteren davon auszugehen, daß infolge der Marktmacht der einzelnen Anbieter entsprechende *Marktzutrittsschranken* existieren. Diese liegen bei forschungsintensiven Industrien in einem absoluten Know-How-Vorsprung, bei Ausnutzung von Skaleneffekten in entsprechenden Betriebsgrößenvorteilen und evtl. nachfragebedingt in gewissen Konsumentenpräferenzen in Verbindung mit etablierter Markentreue. In diesem Sinne spricht man von einer *exogenen* Marktstruktur, da sie für einen neuen Anbieter quasi von außen vorgegeben ist und er diese Barrieren nicht ausschließlich durch Intensivierung des Wettbewerbs überwinden kann. Die Know-How-Vorsprünge sowie Betriebsgrößenvorteile haben die Stückkosten etablierter Anbieter gesenkt. D.h. auf oligopolistischen Märkten ist die Prämisse konstanter Grenzkosten nicht haltbar.

In diesem Sinne ist es schließlich realistischer von der traditionellen Annahme *konstanter* (quasi exogener) *Produktionsbedingungen* abzuweichen. Traditionell seien Humankapitalausstattung, Produktivität, Rohstoffvorkommen, klimatische Verhältnisse, Technologie und Produktionspräferenzen gegeben. Das Rohstoffvorkommen und die klimatischen Bedingungen sind sicherlich nicht justierbar. Jedoch die japanische und südostasiatische Praxis nach dem Zweiten Weltkrieg verdeutlicht eindrucksvoll, daß sich die technologische Basis (über Imitationen zu Innovationen) und die Produktionspräferenzen[27] (Konsensorientiertes Planen und Handeln) gezielt zugunsten der Produktivität verändern lassen. Intra-industrieller Handel ist aus dieser Sichtweise nicht

[27]staatlich kanalisiert und organisiert.

erklärbar, womit ein traditioneller Widerspruch zu den tatsächlichen Handelsstrukturen besteht (vgl. Tabelle 3.1).

In der Strategischen Handels- und Industriepolitik versucht man nun, der facettenreichen und komplexen Realität mit einem differenzierten Modellsortiment beizukommen. Durch Variation der gemachten Annahmen läßt sich eine Reihe von Modellen generieren, die die umfassende theoretische Durchleuchtung der Thematik kennzeichnen und sich durchaus zueinander komplementär verhalten. Vereinfachend wird dabei stets von einem Dyopol, also von einem Oligopol mit zwei Unternehmen (ein inländisches und ein ausländisches) ausgegangen. Prinzipiell lassen sich folgende Interventionsformen unterscheiden: *strategische Exportförderung* mittels Export- oder FuE-Subvention, *strategische Exportbeschränkung* durch einen Exportzoll oder -kontingente, *strategische Importbeschränkung* durch einen Importzoll bzw. -kontingente sowie *Nicht-Intervention* (Freihandel). Entsprechend den obigen Ausführungen sollen neben dem Grundmodell von *Brander/Spencer* insbesondere die Modelle näher betrachtet werden, deren Prämissen entsprechend realistisch sind.

3.2.2 Strategische Exportförderung

Das Grundmodell von *James Brander* und *Barbara Spencer*[28] hat erstmals eine strategische Exportförderung theoretisch fundiert. Danach kann eine Besserstellung inländischer Produzenten entweder durch Forschungs- oder durch Exportsubventionen bewerkstelligt werden. Die entsprechende Wirkungsweise ist jedoch von mehreren (teils unrealistischen) Annahmen über die Wettbewerbssituation, die Marktstruktur, das Wettbewerbsverhalten der Konkurrenten sowie über die Kostenverläufe der Produktionsfunktionen

[28]Dargestellt in folgenden Beiträgen von Brander, J. A.; Spencer, B. J.: Strategic Commitment with R&D: The Symmetric Case, in: The Bell Journal of Economics, Vol.14, 1983, S. 225-235 oder Trade Warefare: Tariffs and Cartels, in: Journal of International Economics, Vol.16, 1984, S. 227-242 oder Tariff Protection and Imperfect Competition, in: Kierzkowski, Henryk (Ed.): Monopolistic Competition and International Trade, Oxford 1984, S. 194-206 sowie Export Subsidies and International Market Share Rivalry, in: Journal of International Economics, Vol. 18, 1985, S. 83-100 und schließlich: Brander, J. A.: Rationales for Strategic Trade and Industrial Policy, in: Krugman, Paul R.: Strategic Trade Policy and the New International Economics, MIT Press, Cambridge, Massachusetts, London, England 1988, S. 23-46.

abhängig.[29] Als Basismodell soll die strategische Exportförderung dennoch dargestellt werden:

i) *Brander* und *Spencer* gehen von einer festen Anbieterzahl auf einem internationalen Markt aus, d.h. es liegt eine *exogene Marktstruktur* zugrunde und Markteintritte neuer Konkurrenten sind (wegen zu hoher Marktzutrittsschranken) nicht möglich

ii) Bei den Unternehmen wird *Cournot-Verhalten* unterstellt, d.h. die Unternehmen gehen davon aus, daß eigene Produktionsmengenentscheidungen keine Auswirkungen auf die Herstellungsmenge der Konkurrenten haben (autonomes Verhalten); die Kontrahenten verfolgen also eine autonome Mengenstrategie. Die Prämisse der *Cournot*-Mengenstrategie gestattet den Unternehmen ihre Produktionsmenge so festzulegen, daß der Marktpreis über den Durchschnittskosten der Produktion liegt. Die daraus resultierenden Gewinne begründen nun ein strategisches (quasi staatlich induziertes) Verhalten der Firmen. Dieses strategische Verhalten ist nur dann sinnvoll, wenn die Teilnehmerzahl gering und bekannt ist

iii) Es werden ausschließlich *homogene Güter* gehandelt, d.h. die Güter sind vollständig substituierbar

iv) Es findet nur *Export auf einen Drittlandsmarkt* statt, d.h. weder der heimische noch der Auslandsmarkt des Konkurrenten wird mit dem betreffenden Produkt beliefert; inländischer Konsum findet also nicht statt und die Konsumentenrente ist nicht zu berücksichtigen

v) In beiden Ländern werden *identische Produktionstechnologien* genutzt, für die gleiche konstante Grenzkosten gelten; Fixkosten existieren nicht

Auf Oligopolmärkten herrscht strategische Interdependenz zwischen den Anbietern, weil absatzpolitische Aktionen eines Anbieters spürbare Auswirkungen auf andere Konkurrenten haben werden, deren Reaktionen (oder Aktionen) beeinflussen wiederum die unternehmerischen Entscheidungen dieses Anbieters. In Kenntnis der jeweiligen Marktnachfragefunktion plant jedes

[29]Diversifizierte Annahmen werden später getroffen!

Unternehmen bei gegebener erwarteter Absatzmenge des Konkurrenten seine gewinnmaximale Absatzmenge. Da er sich als Mengenanpasser verhält, erwartet er nicht, daß der Konkurrent seine Absatzmenge ändert, wenn er seine eigene verändert.

x und x* seien die Produktionsmengen des inländischen und ausländischen Unternehmens. p(x + x*) sei die Preis-Absatzfunktion, p\` die Ableitung der Nachfragefunktion, c(x) die variablen Produktionskosten und s die Subvention pro Mengeneinheit. Dann ergibt sich die Gewinnfunktion des inländischen Unternehmens wie folgt:

$$G(x, x^*, s) = xp\,(x + x^*) - [cx - sx] \qquad (1)$$

Der Inländer betrachtet die Produktionsmenge des Rivalen (Mengenanpasser) und die Subvention pro Mengeneinheit als gegeben, so daß die notwendige Bedingung für ein Gewinnmaximum (1.Ableitung nach x) lautet:[30]

$$G_X = xp'(x + x^*) + p(x + x^*) - c + s = 0 \qquad (2)$$

Analog ermittelt man die Gewinnfunktion G* und -maximum $G^*_{X^*}$ des ausländischen Anbieters, wobei allerdings vom Subventionsbetrag pro Mengeneinheit abgesehen werden muß. Die Gewinnfunktionen lassen sich graphisch als Isogewinnlinien darstellen (vgl. Abbildung 3.1). Der Zusammenhang zwischen x und x* wird in den Reaktionsfunktionen definiert:

$$x = R(x^*) \text{ und } x^* = R^*(x) \qquad (3), (4)$$

Aus der notwendigen Bedingung für ein Gewinnmaximum des Inländers in (2) erhält man bei gegebener Subvention pro Mengeneinheit die Steigung der Reaktionsfunktion[31]:

$$dx^*/dx = -\,G_{XX}/G_{XX^*} < 0 \qquad (5)$$

Analog ermittelt man die Reaktionsfunktion des ausländischen Anbieters. Als Stabilitätsbedingung gilt jedoch für die Determinante D[32]:

---

[30]Die Bedingung zweiter Ordnung lautet $G_{xx} = 2p' + xp'' - c < 0$.

[31]Es gilt $G_{xx^*} = xp'' + p' < 0$; es folgt: $G_{xx}\,dx + G_{xx^*}\,dx^* = 0$.

$$D = G_{xx} G^*_{x^*x^*} - G_{xx^*} G^*_{x^*x} > 0 \qquad (6)$$

Damit sich das Ungleichungssystem auflösen läßt, muß also die Reaktionsfunktion des Inländers steiler verlaufen als die des ausländischen Unternehmens.

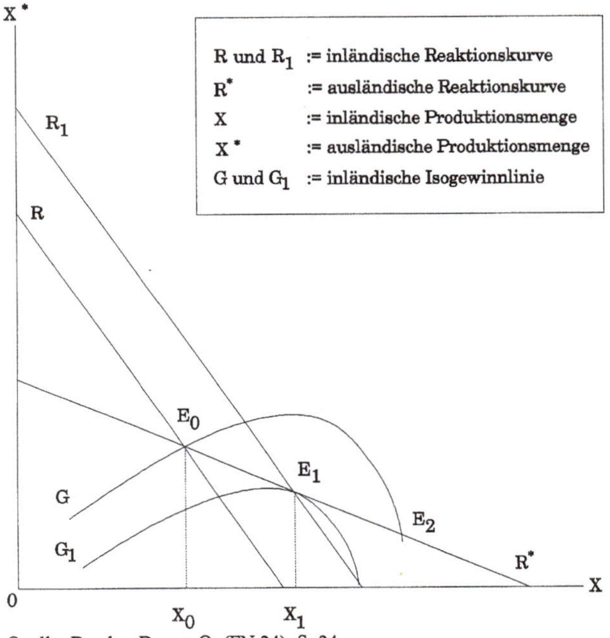

Quelle: Bender, D.: a.a.O. (FN 24), S. 24.

Abbildung 3.1: Optimale Ausbringungsmenge bei Export-Förderung im Cournot-Exportdyopol

Da jeder Punkt der beiden Reaktionsfunktionen einem Maximum der jeweiligen Gewinnfunktion entspricht, liegt das Marktgleichgewicht ohne Subvention dort, wo sich die Reaktionsfunktionen schneiden (Cournot-Nash-Gleichgewicht). In diesem Punkt verhalten sich beide Unternehmen bei gegebenen Aktionen des jeweils anderen optimal (E_0).

[32] Es ist hinreichend, daß Eigeneffekte größer sind als Kreuzeffekte !

Infolge der Subventionierung steigt die produzierte Menge im Inland und die des ausländischen Dyopolisten sinkt. Denn bei totaler Differentiation der notwendigen Bedingungen für das jeweilige Gewinnmaximum ergibt sich:

$$dx/ds = - G^*_{X^*X^*}/D > 0 \text{ und } dx^*/ds = G^*_{X^*X}/D. \qquad (7)$$

Durch die Subventionierung des inländischen Produzenten verschiebt sich seine Isogewinnlinie bei gegebener Produktionsmenge x* des Konkurrenten. Dadurch verschiebt sich dann ebenfalls die inländische Reaktionskurve R nach rechts (R_1, Stackelberg-Punkt). Die inländische Subventionierung führt zu einer weltweit höheren Produktion des Gutes und somit zu einem fallenden Weltmarktpreis. Denn es gilt:

$$dp/ds = p`[dx/ds + dx^*/ds] = p`/D\ [G^*_{X^*X} - G^*_{X^*X^*}] < 0 \qquad (8)$$

Die *Terms of Trade* verschlechtern sich für den Inländer. Der Gewinn des inländischen Unternehmens steigt allerdings gemäß:

$$dG/ds = xp`\ dx^*/ds + x > 0. \qquad (9)$$

Der Gewinn des ausländischen Anbieters vermindert sich. Die Summe der Gewinne beider Unternehmen ebenfalls, d.h. der ausländische Dyopolist verliert mehr als der Inländer gewinnt. Da alle realisierten Mengenstrategien (bei gegebenem Preis) zwischen E_0 und E_2 eine Verbesserung der Gewinnsituation für den Inländer bedeuten, muß in diesem Bereich der optimale Output liegen.

Da das Verhalten und somit die Reaktionslinie R maßgeblich von der Höhe der zu erwartenden Subventionszahlung abhängt, liegt das Optimum dort, wo die Isogewinnlinie G^1 die Reaktionskurve R* des Konkurrenten tangiert. Denn die Wohlfahrtsfunktion ist definiert als:

$$W(s) = G\ (x, x^*, s) - sx \qquad (10)$$

Unter Berücksichtigung von (9) ergibt sich für das Maximum der Wohlfahrtsfunktion:

$$Ws(s) = xp' \, dx^*/ds - s \, dx/ds = 0 \tag{11}$$

bzw.

$$s = xp' \, [(dx^*/ds) / (dx/ds)] > 0 \tag{12}$$

Folglich verläuft durch diesen Tangentialpunkt auch die neue - von der optimalen Subventionszahlung bestimmte - Reaktionskurve R_1 des heimischen Anbieters. Das Resultat wäre ein "Protektionsgleichgewicht", welches sich jedoch ohne externe Einflüsse kaum einstellen würde. Jene *Stackelberg*-Unabhängigkeitsposition könnte der Inländer nur durch gleichzeitige Akzeptanz der *Stackelberg*-Abhängigkeitsposition des Kontrahenten erreichen. Doch damit ist nicht zu rechnen, weil beide gemäß ihrer Reaktionsfunktionen eine Mengenstrategie betreiben und davon nicht abweichen. Das wissen sie auch voneinander, weshalb eine Mengenpolitik X_1 nicht glaubhaft wäre. *Brander/Spencer* sehen darin ein entscheidendes Argument für staatliche Exportsubventionen, die dem ausländischen Anbieter glaubhaft suggerieren, daß gemäß der veränderten subventionsinduzierten Reaktionskurve R_1 der Schnittpunkt mit seiner eigenen Reaktionslinie in E_1 die für ihn optimale Ausbringungsmenge liefert.

Sinkende Grenzkosten erhöhen durch den *rent-shifting*-Effekt die resultierenden Wohlfahrtsgewinne. Divergieren (anders als in der eingangs gemachten Annahme) die konstanten Grenzkosten zwischen den Dyopolisten, so hat *Neary*[33] nachgewiesen, daß dies lediglich die Höhe der optimalen Subvention und den Umfang der Rentenumlenkung variiert. Fallen in einer vorgelagerten Produktionsstufe *Fixkosten* an, so kann ein Pionierunternehmen dies als Marktzutrittsschranke für potentielle Konkurrenten ausgenutzt haben. In diesem Fall können Exportsubventionen den Markteintritt eines neuen Anbieters begünstigen, sofern der Markt Platz für zwei profitable Unternehmen bietet.[34] Der *rent-shifting*-Effekt würde sich vervielfachen wie *Krugman* dargestellt hat.[35]

---

[33]Vgl. Neary, P.: Export Subsidies and National Welfare, in: Empirica, Nr. 15, 1988, S. 243-261.
[34]Vgl. Rauscher, M.: Marktzutritt durch Exportsubventionen, in: Zeitschrift für Wirtschafts- und Sozialwissenschaft, Bd. 110, 1990, S. 83-91.
[35]Vgl. Krugman, P. R.: Market Access and Competition in High Technology Industries: A Simulation Exercise, in: Kierzkowski, H. (Ed.): Protection and Competition in International Trade, Basil Blackwell 1987, S. 131-142.

An die Stelle einer mengengebundenen Subvention kann auch eine Subvention der vorgelagerten Forschung und Entwicklung (FuE) in Betracht gezogen werden. Hier nehmen *Brander/Spencer* nun der Einfachheit halber einen zweistufigen Produktionsprozeß an, denn der Fertigung geht eine grenzkostensenkende FuE voraus. Das in diesem Fall unterstellte *Cournot*-Verhalten bewirkt auf jeder Produktionsstufe, daß die Entscheidungen beider Firmen simultan getroffen werden. Durch Berücksichtigung der in der vorangegangenen Stufe festgelegten FuE-Intensität ergibt sich auf der Produktionsstufe analog zum Fall der Exportsubvention in Abb. 3.1 ein *Cournot-Nash-Gleichgewicht* in Punkt E_0.

Brander und *Spencer* zeigen - in Analogie zur Mengensubvention - in ihrem Modell, daß der strategische Einsatz von FuE[36] die inländische Reaktionsfunktion[37] R nach rechts verschiebt, und damit die inländische Produktionsmenge X auf Kosten der ausländischen Herstellungsmenge X* vergrößert.

Eine unter dem Postulat der nationalen Wohlfahrtsmaximierung agierende Regierung kann an dieser Stelle durch Forschungssubventionen die inländische Marktposition verbessern. Voraussetzung ist jedoch, daß ihr die zugrunde liegende Marktstruktur bekannt ist, und daß sie "ihre" Industriepolitik den Unternehmen im In- und Ausland glaubwürdig vermitteln kann.[38] Eine wohlfahrtssteigernde optimale inländische FuE-Subvention führt zu einer der *Stackelberg-Führerschaft*[39] im internationalen Dyopol entsprechenden Produktionsmenge. Da jedoch eine marktmäßige Akzeptanz dieser Führungsposition beim ausländischen Anbieter wiederum nicht zu erwarten ist, muß die zu generierende Wettbewerbssituation von einer höheren Instanz glaubwürdig forciert werden.

---

[36]Also die Berücksichtigung, daß eine Steigerung der FuE-Intensität nicht nur kostenmindernd wirkt, sondern auch eine verbesserte Marktposition im internationalen Dyopol zur Folge hat.

[37]Also die Darstellung der optimalen Mengenentscheidung des Inländers bei gegebener ausländischer Produktion.

[38]Beispielsweise haben Investitionen in Überschußkapazitäten oder in FuE Selbstbindungscharakter, der dem Ausland glaubhaft suggeriert, vom Markteintritt abzulassen.

[39]Dazu siehe ausführlich: Stackelberg, H.: Marktform und Gleichgewicht, Wien 1934; Neuberger, D.: Das Stackelberg-Gleichgewicht im Oligopol, in: WiSt 1993, 12, S. 617-623.

Abb. 3.1 zeigt dann die - prinzipiell analog zur Exportförderung einsetzende - Wirkung einer FuE-Förderung hin zu einem neuen *Cournot-Nash-Gleichgewicht* in Punkt E_1. Dort, wo die neue inländische Reaktionsfunktion R_1 die ausländische R* schneidet, ist die optimale FuE-Subvention erreicht. Optimal ist sie deshalb, da jede mehr gezahlte Geldeinheit zu Gewinneinbußen für das inländische Unternehmen führen würde.

3.2.3 Strategische Exportbeschränkung

Wie sehr die Modellergebnisse von den zuvor gemachten Annahmen abhängen, zeigt sich besonders deutlich, wenn man von der Prämisse des *Cournot*-Verhaltens abweicht und statt dessen *Bertrand*-Verhalten der Anbieter auf einem heterogenen Dyopolmarkt annimmt.

Prämissen:
- Bertrand-Verhalten (strategisches Verhalten)
- heterogene Güter
- exogene Marktstruktur
- nur Export
- konstante Grenzkosten
- keine Fixkosten

Eaton und *Grossman*[40] legten ein dem *Brander/Spencer*-Modell vergleichbares *Bertrand*-Exportdyopol mit ansonsten gleichen Prämissen zugrunde. Die in- und ausländischen Güter sind jedoch imperfekte Substitute, so daß eine aktive Preispolitik beider Dyopolisten möglich ist. Denn bei *Bertrand*-Verhalten gehen beide davon aus, daß eigene Preisänderungen die Preise des Konkurrenten unberührt lassen.

Die Prämissen autonomes Bertrand-Verhalten auf oligopolistischen Märkten, konstante Grenzkosten sowie ausschließlich die Belieferung eines Drittmarktes (kein Export) haben allerdings relativ wenig Praxisbezug, weshalb das Modell nur in seinen Grundzügen skizziert werden soll. Analog zum Modell von *Brander/Spencer* lassen sich anhand der Gewinnmaximierungsbedingungen der

---

[40] Vgl. ausführlich: E a t o n, J.; G r o s s m a n, G. M.: Optimal Trade and Industrial Policies under Oligopoly, in: Quarterly Journal of Economics, Vol.101, 1986, S. 383-406.

beiden Konkurrenten die Reaktionsfunktionen R und R* der inländischen und der ausländischen Unternehmung abbilden. Der Unterschied ist jedoch, daß diesmal die Preise die maßgeblichen Einflußfaktoren darstellen (vgl. Abb. 3.2).

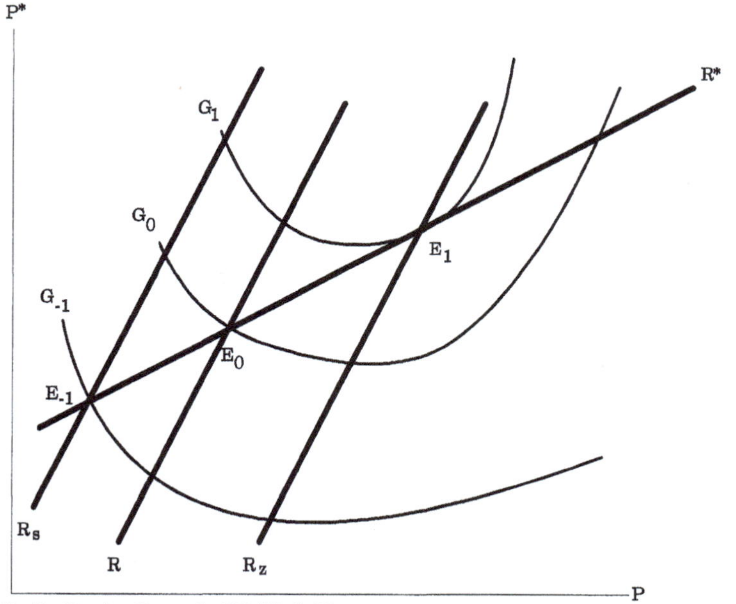

Quelle: Bender, D.: a.a.O. (FN 24), S. 29.

Abbildung 3.2: Exportzölle versus Exportsubvention im Bertrand-Exportdyopol

Wiederum bildet das Freihandelsgleichgewicht im Schnittpunkt E_0 beider Reaktionskurven den Ausgangspunkt. Hier werden weder Zölle erhoben noch Subventionen gezahlt. Der erzielte Gewinn des heimischen Anbieters wird durch die Isogewinnlinie G_0 abgebildet. Abermals gilt, daß Isogewinnlinien oberhalb (unterhalb) von G_0 höhere (niedrigere) Gewinne des Inlandsproduzenten widerspiegeln. Eine Subventionierung bei Preispolitik bedeutet eine Steigerung der exportierten Mengen durch Preissenkung. Dadurch verlagert sich die Isogewinnkurve unterhalb von G_0. Die Reaktionskurve des inländischen Produzenten verschiebt sich nach links R_S. Da die Isogewinnlinien die subventionsbereinigten Gewinne berücksichtigen, das Niveau der Isogewinnlinie aber gesunken ist, muß es zu Wohlfahrtsverlusten gekommen sein. Die Reaktion des heimischen Produzenten impliziert, daß sein Gesamtgewinn gestiegen ist, da die Mengenausweitung die Preissenkung überkompensiert hat. Die gestiegenen Produzentengewinne vermögen jedoch nicht die Höhe der Subventionszahlungen zu erreichen, so daß es unter dem Strich zu gesamtwirtschaftlichen Wohlfahrtsverlusten im Gleichgewichtspunkt E_{-1} kommt.

Demgegenüber bewirkt Exportbesteuerung durch Preiserhöhung und Verringerung der Exportmengen eine Verschiebung der inländischen Reaktionskurve nach rechts. Der optimale Exportzoll liegt dort, wo eine inländische Isogewinnlinie die ausländische Reaktionskurve R_Z tangiert. Im neuen Gleichgewichtspunkt E_1 hat auch der ausländische Anbieter seine Preise erhöht und dadurch seinen Gewinn gesteigert (vgl. Abb. 3.2). Somit ist "Gewinnsteigerung auf Kosten der ausländischen Konsumenten" und nicht "Umlenkung von Monopolrenten" das Ziel einer Exportzollpolitik. Jene grenzt freilich an kooperatives Verhalten. Diese zollpolitische Variante erinnert an die *Optimalzollthese* der neoklassischen Theorie.

Ceteris paribus ist somit bei *Cournot*-Verhalten eine Exportsubvention, bei *Bertrand*-Verhalten jedoch eine Exportsteuer wohlfahrtstheoretisch optimal. Wie *Krishna*[41] nachwies liefert eine Kontingentierung der Exportmengen die gleichen Ergebnisse wie im Falle der Exportsteuer. Dies zeigt, daß die Prämissen des Modells eine stillschweigende handelspolitische Kooperation der Exportländer implizieren und somit eine mögliche Erklärung für freiwillige Exportbeschränkungen liefern.

3.2.4 Konjekturale Variation

Verfolgen die Anbieter *keine autonome* Mengen- oder Preisstrategie[42], sondern erwarten eine bestimmte Reaktion des Konkurrenten auf eigene Produktionsmengen- oder Preisentscheidung, so hat dieses veränderte Wettbewerbsverhalten der Firmen Auswirkungen auf die optimale Industriepolitik des Staates.

---

[41]Vgl. K r i s h n a , K . : Trade Restrictions as Facilitating Practices, in: Journal of International Economics, Vol. 26 1989, S. 251-270.
[42]...und das ist auf oligopolistischen Märkten zu erwarten.

Prämissen:
- keine autonome Strategie (aber trotzdem Mengenstrategie)
- exogene Marktstruktur
- homogene Güter
- nur Export
- konstante Grenzkosten
- keine Fixkosten

Eaton und *Grossman*[43] haben deshalb die Wirkungen analysiert, die sich aus dem Unterschied zwischen erwarteter und tatsächlicher Reaktion des Wettbewerbers auf eine Veränderung der heimischen Produktionsmenge ergeben. Unterschiedliches Wettbewerbsverhalten im Oligopol findet durch den Term der "konjekturalen Variation"[44] Eingang in das Modell.

Ausgehend von den Preis-Absatz-Funktionen der beiden Konkurrenten[45]

$$r(x,x^*) \text{ und } r^*(x,x^*)$$

ergeben sich die Gewinnfunktionen mit

$$G = (1-t)\, r(x,x^*) - cx \quad \text{für den inländischen Anbieter}$$

und

$$G^* = r^*(x,x^*) - c^*x^* \quad \text{für den ausländischen Anbieter,}$$

wobei t die Steuerrate (*falls* negativ: Subvention) darstellt.

Die Erwartung des Inländers bzgl. der Produktionsmengenveränderung des Konkurrenten aufgrund eigener Produktionsmengenveränderung wird durch γ ausgedrückt. Analog für den Konkurrenten durch Γ. Die notwendigen Bedingungen für die Gewinnmaxima lauten somit

[43]Vgl. ausführlich: E a t o n , J . ; G r o s s m a n , G . M . : a.a.O. (FN 39), S. 383-406.
[44]Vgl. ausführlich: B o w l e y , A . L . : Mathematical Groundwork of Economics, Oxford 1924.
[45]Bedingung ist jeweils, daß die partiellen Ableitungen von r nach x* (also r_{x^*})und von r* nach x (also r^*_x) nicht positiv sind, denn eine Erhöhung der Produktionsmenge über die Gesamtmarktnachfrage schadet beiden Firmen.

$$(1\text{-}t)\,[r_X(x,x^*) + \gamma r_{X^*}(x,x^*)] - c` = 0 \qquad (1)$$

und

$$r_{X^*}(x,x^*) + \Gamma r_X(x,x^*) - c^{*`} = 0 \qquad (2)$$[46]

Die Bedingungen zweiter Ordnung sowie die Stabilitätsbedingung seien ebenfalls gegeben (Nash-Gleichgewicht).

Die inländische Wohlfahrtsfunktion ist wiederum definiert als

$$w(t) = (1\text{-}t)\, r(x,x^*) - cx + tr(x,x^*) = r(x,x^*) - cx \qquad (3)$$

Die Steigung der Wohlfahrtsfunktion ergibt sich gemäß

$$dw/dt = [r_X(x,x^*) - c`](dx/dt) + r_{X^*}(dx^*/dt) \qquad (4)$$

Unter Berücksichtigung der Bedingung erster Ordnung für das Gewinnmaximum des inländischen Anbieters (1) erhält man

$$dw/dt = [-\gamma r_{X^*} - tc`/(1\text{-}t)](dx/dt) + r_{X^*}(dx^*/dt) \qquad (5)$$

Die Gleichung (2) definiert das Gewinnmaximum des ausländischen Anbieters unter Berücksichtigung des Outputs der inländischen Firma. Diese Gleichung sei mit F(x) bezeichnet. Die Höhe der Steuerrate geht aus dieser Funktion nicht hervor. F`(x) bestimmt jedoch die Steigung der Reaktionsfunktion des ausländischen Konkurrenten und somit seine tatsächliche Reaktion auf Produktionsmengenveränderungen des Konkurrenten. Man bezeichne $F`(x) \equiv g$.

Die Bedingung erster Ordnung für ein Maximum der Wohlfahrtsfunktion lautet nun
dw/dt = 0 und unter Berücksichtigung der Definition von g in Gleichung (5) ergibt sich

$$-r_{X^*}(g-\gamma) = tc`/(1\text{-}t) \qquad (6)$$

[46]Bei r_X und r_{X^*} handelt es sich jeweils um partielle Ableitungen nach x bzw. nach x*.

Solange $r_{X^*}<0$ ist haben die linke und die rechte Seite der Gleichung das gleiche Vorzeichen, wenn $1>t>0$ und $g>\gamma$ oder aber $t<0$ und $g<\gamma$. Die Differenz zwischen g und γ kennzeichnet den Unterschied zwischen erwarteter Mengenreaktion des Konkurrenten (γ) und tatsächlicher Mengenreaktion (g). Staatlicher Handlungsbedarf ergibt sich nur dann, wenn der Produktionsmengenveränderer die diesbezügliche Reaktion des Mitbewerbers falsch einschätzt. Konsistente konjekturale Variationen sind also gleichbedeutend mit der Optimalität der Freihandelspolitik.[47]

Ansonsten gelten auch hier die gleichen Annahmen wie bei *Brander* und *Spencer*.[48] Die falschen Erwartungen über das Konkurrenzverhalten führen zum Angebot einer nicht-optimalen Produktionsmenge hinsichtlich der *Stackelberg*-Führerschaft. *Eaton* und *Grossman* zeigen, daß unter der Maxime der Wohlfahrtsförderung eine Subventionierung der heimischen Produktion dann sinnvoll ist, wenn die erwartete Mengenreaktion des Konkurrenten größer ist als die tatsächliche. Dadurch ließe sich die inländische Herstellmenge auf die eines *Stackelberg*-Führers heben. Umgekehrt - falls die erwartete Mengenreaktion des Mitbewerbers kleiner ist als die tatsächliche - erfolgt eine Produktionsmengenverzerrung nach "oben", welche von staatlicher Seite durch eine Produktions- oder Exportsteuer wohlfahrtsfördernd korrigiert werden kann.[49]

Bei *Bertrand*-Verhalten der Duopolisten gehen beide davon aus, daß eigene Preisänderungen die Preise des Konkurrenten unberührt lassen. Es zeigt sich dann, daß in dieser Situation die erwartete ausländische Mengenreaktion stets größer ist als die tatsächliche. Somit liegt das inländische Unternehmen mit seiner Produktionsmenge über derjenigen im *Stackelberg*-Gleichgewicht. Im Gegensatz zur gleichen Situation bei *Cournot*-Verhalten ist bei *Bertrand*-Verhalten also eine Exportsteuer zur Senkung der inländischen Produktionsmenge wohlfahrtsfördernd.[50]

---

[47]Dem steht allerdings eine Untersuchung von Csaplar, W. W. Jr. und Tower, E.: Trade and International Policy under Oligopoly: Comment, in: Quarterly Journal of Economics, Vol. 103 1988, S. 599-602.

[48]D.h. insbesondere Cournot-Verhalten ($\gamma = \Gamma = 0$) und kein inländischer Konsum.

[49]Vgl. Eaton, J.; Grossman, G. M.: a.a.O. (FN 39), S. 389-391.

[50]Vgl. ebenda.

3.2.5 Strategische Importbeschränkung

3.2.5.1 Importbeschränkung im Cournot-Mengendyopol

Eine notwendige Ergänzung zum Modell von *Brander* und *Spencer* ist die Berücksichtigung *inländischen Konsums*. Betrachtet man - wie im Falle der strategischen Handels- und Industriepolitik - die gesamtwirtschaftliche Wohlfahrtsfunktion als Bewertungsmaßstab, so zeigt sich die nationale Wohlfahrt nicht nur als Funktion der Produzentengewinne[51], sondern ebenso als Abhängigkeit vom Staatsbudget und der Konsumentenrente. Im Klartext müssen zur gesamtwirtschaftlichen Wohlfahrtssteigerung die Produzentenrenten größer sein als die Subventionszahlungen und die Degression der Konsumentenrente zusammen. Letztere sinkt durch die inländischen Preissteigerungen, welche wiederum das Resultat des abnehmenden Wettbewerbsdrucks sind. Diese Situation wird nun von *Dixit* und *Krugman*[52] analysiert, wodurch sich die Wirkungsanalyse staatlichen Eingreifens erweitern läßt. Findet inländischer Konsum statt, so muß zunächst geklärt werden, ob Inlands- und Auslandsmarkt getrennt betrachtet werden können; d.h., ob die Märkte segmentiert sind. Für eine wohlfahrtstheoretische Beurteilung ist es darüberhinaus wichtig, ob Rückwirkungen von einem zum anderen Markt vorliegen.

<u>Prämissen:</u>

- Cournot-Verhalten
- heterogene Güter
- inländischer Konsum
- exogene Marktstruktur
- sinkende Grenzkosten
- Marktsegmentierung durch Fixkosten bzw. Transportkosten

[51]Auch wenn die Produzentengewinne innerhalb der Theorie der strategischen Handels- und Industriepolitik eine dominierende Stellung einnehmen.

[52]Vgl. ausführlich: D i x i t , A . K .: International Trade Policy for Oligopolistic Industries, in: The Economic Journal Conference Papers, Vol. 94, 1984, S. 1-16; D i x i t , A . K . ; K y l e , A .: The use of protection and subsidies for entry promotion and deterrence, in: American Economic Review, Vol. 75, 1985, S. 139-152; K r u g m a n , P . R .: Import Protection as Export Promotion: International Competition in the Presence of Oligopoly and Economies of Scale, in: Kierzkowski, Henryk (Ed.): Monopolistic Competition in International Trade, Oxford 1984, S. 180-193; derselbe: Market Access and Competition in High Technology Industries: A Simulation Exercise, in: Kierzkowski, H. (Ed.): Protection and Competition in International Trade, Basil Blackwell 1987, S. 128-142.

Dixit[53] unterstellt eine Marktsegmentierung durch bestehende Fixkosten sowie konstante Grenzkosten der Produktion und geht desweiteren davon aus, daß Inlands- und Auslandsnachfrage voneinander unabhängig sind. Erwähnte Rückwirkungen liegen in seinem Modell also nicht vor. Demnach ist ein Importzoll nur dann sinnvoll, wenn die inländischen Grenzkosten geringer sind als die ausländischen Grenzkosten (abzüglich einer evtl. gewährten ausländischen Exportsubvention). Andernfalls würde die durch die inländische Preissteigerung gesunkene Konsumentenrente die anfallenden Produzentengewinne zuzüglich der Staatseinnahmen überkompensieren. *Dixit* zeigt, daß sie nur bei kleiner Anbieterzahl sinnvoll ist, da sonst die Staatsausgaben höher sind als die zusätzlichen Wohlfahrtsgewinne.

Bei *Krugman*[54] sind hingegen Transportkosten für die Marktsegmentierung verantwortlich. *Krugman* unterstellt zudem abnehmende Grenzkosten der Produktion und somit Rückwirkungen von einem Markt auf den anderen. Die Produkte brauchen im Gegensatz zum *Brander/Spencer*-Modell keine perfekten Substitute zu sein. Es kann sich also durchaus um heterogene Produkte handeln. Damit liegen diesem Modell vergleichsweise realistische Prämissen zugrunde. In Analogie zu *Brander/Spencer* ergeben sich die Absatzfunktionen der beiden Unternehmen[55]

$$Ai = Ai(xi, xi^*) \qquad \text{und} \qquad Ai^* = Ai^*(xi, xi^*), \qquad (1), (2)$$

wobei i(i=1,...,r) für den betrachteten Markt steht. Er geht von sinkenden Grenzerträgen aus, so daß die Steigung der Gewinnfunktion (2. Ableitung) negativ ist. Als Stabilitätsbedingung gilt wiederum, daß die Determinante des Systems positiv ist (vgl. (6) bei *Brander/Spencer*).

[53]Vgl.: D i x i t , A . K . : a.a.O. (FN 52), S. 1-16.
[54]Vgl.: K r u g m a n , P . R .: a.a.O. (FN 35), S. 128-142.
[55]Das im folgenden dargestellte Modell ist hinsichtlich seiner Implikationen und Ergebnisse nicht vollständig auf Paul Krugman zurückzuführen. Auch James Brander und Anthony Venables haben sich mit dieser Thematik beschäftigt. Vgl. jedoch K r u g m a n , P. R.: a.a.O. (FN 52), S. 180-193.

Die Kostenfunktionen (TC) enthalten die Produktions- und Transportkosten:

$$TC = \Sigma\, ti\, xi + C(\Sigma\, xi) \qquad (3)$$
$$TC^* = \Sigma\, ti^*\, xi^* + C^*(\Sigma\, xi^*) \qquad (4)$$

Es werden sinkende Grenzkosten unterstellt, d.h. C``, C``* < 0. Desweiteren wird angenommen, daß die Transportkosten für das ausländische Unternehmen auf dem Inlandsmarkt höher sind als die Transportkosten des Inländers (ti<ti*).

Bzgl. des Wettbewerbsverhaltens der Unternehmen geht *Krugman* der Einfachheit halber davon aus, daß jedes Unternehmen die Menge des jeweils anderen als gegeben annimmt und sich somit als Mengenanpasser (Cournot-Verhalten) verhält. Die Gewinnfunktionen lauten dann:

$$G\,(xi) = \Sigma\, Ai(xi, xi^*) - \Sigma\, ti\, xi - C(\Sigma\, xi) \qquad (5)$$
$$G^*(xi^*) = \Sigma\, Ai^*(xi, xi^*) - \Sigma\, ti^*\, xi^* - C^*(\Sigma\, xi^*). \qquad (6)$$

Die Bedingung erster Ordnung für ein Gewinnmaximum lautet:

$$dAi/dxi - ti - \mu = 0 \qquad (7)$$

bzw.

$$dAi^*/dxi^* - ti^* - \mu^* = 0 \qquad (8)$$

wobei μ und μ^* die Grenzkosten der Produktion darstellen.

Im Gleichgewicht setzen die Unternehmen in jedem Markt Grenzkosten gleich Grenzerlöse. Dieser Gleichgewichtszustand stellt sich nach einem Iterationsprozeß wie folgt ein: Ein Unternehmen schätzt zunächst seine voraussichtlichen Grenzkosten (und somit auch die voraussichtlichen Grenzerlöse) und verhält sich dann auf dieser Basis als Mengenanpasser. Nun addiert man die ausgewählten Mengen je Markt zu einem Gesamt-Output und berechnet die implizierten Grenzkosten. Diese Grenzkosten-Schätzung dient dann abermals als Vorlage zum zweiten Cournot-"Spiel" usw..

Für eine gegebene Grenzkostenschätzung ergeben sich die beiden Reaktionsfunktionen der Kontrahenten wie bei *Brander/Spencer.* Die Steigungen müssen negativ sein und entsprechend der Stabilitätsbedingung verläuft die Reaktionsfunktion des Inländers steiler als die des ausländischen Unternehmens (siehe oben).

Wird die Grenzkostenschätzung des inländischen Unternehmens gesenkt, so verschiebt sich die inländische Reaktionsfunktion (ähnlich wie bei *Brander/Spencer* durch die Subventionierung) nach rechts (vgl. auch Abb. 3.1). xi wird steigen und xi* wird sinken. Das gleiche passiert in jedem Markt, in dem beide konkurrieren.

Je geringer die Grenzosten-Schätzung des Unternehmens ist, desto höher ist der Output, und je höher der Output, umso mehr sinken die Grenzkosten. Auf diese Weise stellt sich - in Abhängigkeit der Grenzkosten-Schätzung des Konkurrenten - stets ein neues Gleichgewicht ein.

Sodann zeigt *Krugman* wie bei Protektion des Inlandsmarktes zunächst der Heimatabsatz der inländischen Firma steigt (dies gilt auch bei konstanten Grenzkosten). Die Importbeschränkung führt unweigerlich zu einer Grenzkostenreduktion auf dem Inlandsmarkt. Dann steigt der Absatz auf dem Auslandsmarkt als Folge der durch den erhöhten Inlandsabsatz induzierten Grenzkostenreduktion[56].

Dieses Modell zeigt, daß, wenn steigende Skalenerträge der Produktion vorliegen, eine Importbeschränkung wie eine Exportsubvention wirkt. Durch die Abschottung des Inlandsmarktes kann der heimische Anbieter Größenvorteile der Produktion ausnutzen (statische Skalenerträge), da die höheren inländischen Absatzmengen die Grenzkosten senken. Die sich einstellenden höheren Gewinne können zur Finanzierung von Forschungs- und Entwicklungsanstrengungen genutzt werden. Der inländische Produzent erachtet dies auch als lukrativ, da er die daraus resultierenden zukünftigen Gewinne auch - zumindest auf dem Heimatmarkt - konkurrenzlos erzielen kann (dynamische F&E-Skalenerträge). Schließlich stellen sich mit zunehmendem Output Lerneffekte bei der Herstellung ein, wodurch seine Grenzkosten abermals gesenkt werden (dynamische Lernkurveneffekte).

---

[56] Krugman kommt zu einem ähnlichen Ergebnis, falls von staatlicher Stelle grenzkostenmindernde F&E-Subventionen gezahlt werden.

Auf diese Weise wird auf dem Inlandsmarkt die Reaktionskurve des ausländischen Anbieters (durch die Zollerhebung und der damit induzierten Grenzkostenzunahme) nach unten, und die des Inländers (durch die Mengenausweitung sowie die Ausnutzung von Skaleneffekten) nach oben verschoben. Trotz Marktsegmentierung bestehen durch den inländischen Vorteil sinkender Grenzkosten Rückwirkungen vom Inlands- auf den Auslandsmarkt. Denn auch hier gewinnt das inländische Unternehmen einen strategischen Vorteil. Durch dessen Grenzkostenreduktion bei gleichzeitiger Grenzkostenerhöhung des ausländischen Herstellers bewegen sich auch auf dem Auslandsmarkt die beiden Reaktionslinien in die gleiche Richtung wie auf dem inländischen Markt. Ein erhöhter Export beim Importeur und ein Verlust von Marktanteilen beim ausländischen Produzenten sind die Resultate. Die Potenzierung des Rentenumlenkungseffektes in diesem Modell erhöht somit den Anreiz zu staatlichen Eingriffen.[57]

3.2.5.2 Importbeschränkung im Bertrand-Preisdyopol

Die Wirkungsweise einer Importbeschränkung im heterogenen Dyopol wurde von *Helpman* und *Krugman*[58] aufgezeigt (vgl. Abb. 3.3).

Wenn beide Duopolisten eine Preisstrategie betreiben und imperfekte Substitute produzieren, so sind die Reaktionskurven in einem Preisdiagramm (p-p*-Diagramm) i.d.R. aufsteigend, d.h. je höher der Preis des einen Anbieters, desto höher hebt der andere seinen Preis (vgl. Abb. 3.3). Ohne Zölle befindet sich das Nash-Gleichgewicht in E_0. Eine Zollerhebung im Inland wirkt für den ausländischen Anbieter wie eine Grenzkostenerhöhung, so daß sich die Reaktionskurve nach R^*_z verschiebt. Das neue Gleichgewicht befindet sich in E_1. Beide Güterpreise sind gestiegen. Die Zollerhebung bewirkt entsprechend der Reaktionsfunktionen im Bertrand-Dyopol nicht, daß der ausländische Anbieter abgeschreckt wird. Vielmehr wird durch seine "erzwungene" Preiserhöhung der heimische Anbieter ermutigt (entsprechend seiner Reaktionsfunktion) ebenfalls den Preis anzuheben usw.. Die inländische Firma reagiert also nicht (gemäß Annahme) mit einer ggfs. sinnvollen Mengenstrategie auf die

[57] Die Argumentationslinien des Modells sind nicht ganz neu, denn eine gewisse Verwandtschaft zum "Erziehungszoll"-Argument von *Friedrich List* ist nicht von der Hand zu weisen (vgl. auch 3.6.1).

[58] Vgl. Helpman, E.; Krugman, P.R.: Trade Policy and Market Structure, Cambridge, Massachusetts 1989, S. 124 f..

Grenzkostenerhöhung des Konkurrenten, sondern es setzt eine Preisspirale in Gang, die letztlich die Zollerhebung ad absurdum führt. So ist es nicht auszuschließen, daß der Importpreis stärker gestiegen ist als der Zoll. Die *terms of trade* verschlechtern sich für den inländischen Produzenten (= Nettogewinnsteigerung des ausländischen Anbieters). Der Bruttogewinn vor Zoll ist entsprechend der Isogewinnkurve G^*_Z jedenfalls gestiegen. Das könnte letztlich beiden Duopolisten zugute kommen, aber auf Kosten der inländischen Konsumentenrente, weshalb das Rentenumlenkungsargument zugunsten von Importzöllen im Bertrand-Dyopol nicht greift.[59]

Wird der Importzoll durch festgelegte Importquoten (Q) ersetzt, so liefert das *Bertrand*-Dyopolmodell von *Harris*[60] eine wohlfahrtsfördernde Wirkung (vgl. Abb. 3.3). Da die beschränkte preisliche Reaktionsmöglichkeit des ausländischen Konkurrenten für den Inländer transparent wird, ist er in der Lage, eine der *Stackelberg*-Führerschaft vergleichbare Preisführungsposition einzunehmen. Dort, wo die neue Isogewinnlinie des heimischen Anbieters (G_Q) die infolge der Importquote beschränkte Reaktionslinie p^*_Q tangiert, liegt das neue Protektionsgleichgewicht. Im Protektionsgleichgewicht E_2 sind die Gewinne beider Firmen höher als bei Freihandels-, aber auch höher als bei Zollpolitik.[61]

---

[59]Vgl. Helpman, E.; Krugman, P.R.: a.a.O. (FN 58), S. 123-124.
[60]Vgl. Harris, R.G.: Why Voluntary Restraints are Voluntary, in: Canadian Journal of Economics, Vol. 18, 1985, S. 799-809.
[61]Vgl. auch Krishna, K.: a.a.O. (FN 41), S. 251-270.

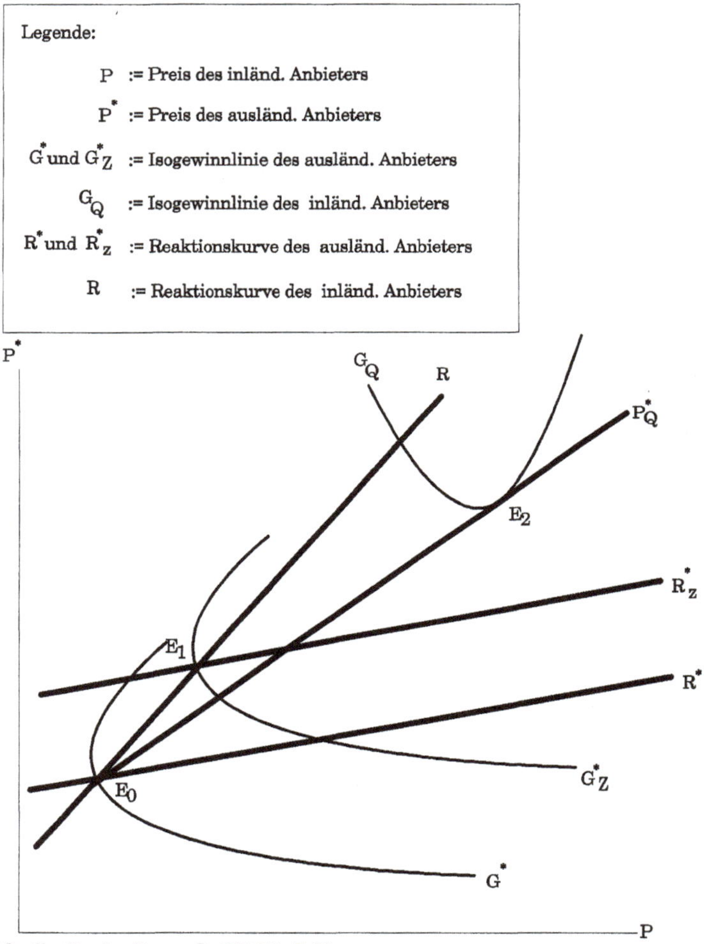

Quelle: Bender, D.: a.a.O. (FN 24), S. 33.

Abbildung 3.3: Optimale Importrestriktion im Bertrand-Preisdyopol

3.2.6 Endogene Marktstruktur

Bisher wurde stets - bei aller Variation der gemachten Annahmen - davon ausgegangen, daß eine exogene Marktstruktur vorliegt und die Anbieterzahl durch entsprechende Marktzutrittsschranken konstant bleibt. Zumindest langfristig ist jedoch anzunehmen, daß Unternehmergewinne Markteintritte anziehen. Dies ist zunächst deshalb wichtig, weil unter der Prämisse ungehinderten Markteintritts Rentenumlenkung langfristig nicht mehr das Ziel der staatlichen Industriepolitik sein kann. Die Unternehmergewinne verteilen sich dann langfristig auf eine nicht quantifzierbare Anzahl von Unternehmen des In- und Auslands. Theoretisch würde sich ein Marktgleichgewicht einstellen, bei dem Grenzkosten gleich Grenzerlöse sind und somit keine Gewinne mehr anfallen[62]. Allenfalls von der Justierung der Firmengröße kann man dann einen zusätzlichen Rationalisierungseffekt erwarten, der zu steigenden Skalenerträgen führt.

Sind die Märkte nicht segmentiert, so zeigen *Horstmann* und *Markusen*[63], daß theoretisch sowohl Importzölle, als auch Subventionen langfristig wirkungslos sind, da diese Weichenstellungen auf lange Sicht Markteintritte nach sich ziehen, welche Preissenkungen verursachen und dadurch auch die Firmengrößen langfristig konstant halten. Vielmehr kommt es zu ineffizienten Markteintritten mit gesamtwirtschaftlichen Wohlfahrtsverlusten. Denn bei freiem Markteintritt alimentieren Subventionszahlungen eine größere Anbieterzahl und sind somit obsolet. Werden heterogene Güter gehandelt (imperfekte Substitute), so bewirken grenzkostensenkende Subventionszahlungen ebenfalls ineffiziente Markteintritte. Gesamtwirtschaftlich entstehen Wohlfahrtsverluste[64] durch den Übergang zu kleineren Produktionsmengen mit höheren Stückkosten.

Ist ein wohlfahrtssteigernder Instrumenteneinsatz aus Sicht der strategischen Handels- und Industriepolitik derart nicht möglich, so führen nach Untersuchungen von *Venables*[65] die gleichen Politikmaßnahmen bei

---

[62]Dies kann letztlich nur als theoretischer Referenzpunkt betrachtet werden, da somit langfristig vollkommene Konkurrenz unterstellt wird. Tatsächlich ist vielmehr anzunehmen, daß sich nach möglichen Markteintritten jeweils ein neues Marktgleichgewicht auf der Grundlage unvollkommener Konkurrenz etabliert. Beispielsweise hat der Markteintritt von *Airbus* zwar die Machtverhältnisse auf dem Markt für Flugzeughersteller verändert, aber die oligopolistischen Marktstrukturen sind geblieben.

[63]Vgl. ausführlich: Horstmann, I. J.; Markusen, J. R.: Up the Average Cost Curve: Inefficient Entry and the New Protectionism, in: Journal of International Economics, Vol. 20, 1986, S. 225-247.

[64]In den Modellen der Strategischen Handels- und Industriepolitik ist Wohlfahrt durch die Merkmalsausprägungen der Produzenten- und Konsumentenrente definiert. D.h. ein inländischer Produzent, der keine zusätzlichen Gewinne (umgelenkte Renten) durch eine staatliche Subventionierung erzielt, erzielt in diesem Sinne *keine* Wohlfahrtssteigerungen, auch wenn dadurch Arbeitsplätze erhalten werden.

[65]Vgl. ausführlich: Venables A. J.: International trade in identical commodities: Cournot equilibrium with free entry, Centre for Economic Policy Research, Discussion Papers No.9, London 1984; derselbe: International Trade - Trade and Industrial Policy and Imperfect Competition: A Survey, Centre of Economic Policy Research, Discussion Papers No.79, London 1985.

segmentierten Märkten zu Wohlfahrtsgewinnen: Ein Importzoll für Ausländer ist identisch mit einer Durchschnittskostenerhöhung und führt deshalb zu Verlusten und Marktaustritt im Ausland. Die ausländische Anbieterzahl verringert sich, der Preis des Gutes steigt und somit auch die Exporterlöse der Inländer. Ebenso gehen durch den Importzoll die ausländischen Exporte zurück, so daß es im Inland zu einer Produktionsmengenausweitung kommt. Für inländische Firmen ergeben sich steigende Skalenerträge und für inländische Konsumenten sinkende Preise. Analog ist das Ergebnis bei einer Subventionierung der Exporte. Diese wirkt wie eine Transportkostensenkung und führt über zusätzliche Gewinne schließlich ebenfalls zu steigenden Skalenerträgen bei inländischen Unternehmern und zu einer höheren Konsumentenrente.

3.3 Beurteilung der Strategischen Handels- und Industriepolitik

3.3.1 Erklärungsgehalt der Modelle

Der neuen Theorie liegen Prämissen zugrunde, die teils einen höheren Realitätsgehalt aufweisen als die Annahmen der traditionellen Theorie. In Tabelle 3.1 sind die unterschiedlichen Prämissen und Erklärungsmuster gegenübergestellt. Bereits unter 3.2.1 wurden die wichtigsten Prämissen der neuen Theorie hinsichtlich ihres Praxisbezugs beurteilt. Der in der Praxis vorherrschende intra-industrielle Handel zwischen entwickelten Staaten und die Tatsache, daß durch diesen Handel bestimmte Gütergruppen präferiert werden und andere nicht, ist durch die neue Theorie erklärbar. Für die Bevorzugung sind in erster Linie unterschiedliche Absatz- und Innovationspotentiale verantwortlich. Insbesondere werden weitreichende Deutungsansätze über das Wettbewerbsverhalten auf oligopolistisch strukturierten Märkten mit vollkommener Konkurrenz geboten. Die Modelle von *Brander/Spencer* haben gezeigt, daß eine wohlfahrtstheoretische Legitimation von Exportsubventionen nicht auf Branchen, die steigende Skalenerträge verzeichnen, begrenzt sein muß. Die realistischen Annahmen im Modell von *Krugman* zur strategischen Importbeschränkung (insbesondere sinkende Grenzkosten) und im Modell von *Eaton/Grossman* (Nicht-autonomes Verhalten auf oligopolistischen Märkten) tragen dazu bei, staatliche Unterstützung auf Oligopolmärkten - unter Berücksichtigung eines pareto-optimalen Wohlfahrtsbegriffs - theoretisch zu legitimieren.

Die Modelle unterstreichen die Erkenntnis, daß Freihandel speziell dann nicht optimal ist, wenn wesentliche Wettbewerbsbeschränkungen vorliegen. Marktunvollkommenheiten können unter ganz bestimmten Bedingungen positive Wohlfahrtswirkungen interventionistischer Handels- und Industriepolitik begünstigen, die in vollkommenen Polypolmärkten nicht aufgetreten wären. Es läßt sich keine eindeutige Interventionsregel ableiten, aber andererseits auch keine definitive Gesetzmäßigkeit für Nicht-Intervention bzw. Freihandel; denn die volkswirtschaftliche Optimalität einer Freihandelspolitik kann durch die neuen Ansätze nicht bestätigt werden.

3.3.2 Erweiterung des Wohlfahrtsbegriffs

Der den Modellen zugrundeliegende Wohlfahrtsbegriff wird definiert über die Produzentenrente (Gewinne der Anteilseigner und Unternehmer) und über die Konsumentenrente (Kaufkraft der Konsumenten). Eine mögliche Wohlfahrtssteigerung ist somit dominiert von einer Verbesserung des unternehmerischen Angebots (wert- und mengenmäßig). Denn die Nachfragebedingungen der Abnehmer werden nur insoweit berücksichtigt, wie sich über einen marktmäßigen Austausch die Kaufkraft verändert. Steigende Preise vermindern, sinkende Preise erhöhen *ceteris paribus* die Kaufkraft des Nachfragers. Daß aber bereits das bestehende Preisniveau für einen arbeitslos gewordenen Nachfrager (und dessen Familie) zu hoch ist und er (infolge der Arbeitslosigkeit) Konsumverzicht leisten muß, würde in den dargestellten Modellen nicht zu Wohlfahrtsverlusten führen.

Natürlich ist die Auswahl der Kriterien zur Erweiterung des Wohlfahrtsbegriffs notwendigerweise werturteilsabhängig[66]. Aber betrachtet man die derzeitigen Probleme der Industrieländer, so fällt auf, daß eines der dringlichsten Gegenwartsprobleme, nämlich die Arbeitslosigkeit, in dem hier vorliegenden Wohlfahrtsbegriff ausgeblendet wird. Ohne die bestehenden Werturteilsdiskussionen der Wohlfahrtsökonomik zu analysieren oder zu komplettieren, scheint es im Zusammenhang mit industriepolitischen Überlegungen geboten, wenn nicht sogar überfällig, die Vermeidung von Arbeitslosigkeit als nachfrageorientierte Wohlfahrtserhaltung zu würdigen.

---

[66] Vgl. K ü l p , B . : Wohlfahrtsökonomik I, Die Wohlfahrtskriterien, Düsseldorf 1975, S. 3-22.

In Abbildung 3.4 ist die Güternachfrage eines Haushalts nach zwei bestimmten Produkten in Abhängigkeit seines Budgets dargestellt.

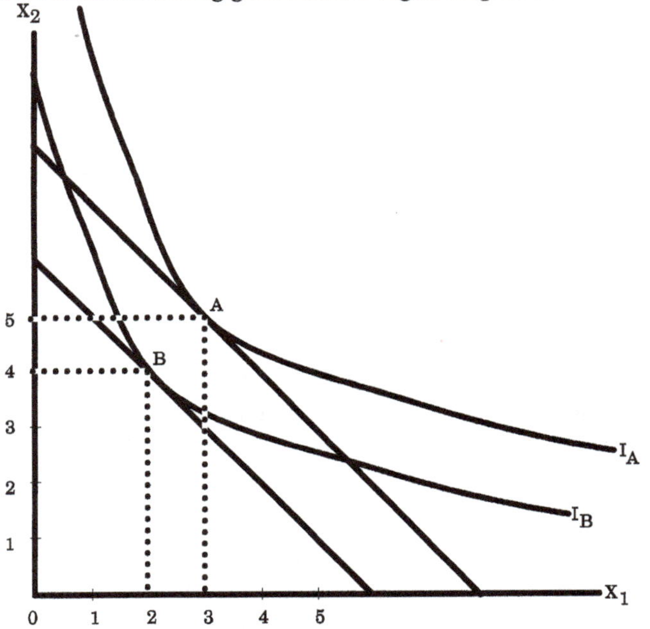

Quelle: eigene Zusammenstellung

Abbildung 3.4: Zusammenhang zwischen Güternachfrage und verfügbarem Budget

Im Falle der Arbeitslosigkeit eines Alleinverdieners verringert sich *ceteris paribus* die Höhe des monatlich verfügbaren Einkommens seines Haushalts. Somit verringert sich auch sein verfügbares Budget zur Güternachfrage. Je nach Höhe des Budgets kann der Haushalt für sich ein unterschiedliches Nutzenniveau realisieren. Die Nachfrage nach den beiden Gütern läßt sich bei gegebenem Budget als Indifferenzkurve darstellen. In Abhängigkeit der Budgethöhe lassen sich unterschiedliche Indifferenzkurven und somit unterschiedliche Nutzenniveaus beschreiben.

Angenommen der Haushalt realisiert bei Beschäftigung des Alleinverdieners die Nachfrage A, d.h. 5 Einheiten von Gut X_1 und 3 Einheiten von Gut X_2. Unter der Voraussetzung, daß sich die Prioritäten zwischen den Produkten X_1 und X_2

nicht verändern, wird er nach der Entlassung gemäß der Budgetlinie I_B nur noch die Nachfrage B und somit ein geringeres Nutzenniveau realisieren können.[67]

Denkbar ist sogar, daß die Nachfrage nach einem (oder beiden Gütern) Gut ganz ausbleibt. Die veränderte Zusammsetzung der Konsumgüternachfrage in Abhängigkeit von Einkommensminderungen der Nachfrager ist natürlich nicht unabhängig von der Art des Gutes. In der Regel wird der Haushalt zunächst einen Grundbedarf von lebensnotwendigen Produkten (wie z.B. Lebensmittel, Wohnraum, Kleidung) decken wollen. Grundsätzlich sinkt dann die Bereitschaft zur Nachfrage nach nicht-lebensnotwendigen und Luxusgütern.

Daraus folgt, daß die Konsumentenrente nicht nur vom Preisniveau, sondern ebenso vom verfügbaren Einkommen abhängig ist. Dieser Gedanke ist in der vorherrschenden angebotsorientierten Wohlfahrtsdefinition ausgeblendet.

Ist nun ein Unternehmen oder eine (traditionelle) Branche in wirtschaftliche Schwierigkeiten geraten und wird zum Schutz eine staatliche Unterstützungsmaßnahme diskutiert, so lassen sich zwei Fälle unterscheiden: Intervention oder Nicht-Intervention.

Abbildung 3.5 veranschaulicht die Wirkung eines Importzolls in dieser Situation für den protektionierten Anbieter *und* dessen Nachfrager.

---

[67]Verändern sich die Konsumpräferenzen, so könnte grundsätzlich jeder andere Punkt auf I_B nachgefragt werden. In jedem Fall wird das Nutzenniveau in Abhängigkeit des verminderten Einkommens sinken und somit die Güternachfrage.

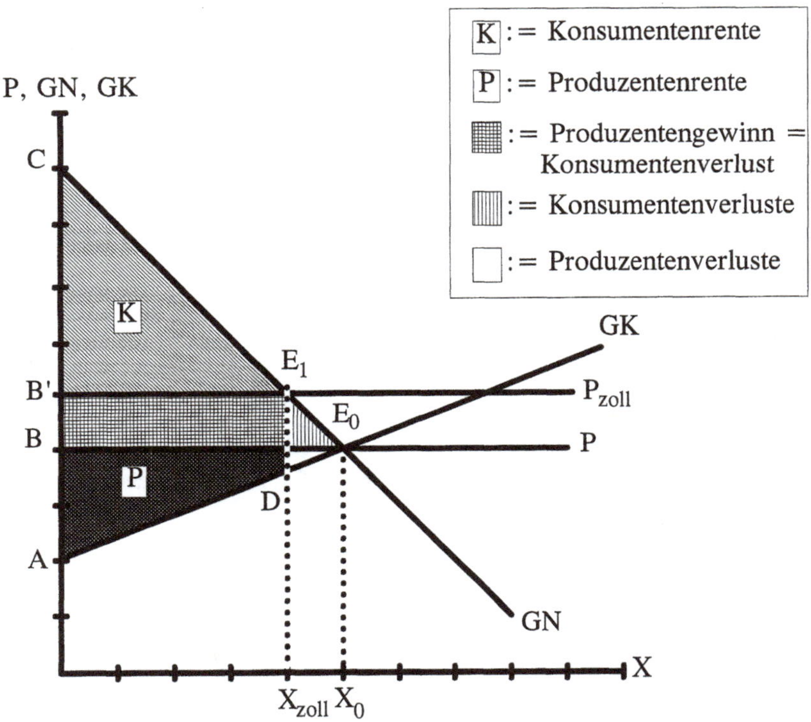

Quelle: eigene Zusammenstellung

Abbildung 3.5: Wohlfahrtswirkungen eines Importzolls

Angenommen werden (vereinfachend) steigende Grenzkosten[68] des Anbieters (GK) und ein sinkender Grenznutzen (GN) beim Nachfrager bzgl. der Nachfrage nach dem Produkt X. Der Preis p sei konstant. Unter diesen Bedingungen würde sich ein Gleichgewicht in Punkt E_0 einstellen. Die Konsumentenrente ist gekennzeichnet durch das Dreieck BCE_0 und die Produzentenrente durch das Dreieck ABE_0. Ein staatlich verordneter Importzoll würde den ausländischen Anbieter *ceteris paribus* weitestgehend vom Inlandsmarkt verdrängen. Der Preis für X im Inland steigt. Mittelfristig wird sich ein neues Gleichgewicht in E_1 einstellen, da der Nachfrager zum erhöhten Preis weniger nachfragen wird. Die

[68]Prinzipiell könnten auch konstante oder sinkende Grenzkosten unterstellt werden. Geht man von einer sinkenden Grenzkostenfunktion aus und hat diese eine stärkere Neigung als die Grenznutzenkurve, so ist der einem Gut beigemessene Nutzen relativ unelastisch gegenüber Veränderungen der Konsumentenrente (z.B. bei lebensnotwendigen Gütern).

Konsumentenrente reduziert sich auf $B`CE_1$ und die Produzentenrente erhöht sich auf $AB`E_1D$. Fazit: Die Produzentengewinne sind geringer als die Konsumentenverluste, so daß gesamtwirtschaftlich ein Wohlfahrtsverlust entsteht und nach den Modellen der Strategischen Handels- und Industriepolitik keine staatliche Intervention erfolgen würde.

Wird demzufolge das in wirtschaftliche Schwierigkeiten geratene Unternehmen nicht protektioniert, ergeben sich *ceteris paribus* die Wohlfahrtswirkungen aus Abbildung 3.6.

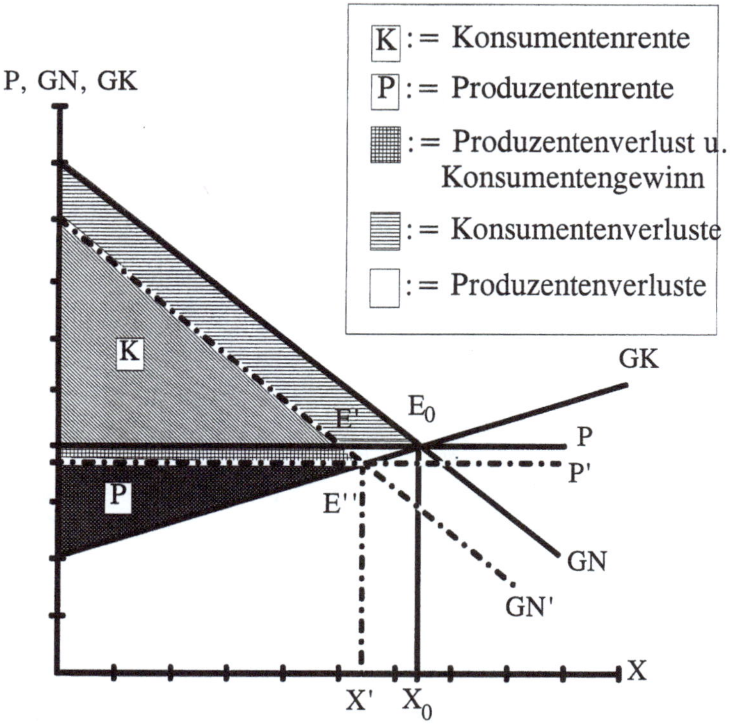

Quelle: eigene Zusammenstellung

Abbildung 3.6: Alternative Wohlfahrtswirkungen

Wiederum soll das Gleichgewicht E_0 Ausgangspunkt sein. Angenommen, das inländische Unternehmen muß sich aufgrund des unterbliebenen Importschutzes der ausländischen Konkurrenz erwehren und verliert infolgedessen

Marktanteile[69]. Als Konsquenz daraus werden Mitarbeiter freigesetzt. In diesem Falle wird sich (wie in Abb. 3.4 gezeigt) für die entlassenen Mitarbeiter infolge der Budgetkürzungen nur noch ein geringeres Nutzenniveau realisieren lassen. D.h. die Grenznutzenkurve (GN) und somit die Konsumgüternachfrage[70] verschieben sich nach links unten (GN`). Mittelfristig wird sich bei Cournot-Verhalten des inländischen Anbieters ein neues Gleichgewicht mit einem niedrigeren Produktpreis p` in E` einpendeln. Betreibt das inländische Unternehmen eine autonome Preisstrategie, so wird sich ein Gleichgewicht in E`` einstellen. Fazit: Produzenten- *und* Konsumentenrente sind (sowohl bei Cournot-, als auch bei Bertrand-Verhalten) gesunken und die Wohlfahrtsverluste sind größer als bei Zollerhebung[71].

Den prinzipiell gleichen Effekt bewirkt eine Versetzung der Arbeitskräfte in weniger produktive Einsatzbereiche (z.B. unproduktive Dienstleistungen), da in diesem Fall das bisherige Arbeitsangebot geringer honoriert wird und sich das Einkommen bei gleichem Arbeitsangebot verringert.

Der Verlust industrieller Arbeitsplätze (mit der Folge Arbeitslosigkeit oder unproduktive Verwendung) führt somit zu Wohlfahrtsverlusten[72], die in den Modellen der Strategischen Handels- und Industriepolitik keine Berücksichtigung finden. Wird hingegen die Konsumentenrente entsprechend einer nachfrageorientierten Problemnäherung nicht nur über die Veränderung des Preisniveaus definiert, sondern wird zusätzlich berücksichtigt, daß infolge eines veränderten Einkommensbudgets den einzelnen Produkten auch ein anderer Nutzen beigemessen wird, so wird davon die Struktur der Konsumgüternachfrage

---

[69]Das ist in dem geschilderten Fall nicht unrealistisch, denn immerhin wurde in der Beispielsituation (wahrscheinlich wegen des drohenden Verlustes von Marktanteilen) eine Protektionsmaßnahme in Erwägung gezogen.

[70]Die Konsumgüternachfrage wird natürlich nicht nur durch die Nachfrageprioritäten der Erwerbslosen bestimmt. Aber da sich die Gesamtnachfrage auch durch die Nachfrage der Erwerbslosen ergibt, muß sie *ceteris paribus* bei Anstieg der Arbeitslosigkeit und unter Berücksichtigung obiger Zusammenhänge sinken.

[71]Eine analoge Argumentation ließe sich prinzipiell auch bei Produktions- oder FuE-Subventionen verfolgen, da die Ausgangssituationen die gleichen sind: ein wirtschaftlich notleidendes Unternehmen (Branche) wird schließlich doch nicht protektioniert.

[72]Das wäre nicht der Fall, wenn es gelingen würde, die Produktionsfaktoren in Bereiche mit ähnlicher oder höherer Produktivität einzusetzen. Doch dies scheint offensichtlich in den Industriestaaten seit Anfang der 1970er Jahre nicht oder nicht in dem erforderlichen Maße zu funktionieren. Produktivitätssteigerungen werden oftmals nicht durch einen höheren (oder verbesserten) Output mit der gleichen Belegschaft realisiert, sondern mit weniger Mitarbeitern. Deren Nachfragestruktur verschiebt sich unbemerkt von den theoretischen Modellen.

beeinflußt. Das reduzierte (unternehmerisch bedingte und staatlich nicht verhinderte) Haushaltsbudget mindert den beigemessenen Nutzen und somit die Nachfrage im Vergleich zur Ursprungssituation.

Unter Zugrundelegung des erweiterten Wohlfahrtsbegriffs[73] ist staatliche Protektion solange erforderlich und sinnvoll, wie aus Sicht der Nachfrageproblematik ansonsten höhere Wohlfahrtsverluste der Nicht-Protektion zu erwarten sind. Darüberhinaus scheint es speziell bei traditionellen strukturschwachen Industrien wenig angebracht, nach Produktivitätssprüngen Ausschau zu halten, die höchstens auf Kosten einer weitaus unproduktiveren Reallokation erzielt werden können (vgl. USA: *working poor*). In diesen Branchen geht es wohlfahrtstheoretisch um die Wahl des *kleineren* Übels.

3.3.3 Verlust positiver externer Effekte

Wenn es - wie von der Theorie der Strategischen Handels- und Industriepolitik sowie von der Neuen Wachstumstheorie hervorgehoben - Industrien gibt, in denen es zu positiven externen Effekten kommt, dann gehen beim Untergang dieser Industrien auch die gesamtwirtschaftlich wertvollen externen Effekte verloren.

Bei externen Effekten sind Verursacher (z.B. FuE im Bereich der Mikroelektronikindustrie) und Betroffene (Nutznießer) nicht identisch. D.h. der einzelwirtschaftliche Betreiber von FuE ist dann nicht in der Lage, dieses produzierte Wissen zu konservieren, sondern es gelangt an Konkurrenten oder vor- bzw. nachgelagerte Industrien. Es entsteht ein gesamtwirtschaftlicher Nutzen (quasi unbeabsichtigt), den man speziell in vorgelagerten Produktionsbereichen bzw. durch FuE vermutet, da an diesen Stellen der Spezialisierungsgrad der Forschung bzw. Produktionsvorbereitung noch nicht so hoch ist, daß er für andere Produktionen unbrauchbar wäre.

Angenommen die Protektion (FuE-Subvention, Importbeschränkung) einer zukunftsträchtigen Produktion in einem Land (Inland) wird unterlassen und in einem anderen konkurrierenden Staat (Ausland) betrieben. Kommt es dann im Verlaufe der ausländischen FuE zu den erwarteten positiven externen Effekten,

[73]Und unter Berücksichtigung der Werturteilsabhängigkeit der jeweiligen Begriffsdefinition.

deren Nutznießer ein Unternehmen eines anderen Industriezweigs ist, das ebenfalls auf dem Weltmarkt mit einem inländischen Konkurrenten im Wettbewerb steht, so hat dieser ausländische Wettbewerber einen Wettbewerbsvorteil, der ihm das Abschöpfen von Monopolrenten ermöglicht. Denn wie aus den Modellen der Strategischen Handels- und Industriepolitik bekannt, wäre er in der Lage, die Position des Stackelberg-Führers einzunehmen.

D.h. durch die unterlassene Protektion einer zukunftsträchtigen Branche ist nicht nur diese Branche auf den Weltmärkten bedroht, sondern auch die möglichen Nutznießer potentieller Innovationspotentiale (positiver externer Effekte) verlieren an Wettbewerbsfähigkeit. Denn die positive Wirkung der FuE-Förderung (hier im Auland) ist bereits von *Brander/Spencer* untersucht worden. Wird aus den theoretischen Schlußfolgerungen der Modelle heraus im Inland keine FuE-Subvention gezahlt und fallen im Rahmen der ausländischen FuE (staatlich subventioniert) positive externe Effekte an, von denen ein anderes ausländisches Unternehmen (einer anderen Branche) profitiert, welches in Konkurrenz zu einem inländischen Unternehmen der gleichen Branche steht, so hat dies für den ausländischen Anbieter die gleiche Wirkung wie eine FuE-Subvention. Durch die Subventionierung der zukunftsträchtigen Industrie im Ausland erlangt ein anderes (ausländisches) Unternehmen "kostenloses Wissen", womit sich die inländische Nicht-Intervention zu Beginn nachhaltig negativ auf die gesamtwirtschaftliche Wettbewerbsfähigkeit auswirkt[74]. Hinzu kommt, daß mögliche Beschäftigungseffekte als Ausgleich für den Verlust von Arbeitsplätzen in traditionellen Bereichen ebenfalls nicht realisiert würden. Es sind sozusagen *Opportunitätskosten* für den entgangenen Nutzen positiver externer Effekte entstanden.

Da anzunehmen ist, daß die gesamtwirtschaftlichen Auswirkungen umso größer sind, je größer die Absatz- und Innovationspotentiale (positiven externen Effekte) sind, kann es sich keine große oder mittelgroße Volkswirtschaft leisten, in einer zukunftsträchtigen Technologie nicht wettbewerbsfähig zu sein. Vgl. z.B. die Erfindungen Dampfmaschine, Automobil oder Kunststoffherstellung.

---

[74]Einen ähnlichen Gedanken entwickelte bereits *Friedrich List* im Rahmen seiner Schutzzollargumentation. Vgl. L i s t , F . : Das Nationale System der Politischen Ökonomie, Berlin 1930, S. 183-185.

3.4 Traditionelle Wachstumstheorieansätze und empirische Evidenz

Wenn man von Wachstum spricht, empfiehlt es sich, zwischen *extensivem* und *intensivem* Wachstum zu unterscheiden. *Extensives* Wachstum entsteht durch Zunahme der Produktionsfaktoren bei unveränderter Technik. Es kommt nicht zu einer Produktivitätssteigerung, so daß weder das Pro-Kopf-Einkommen noch das BIP pro Kopf steigt. Hingegen steigt das Pro-Kopf-Einkommen durch *intensives* Wachstum, da dies Produktivitätssteigerungen infolge technischer Veränderungen impliziert.[75] D.h. es muß nicht nur eine quantitative Zunahme der Produktionsfaktoren erfolgen, sondern diese müssen neu "kombiniert" werden, um volkswirtschaftlich *intensives* Wachstum zu erzielen.

In der menschlichen Entwicklungsgeschichte ist *extensives* Wachstum seit jeher insbesondere im Zusammenhang mit Bevölkerungswachstum bekannt. Auf dieser Grundlage legte abermals *Adam Smith* den Grundstein einer gesamtwirtschaftlichen Wachstumsbetrachtung. Die Forcierung der Arbeitsteilung steigere den Wohlstand bis zu dem Punkt, an dem die technisch begrenzte Teilbarkeit von Arbeitsgängen letztlich in ein langfristiges Gleichgewicht ohne Wachstum endet.[76] Bereits hier ist auch *intensives* Wachstum durch Prozessinnovationen (Arbeitsteilung) angesprochen, allerdings unterstellte *Smith* langfristig einen Wachstumsstillstand.

Karl Marx (1818-1883) geht in der Erweiterung seines Reproduktionsschemas bereits eindeutig vom technischen Fortschritt als Ursache für eine Erhöhung des Mehrwertes aus.[77] Denn der Mehrwert kann einerseits für Konsumzwecke, andererseits für Investition bzw. Akkumulation verwendet werden. Die Steigerung der Produktionsfähigkeit der Wirtschaft ergibt sich quasi als Nebeneffekt des Akkumulationsprozesses. Letzterer wird durch den kapitalistischen Konkurrenzprozeß notwendig. D.h. der Unternehmer wird infolge des Wettbewerbs dazu gezwungen zu akkumulieren, wenn er sein Unternehmen fortführen möchte. Durch den Akkumulationsprozeß wird dann technischer Fortschritt realisiert. Eine Erkenntnis, die die (neo-)klassische Wachstumstheorie erst 1956 (Solow) einbezog.

---

[75] Vgl. Z i n n , K . G . : Konjunktur und Wachstum, Aachen 1994, S. 189.
[76] Vgl. ausführlich S m i t h , A . : a.a.O. (FN 2), S. 5-27.
[77] Vgl. M a r x , K . : Das Kapital, Band 2, Berlin 1982, Bd. 2, Kapitel 21.

Auch *Joseph A. Schumpeter* (1883-1950) empfand, daß innerhalb des wirtschaftlichen Systems eine Energiequelle besteht, die aus sich selbst heraus jedes Gleichgewicht stören würde. So hat er bereits in seiner zweiten größeren Abhandlung in "Theorie der wirtschaftlichen Entwicklung" (1912)[78] den Unternehmer in den Mittelpunkt des Wachstumsprozesses gestellt[79]. Dieser sieht sich nach *Schumpeter* immer der Gefahr der Ertragslosigkeit durch "Stationarität" ausgesetzt; deshalb muß er immer wieder etwas Neues wagen[80]. Durch "schöpferische Zerstörung"[81] bisheriger Produktionsfaktorkombinationen leitet der innovative Unternehmer[82] den Aufschwung ein. Durch die wenigen dynamischen Unternehmer wird die Masse der Unternehmensführer auf die Spur gesetzt. Durch den Diffusionsprozeß werden Nachahmer die Aufwärtsbewegung fördern. Nach einiger Zeit ist der Vorsprung des dynamischen Unternehmers aufgezehrt und er muß abermals "neue Kombinationen" generieren.

Ob mit oder ohne Wachstumsstillstand, zur Begründung von *intensiven* Wachstumsursachen muß der technische Fortschritt analysiert werden. Erstaunlicherweise geschieht dies weder in der postkeynesianischen Wachstumstheorie von *Harrod* und *Domar*, noch im neoklassischen Wachstumsmodell, das weitgehend von *Solow* geprägt wurde. Die nachfrageorientierte postkeynesianische Wachstumstheorie[83] modelliert die Bedingungen eines gleichgewichtigen Wachstums unter der Prämisse des Keynesschen Investitionsgleichgewichts (freiwillige Ersparnis = freiwillige Investition). Die zentrale Frage lautet: Kann eine Auslastung der Produktionskapazitäten kontinuierlich erfolgen, wenn Kapazitäten ständig wachsen? Denn bleibt die Nachfrage hinter der Kapazitätsentwicklung zurück, so reduziert der Unternehmer seine Investitionen, was weiteren Nachfrageausfall nach sich zieht usw.. Demnach muß also im Wachstumsgleichgewicht die

---

[78]Vgl. S c h u m p e t e r , J . A . : Theorie der wirtschaftlichen Entwicklung. Eine Untersuchung über Unternehmergewinn, Kapital, Kredit und den Konjunkturzyklus, 6.Aufl., Berlin 1964.

[79]*Schumpeter* entwickelte keine gleichgewichtige Wachstumstheorie wie die Neoklassik oder Postkeynesianismus, aber den Wachstumsursachen (technischer Fortschritt) kam er wesentlich näher.

[80]Die Antriebsmechanismen sind also bei *Marx* und *Schumpeter* identisch.

[81]*Schumpeter* unterschied insgesamt 5 verschiedene Innovationstypen. Vgl. S c h u m p e t e r , J . A .: a.a.O. (FN 78), S. 100.

[82]Den *Schumpeter* im Gegensatz zu *Marx* strikt vom Kapitalisten unterschied. Der Kapitalist sei wesentlich von der Sorge um sein eingesetztes Kapital befangen und infolgedessen risikoscheu. Vgl. ebenda, S. 139.

[83]Vgl. H a r r o d , R . F . : An Essay in Dynamic Theory, in: Economic Journal, Bd. 49, 1939, S. 14-39; D o m a r , E . D . : Capital Expansion, Rate of Growth and Employment, in: Econometrica, Bd. 14, 1946, S. 137-147.

Nachfrage kapazitätsauslastend steigen. Die Zufälligkeit dieses Wachtums auf des "Messers Schneide" (Knife-Edge-Theorem) wird in den Modellen von *Harrod* und *Domar* eindrucksvoll demonstriert.

Weil das Kapazitätsgleichgewicht (Kapazitätswachstum = Nachfragewachstum) nicht eingehalten werden kann (u.a. auch weil die Sparquote mit steigendem Einkommen überproportional steigt[84]), läßt sich auch das Investitionsgleichgewicht nicht einhalten, so daß (mit Rückgriff auf Keynes`Stagnationstheorem) ein Vollbeschäftigungsgleichgewicht auf Dauer nicht wahrscheinlich ist. Vielmehr ergibt sich ein Gleichgewicht bei Unterbeschäftigung. Die Neoklassik hat daraufhin diese Modelle wegen der gemachten Annahmen und der wenig erfreulichen Schlußfolgerungen scharf kritisiert. Doch wachstumstheoretisch sind die Modelle nicht wegen ihrer Annahmen und Funktionsweisen unzulänglich, sondern wegen ihrer konsequenten Veranschaulichungen eines Unterbeschäftigungsgleichgewichts äußerst brauchbar.

Im Mittelpunkt der neoklassischen Gleichgewichtstheorie (seit Mitte der 1950er Jahre) steht eine der Mikroökonomie entliehene Produktionsfunktion, die gleichsam für die gesamte Volkswirtschaft gilt. Das Wachstum wird als Funktion der Produktionsfaktoren Arbeit und Kapital definiert. Damit ist jedoch allenfalls *extensives* Wachstum erklärbar. "Kapital" und "Arbeit" wurden als qualitativ statische Produktionsfaktoren verstanden und Wachstum auf der Grundlage dieser beiden Faktoren findet immer nur proportional zum erhöhten Faktoreinsatz statt.

Um auch *intensives* Wachstum zu erklären, führte *Solow* 1956 mit dem technischen Fortschritt eine weitere unabhängige Variable ein, wodurch die eigentliche Wachstumsursache "exogenisiert" wurde.[85] Modellimmanent kann somit beispielsweise nur Wachstum aufgrund eines im Krieg zerstörten Kapitalstocks erklärt werden. Eine Verdopplung des Inputs führt zu einer Verdopplung des Outputs, wobei gemäß dem Ertragsgesetz langfristig die Produktionszuwächse sinken.

---

[84]Brentano-Keynessches Gesetz. Vgl. z.B. K e y n e s , J . M . : Allgemeine Theorie der Beschäftigung, des Zinses und des Geldes, 6.Aufl., Berlin 1983, S. 65 ff.

[85]Vgl. S o l o w , R . M .: A Contribution to the Theory of Economic Growth, in: Quarterly Journal of Economics, Vol.70, 1956, S. 76-90.

Da *arme* Länder aufgrund der Modellimplikationen so lange eine höhere Grenzleistungsfähigkeit ihrer eingesetzten Faktoren geltend machen können, bis der internationale Faktorpreisausgleich im Wachstumsgleichgewicht wiederhergestellt ist, müßten - gemäß der traditionellen Theorie - *arme* Länder gegenüber *reichen* Ländern bei Benutzung der gleichen Produktionstechnologien stetig aufholen (Catching-up-Hypothese).

Doch wenn Wachstum im wesentlichen durch technischen Fortschritt erklärt wird (*Solow* kam bereits 1957 zu dem Ergebnis, daß annähernd 90 % des wirtschaftlichen Wachstums auf technischem Fortschritt beruht[86]), dann kann die Theorie nur einen geringen Prozentsatz des Wachstums erklären. Pro-Kopf-Einkommenssteigerungen lassen sich durch die neoklassische Wachstumstheorie nicht herleiten. Damit können beispielsweise auch die Aufholprozesse der südostasiatischen Länder nach dem Krieg nicht belegt werden.

3.5 Theoretische Ansätze der Neuen Wachstumstheorie

Die neuen Ansätze gehen nun von einer breiteren Charakterisierung des Produktionsfaktors "Kapital" aus, indem sie neben dem bekannten Sachkapital insbesondere die Bedeutung von Wissenskapital und personengebundenem Humankapital hervorheben. Im Zusammenhang mit Wissens- und Humankapital[87] sowie beim Vorliegen von Forschungs- und Entwicklungsanstrengungen[88] verspricht man sich *steigende Skalenertäge* der Produktion. Zu steigenden Skalenerträgen kann es genau dann kommen, wenn entweder *positive externe Effekte* vorliegen[89] oder wenn der betrachtete Markt durch *unvollständigen Wettbewerb* gekennzeichnet ist.

---

[86]Vgl. S o l o w, R. M.: Technical Change and the Aggregate Production Function, in: Review of Economics and Statistics, Vol.39, 1957, S. 312-320; neuere Untersuchungen von Madison weisen auf einen Prozentsatz von 50-70% für ausgewählte OECD-Länder hin, vgl. M a d i s o n, A. S: Growth and Slowdown in Advanced Capitalist Economies. Techniques of Quantitative Assessment, in: Journal of Econonic Literature, Vol. 25, 1987, S. 649-698.

[87]Vgl. u.a. L u c a s, R. E.: On the Mechanics of Economic Development, in: Journal of Monetary Economics, Vol. 22, 1988, S. 3-42.

[88]Vgl. R o m e r, P. M.: Endogenous Technological Change, in: Journal of Political Economy, Vol. 98, 1990, Nr. 5, S. 71-102; G r o s s m a n, G.; H e l p m a n, E.: Innovation and Growth in the Global Economy, Cambridge, Massachusetts 1991.

[89]Vgl. auch W a l t e r, H.: Theoretische Probleme und Ansatzpunkte der Wachstumspolitik, in: WISU, 1984, 1, S. 36-42.

Zentrale Bedeutung zur Entwicklung und Generierung von neuen Technologien haben das Wissen, die Erfahrung und die Lernfähigkeit der Mitarbeiter. Investitionen in dieses Humankapital bewirken - nach Ansicht der Protagonisten der "Neuen Wachstumstheorie" - positive externe Effekte. Diese bewirken beim Nutznießer nicht bloß eine lineare Aufstockung der Produktionsfaktoren. Er bekommt sozusagen gratis (was unterstellt wird) einen Produktions- bzw. Wettbewerbsvorteil zugespielt.

Externe Effekte sind spätestens seit *Pigou*[90] bekannt, wurden jedoch seitdem vernachlässigt. Im hier gebräuchlichen Sinne entstehen *positive externe Effekte*, wenn letztlich allgemein verfügbares technisches Wissen aufgrund von Forschung und Entwicklung produziert wird, welches nicht nur dem Erzeuger ausschließlich von Nutzen ist. Im Gegensatz zur Funktion der Patente bei produktspezifischem Wissen gibt es bei der Erzeugung von allgemein zugänglichem Wissen keine Auschließbarkeit anderer Benutzer. Es kommt unbeabsichtigt zu gesamtwirtschaftlichen Synergieeffekten.

Entscheidend für die Endogenisierung der Wachstumsursachen in der neuen Theorie ist nun, daß der Anreiz zur Investition in FuE und Humankapital nicht verlorengeht. Denn die Investitionen des einen sind bei Vorliegen *positiver externer Effekte* von Vorteil für die Allgemeinheit. Innerhalb einer Branche (incl. Zulieferer)[91] profitiert ein einzelner Unternehmer von der Investitionsneigung[92] seiner Konkurrenten. Jene branchenspezifische Investitionsquote kann er jedoch durch eigene Investitionstätigkeit stimulieren. Sinkende Grenzerträge werden durch immer neue Innovationswellen, die immer neue Varianten eines Produkts erlauben, ausgeglichen. Neben dem Anreiz, ein günstiges Investitionsklima zu schaffen, von dem er letztlich selbst profitiert, besteht für den Unternehmer ebenso das Verlangen, den teilweisen Verlust seines technischen Wissens durch neue Forschungsanstrengungen zu kompensieren.

---

[90]Pigou betrachtete jedoch vordergründig negative externe Effekte durch Umweltzerstörung; Vgl. auch Hofmann, A.: Im Zeichen des Krebses, in: ZEIT-Punkte, Nr.3 1993, ZEIT-MAGAZIN, S. 34-36.

[91]Gemeinhin unterscheidet man zwischen inter-industriellen und intra-industriellen externen Effekten. Es wäre anzunehmen, daß letztere durch die Gleichheit der innerbetrieblichen Produktions- und Organisationsabläufe häufiger auftreten.

[92]Wenn hier von Investitionen die Rede ist, so sind stets Investitionen in Forschung und Entwicklung bzw. Humankapital gemeint.

Ebenso führen Investitionen in Humankapital nach *Lucas* zu steigenden Skalenerträgen.

Er legt folgende Wachstumsformel zugrunde:

$$g_y = A\ k^a\ h^{(1-a+m)}$$

g_y	Wachstumsrate des Volkseinkommens
A	Technologieparameter
k	Sachkapital/ Arbeit
h	Humankapitalbestand[93]
a	Produktionselastizitäten
m	positive Externalität

Grundsätzlich erzeugt nicht die Externalität das Wachstum im Modell, sondern die Annahme, daß zumindest einer der akkumulierbaren Produktionsfaktoren keine sinkenden Grenzerträge (sondern mindestens konstante) aufweist. *Mit* den Externalitäten wird dann gesamtwirtschaftlich von steigenden Skalenerträgen ausgegangen. Der jeweilige Output ist - neben den Beständen der einzelnen Produktionsfaktoren - wesentlich vom durchschnittlichen Humankapitalbestand der jeweiligen Volkswirtschaft abhängig. Die Steigerungsrate eines einzelnen Beschäftigten hängt also vom Durchschnittsniveau seiner Umgebung ab. Dadurch tendiert ein Wachstumsgleichgewicht nicht notwendigerweise zum Faktorpreisausgleich zwischen zwei Ländern, da die Faktorqualität unter der Annahme, daß sie vom Durchschnitt abhängt, beständig unterschiedlich ist. Internationale Unterschiede in der Entlohnung von Humankapital hätten somit ebenso Bestand wie unterschiedliche Pro-Kopf-Einkommen, ohne daß es zu nachhaltigen Nettokapitalexporten von den reichen zu den armen Ländern kommen würde.[94]

Auf Märkten mit *unvollständigem Wettbewerb* können ebenfalls durch Investitionen in FuE steigende Skalenerträge erzielt werden. Auf beinahe allen

[93] Auf die Problematik der statistischen Aufbereitung von Humankapitalindikatoren soll hier nicht näher eingegangen werden. Vgl. jedoch G u n d l a c h , E . : Determinanten des Wirtschaftswachstums: Hypothesen und empirische Evidenz, in: Die Weltwirtschaft (Vierteljahresschrift), 1993, S. 466-498.

[94] Natürlich sind dafür ebenso politische Instabilitäten und die mangelnde Qualität nationaler Wirtschaftspolitiken verantwortlich.

Weltmärkten ist der Wettbewerb mehr oder weniger eingeschränkt, so daß vollkommene Konkurrenz nur einen theoretischen Extremfall bildet. In der Praxis sind bestehende hohe Marktanteile Ausdruck einer dominierenden Position, die es dem Inhaber erlaubt, seine Marktmacht in Richtung noch größerer Marktanteile auszunutzen. Erwirtschaftet ein Unternehmer auf einem solchen Markt steigende Skalenerträge, weil er beispielsweise seiner Marktmacht entsprechend über eine große Produktionserfahrung verfügt und es ihm dadurch gelingt, seine Produktionskosten überproportional zu senken, so wäre langfristig mit einer monopolistischen Stellung des Unternehmens zu rechnen. Werden jedoch von seinen Konkurrenten Forschungsanstrengungen unternommen, so führt dies zu einer immer ausgereifteren Produkttechnik und somit zu einer steigenden Produktvielfalt. Die Entwicklung von immer neuen Produktvarianten erlaubt es dem einzelnen Unternehmen, Marktnischen zu erobern, wodurch ein Alleingang des Marktführers verhindert wird. Sofern die Produktvielfalt auf entsprechende Nachfrage trifft[95], liegt hierin eine Begründung für die Zunahme des *intra-industriellen* Handels nach dem Krieg. Wissensorientierte Investitionen haben dafür gesorgt, daß internationale Arbeitsteilung nicht mehr auf einer *natürlichen* Faktorausstattung basiert, die vorgegeben ist, sondern daß die Faktorausstattung beeinflußbar ist.

Grossman und *Helpman*[96] wenden sich in einer Weiterentwicklung dem Problem zu, daß der Anreiz zu Forschung und Entwicklung für den Unternehmer evtl. zu gering sein könnte, da die Vereinnahmung späterer Gewinne gefährdet sein könnte und somit die Gefahr von Fehlinvestitionen zu groß ist. Gesamtwirtschaftlicher Nutzen geht dann wegen einzelwirtschaftlicher Risikoüberlegungen verloren. Denn es ist eher fraglich, ob - wie oben angenommen - der Unternehmer ein branchenbezogenes Investitionsbewußtsein besitzt, welches ihm die gesamtwirtschaftliche Vorteilhaftigkeit eigener Investitionen in FuE aufzeigt. *Grossman* und *Helpman* sehen in diesem Mißstand eine Begründung für staatliches Eingreifen mittels Forschungssubventionen. Dadurch soll die Lücke zwischen mangelndem Anreiz wegen risikobehafteter Diffusionsmöglichkeiten und der Erzeugung von Wachstumsimpulsen durch Forschung und Entwicklung geschlossen werden.

---

[95]Denn bei Produktdifferenzierung ist davon auszugehen, daß es sich um reife Volkswirtschaften mit gesättigten Märkten handelt.
[96]Vgl. ausführlich: G r o s s m a n , G . ; H e l p m a n , E .: a.a.O. (FN 88).

3.6 Beurteilung der Neuen Wachstumstheorie

3.6.1 "Theorie der produktiven Kräfte" von Friedrich List

Der zentrale Gedanke der Neuen Wachstumstheorie ist keineswegs neu. Bereits *Friedrich List* hat sich in seinem Werk "Das Nationale System der Politischen Ökonomie" (1844)[97] mit den Ursachen wirtschaftlichen Wachstums auseinandergesetzt. Im Kapitel über die "Theorie der produktiven Kräfte und die Theorie der Werte"[98] illustriert er, wovon die produktive Kraft der Arbeit abhängt. Er setzt sich insbesondere mit dem (seiner Ansicht nach) klassischen Irrglauben auseinander, daß Waren und Arbeitskraft in jedem Falle ausschließlich als Tauschwerte zu sehen seien.[99]

List unterscheidet zwischen körperlicher und geistiger Arbeit, wobei letztere die eigentliche *produktive Kraft* darstellt, da aus ihr Entdeckungen, Erfindungen, Verbesserungen und Vervollkommnungen hervorgehen.[100] Er spricht bereits - ähnlich wie später *Schumpeter* - von einer "...Zerstörung von Werten (Reichtum) zugunsten der produktiven Kraft."[101] Er kritisiert die klassische Ansicht, daß jemand, der Schweine erzieht, genauso produktiv sei, wie jemand, der Menschen erzieht.[102] Seiner Ansicht nach produzieren die einen Tauschwerte, die anderen produktive Kräfte. Damit mißt er schon 140 Jahre vor den "Entdeckern" der Neuen Wachstumstheorie dem Wissens- und Humankapital gesteigerte Bedeutung für die Produktivität einer Volkswirtschaft bei. Auch ist für ihn der Wissens- und Humankapitalbestand (analog zur "Neuen" Wachstumstheorie) bereits ein Produktivfaktor:[103]

"In allen diesen Beziehungen hängt jedoch das meiste von den Zuständen der Gesellschaft ab, in welchen das Individuum sich gebildet hat und bewegt, davon,

---

[97]Vgl. L i s t , F . : a.a.O. (FN 74).
[98]Vgl. ebenda, Kapitel 12, S. 173-186.
[99]Auch *Adam Smith* sprach bereits von einer produktiven Kraft der Arbeit, die von dem Grad der Kenntnisse, der Geschicklichkeit, der Zweckmäßigkeit und vom Verhältnis der produktiven zu den nicht-produktiven Beschäftigten abhängt. Dieser Gedanke wurde darüberhinaus aber nicht weiter verfolgt. Denn letztlich ist (nach klassischer Ansicht) auch diese produktive Kraft in Tauschwerten meß- und handelbar. Vgl. S m i t h , A .: a.a.O. (FN 2), S. 10 ff..
[100]Vgl. L i s t , F . : a.a.O. (FN 74), S. 179.
[101]Vgl. ebenda, S. 178.
[102]Vgl. ebenda, S. 182.
[103]Vgl. ebenda, S. 176.

ob Wissenschaft und Künste blühen, ob die öffentlichen Institutionen und Gesetze Religiösität, Moralität und Intelligenz, Sicherheit der Person und des Eigentums, Freiheit und Recht produzieren, ob in der Nation alle Faktoren des materiellen Wohlstands, Agrikultur, Manufakturen und Handel, gleichmäßig und harmonisch ausgebildet sind,..."

Seiner Ansicht nach verkennt die klassische Schule insbesondere den Wert einer gleichmäßigen Ausbildung für die Produktivkraft einer Volkswirtschaft. Und so kommt er dann auch in Analogie zur Neuen Wachstumstheorie zur Schlußfolgerung, daß "...die Prosperität einer Nation ...[davon abhängt] ..., je mehr Produktivkräfte sie entwickelt."[104]
Seiner Ansicht zufolge war "...eine nach allen Zweigen ausgebildete Manufakturkraft Grundbedingung allen höheren Aufschwungs der Zivilisation, der materiellen Prosperität und der politischen Macht jeder Nation."[105]

Daraus leitete er letztlich sein Schutzzollargument ab: Denn "...der auswärtige Handel dürfe [deshalb eben nicht] wie der des einzelnen Kaufmanns einzig und allein nach der Theorie der Werte, d.h. mit alleiniger Rücksicht auf den augenblicklichen Gewinn materieller Güter beurteilt werden."[106] Eine "nach allen Zweigen ausgebildete Manufakturkraft" könne unmöglich bei freier Konkurrenz aufkommen. Ein zeitlich befristeter Schutzzoll für junge Manufakturen (Industrien) sei also nach *List* wegen des dort gebundenen Wissens- und Humankapitals notwendig. Ein (dadurch) anfänglich höherer Preis ("Opfer an Werten") werde später mit der Erwerbung einer Produktivkraft vergütet.[107] In den Termini der "Neuen Wachstumstheorie" könnte man auch von der Realisierung *positiver externer Effekte* durch Schutzzölle sprechen.

In diesem Sinne ist das einzig "Neue" an der "Neuen Wachstumstheorie" die letztendliche Begründung für staatliche Unterstützung: Da der Unternehmer die Bedeutung gesamtwirtschaftlicher (externer) Effekte evtl. nicht antizipiert, unterbleiben notwendige Investitionen in FuE und Humankapital. Die Divergenz zwischen einzel- und gesamtwirschaftlichem Nutzenkalkül ist demnach durch

---

[104]Vgl. List, F.: a.a.O. (FN 74), S. 182.
[105]Vgl. ebenda, S. 183.
[106]Vgl. ebenda.
[107]Desweiteren begründet *List* dies auch mit einer möglichen Versorgungssicherheit in Kriegszeiten. Vgl. ebenda, S. 184.

staatliche Hilfestellung zu beheben. Im (auf die heutige Zeit) übertragenen Sinne fordert *List* den Schutz junger zukunftsträchtiger Branchen, da sie in Zukunft *in jedem Fall* einen Teil des volkswirtschaftlichen Humankapitals ausmachen. Dieser ginge sonst verloren und würde letztlich die Produktivkräfte der Zukunft determinieren.

Dieser zeitlich befristeten *List`schen* Schutzzoll-Logik ist bedeutend leichter zu folgen als den dargestellten "modernen" Argumenten. Daß die Umsetzung einer unternehmerischen Idee in Unkenntnis der gesamtwirtschaftlich positiven externen Effekte unterbleibt ist äußerst vage, bisher nicht nachgewiesen und würde im übrigen dem unternehmerischen Geschäftssinn widersprechen.

Die Gedanken der Neuen Wachstumstheorie sind somit bereits 140 Jahre vorher von *Friedrich List* sehr plastisch formuliert worden. Die modelltheoretische Fortsetzung seit Mitte der 1980er Jahre hat unter diesem Blickwinkel keine neuen Erkenntnisse hervorgebracht.

3.6.2 Reine Angebotsorientierung der "Neuen" Wachstumstheorie

Neben dem nicht berechtigten Anspruch auf Neuartigkeit der Gedanken ist die Analyse des technischen Fortschritts als Wachstumsursache unzureichend. Werden tatsächlich positive externe Effekte durch Investitionen in Human- oder Wissenskapital hervorgerufen und impliziert dies technischen Fortschritt? Wie funktioniert das? Die USA hat seit den 1960er Jahren massiv in FuE für den gesamten mikroelektronischen Bereich investiert und ist heute dennoch in den meisten Halbleiter-Technologien hinter Japan zurückgefallen.[108] Geistige und wissenstechnische Ausbildung macht die Menschen noch nicht zu "dynamischen Unternehmern" i.S. *Schumpeters*. Kreativität läßt sich nicht gewaltsam erzeugen. Oder würde man mit massiven Investitionen in FuE der deutschen Stahlindustrie, dem Kohlebergbau oder der Textilindustrie mehr internationale Wettbewerbsfähigkeit verschaffen können? Wohl kaum!

Selbst eine hohe Humankapitalproduktivität reicht als Förderkriterium nicht aus, schließlich muß sich auch die Nachfrage entsprechend anpassen. Denn Wachstum ist definiert als "die Zunahme der Ergebnisse des Wirtschaftens von

---

[108]Vgl. Seitz, K.: a.a.O. (FN 17), S. 39-40.

einer Periode zur nächsten."[109] "Ergebnisse des Wirtschaftens" implizieren einen marktmäßigen Austauschprozeß. Das Wachstum muß also durch entsprechende Nachfrage "finanziert" sein. D.h. wiederum im Umkehrschluß, daß *ceteris paribus* Nachfrage erst Wachstum bewirkt.

In den angebotsorientierten Modellen der "Neuen" Wachstumstheorie bleiben nachfragebedingte Stagnationstendenzen und die mögliche Nachfrageabhängigkeit von technologischen Veränderungen[110] unberücksichtigt. Auch kann es infolge von Prozeßinnovationen zu Arbeitsplatzverlusten (technologische Arbeitslosigkeit) kommen, wodurch sich die Nachfragestruktur unweigerlich (und wahrscheinlich nicht entsprechend einem Wachstumsoptimismus) verändert.[111] Ohne die Finanzierung eines möglichen Wachstums zu berücksichtigen ist eine Endogenisierung der Wachstumsursachen (in den Modellen der "Neuen" Wachstumstheorie) unvollständig. Sowohl die postkeynesianischen als auch das neoklassische Wachstumsmodell funktionieren nur unter der Voraussetzung, daß die Produktivitätssteigerungen durch eine ausreichende Nachfrage absorbiert werden. Sobald Sättigungstendenzen eintreten, bleiben im *Harrod/Domar*-Modell die Gleichgewichtsbedingungen unerfüllt und im neoklassischen muß quasi von außen nachgeholfen werden. Da der technische Fortschritt bei *Solow* nicht endogenisiert ist, sind auch keine Aussagen über mögliche Wirkungsweisen in Sättigungssituationen machbar. In den neuen Modellen ist (zumindest) ein Teilaspekt des technischen Fortschritts endogenisiert, aber Nachfrageprobleme sind per Annahme (reine Angebotsorientierung) ausgeschlossen.

Tatsache ist jedoch: es hat in der Wirtschaftsgeschichte Wachstum gegeben! Die Praxis ist der Theorie voraus. Neue Techniken ermöglichen zweifellos Optionen auf wirtschaftliche Prosperität und ggfs. auch auf menschlichen Wohlstand. Aber einerseits muß die notwendige Anwendungs- oder Verwendungsbreite durch entsprechende Nachfrage bewirkt werden, andererseits ist es Bedingung, daß die technische Idee (invention) auch innovativ (innovation) wirksam wird. Somit sind technologische Diffusion und Anwenderabsorption parallele Prozesse. Sofern die technische Idee nicht auf gesellschaftliche Widerstände stößt, ist eine synchrone

---

[109] Vgl. Gabler Wirtschaftslexikon, 12. Auflage, Wiesbaden 1988, Bd. 6, S. 2569.
[110] Vgl. Schmookler, J.: Invention and Economic Growth, Cambridge/ Mass. 1966.
[111] Vgl. auch 3.3.2.

Stimulierung von technologischem Angebot und Nachfrage notwendig (insbesondere wenn ausländische Anbieter einen natürlichen Anpassungsprozeß unterbinden). Die Humankapitalausstattung einer Volkswirtschaft bietet Optionen zum technischen Fortschritt, Humankapitalinvestitionen erhalten diese Optionen, aber eine spürbare positive Korrelation zwischen dem Umfang der FuE-Investitionen und möglichen Produktivitätsfortschritten kann auch von der "Neuen" Wachstumstheorie nicht nachgewiesen werden.

Alleine durch Investitionen in Wissens- und Humankapital hätten beispielsweise weder ca. 50 Millionen Chinesen zur Zeit Christi ernährt werden können, noch hätte der deutsche Wiederaufbau nach dem zweiten Weltkrieg vonstatten gehen können. Anhand von Beispielen aus der Wirtschaftsgeschichte soll nachfolgend illustriert werden, was technischen Fortschritt bedingt. Denn technische Ideen i.S. von Erfindungen sind nicht per Knopfdruck verfügbar, aber man kann davon ausgehen, daß zu jeder Zeit der Wirtschaftsgeschichte ein gewisser Pool an technischen Ideen hervorgerufen wurde. Ob und wie aus einer technischen Idee technischer Fortschritt (und somit möglicherweise Wirtschaftswachstum und ggfs. sogar eine Wohlstandssteigerung) wird, soll nachfolgend analysiert werden.

3.6.3 Chinesisches Bevölkerungswachstum und technischer Fortschritt in der Antike

Bereits 150 v. Chr. lebten ca. 50 Millionen Chinesen im Gesamtchinesischen Kaiserreich (heutiges Nord-China).[112] Noch einige Jahrhunderte zuvor war dieses Gesamtreich in viele verschiedene Teilstaaten zersplittert, die sich insbesondere vom 5. bis zum 3. Jahrhundert v.Chr. erbitterte Kämpfe lieferten.[113] Die dadurch am meisten Geschädigten waren die Bauern, auf deren Rücken alle Kriege ausgetragen wurden. Einzelne Staaten konnten wegen ihrer ausgeprägten Reiskultur zeitweise eine gewisse Hegemonialstellung einnehmen. Doch statt eine fortschreitende ökonomische Entwicklung voranzutreiben wurde meist militärische Stärke demonstriert, wodurch temporäre Vormachtstellungen rasch ein Ende fanden. Die Verelendung der Bauern war stets das Resultat von

---

[112] Vgl. J u n g e, R.: Weltgeschichte der Standortentwicklung der Wirtschaft in der Klassengesellschaft, Berlin 1961, S. 512.
[113] Vgl. ebenda, S. 509-520.

Kriegen, Kriegssteuern, staatlich angeordneten unproduktiven Zwangsarbeiten (Plästebau) und einer Vernachlässigung des landwirtschaftlichen Sektors.

Im Jahre 221 v.Chr. gelang es der Dynastie Tschin, die Teilstaaten unter ein gesamtchinesisches Kaiserreich zu formieren. Von staatlicher Seite wurden in den folgenden Jahren wesentlich 6 Maßnahmen eingeleitet:[114]

- Einführung des Privateigentums an Boden und völliges Ernteverwertungsrecht für private Bauern (ab 210 v.Chr. für ganz China)
- Bau von umfangreichen Bewässerungssystemen
- Bau von künstlichen Landstraßen
- Aufbau eines riesigen Verteidigungssystems durch den Bau der chinesischen Mauer mit 160 Militärstationen
- Nomaden und umherziehende barbarische Völker wurden unterworfen und assimiliert
- zahlreiche Umsiedlungen und Verteilungen in vernachlässigte Territorien

Die Folge war eine breite Entwicklung der Landwirtschaft, insbesondere durch die Einführung des Privateigentums. Mit der Herstellung des Gesamtstaates nahm die staatlich geleitete künstliche Bewässerung in den verschiedensten Teilen des Reiches immer größere Ausmaße an. Zur Erweiterung wurde die Errichtung und sorgfältige Erhaltung kombinierter Schutz- und Kanalbauten angeordnet, die gleichzeitig der Abwehr und der Zufuhr von Wasser, der Ent- und Bewässerung dienten. Dadurch wurden Ödland oder Sümpfe in großer Ausdehnung anbaufähig. Ein weiteres Kennzeichen der landwirtschaftlichen Entwicklung war die fortschreitende Verbesserung der Düngung, die gerade für die chinesische Landwirtschaft für Jahrtausende hinaus typisch bleiben sollte. Auch wurde eine Ausdehnung der Schweine sowie Pferdezucht staatlich initiiert.[115]

Im verarbeitenden Gewerbe wurden durch die Eingliederung der Territorien wichtige Metallvorkommen hinzugewonnen. Die gesamte Eisenmetallverarbeitung wurde monopolisiert, um im wesentlichen landwirtschaftliche Geräte zu produzieren. Im Rahmen der landwirtschaftlichen und industriellen Entwicklung entstanden auch ganz neue Gewerbe, z. B. die

---

[114]Vgl. J u n g e , R. : a.a.O. (FN 112), S. 513-515.
[115]Vgl. ebenda.

Papierproduktion oder die Erzeugung von "wasserhellem" Glas, die im Westen erst viel später möglich wurde.[116] Auch wurden durch den Bau der 2500 Kilometer langen chinesischen Mauer (unter Einsatz von ca. 400.000 Arbeitskräften) reichhaltige Lerneffekte im Baugewerbe gesammelt, die sich im zivilen Bereich niederschlugen.[117] Aber nicht nur in diesem Zusammenhang war der Bau der Mauer produktiv. Das Reich war von Nordwesten her der immensen Bedrohung durch barbarische Völker ausgesetzt, die die landwirtschaftliche und industrielle Entwicklung zu stören drohten. Die 6 bis 10 Meter hohe und mit 160 Militärstationen besetzte Mauer bewirkte im Endeffekt, daß sich diese Barbarenstämme nach Westen orientierten.

Im Ergebnis führten all diese Maßnahmen und dadurch gedeihenden Entwicklungen zu einem ausgedehnten Binnenhandel, der alle Teile des Reiches mit ausreichend landwirtschaftlichen und industriellen Gütern versorgte. Dies war jedoch nur durch den staatlich organisierten Bau der Wasser- und Landstraßen möglich. Vom Prinzip her wurden dabei die Landstraßen ergänzend zu den Wasserstraßen (Flüsse und Kanäle) errichtet, um Gebirgsschranken zu überwinden. Bedeutsam war, daß sogar einheitliche Spurbreiten für Pferdewagen angeordnet wurden, damit die Radspuren eines Wagens vom nächsten genutzt werden konnten. Dadurch wurden auf dem morastigen Untergrund erhebliche "Verkehrsbehinderungen" vermieden. Darüberhinaus wurden die Straßen gepflegt und zahlreiche Herbergen am Wegesrand angelegt. Auf diese Weise konnten Massengüter wie Reis (von Süd nach Nord) und Salz (von Nord nach Süd) über beträchtliche Strecken transportiert werden.

Durch staatliche Kanalisierung wurde das Human- und Sachkapital des chinesichen Kaiserreichs produktiv im Sinne einer wirtschaftlichen und sozioökonomischen Prosperität genutzt. Staatliche Infrastrukturmaßnahmen und die staatliche Förderung "neuer" organisatorischer, rechtlicher und technischer Kombinationen vermochten die Ernährungs- und Lebensgrundlage für 50 Millionen Chinesen zu schaffen. Eine von der Technik geführte Fortschrittsdynamik läßt sich nicht ausmachen. Vielmehr wurden organisatorische, rechtliche und technische Ideen erst durch die gesellschaftlichen und politischen Rahmenbedingungen möglich. Insbesondere

[116]Vgl. Junge, R.: a.a.O: (FN 112), S. 517.
[117]Vgl. ebenda.

auf zentralstaatlicher Ebene wurden diese Ideen produktiv[118] im Sinne einer Wohlstandsmehrung für den Großteil der Bevölkerung kanalisiert[119]. Auch wenn die sozialen Bedingungen weiterhin beschwerlich waren, so kann man dennoch konstatieren, daß technischer Fortschritt mit Blick auf wirtschaftliche Notwendigkeiten und Bedürfnisse gelenkt wurde.

3.6.4 Merkantilismus und Industrielle Revolution

Die Industrielle Revolution zu Beginn des 19. Jahrhunderts war kein sprunghaftes Ereignis wie es der Ausdruck "Revolution" suggerieren könnte. Nicht alleine die Entwicklung der Dampfmaschine hat plötzlich Bevölkerungswachstum und industrielle Entwicklung hervorgerufen. Die eigentliche Langsamkeit des Prozesses wird schon allein dadurch deutlich, daß der industriellen Entwicklung eine agrarische vorausging. Zudem lagen zwischen der Entwicklung der Dampfmaschine durch *James Watts* im Jahre 1764 und den "revolutionären" Anfängen nahezu 40 Jahre.

Vielmehr ist in den vorhergehenden Epochen der Grundstein für einen säkulären Wachstumsprozeß gelegt worden. Die später als *Merkantilismus* bezeichnete Epoche vom 16. bis zum 18. Jahrhundert war zunächst durch ein Zurückschieben höherer (Gottes-)Gebote und eine den Eigennutz als Beweggrund des menschlichen Handelns in den Vordergrund stellende Denkweise gekennzeichnet. Das Gewinnstreben wurde auf diese Weise gesellschaftlich anerkannt und sanktioniert.[120] Dies wirkte sich im 17. Jahrhundert nachhaltig auf die Wirtschaftsgesetzgebung aus, die nunmehr weniger staatlich-soziale als rein wirtschaftliche Ziele anstrebte. Ebenso war man der Ansicht, daß

---

[118]Daß technische Ideen auch unproduktiv im Sinne einer soziökonomischen Bewertung "genutzt" werden können, zeigt K. G. Zinn in seiner Untersuchung: Kanonen und Pest, Über die Ursprünge der Neuzeit im 14. und 15. Jahrhundert, Opladen 1989. Darin kommt er zu dem Ergebnis, daß die Entwicklung der Feuerwaffentechnologie zu Beginn der Neuzeit als Reflex auf die unsicheren Verhältnisse in Verbindung mit der Pest auf fruchtbaren gesellschaftlichen Boden fiel, aber daß dieser technische Fortschritt keine nennenswerten Produktivitätssteigerungen hervorbrachte. Politisch und wirtschaftlich wichtig war diese Technologie für Unterdrückung und Kolonialisierung, aber nicht für die Wohlfahrt breiter Bevölkerungsschichten. In diesem Sinne konnte eine technische Idee auf fruchtbaren gesellschaftspolitischen Boden stoßen, ohne Produktivitätssteigerungen und wirtschaftliches Wachstum zu bewirken. Eine Fortschrittsorientierung an den sozioökonomischen Bedürfnissen blieb insofern aus.

[119]Durchaus keine Selbstverständlichkeit, wenn man beispielsweise den Bevölkerungsrückgang in Frankreich von 1660 bis 1750 von 24 auf ca. 16 Millionen infolge von Kriegen und zunehmender Steuerlast bedenkt. Vgl. Hausherr, H.: Wirtschaftsgeschichte der Neuzeit, Köln 1960, S. 143.

[120]Vgl. Hausherr, H.: a.a.O. (FN 119), S. 217.

internationaler Handel zum Wohle der Staatskassen derart betrieben werden müsse, daß man möglichst viel an Edelmetallen importieren und möglichst wenig exportieren müsse. Kurzum sollten notwendige Rohstoffe importiert und teure Fertigwaren exportiert werden. Diese Handelspolitik (die u.a. auch Importzölle für Fertigwaren vorsah) war deshalb meist mit einer mehr oder weniger umfangreichen Gewerbepolitik verbunden.[121] Die Landwirtschaft wurde in diesen Prozeß einbezogen. Denn unter dem Zwang militärischer Rüstung mußten in den europäischen Ländern die Staatseinnahmen in Geldform gesteigert werden. D.h. es mußten ebenso Steuern von der Landbevölkerung eingezogen werden. Diese durften demzufolge nicht nur von den natürlichen Produkten der Landwirtschaft leben, sondern sie mußten über einen marktmäßigen Austauschprozeß Geld einnehmen[122]. In diesem Sinne lag es im Staatsinteresse, die Marktwirtschaft ins kleinste Dorf zu bringen, um die Geldwirtschaft zu erweitern. Dazu wurden in der merkantilitischen Epoche sowohl im landwirtschaftlichen als auch im gewerblichen Sektor Entwicklungen initiiert, die der späteren wirtschaftlichen Entwicklung im 19. Jahrhundert Vorschub leisteten.

Zeitlich vor den "gewerbepolitischen" Maßnahmen lag in England die Einhegungspolitik des 16. Jahrhunderts für landwirtschaftliche Nutzflächen. Seit dem späten Mittelalter stieg der englische Wollbedarf zusehends. Um Wolle nicht nur für den Eigenbedarf nutzen zu können, sondern insbesondere auch zu exportieren, lag es im Interesse der Regierung die Schafzucht auszuweiten.[123] Landwirtschaftliche Nutzflächen wurden "eingehegt", um Tierzucht betreiben zu können. Unter diesem Interessensdruck des Besitztums wurde Wollerzeugung rentabler als Getreideanbau. Dazu benötigte man weniger Arbeitskräfte, was zu teils drastischen Verelendungen einiger Landstriche führte. Doch die zahlreichen Gegner der Einhegungspolitik vermochten sich nicht gegen diese Interessen durchzusetzen. Denn die Einhegungen waren mit einer Vernichtung der Kleinbetriebe verbunden, da überwiegend große Anbauflächen die Grundlage für eine lukrative Schafzucht bildeten. Doch die Bemühungen, das Exportverbot von

[121] Vgl. H a u s h e r r , H . : a.a.O. (FN 119), S. 225. Die Gewerbepolitik war umso umfangreicher, je weniger beherrschend die eigenen Gewerbebetriebe waren, welche Fertigwaren produzierten. In Frankreich beispielsweise hatte man sehr viel Mühe mit dem Aufbau eigener Gewerbe, da kein dominierender Gewerbezweig bestand.
[122] Vgl. ebenda, S. 219.
[123] Vgl. ausführlich: B e r e s f o r d , M . : The lost villages of England, London 1954.

Lebensmitteln aufzuheben und den Export von Wollerzeugnissen zu verbieten, fruchteten nicht.

Aus ökonomischer Sicht hatten die Einhegungen den Effekt, daß bereits im 16. Jahrhundert eine Erweiterung der landwirtschaftlichen Nutzfläche durch die produktive Nutzung bisherigen Ödlandes erfolgte und insgesamt eine günstigere Verteilung zwischen Weide- und Ackerfläche nach Bodenqualitäten Platz greifen konnte.[124]. Die später im Vorlauf der industriellen Revolution des 19. Jahrhunderts einsetzende agrarische "Revolution" knüpfte unter staatlicher Anleitung an die frühere Einhegungspolitik an. Die ökonomische Bodenparzellierung führte zu einer Verbesserung der Dreifelderwirtschaft und zu rasanten Fortschritten im Getreide-, Hackfrucht- und Wiesenbau. Auf diese Weise wurde die Ernährung einer langsam steigenden Bevölkerung gesichert. Im Zeitraum von 1727-1760 wurden durch 56 Gesetze 74.518 *acres* (= 40 ha) Bodenfläche eingehegt; 1802-1815 wurden bereits 739.743 *acres* durch 564 Gesetze eingehegt.[125] Zu Beginn des 19. Jahrhunderts wurde die Einhegungspolitik gar als Bedingung des wirtschaftlichen Fortschritts gepriesen.[126] 1801 wurde das Verfahren durch den *General Act* standardisiert und somit die Wünsche der wirtschaftlich Schwächeren vollends zur Seite geschoben. Die Grundlage für landwirtschaftlichen Fortschritt im Sinne marktmäßiger Rentabilitätskriterien im Vorlauf der industriellen Revolution wurde somit bereits im 16. und 17. Jahrhundert gelegt.

Der durch die merkantilistische Epoche verfestigte Gedanke des am Eigennutz orientierten wirtschaftlichen Handelns und die erwähnte staatliche Präferenz für die geldliche Umsetzung ökonomischer Transaktionen (um entsprechende Steuereinnahmen zu gewährleisten) trafen zusammen mit der erhöhten Güternachfrage einer steigenden Bevölkerung. War auf dem Land die Eigenherstellung noch weit verbreitet, so waren in den Städten Handwerk und Handel für die Güterherstellung vorherrschend. Da die Städte schneller wuchsen als die Landbevölkerung, wuchs auch der Anteil dessen, was gegen Geld zu kaufen war. Der gehobene städtische Bedarf an Gütern breitete sich ständig aus.

---

[124]Vgl. H a u s h e r r , H.: a.a.O. (FN 119), S. 124.
[125]Vgl. ebenda, S. 291.
[126]Vgl. ebenda.

Der gehobene Bedarf wurde zum Massenbedarf, was die gewerbliche Tätigkeit in all ihren Formen beflügelte.[127]

Jene Entwicklungen wurden von staatlicher Seite durch eine mehr oder weniger gezielte Gewerbe- und Außenhandelspolitik forciert. Das Zunftwesen hatte sich durch die Monopolisierungen von Produktionen und Ausschließungen von Draußenstehenden sowie der Ahndung von technischen Neuerungen als Hindernis für den wirtschaftlichen Fortschritt des Gewerbes allgemein und den technischen Fortschritt im besonderen erwiesen. Die Zünfte wurden deshalb sukzessive unter staatliche Aufsicht gesetzt, wodurch ihre ständischen und regionalen Einflüsse sanken. Junge Gesellen stiegen nicht mehr durch "Standesheirat" zu Meistern auf, sondern wurden in ihrem gewerblichen Verhalten immermehr von den Fesseln der Zunftgesetze befreit. Im 18. Jahrhundert kam es immer häufiger vor, daß geschäftstüchtige Meister das Recht, mit ihren Waren Kleinhandel zu treiben, nutzten.[128] Die Gewerbefreiheit wurde Tatsache lange bevor die Gesetzgebung im 19. Jahrhundert den Zünften den Schutz versagte.

Im Zuge dieser Entwicklung entstand das Verlagswesen mit "Verlegern", die für einen durch große Arbeitsteilung geprägten Produktionsprozeß den Einkauf und Verkauf organisierten. Die Staatsgewalt stellte sich auf die Seite dieser Kapitalisten und die Abhängigkeit der eigentlichen Erzeuger wuchs.[129] Der Staat brauchte die Erfahrung und Kapitalkraft dieser Verleger zur Begründung und Ausdehnung der gewerblichen Produktion, zur Befreiung von der Notwendigkeit, fremde Erzeugnisse einzuführen und zur Ermöglichung des Exports, der die Handelsbilanz verbessern sollte. Gewerkschaftliche Zusammenschlüsse wurden spätestens mit dem *Combination Act* von 1726 gesetzlich verfolgt[130]. Auf dem Arbeitskräftemarkt wurden die Voraussetzungen zur willigen und dauernden Einfügung der Massen in den Produktionsprozeß geschaffen.

Um den Außenhandel effizienter zu organisieren wurden große Außenhandelsgesellschaften bereits zu Beginn des 17. Jahrhunderts gegründet. Diese Kolonialunternehmungen waren meist Aktiengesellschaften, die ohne einen

[127]Vgl. L i p s o n , E. : The History of the Woolen and Worsted Industries, London 1921, S. 43-57.
[128]Vgl. ebenda, S. 43-57 sowie H a u s h e r r , H. : a.a.O. (FN 119), S. 156.
[129]Vgl. ebenda, S. 161 ff.
[130]Nach diesem Gesetz wurde jede Verschwörung von Wollarbeitern mit Gefängnisstrafe belegt.

Freibrief seitens des Königs oder des Parlaments ebensowenig existieren konnten wie die Bergwerksgesellschaften auf Aktien ohne das verbriefte Recht, auf einem bestimmten Grund und Boden zu schürfen.[131]

Der weitverbreitete Geldhandel bewirkte schließlich, daß die Bank von England gegründet wurde, um den Staat als größten Bedarfsträger über Staatskredite "zwischenzufinanzieren".[132] Denn der steigende Finanzbedarf für Militär und Finanzverwaltung wurde durch die gedachte indirekte Finanzierung über Exportsteigerungen nur langsam befriedigt. Auch wenn damit letztlich eine ungestüme Inanspruchnahme von Krediten verbunden war, so hat diese Initiierung doch unzweifelhaft zu Fortschritten und Innovationen im Bereich der Finanzdienstleistungen geführt, auf die später in den Zeiten der industriellen Entwicklung zurückgegriffen werden konnte. Im übrigen wurden nach englischem Vorbild sehr bald auch in anderen Ländern Staatsbanken mit ähnlichen Aufgaben betreut.

Man kann festhalten, daß im Laufe dieser Epoche der Staat immer mehr und in immer gezielterem Maße eine angebotsorientierte Unternehmer- und Kapitalpolitik betrieb. Die Interessen der breiten Verbrauchermassen spielten in dieser Gewerbe-, Zoll- und Außenhandelspolitik nur eine untergeordnete Rolle. Im Gegenteil: der Merkantilismus bevorzugte niedrige Löhne der Bevölkerung, da man annahm, daß die "Armen" nicht mehr zur Arbeit bereit wären, wenn sie mehr als existenzminimal notwendig verdienen würden.[133] Auf diese Weise wurde die ökonomische Kraft für einen gewaltigen Fertigwarenexport generiert.[134] Einerseits wurde der Luxuswarenverbrauch forciert, da er vielen Menschen Arbeit verschaffte; andererseits wurde von Politikern und Gelehrten der Hang zum Nichtstun bekämpft, Feiertage eingeschränkt und insbesondere an die strenge Arbeitsdisziplin appelliert. Diese wirtschaftliche Aufrüstungspolitik produzierte eine breite Masse besitzloser Lohnarbeiter, die fruchtbarer Nährboden für die heraufziehenden politischen, gesellschaftlichen und industriellen Entwicklungen sein sollten.

---

[131] Vgl. H a u s h e r r , H. : a.a.O. (FN 119), S. 178 ff.
[132] Vgl. ebenda, S. 186 f.
[133] Vgl. ebenda, S. 229.
[134] Freilich war Export auch aufgrund der schlechten heimischen Nachfragebedingungen unumgänglich.

3.6.5 Technischer Fortschritt und staatlicher Handlungsbedarf

Die aufgeführten Beispiele haben illustriert, daß technischer Fortschritt erst dann Wachstumsimpulse auslösen kann, wenn *Erfindungen* angewendet werden und wenn den *Anwendungen* eine entsprechende *Nachfrage* gegenübersteht. Die Neue Wachstumstheorie liefert allenfalls einen (wenn auch nicht neuen) Erklärungsansatz für den ersten Teil des Zusammenhangs. Aus diesem Grund war es zweckdienlich, die Wirtschaftsgeschichte beispielhaft darzustellen und die Theorie nur insoweit heranzuziehen, wie sie die Wirklichkeit beeinflußt.

In diesem Sinne läßt sich der staatliche Handlungsbedarf erweitern. Übertragen auf die heutige Zeit müssen durch systematische Marktforschung sowie durch Ermittlung des Anwender(Nachfrager-)Nutzens Kriterien zur Auswahl von (in diesem Sinne) produktiven Ideen geschaffen werden. Eine rein quantitative Ausweitung der Investitionen in FuE und Humankapital würde auch eine Menge Doppelforschung bedeuten, wenn nicht auch gleichzeitig qualitativ und anwendungsorientiert gesiebt würde.

Ist auf diese Weise eine Auswahl hinsichtlich einer technischen oder organisatorischen Idee mit gesamtwirtschaftlich positiven Wirkungen getroffen worden, so ist in der zweiten Phase eine synchrone Anwendungs- und Nachfragestimulierung notwendig, um schnellstmöglich über Größenvorteile Stückkostensenkungen zu realisieren. Eine zunehmende Anwendungsbreite kann schließlich gesamtwirtschaftliche *spill-overs* erzeugen.

Eine detaillierte Vertiefung staatlicher Handlungsmuster im Sinne der aufgeführten Wachstumsmechanismen wird im Anschluß bei der Erörterung der japanischen Industriepolitik erfolgen.

Kapitel 4: Empirische Legitimation von Industriepolitik Das industriepolitische Konzept Japans

Wenn im Rahmen der industriepolitischen Diskussion Beispiele angeführt werden, so werden von Wettbewerbs- und Ordnungspolitikern meist industriepolitische Fehlschläge infolge punktueller Subventionszahlungen an notleidende Branchen aufgezählt. Staatliche Subventionspolitik, die nicht den gewünschten Erfolg brachte, gibt es zweifelsohne. Daß jedoch wirtschaftspolitische Einzelmaßnahmen durch die Einbindung in ein industriepolitisches Konzept sehr wohl erfolgreich durchgeführt werden können, wird in diesem Kapitel anhand des industriepolitischen Konzepts Japans nach dem Zweiten Weltkrieg dargestellt.

Der Ursprung des japanischen industriepolitischen Konzepts datiert nicht unmittelbar auf die Zeit nach dem Zweiten Weltkrieg, sondern ist mit den Anfängen der Industrialisierung nach 1868 (Meiji-Restauration) historisch gewachsen. Die Nachkriegssituation schaffte dann den notwendigen wirtschaftspolitischen Handlungsbedarf, um ganzheitlich und ergebnisorientiert vorzugehen. Deshalb werden zunächst die historisch gewachsenen Rahmenbedingungen für die nach dem Zweiten Weltkrieg in Japan praktizierte Industriepolitik aufgezeigt. Anschließend wird der Prozeß der Industrieplanung unter besonderer Berücksichtigung staatlicher Einflußnahme aufgezeigt. Unter dem Oberbegriff Industrieplanung soll dabei sowohl die Unterstützung bestehender als auch die Generierung neuer Industriezweige verstanden werden.

Die Ergebnisse dieser Industrieplanungsprozesse unter staatlicher Anleitung werden einerseits am Realisierungsgrad der aufgestellten 5-Jahres-Pläne im allgemeinen und anhand zweier Branchenbeispiele exemplarisch verdeutlicht.

4.1. Historisch gewachsene Rahmenbedingungen der japanischen Industriepolitik

Als sich 1853 durch amerikanische Kriegsschiffe Japan nach 250 Jahren Abschließung wieder der westlichen Welt öffnete, blieb es weitgehend verschont von imperialistischen Einflüssen. Insbesondere die Rohstoffarmut bewahrte das

Land vor der Kolonialisierung durch westliche Erorberer.[1] Damit blieb auch gewachsenes japanisches Kulturgut erhalten. Trotz jahrhundertelanger Abgeschiedenheit sollte sich die Erhaltung des nationalen Kulturerbes als Keimzelle für den raschen wirtschaftlichen Aufstieg Japans erweisen. Hinzu kam, daß man schon vor der Meiji-Revolution von 1868 das Ausbildungssystem verbessert hatte.[2] Der hohe Bildungsstand und die als nationale Gefahr empfundene plötzliche Öffnung leisteten einerseits einem nationalistischen Interessensverbund Vorschub, zum anderen war man überzeugt, der westlichen Bedrohung nur durch die Absorption westlicher Organisation und Technik zu entgehen.

Die zur Meiji-Zeit vorgenommenen Reformen sollten in diesem Sinne die politischen und wirtschaftlichen Ansprüche am japanischen Nationalstaat sichern und die Widerstandsfähigkeit gegen äußere Einflüsse gewährleisten. Die nationale Entwicklung und deren militärische Absicherung sollten unter Ausnutzung kapitalistischer Märkte betrieben werden. Der Unterschied zu den westlichen Entwicklungsgeschichten besteht u.a. darin, daß liberalistische Erfahrungen und Ideologien in Japan fremd waren und ein darauf beruhendes Konkurrenzdenken überflüssig erschien.[3]

Begeistert wurde während der Meiji-Restauration organisatorisches und technisches Wissen aus Europa mittels Experten importiert.[4] Die ausländischen Experten wurden ohne Beachtung ihrer ideologischen Vorbildung als reine - allerdings gut bezahlte - Techniklieferanten funktionalisiert.[5] Die idologische Vorherrschaft des Nationalismus ließ in Japan keine kleingläubige Profitideologie zu. Europäische Laissez-faire-Bestrebungen erschienen den Japanern für ihren Nationalkapitalismus unbrauchbar.[6] Dies führte zwangsläufig zu einer Stärkung

---

[1]Vgl. Hentschel, V.: Wirtschaftsgeschichte des modernen Japans, Band 1 und 2, Mainz 1986, Bd. 1, S. 31 ff..

[2]Vgl. Roskovsky, H.: Japans Übergang zum modernen Wirtschaftswachstum 1868-1885, in: Fischer, W. (Hrsg.): Wirtschafts- und sozialgeschichtliche Probleme der frühen Industrialisierung, Band 1, Berlin 1968, S. 133 f..

[3]Vgl. Zinn, K.G.: Die Aufstiegsphase Japans- ein Beispiel für interventionistische Entwicklungspolitik, in: Zeitschrift für die gesamte Staatswissenschaft, Bd. 127, 1971, S. 670 f..

[4]Vgl. ebenda sowie Hentschel, V.: a.a.O. (FN 1), Bd. 1, S. 76 ff..

[5]Vgl. Roskovsky, H.: a.a.O. (FN 2), S. 135 ff. sowie Röpke, J.: Vom Nachzügler zum Pionier. Industriepolitische Anmerkungen zum Erwerb innovativer Fähigkeiten im Prozeß der nachholenden Entwicklung, in: Menzel, U.: Im Schatten des Siegers: Japan - Ökonomie und Politik, Frankfurt/M. 1989, S. 36 ff..

[6]Vgl. Zinn, K.G.: a.a.O. (FN 3), S. 682.

der interventionistischen Wirtschaftspolitik und zu einer Industrialisierung unter staatlicher Anleitung.

Am Ende des vorigen Jahrhunderts war es in Japan - ausgelöst durch die umfangreichen Reformen der Meiji-Restauration - notwendig geworden, die staatlichen Einnahmen und Ausgaben zu konsolidieren, ohne die Ausgaben für die Verteidigung zu beeinträchtigen.[7] Die allgegenwärtige Präsenz des Staates hatte in den zurückliegenden Jahren der Meiji-Restauration und danach zu hoher Inflation, Haushalts- und Handelsdefiziten geführt. Quasi aus der Not heraus - staatliche Investitionen waren nun nicht mehr möglich - versuchte man als Alternative, Anreize für den privaten Sektor zu schaffen sowie im Bereich der militärischen Sicherheit und der wirtschaftlichen Fortentwicklung zu investieren.

Nutznießer der neuen Politik waren die großen (später als zaibatsu bekannten) Firmengruppen. Es sollte der zögerliche Beginn von Industrialisierungsbestrebungen sein. Denn bis dato war der landwirtschaftliche Bereich eindeutig tonangebend. Das 1881 gegründete *Ministry of Agriculture and Commerce* (MAC) hatte nun weitreichende Entscheidungsbefugnisse, um die strategisch wichtigen Branchen zu unterstützen. Strategisch an Bedeutung gewann zu dieser Zeit die Industrie.

In Folge der zunehmenden Industrialisierungsbestrebungen ab dem Ersten Weltkrieg forderte der Landwirtschaftssektor ein eigenes Ministerium, da er seine Interessen im MAC aufgrund dieser Entwicklungen beeinträchtigt sah. 1925 erfolgte die Aufsplittung des MAC in ein Landwirtschaftsministerium und das *Ministry of Commerce and Industry* (MCI).

Die heraufziehende Weltwirtschaftskrise traf dann die japanische Landwirtschaft weitaus stärker als den industriellen Sektor. Jener hatte durch seine mächtigen Firmengruppen einerseits die größeren finanziellen Reserven und andererseits infolge seiner strategischen Bedeutsamkeit die besseren Beziehungen zu den Politikern.[8]

---

[7]Vgl. J o h n s o n , C . : MITI and the Japanese Miracle, Stanford, California 1982, S. 86-115.
[8]Vgl. ebenda, S. 96 sowie H e n t s c h e l , V . : a.a.O. (FN 1), Bd. 1, S. 177.

Angesichts der widrigen wirtschaftlichen Umstände herrschte jedoch anfangs Ratlosigkeit hinsichtlich möglicher wirtschaftspolitischer Leitlinien. Ad hoc wurden Eingriffe getätigt ohne gesamtwirtschaftliche Vision. Doch alsbald begann man zu analysieren, daß der größte Teil der Industriearbeiter im Mittelstand beschäftigt war und dieser auch zu 50-65 % je nach Branche den Exportumsatz tätigte.[9] Dank guter Öffentlichkeitsarbeit bezüglich dieser Problematik erließ das MCI 1925 zwei neue Gesetze, in denen schon Ansätze zur späteren Möglichkeit von Rezessions- und Rationalisierungskartellen für den Mittelstand enthalten waren. Doch noch wurde die industrie- und handelspolitische Ausrichtung des MCI stark von anderen Ministerien beeinträchtigt. Sein größter Erfolg war jedoch 1927 die Zusammenführung von hochrangigen Vertretern aus Politik, Verwaltung und Wirtschaft zwecks Beratung über die gesamtwirtschaftliche Situation. Als Ergebnis dieser Konsensbildung stellte das MCI statistische Daten über den industriellen Sektor zusammen. Es erfolgte eine Darlehensbereitstellung für den Mittelstand in bislang ungewohnter Größenordnung sowie die Fusionierung von Unternehmen in strukturschwachen Bereichen[10] und die Einsicht über die gemeinsame Verständigung hinsichtlich der Handels- und Exportunterstützung.

Jene industrielle Rationalisierung wurde um deutsche Nachkriegserfahrungen ergänzt. Die Erfahrungen aus dem 19. Jahrhundert mit dem Import technologischer Erkenntnisse und modernster Ausrüstung trafen zusammen mit dem Blick auf die deutsche Nachkriegspraxis. Die Japaner legten in diesem Zusammenhang schon früh die Betonung auf staatlich induzierte Konzerne und Kartelle, ähnlich den Ansätzen auf deutschem Boden. Denn die Bildung von Großunternehmen war für die japanischen Rationalisierer gleichbedeutend mit vermindertem Wettbewerb zur Vermeidung von ruinösem Wettbewerb.

Von dieser Grundauffassung profitierten weniger die mittelständischen Unternehmen als vielmehr die ohnehin schon mächtigen *zaibatsu*.[11] Eine weiche Wettbewerbspolitik des MCI unterstützte diese Entwicklung. Und auch als Anfang der 1930er Jahre die Wirtschaftspolitik militärisch mißbraucht wurde, machten die *zaibatsu* sehr schnell klar, daß ihnen wenig an Mittelstandskartellen

---

[9] Vgl. H e n t s c h e l , V. : a.a.O. (FN 1), Bd. 1, S. 98 sowie S. 177-180.
[10] z.B. Vereinigung der staatlichen Yawata-Stahlwerke mit den privaten Stahlfirmen.
[11] Vgl. H e n t s c h e l , V. : a.a.O. (FN 1), Bd. 1, S. 190.

gelegen war, sondern mehr an Fusionen zur Verringerung des ruinösen Wettbewerbs.

Somit stand die japanische Wirtschaft zwischen den Kriegen vor ähnlichen Problemen wie nach dem Zweiten Weltkrieg. Die Zwischenkriegszeit war geprägt vom Bestreben, den Privatsektor mehr in Eigenverantwortung und Selbstkontrolle zu entlassen. Die Erfahrungen im 19. Jahrhundert und die Lehren der Weltwirtschaftskrise ließen die Japaner nach anderen Kriterien für die Unternehmensführung suchen als kurzfristige Profite.

Die größte Leistung des MCI war das Vorantreiben einer vertrauensvollen Beziehung zwischen Staat und Wirtschaft. Trotz ähnlicher Problemstellungen wurden die Probleme nach dem Krieg allerdings besser gelöst. Ein wichtiger Grund dafür war die historische Kontinuität von Personen und Institutionen vor, während und nach dem Zweiten Weltkrieg[12]. Doch in den Erfahrungen der Meiji-Restauration bis zum Zweiten Weltkrieg wurzelt letztenendes die japanische Tradition für industriepolitisches Gedankengut. Der Erfolg nach dem Krieg basierte auf früheren Erfahrungen. Nach den Fehlentwicklungen mit einer stärkeren wirtschaftlichen Selbstkontrolle der privaten Sphäre, - die *zaibatsu* nutzten dies zur "Ausbeutung" des Mittelstands - , folgte in den 1940er Jahren das Jahrzehnt der staatlichen Kontrolle.[13] Doch auch hier waren die Erfahrungen im Sinne eines militärischen Mißbrauchs alles andere als gut.

Nach Zerstörung und Demontage und infolge der amerikanischen Besatzungspolitik war die Nachkriegssituation im wesentlichen dadurch gekennzeichnet, daß die *zaibatsu* geschwächt waren (Subventionsverlust, Dekonzentration), die staatliche Kontrolle erschwert wurde (Demokratisierungstendenzen, Arbeiterbewegung) und die Bürokraten keine demokratische Legitimation zur Durchsetzung ihrer Vorschläge mehr hatten. Regierung und Industrie erkannten die Notwendigkeit einer politischen Arbeitsteilung.[14] Dies ging mit der Entpolitisierung des eigentlichen politischen

---

[12]Vgl. J o h n s o n , C .: a.a.O. (FN 7), S. 114.
[13]Natürlich war dies auch durch den Kriegszustand bedingt, welcher privatwirtschaftlich nicht operabel ist.
[14]Vgl. J o h n s o n , C . : a.a.O. (FN 7), S. 196 f. sowie H e n t s c h e l , V . : a.a.O. (FN 1), Bd. 2, S. 110 f. und K l e n n e r , W . : Grundzüge der wirtschaftlichen Entwicklung und der Wirtschaftspolitik seit dem zweiten Weltkrieg, in: Menzel, U.: Im Schatten des Siegers: Japan - Ökonomie und Politik, Frankfurt/M. 1989, S. 65-67.

Apparates einher (wozu die USA durch ihre politische Bevormundung beigetragen hat).

Nachdem nun auch die staatliche Kontrolle in den 1940er nicht den gewünschten Erfolg gebracht hatte, erkannte man in Japan, daß, wenn eine Seite überwiegt, dies entweder zu Lasten der Vorteile des Wettbewerbs oder zu Lasten der staatlichen Prioritäten geht. Die Erfahrungen lehrten ein engeres Zusammenwachsen von Staat und Wirtschaft. Von nun an fanden regelmäßige Konsultationen in allen wichtigen Angelegenheiten zwischen allen Beteiligten statt. Die Bürokraten lieferten die staatlichen Anreize und die Wirtschaft kooperierte mit den Bürokraten in den Sitzungssälen der strategischen Industriezweige. Zu keiner Zeit war es ernsthaft umstritten, daß man nur aufholen könne, wenn der Staat "Entwicklungshilfe" leiste[15]. Ein prinzipielles Vertrauen in marktwirtschaftlichen Wettbewerb war gepaart mit einem fortschrittsgläubigen Pragmatismus. Denn wie die Japaner in ihrer Abneigung vor ruinösem Wettbewerb selbst erfahren hatten, waren die Marktmechanismen nicht so perfekt, wie in den Theorien dargestellt. Das privatwirtschaftliche Engagement brauchte im Sinne des Aufholprozesses eine Kanalisierung durch nationale Zielsetzungen. So wurden nach dem Krieg durch starke staatliche Signalsetzung des MITI Branchen nach ihrer Zukunftsträchtigkeit ausgewählt und gefördert[16].

4.2 Prozeß der Industrieplanung unter staatlicher Anleitung

Die übergeordneten Beweggründe nach dem Zweiten Weltkrieg für industriepolitische Entscheidungen und Handlungen in Japan waren die angestrebte Verbesserung der internationalen Wettbewerbsfähigkeit auf den Weltmärkten, die Erhöhung der gesamtwirtschaftlichen Effizienz, die zunehmende Anpassungsfähigkeit der Unternehmen sowie eine Befolgung der nationalen Ziele.[17] Darin kommt eine zukunfts- und wachstumsorientierte industriepolitische Grundeinstellung zum Ausdruck, die ihre Schwerpunkte nicht in Strukturerhaltungs-, sondern in Strukturanpassungs- und Technologiepolitik setzt und die marktwirtschaftliche Mechanismen unterstützen und nicht ersetzen

[15] Vgl. auch Hilpert, H. G.: Japanische Industriepolitik - Grundlagen, Träger, Mechanismen, in: ifo-Schnelldienst, Nr. 17-18, 1993 , S. 8 sowie Klenner, W.: a.a.O. (FN 14), S. 68 f..
[16] Vgl. Komiya, R.; Okuno, M.; Suzumura, K.: Industrial Policy of Japan, Tokyo, New York, London, 1988, S. 25 ff..
[17] Vgl. Hilpert, H. G.: a.a.O. (FN 15), S. 9.

möchte[18]. Planrationalität sollte Marktrationalität ersetzen, was konkret bedeutet, daß einer Industriepolitik Vortritt gewährt wird, die die Struktur der heimischen Industrie insbesondere vor dem Hintergrund der internationalen Wettbewerbsfähigkeit betrachtet.

Das impliziert ein strategisches zielorientiertes Konzept[19], in dem nicht der Marktprozeß, sondern das Marktergebnis im Vordergrund steht. Ebenso muß die Abstimmung von wirtschaftlichem Strukturwandel und gesellschaftlicher Bedürfnisstruktur in eine Nachfrageorientierung hinsichtlich der zu fördernden Vorhaben münden. In Japan war man sich darüber bewußt, daß ein industriepolitisches Konzept grundsätzlich drei Anforderungen an die staatlichen Instanzen stellt: Die industriepolitischen Trägerinstanzen und Initiatoren müssen langfristig planen können, sie müssen darüberhinaus als integrative konsensfördernde Kraft wirken, die sowohl alle betroffenen Interessensgruppen als auch Wirtschaftspolitikbereiche einbezieht und sie müssen bezüglich der getroffenen Entscheidungen Flexibilität bewahren. Der Ablauf des Industrieplanungs- und unterstützungsprozesses erfolgt vor diesem Hintergrund: Nach eingehenden Interessenabstimmungen unter den Teilnehmern am Wirtschaftsprozeß erfolgt die Initiierung und Durchführung der Unterstützungsmaßnahmen. Währenddessen bleiben Planrevisionen möglich.

4.2.1 Industriepolitische Interessenabstimmung

4.2.1.1 Paradigma

Strategisches und zielorientiertes Vorgehen bedeutet im Kern, daß Industriepolitik langfristig und planvoll praktiziert werden muß. Unter Planung versteht man in Japan die Idee der indikativen Rahmenplanung, die die Nutzung von Planungen als Richtschnur für künftige Entwicklungen vorsieht. Solche Pläne sind beispielsweise die langfristigen Wirtschafts- und Strukturpläne des

[18]Vgl. auch K r a u s , W . : Japan - lenkungswirtschaftliches oder marktwirtschaftliches System ?, in: List Forum, Bd. 12, Heft 1, Februar 1983, S. 5-26.

[19]Vgl. J o h n s o n , C . : a.a.O. (FN 7), S. 17-21. J o h n s o n spricht in diesem Zusammenhang von einem *developmental state*, in dem nicht das Regulieren zum Selbstzweck wird, sondern ein konkretes Marktergebnis erzielt werden soll. Demgegenüber bezeichnet er z.B. den amerikanischen Staat als *regulary state*, in dem die Rationalität der Abläufe (Marktmechanismen) und die Kompatibilität der Rahmengesetzgebung gewährleistet ist.

MITI.[20] Diese sogenannten "visions" oder Grundorientierungen bilden das Kernstück industriepolitischer Politikformulierung.[21] Diesen Plänen liegt zunächst eine Bestandsaufnahme des Status quo in der betreffenden Branche zugrunde, um dadurch eine Revision vergangener Fehlentwicklungen zu ermöglichen. Alsdann werden Daten gesammelt und bereitgestellt, die die Entwicklung der gesellschaftlichen Bedürfnisse widerspiegeln, um den eingetretenen Strukturwandel mit der zukünftigen Nachfragestruktur abzustimmen. Im Anschluß daran werden mögliche Lösungsstrategien und Zukunftsvisionen mit allen wirtschaftlich und gesellschaftlich Betroffenen diskutiert und vorgestellt.

Auf Initiative der zuständigen Ministerien (im Falle der Industriepolitik ist dies vorwiegend das MITI) arbeiten eine Vielzahl von Expertengremien dem Ministerium zu.[22] Ein ständiger Beratungsausschuß wird durch eine Fülle von Fachausschüssen ergänzt, die sich arbeitsteilig mit Detailfragen des Strukturwandels beschäftigen. In der Vorbereitungsphase werden alle betroffenen Industriezweige direkt informiert und von den Gremien durch Vorklärungsgespräche in die Grobstrukturierung einbezogen. Dieser interaktive Austausch dauert so lange, bis ein Entwurf möglich ist, der von allen beteiligten Industrievertretern und involvierten Unterabteilungen des MITI getragen wird. Damit repräsentieren diese "visions" die Übereinstimmung der für die wirtschaftliche und gesellschaftliche Entwicklung des Landes maßgeblichen Gruppen.[23] Besonders in den Jahren des Wiederaufbaus und des Aufholprozesses waren diese Wirtschaftspläne als Richtschnur für die Unternehmen hilfreich, da sie als Hinweis dienten, in welchen Bereichen in Zukunft mit industriepolitischer Unterstützung zu rechnen war. Dies gab den risiokoaversen Unternehmen mehr Planungssicherheit.[24] Die Interessenabstimmung zwischen den am Planungsprozeß beteiligten Gruppen ist dabei weniger durch antagonistische Verhandlungsrunden auf der Grundlage

---

[20]Das MITI hat 1974 in diesem Zusammenhang sogar von "Planmarktwirtschaft" gesprochen. Vgl. Foljanty-Jost, G.: Ökonomie und Ökologie in Japan, Opladen 1995, S. 28.

[21]Vgl. Hilpert, H. G.: a.a.O. (FN 15), S. 14.

[22]Vgl. ebenda.

[23]Vgl. Deutsches Institut für Wirtschaftsforschung (DIW) (Hrsg.): Industriepolitik im westlichen Ausland - Rahmenbedingungen, Strategien, Außenhandelsaspekte, Band 2, Berlin 1987, S. 78-80; Kokalj, L.; Albach, H.: Industriepolitik in der Marktwirtschaft - Ein internationaler Vergleich, Stuttgart 1987, S. 74-77.

[24]Vgl. Neuschwander, T.: Mythos MITI, Industriepolitik in Japan, Frankfurt a. M., Berlin 1994, S. 62.

gegensätzlicher Vorstellungen geprägt; vielmehr wird gegenseitige Problemidentifikation und heranwachsende Interessendeckung bereits innerhalb der jeweiligen "Gruppe" einerseits und zwischen den beteiligten Gruppen andererseits gefördert.

4.2.1.2 Beteiligte am Industrieplanungsprozeß

Unternehmensverbundgruppen

Die wirtschaftlichen Verbundgruppen haben sich nach dem Zweiten Weltkrieg quasi als Ausweichreaktion auf die amerikanische Unterbindung der familiären *zaibatsu* entwickelt. Dabei handelt es sich um Unternehmensverflechtungen, die rechtlich durch Überkreuzbeteiligungen dokumentiert werden. Die japanische Wirtschaft wird von diesen Unternehmenskonglomeraten beherrscht. Rund 70% des Aktienkapitals in Japan befindet sich heute im Besitz einer der ca. 100 Unternehmensgruppen.[25] Den organisatorischen Kern einer Unternehmensgruppe bildet i.d.R. eine Hausbank und ein Handelshaus. Der Haus- und Geschäftsbank obliegt die Übernahme sämtlicher Finanzierungsaufgaben innerhalb der Gruppe.[26] Der umfangreiche gegenseitige Güter- und Dienstleistungsverkehr erfolgt unter Vermittlung der Handelsgesellschaft. Sowohl Hausbank als auch Handelshaus stehen somit im Zentrum eines regen Informationsflusses.

Zwischen den Unternehmensmanagern finden regelmäßig Sitzungen zur Generierung einer einheitlichen Gruppenstrategie statt. Entsprechend einer ganzheitlichen Betrachtungsweise sind im Unternehmensverbund i.d.R. sämtliche Branchen vertreten. Die Gewichtungen sind je nach Gruppe allerdings unterschiedlich. Nach *Scott* ist eine Spaltung zwischen traditionellen und modernen Industrien charakteristisch[27], wodurch ein starkes Zusammengehörigkeitsgefühl und situationsentsprechendes Problembewußtsein

---

[25]Vgl. E l i , M . : Die Bedeutung wirtschaftlicher Verbundgruppen: Netzwerkstruktur und Keiretsu-Effekt, in: Mayer, H.-J.; Pohl, M.: Länderbericht Japan, Darmstadt 1995, S. 265 sowie S e i f e r t , W . : Wirtschaftsorganisationen und politische Macht: Formen, Institutionen, Gewichte, in: Menzel, U.: Im Schatten des Siegers - Japan - Ökonomie und Politik, Frankfurt/M. 1989, S. 139 ff..

[26]Allerdings ist auch die zwischenbetriebliche Krediteinräumung weit verbreitet, z.B. in Form von Lieferantenkredit oder Stundungskäufen. Vgl. ebenda, S. 275.

[27]Vgl. S c o t t , J . : Capitalist Property and Financial Power, New York 1986, zitiert in: S e i f e r t , W.: a.a.O. (FN 25), S. 142-144.

bzgl. der Brancheninteressen gewachsen ist. Auf dieser Grundlage werden gemeinsame Investitionspläne ausgearbeitet und ggfs. sogar neue Firmen gemeinsam gegründet.

Durch diese strategischen Investitions- und Forschungskooperationen erfolgt eine besonders in kapitalintensiven Zukunftstechnologiebereichen breite Risikostreuung. Die Diffusion technischen Wissens und vor allem die Anwendung von Innovationen in vor- und nachgelagerten Bereichen wird bereits auf der privaten Unternehmerseite durch einheitliche Interessendeckung kanalisiert.

Zwischen den Unternehmensgruppen herrscht starker Wettbewerb, wobei jedoch (nicht zuletzt durch übergeordnete Konsultationsmechanismen, s.u.) ein starkes Interesse an Kooperation sowie Zurückdrängen von Konflikt und Wettbewerb bei Fragen von nationaler Bedeutung Platz greift.

Bemerkenswert ist die Tatsache, daß die kleinen und mittelgroßen Unternehmen (KMU) von diesem Abstimmungsprozeß weitgehend abgeschnitten sind. Immerhin sind ca. 80% der japanischen Arbeitnehmer dort beschäftigt.[28] Die strategische Begrenzung der abzustimmenden Interessen erweist sich jedoch auf operativer Ebene im Sinne einer zügigen Planung und Durchführung als effektiv.

Wirtschaftsverbände

Die großen Wirtschaftsverbände haben ihr Machtzentrum (sofern es sich nicht um Arbeitnehmerverbände handelt) in den großen Unternehmensgruppen. Insbesondere der mächtige Wirtschaftsverband *Keidanren* dient als Sprachrohr der großen Verbundgruppen gegenüber Politik, Bürokratie und Arbeitnehmerschaft. *Keidanren* koordiniert in diesem Sinne die Interessen der einzelnen Wirtschaftszweige.[29] Er untersucht interne und externe gesamtwirtschaftliche Probleme und arbeitet konkrete Lösungsvorschläge zur Überwindung jener Probleme aus, die dann dem Parlament und der Öffentlichkeit vorgelegt werden. Zu diesem Zweck verfügt der Verband sowohl über

---

[28]Vgl. L a u m e r , H . : Die Klein- und Mittelbetriebe, in: Mayer, H.-J.; Pohl, M.: Länderbericht Japan, Darmstadt 1995, S. 279.

[29]Vgl. K o k a l j , L . ; A l b a c h , H . : a.a.O. (FN 23), S. 57-61; H i l p e r t , H . G . : a.a.O. (FN 15), S. 16; S e i f e r t , W.: a.a.O. (FN 25), S. 144 ff..

Fachausschüsse für einzelne Branchen als auch für übergreifende Themen. Sogar eigene Forschungsinstitute leisten wichtige Beiträge zu aktuellen gesamtwirtschaftlichen Problemstellungen.[30] *Nikkeiren* ist die japanische Vereinigung der Arbeitgeberverbände und vertritt die Positionen der Arbeitgeber zu Löhnen, Arbeitszeiten und Beschäftigungsproblemen.[31] *Nissho* heißt die japanische Industrie- und Handelskammer und kümmert sich um die Klein- und mittleren Unternehmen. Zusammen mit dem *Keiza Doyukai,* dem Spitzenverband der Unternehmer und Topmanager, der sich mit wirtschaftspolitischen Strategieentscheidungen befaßt, bilden diese drei Verbände einen führenden Wirtschafts- und Finanzkreis *(zaikai).*[32] *Zaikai* vereint über 1.000 Organisationen unter seinem Dach, die wirtschaftlich Einfluß nehmen. Insbesondere der mächtige Industrieverband *Keidaren* besitzt ca. 30 Ausschüsse, die wirtschaftliche und politische Empfehlungen an die Wirtschaft richten. Als *zaikai* im engeren Sinn gelten die Konsultationen derjenigen Spitzenmanager der Großunternehmen, die gleichzeitig die Spitzenfunktionäre der vier wichtigsten Wirtschaftsverbände sind.

Staatsbürokratie unter Leitung des MITI

Der Staatsbürokratie kommt durch die Formulierung und Durchsetzung industriepolitischer Ziele zentrale Bedeutung innerhalb des Industrieplanungsprozesses und insbesondere bzgl. des Interessensausgleichs zu.

Wenngleich andere Ministerien in den 1980er Jahren im Rahmen der japanischen Industriepolitik an Gewicht hinzugewonnen haben, so ist das MITI weiterhin die bedeutendste industriepolitische Institution. Vorgehensweise und Einflußnahme haben sich jedoch im Lauf der letzten Jahrzehnte hin zu vermehrten indirekten Interventionen gewandelt.

Die Kompetenzen des MITI müssen seiner Rolle als staatliche Integrationskraft gerecht werden. Aus Gründen der Operationalisierbarkeit sind sie im wirtschaftspolitischen Bereich ebenso umfangreich wie autonom. Um gesellschaftliche Friktionen durch getroffene industriepolitische Maßnahmen -

---

[30]Vgl. P o h l , M.: Wirtschaftsverbände und Interessensgruppen, in: Mayer, H.-J.; Pohl, M.: Länderbericht Japan, Darmstadt 1995, S. 103-106.
[31]Vgl. N e u s c h w a n d e r , T.: a.a.O. (FN 24), S. 89.
[32]Vgl. P o h l , M.: a.a.O. (FN 30), S. 103-106.

trotz der vorherigen Konsensherstellung - zu vermeiden, muß das Vertrauen in die Fachkompetenz des Ministeriums innerhalb der Volkswirtschaft entsprechend groß sein. Schließlich müssen die industriepolitischen Einflußmöglichkeiten auf die Adressaten ausreichen, um ein bestimmtes Unternehmerverhalten zu erzielen.

Neben dem MITI haben einige andere Ministerien im Rahmen der Wirtschaftspolitik branchenspezifische Kompetenzen, wie z.B. das Ministerium für Post und Telekommunikation oder das Verkehrsministerium.[33] Das Amt für Wissenschaft und Technologie verfügt über technologiepolitische Zuständigkeiten und arbeitet im Bereich der Zukunftstechnologien eng mit dem MITI zusammen. Große Bedeutung kommt darüberhinaus dem *Ministry of Finance* (MoF) zu, welches den gesamten zweistufigen Bankensektor kontrolliert.[34] Da die Geldnachfrage beispielsweise infolge des niedrig gehaltenen Zinssatzes das verfügbare Angebot in der Vergangenheit meist überstieg, konnte die Geldversorgung der Privatwirtschaft mit Hilfe der Kreditrationierung flexibel gesteuert werden.[35] Hauptträger der Industriepolitik in Japan ist jedoch das *Ministry of International Trade and Industry* (MITI).

Mit Ausnahme des Primärsektors, des Gesundheitswesens, der Finanzwirtschaft, des Schiffsbaus und Teilen der Telekommunikation unterstehen nahezu alle Wirtschaftszweige der alleinigen bürokratischen Kompetenz des MITI.[36] Abstimmungsprobleme mit anderen Ministerien werden somit auf ein Minimum reduziert. Seit Mitte der 1980er Jahre versucht das MITI durch eine Koordinatorrolle evtl. Kompetenzstreitigkeiten für sich zu entscheiden.[37] Dabei kommen dem MITI die breitgefächerten Beziehungen und wirtschaftspolitischen Erfahrungen zugute. Intersektorelle Interessenkonflikte zwingen zu informellen Absprachen und führen schließlich zum Interessensausgleich. Einem Ressortdenken und einer überproportionalen Einflußnahme bestimmter Wirtschaftszweige wird derart ebenso Vorschub geleistet wie den möglichen Zielkonflikten zwischen einzelnen Wirtschaftspolitikbereichen.

---

[33]Vgl. H i l p e r t , H . G . : a.a.O. (FN 15), S. 13.

[34]Vgl. dazu insbesondere: M c M i l l a n , C h . J .: The Japanese Industrial System, Berlin, New York 1984, S. 285-292.

[35]Vgl. Z y s m a n , J . : Governments, Markets and Growth, Financial Systems and the Politics of Industrial Change, Ithaka, London 1983, S. 247.

[36]Eine intensive Auseinandersetzung mit den MITI-Kompetenzen von 1949 bis 1975 findet sich abermals in J o h n s o n , C . : a.a.O. (FN 7), Kapitel 6, S. 198-241.

[37]Vgl. N e u s c h w a n d e r , T . : a.a.O. (FN 14), S. 70

Sowohl bei strukturschwachen als auch bei Zukunftsindustrien werden darüberhinaus wettbewerbsrechtliche Konzessionen bei der Formulierung und Verwirklichung industrie- und nationalpolitischer Ziele eingegangen. Eine angestrebte Marktkonformität bezieht sich auf das Vermeiden direkter staatlicher Einflußnahmen; eine indirekte Ressourcensteuerung soll die Marktkräfte stärken, nicht ersetzen. Eine theoretische Ordnungskonformität weicht einer pragmatischen Auslegung der Wettbewerbsrechte. Seit Inkrafttreten des *Anti-Monopol-Gesetzes* und seiner Lockerung 1953 haben viele Ausnahmegesetze seine Wirksamkeit eingeschränkt. Hinzu kommt, daß die *Fair Trade Commission* (FTC) von ihren Möglichkeiten nur unzureichend Gebrauch macht.[38] Auch können vielfach Kartelle von den Fachministerien genehmigt werden, ohne die FTC auch nur zu konsultieren.[39]

Ein ausgefeiltes Elitesystem, welches nur die besten Universitäten des Landes umschließt, sorgt für die qualitativ hochwertige Rekrutierung der MITI-Beamten.[40] Das Bildungssystem fordert schlichtes Faktenwissen und die Bildungshierarchie entspricht der wirtschaftlich-bürokratischen Hierarchie. Absolventen der Tokioter Eliteuniversität *todai* würden nie von einem mittleren Unternehmen nachgefragt und umgekehrt. Bereits mit der Aufnahme in eine der besseren Schulen und später in eine der bedeutenden Universitäten wird der Platz in der gesellschaftlichen Hierarchie festgelegt. Die Posten in den Ministerien für Finanzen (MoF), Wirtschaft (MITI) und Außenpolitik (MFA) werden von den Elitestudenten am häufigsten nachgefragt. Auch wenn diese Eliteabgänger nur einen Teil der Beamtenschaft ausmachen, so ist jedoch sichergestellt, daß Absolventen der weniger renommierten Universitäten nur bis zum Abteilungsleiter aufsteigen können.[41] Bereits bei den Einstellungstests wird in A- und B-Klassen eingeteilt. Beispielsweise zählen beim Finanzministerium von 60.000 Mitarbeitern nur 400 zur A-Kategorie.[42] Diese Privilegierung führt bereits unabhängig von breit gestreuten persönlichen Beziehungen zu einem verschworenen Gemeinschaftsgeist unter den MITI-Beamten.

---

[38]Vgl. dazu: P a p e , W . : Das Japanische am Kartellrecht Nippons, in: wuw 6/92, S. 482-493, S. 482-493; H e a t h , C h . : Bürokratie und Kartellkultur in Japan, in: wuw 6/93, S. 474-482, S. 474-482.

[39]Vgl. H e a t h , C h . : a.a.O. (FN 38), S. 475. Beispielsweise fiel von den am 1.4.1992 genehmigten 219 (!!!) Kartellen kein einziges in den Zuständigkeitsbereich des FTC.

[40]Vgl. W o l f e r e n v a n , K . : Vom Mythos der Unbesiegbaren - Anmerkungen zur Weltmacht Japan, München 1989, S. 172.

[41]Vgl. N e u s c h w a n d e r , T . : a.a.O. (FN 14), S. 50.

[42]Vgl. ebenda.

Hinsichtlich seiner Organisationsstruktur läßt sich das MITI in vertikale und horizontale Einheiten unterteilen (siehe Abbildung 4.1). Vertikal lassen sich Generaldirektionen für bestimmte Wirtschaftszweige, horizontal hingegen Generaldirektionen für bestimmte Funktionen und Zuständigkeiten unterscheiden.[43] Dem Kabinettsminister untersteht ein parlamentarischer Vizeminister; den größten Einfluß hat jedoch - gemäß der strikten Trennung von Autorität und Macht - der der Ministerkanzlei vorstehende stellvertretende Vizeminister. Minister und Vizeminister agieren im wesentlichen politisch, während in Detailfragen der wirtschaftspolitischen Ausrichtung sichergestellt ist, daß exakt jener Bereich, der im Zentrum des Informationsflusses steht, auch die Entscheidungen trifft.

Die vertikalen Büros für die einzelnen Branchensektoren arbeiten detaillierte Pläne und Strategien für ihre Bereiche aus. Die aufgestellten Statistiken und Daten sind dabei von erheblicher Informationstiefe über sektorbezogene Umsätze, Marktanteilsstudien, Nachfragewachstum, Kapazitätsauslastungen, Faktorproportionskosten, Produktivität, Technolgiestock und internationale Vergleichskennzahlen.[44]

Horizontal und quasi mit aggregierten Kompetenzen über alle Branchen finden sich vier Generaldirektionen. Das *Büro für Internationale Handelspolitik* ist für internationale Wirtschaftsbeziehungen, für die Belange der Außenhandelsmärkte sowie für die Gewährung von internationalen Wirtschaftshilfen zuständig.[45] Jenes Büro hat vornehmlich repräsentative Bedeutung und dient quasi als politischer "Schutzfilter". Die relativ weite Entfernung jener Abteilung vom operativen Kern des Ministeriums ist beabsichtigt. Daß internationale Unmutsäußerungen hier ankommen, aber letztlich falsch adressiert sind, ist systemimmanent.

---

[43]Vgl. u.a. McMillan, Ch. J.: a.a.O. (FN 34), S. 52-55 und Goerdeler, A.: Die keynesianische Prägung der japanischen Wirtschaftspolitik, Berlin 1987, S. 169.
[44]Vgl. McMillan, Ch. J.: a.a.O. (FN 34), S. 52-55.
[45]Vgl. Goerdeler, A.: a.a.O. (FN 43), S. 169 ff..

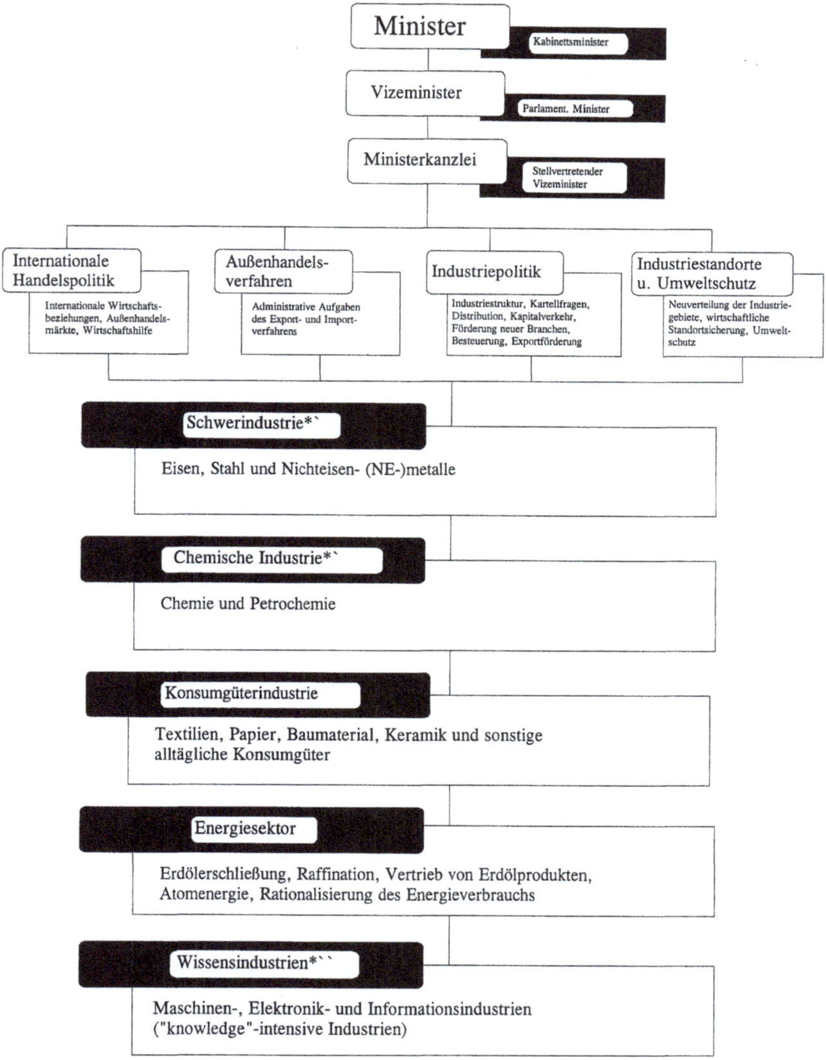

*`: Ab 1973 wurden die Bereiche "Schwerindustrie" und "Chemische Industrie" zur sog. Generaldirektion "Basisindustrien" zusammengefasst.

*``: Die Generaldirektion "Wissensindustrien" ist erst im Rahmen einer zukunftsorientierten Neuausrichtung 1973 entstanden und seitdem der bedeutendste Branchensektor.

Quelle: zusammengestellt aus Johnson, C.: a.a.O., s. Appendix und Hilpert, H.G.: a.a.O., S. 13-17.

Abbildung 4.1: Aufbau und Struktur des MITI

Demgegenüber hat das *Büro für Außenhandelsverfahren* hauptsächlich administrative Aufgaben im Bereich der Export- und Importregelungen. Diese Abteilung betreibt die eigentliche nationale Handelspolitik. Umweltschutz und die Neuverteilung von Industriegebieten ist das zentrale Betätigungsfeld des *Büros für Umweltschutz und Industriestandorte.* Das *Büro für Industriepolitik* hat innerhalb der MITI-Organisation eine Sonderstellung. Hier werden Angelegenheiten der Industriestruktur (Strukturpolitik), Kartellfragen (Wettbewerbspolitik), Distribution, Verbraucherpreise, Kapitalverkehr (Devisenkontrollpolitik), multinationale Unternehmen, Steuerpolitik und die Förderung neuer zukunftsträchtiger Industriezweige (Technologiepolitik) geregelt. Die Generaldirektion für Industriepolitik aggregiert die Pläne der einzelnen Sektoren zu einer mittelfristigen industriepolitischen Strategie.

Das Büro ist - wie die drei anderen ebenfalls - in mindestens zehn Untereinheiten mit eigenen Kompetenzbereichen aufgeteilt.[46] Beispielsweise plant die *Industrial Structure Division* für einen mittelfristigen Zeitraum die angestrebte industrielle Nachfrage und den Output, wobei laufend Planrevisionen und -aktualisierungen vorgenommen werden können. Die *Business Behaviour Division* studiert die Auswirkungen möglicher industrieller Strukturveränderungen. Schließlich eruiert die *Price Policy Division* sich gegebenenfalls einstellende Wachstumstendenzen. Über allem steht jeweils ein beratendes Komitee, welches einen integrierten Plan unter Berücksichtigung aller Teilaspekte und aller beteiligten Interessen entwirft.[47]

Die horizontalen und vertikalen Sektionen des MITI operieren wie eine große Matrix, in der Ideen, Daten, Strategien und auch die Koordination mit anderen Ministerien konkretisiert werden. An die Stelle von Branchenlobbyismus tritt Interessensausgleich, da sich sonst nie ein breitgetragener Konsens finden ließe. Ein kontinuierlicher konsultativer Austausch mit Privatunternehmen und den Wirtschaftsverbänden erleichtert den Planungs- und Durchführungsprozeß. Für einen geordneten Informationsfluß zwischen Staat und Wirtschaft sorgen mehr als 300 Beratungs- und Koordinierungsausschüsse.[48] Darüberhinaus sind den Abteilungen ca. ein Dutzend Hilfsinstitute angegliedert, die entweder regionale

---

[46]Vgl. McMillan, Ch. J.: a.a.O. (FN 34), S. 52-55.

[47]Vgl. Hilpert, H. G.: a.a.O. (FN 15), S. 13-14; Johnson, C.: a.a.O. (FN 15), S. 242 f.; Neuschwander, T.: a.a.O. (FN 14), S. 44-48.

[48]Vgl. auch Hilpert, H. G.: a.a.O. (FN 15), S. 15.

Zuständigkeiten vertretend wahrnehmen oder als Stabsstelle für bestimmte Belange unterstützend mitwirken. Schließlich stehen noch zwei externe Ämter (Patentamt, Amt für kleine und mittelgroße Unternehmen) in enger Verbindung mit den Unterabteilungen des MITI, um gegebenenfalls Einzelfallentscheidungen nicht durch bürokratische Hürden zu behindern.[49]

Parteien

Westliche Wirtschaftspolitikformulierung ist auf der Grundlage der demokratischen Legitimierung einer Partei stark prozeßorientiert. Wirtschaftspolitisch handeln heißt, die Legalität eines Gesetzgebungsverfahrens parteipolitisch (gegenüber der Opposition) zu nutzen. Hieb- und stichfeste Legalität der Wirtschaftspolitik dient somit der Handlungsfähigkeit im parteipolitischen Meinungsstreit. Antidemokratische Ausuferungen und machtpolitische Alleingänge werden somit vermieden. Parteiübergreifende Konsensherstellung und die Zusammenarbeit mit Repräsentanten der privaten Wirtschaft werden jedoch erschwert. Die demokratisch-prozeßorientierte Legitimierung und Legalisierung von Wirtschaftspolitik fördert vielmehr ein antagonistisches Verhältnis zwischen Parteien und Wirtschaftsteilnehmern.

Seit 1948 wurde Japan von der konservativen LDP regiert, bis sich 1993 eine neue Koalitionsregierung aus neuen konservativen Parteien bildete. Diese lange Regierungsdauer hat besonders die Bürokratie befähigt, langfristige Strategien planen und durchführen zu können. Andererseits war die LDP-Herrschaft eng verknüpft mit dem anhaltenden wirtschaftlichen Erfolg der Nachkriegszeit. Die Stabilität der LDP-Regentschaft ist im Gegensatz zu den politischen Machtstrukturen im Westen wesentlich durch die Beziehungen unter den japanischen Machtzentralen in Politik und Wirtschaft gekennzeichnet.

4.2.1.3 Beziehungen zwischen den Beteiligten

Damit industriepolitische Entscheidungen sowohl im politisch administrativen als auch im ökonomischen Bereich Akzeptanz finden, müssen alle betroffenen

---

[49] Selbst die teils bestehenden Kompetenzrivalitäten zwischen dem MITI und anderen Ministerien werden weniger durch antagonistische Zwistigkeiten "bürokratisiert", sondern zwingen zur informellen Absprache.

gesellschaftlichen Gruppen in den Meinungsbildungsprozeß einbezogen werden. Betrachtet man die Unternehmensgruppen und die Wirtschaftsverbände als einen zusammenhängenden machtpolitischen Teilbereich, so ist Wirtschaftspolitikformulierung durch das Dreiecksverhältnis Staatsbürokratie, Unternehmensgruppen/ Wirtschaftsverbände und Politik gekennzeichnet (vgl. Abb. 4.2). Der führende Finanz- und Wirtschaftskreis (*zaikai*) macht seine politische Einflußnahme insbesondere durch die Zahlung von Parteispenden an die LDP geltend.[50] Ebenso bedeutend ist die Mobilisierung von Wählerstimmen über das unternehmensinterne Organisationspotential.[51] Damit versucht der Unternehmenssektor, eine ihm entgegenkommende und durch Kontinuität gekennzeichnete Wirtschaftspolitik von staatlicher Seite zu begünstigen. Die Kanalisierung der Unternehmer- und Politikerinteressen und somit die gesellschaftliche Konsensfähigkeit benötigt allerdings einen "Moderator" oder "Koordinator", der einen flächendeckenden Meinungskonsens ableitet und im Zweifelsfall die Schlichtungsarbeit übernimmt. Insofern kommt der Staatsbürokratie eine wichtige Funktion bei Interessenkonflikten zu.

Die parlamentarische Zustimmung für eine ministerielle Vorlage, Verordnung oder gar Gesetz zu erhalten, ist bei einmal getroffenen Entscheidungen relativ unproblematisch. In den letzten Jahren kamen rund 65 % der Gesetzesvorlagen aus der Ministerialbürokratie, davon wurden wiederum 80 % verabschiedet.[52] Die Politiker sind zu einem großen Teil ehemalige Ministerialbeamte und pflegen überdies ein weitreichendes Geflecht persönlicher Beziehungen (*jinmiayku)*. Das führt zu einer Quasiautonomie der "Exekutiven" (Bürokratie). Jene Unabhängigkeit vom politischen Apparat (Legislative) ist formaldemokratisch zwar nicht vorhanden, aber in der Praxis nützlich.[53] Auch ist anzunehmen, daß der eher fördernde statt regulierende Charakter der MITI-Politik im Rahmen der administrativen Führung (administrative guidance) die direkte Abhängigkeit vom Parlament verringert. Erwähnt wurde bereits, daß darüber hinaus die lange Regierungszeit der LDP dem MITI erlaubte, ungestört einen langen Zeitraum hinweg die japanische Wirtschaft zu beeinflussen.

---

[50]In Japan ist die Erstattung von Wahlkampfgeldern nicht gesetzlich geregelt.
[51]Vgl. Seifert, W.:a.a.O. (FN 25), S. 148.
[52]Vgl. Neuschwander, T.: a.a.O. (FN 14), S. 75.
[53]Vgl. ebenda, S. 73 ff..

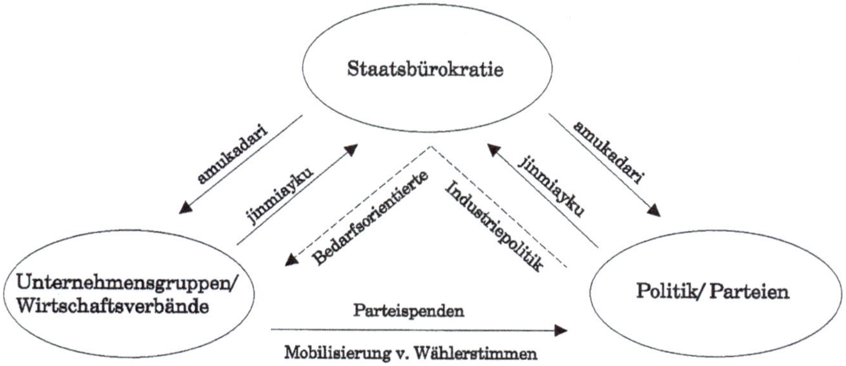

Quelle: eigene Zusamenstellung

Abbildung 4.2: Industriepolitische Interessenabstimmung in Japan

Das Beziehungsgeflecht zwischen Staatsbürokratie, Politik und Wirtschaft wird am prägnantesten durch das sogenannte *amukadari* zusammengehalten. Etwa mit Erreichen des 55. Lebensjahres befinden sich die Ministerialbeamten im "Ruhestandsalter". Sehr häufig wechseln sie dann in gut bezahlte Managerposten der freien Wirtschaft oder in die Politik. Dieser sich ständig wiederholende Ablauf verschafft den Beamten hohe Einkommen und den Unternehmen oder Parteien gute Kontakte zu den Ministerialbeamten. Ähnlich einer Frischzellenkur werden persönliche Beziehungen zwischen Staat und Wirtschaft intensiviert und Interessendeckung ständig aufs neue gefördert. Die Beamten tragen somit einen Teil der bürokratischen Vorstellungen von einer staatlichen Industriepolitik in die Unternehmen und Parteien; für die Unternehmen werden möglicherweise umständliche Amtswege vermieden und Verhandlungen erleichtert.[54]

Jeder Ministerialbeamte des MITI besitzt eine Vielzahl informeller Beziehungen, die die gesamte bürokratische Funktionsstruktur überziehen. Innerhalb dieser Kontakte findet ein reger Austausch von Informationen und Erkenntnissen statt. Dieses Netz informeller Kontakte - erworben aus zahlreichen Konsultationen - zwischen Ministerialbeamten, Politikern und Unternehmern bewirkt eine breitgefächerte Wissensdiffusion und Interessendeckung. Die Pflege und der Ausbau dieser konsultativen Kontakte ist in Japan die Grundlage für eine nachfrageorientierte Ergebnispolitik. Aus diskreten Informationen werden zukünftige Anforderungen und Bedürfnisse generiert und persönliche

[54]Vgl. N e u s c h w a n d e r , T . : a.a.O. (FN 14), S. 52.

Beziehungen verfestigt. Die informellen Verflechtungen sind tatsächlich kein japanspezifisches Phänomen, sondern das Produkt aus jahrzehntelanger Erfahrung mit industriepolitischen Konsultationsmechanismen. Sie erleichtern letztlich dem MITI die Konzipierung und Umsetzung industriepolitischer Zielsetzungen. Denn ein übergreifendes Beziehungsgeflecht verhindert, daß Angriffspunkte für Außenstehende auftreten, wodurch sich die Akzeptanz getroffener Entscheidungen erhöht und Entscheidungsrevisionen oder -anpassungen im Falle veränderter Rahmenbedingungen einvernehmlicher vorgenommen werden können. Das vom Unternehmenssektor durch Parteispenden und Wählermobilisierung erhoffte wirtschaftspolitische Verhalten wird somit von den Parteien *über* das breite Beziehungs-Netzwerk der Staatsbürokratie bewirkt.

Das MITI besitzt in diesem Sinne die umfassende Kompetenz zur Formulierung industriepolitischer Leitlinien und übt sie nach eingehender Konsultation mit der Privatwirtschaft aus. Dabei hat sich die Akzentuierung der ministeriellen Einflußmöglichkeiten im Laufe der Jahrzehnte gewandelt: War der wirtschaftliche Aufbau bis Ende der 1970er Jahre stark von der Verfügungsgewalt des MITI abhängig, da es mit der Zuteilung von Devisen, Lizenzen und sonstigen Genehmigungen über mächtige Instrumente verfügte, so liegt dessen Arbeitsweise heute schwerpunktmäßig in den Bereichen Kooperation und Koordination hinsichtlich Zielsetzungen und Zielerreichungen. Somit sind heute mehr als früher nicht die bürokratischen Kompetenzen des MITI für das Funktionieren des industriepolitischen Konzepts entscheidend, sondern die vom Ministerium initiierte Kooperationsbereitschaft der Wirtschaft und die Identifikation mit den vom MITI initiierten industriepolitischen Maßnahmen.[55]

4.2.2 Initiierung und Durchführung der Unterstützungsmaßnahmen

Der Prozeß der Industrieplanung läuft dabei meist nach einem einheitlichen Schema ab:[56] Nach Abstimmung mit dem *keidanren* bzw. dem *zaikai* verabschiedet das MITI ein "Gesetz zur Förderung des Industriezweigs X". Anschließend werden nach Absprache mit Regierungsvertretern per Regierungsverordnung die von diesem Gesetz betroffenen Branchen eindeutig

[55]Vgl. R o d e , R . : High Tech Wettstreit 2000, Frankfurt 1993, S. 88-120.
[56]Vgl. auch S e i f e r t , W . : a.a.O. (FN 25), S. 150 f.

genannt und festgelegt. In diesem Moment ist eine Übereinkunft von Wirtschaft, Bürokratie und Politik bzgl. der betreffenden industriepolitischen Maßnahmen beständig. Deshalb beginnt das MITI nun mit der Ausarbeitung von Basisplänen zur rationalen Zielerreichung, wobei die während der Konsensbildung gewonnen Informationen berücksichtigt werden.

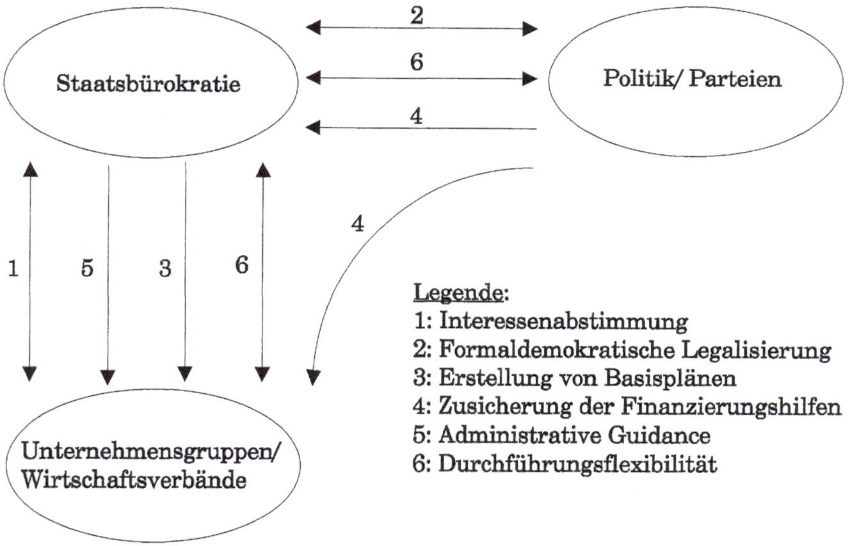

Quelle: eigene Zusammenstellung

Abbildung 4.3: Initiierung und Durchführung der Unterstützungsmaßnahmen

Die meist dem MITI unterstehenden Beratungsgremien, welche sich mit thematischen Schwerpunkten beschäftigen, liefern zunächst neueste gesamtwirtschaftliche Daten als Basismaterial.[57] Die Ministerialbürokratie ist so in der Lage, Empfehlungen und Leitlinien unter Berücksichtigung gesamtwirtschaftlicher Ausgangsdaten aufzustellen. Der *zaikai* hält (unterstützt von eigenen Forschungsinstituten) eigene Vorschläge dagegen. Gemeinsame Beratungsgremien erarbeiten dann einen Grundkonsens, bei dem u.a. Mißverständnisse ausgeräumt werden, die durch Unzufriedenheit über Maßnahmen und fehlende Mitbestimmung hervorgerufen wurden. Gleichzeitig

[57]Vgl. S e i f e r t , W . : a.a.O. (FN 25), S. 155 ff..

sichert die Regierung für die Duchführung der Maßnahmen die Finanzierung zu und signalisiert den Unternehmen die mittelfristige industriepolitische Marschrichtung.

Ist auf diese Weise die strategische Richtung vorgegeben, werden nun die MITI-Beamten tätig, um die involvierten Unternehmen und Unternehmensverbände über ministerielle Instruktionen zur Absprache und zum gemeinsamen Vorgehen zu motivieren. Denn die detaillierten Durchführungspläne, die auf den Basisplänen aufbauen, werden von den Unternehmensgruppen bzw. Verbänden mit Blickpunkt auf den vorherigen strategischen Konsens selbst erstellt.

Mit Hilfe des oben beschriebenen Beziehungs-Netzwerks wird die Staatsbürokratie nicht nur im Vorfeld der industriepolitischen Maßnahmen bei der Interessenabstimmung tätig, sondern nun auch im Rahmen der industriepolitischen Durchführung. Der beschriebene nachfrage- und ergebnisorientierte industriepolitische Ansatz vertraut dabei weniger auf klare und verbindliche wirtschaftspolitische Anordnungen, sondern versucht vielmehr, den privaten Sektor durch gedankliche und argumentative Hinführung von der Notwendigkeit eines bestimmten Anbieterverhaltens zu überzeugen. Auf diese Weise werden direkte staatliche Interventionen auf ein Minimum begrenzt. In Japan ist für diese Form der staatlichen Lenkung der Begriff *"administrative guidance"* (administrative Führung) geprägt worden. Die Kooperationsbereitschaft der Wirtschaft bedarf der ministeriellen Vorbereitung. In diesem Sinne benennt *administrative guidance* die Art und Weise eines wirtschaftspolitischen Instrumenteneinsatzes in Japan.

Administrative guidance ist eines der herausragendsten Merkmale des so wichtigen Verhältnisses von Staat und Wirtschaft in Japan.[58] Es wird in westlichen Japanstudien oft konstatiert, daß infolge der Handelsliberalisierungen der 1960er und 1970er Jahre die Wirksamkeit einer industriepolitischen Lenkung stark beeinträchtigt worden ist. Westliche Analysen konzentrieren sich oft zu sehr

[58]Vgl. insbesondere mit entstehungsgeschichtlichem Hintergrund J o h n s o n , C . : a.a.O. (FN 7), Kap. 7, S. 242-274; L a u m e r , H . : Forschung und Entwicklung in Japan: Kooperation von Staat und Wirtschaft, in: ifo-Schnelldienst 9, 1984, S. 9-23; N e u s c h w a n d e r , T . : a.a.O. (FN 14), S. 55-62; F o l j a n t y - J o s t , G . : Informelles Verwaltungshandeln: Schlüssel effizienter Implementation oder Politik ohne Politiker?, in: Menzel, U.: Im Schatten des Siegers: Japan - Ökonomie und Politik, Frankfurt/M. 1989, S. 171-190.

darauf, inwieweit die Bürokratie direkt subventioniert. Die Bürokraten regeln letztlich die Allokation von Ressourcen, was viel effektiver ist. *Administrative guidance* minimiert die Notwendigkeit direkter staatlicher Eingriffe. Dieses Phänomen ist ein Produkt der Liberalisierungsbestrebungen in den 1960er Jahren. Es mußte sich im Zuge der Handelsliberalisierungen ein anderer Weg finden lassen, um nach wie vor die wirtschaftliche Entwicklung entsprechend den einem Nationalkonsens entsprechenden Vorstellungen zu steuern.[59] Ein Beweis für die Flexibilität japanischer Wirtschaftspolitik.

Die bedeutendste bürokratische Antwort auf die Liberalisierung war der 1961 gegründete *Industrial Structure Investigation Council.* Hier wurden Daten zusammengetragen, die Vergleiche mit nordamerikanischen und europäischen Unternehmen vornahmen. Jeder Industriezweig wurde statistisch komplett analysiert; die wichtigsten Experten aus Politik, Bürokratie und Privatwirtschaft wurden zusammengebracht.[60] 1964 wurde daraus der *Industrial Structure Council* (ISC), welcher bis heute der administrativen Führung des MITI unterliegt.[61]

Administrative guidance stützt sich nicht zuletzt auf eine starke Rückendeckung durch die politischen Instanzen. Das schon an einigen Stellen dargestellte engmaschige Netzwerk persönlicher Beziehungen zwischen Ministerialbeamten, Politikern und Wirtschaftsmanagern sorgt dafür, daß industriepolitische Maßnahmen in entspannter Atmosphäre diskutiert werden können.

Die administrative Führung erfüllt im Rahmen der industriepolitischen Zielsetzungen drei Funktionen:

1. Regulierungen (Produktions- und Investitionsentscheidungen, Preisfestsetzungen)
2. Förderung und Unterstützung (Vermittlung von Informationen über neue Technologien, Vermittlung von Kreditgebern)
3. Ausgleich zwischen Interessengruppen (zwischen Konkurrenten, Zulieferern, Ausland)

---

[59]Vgl. J o h n s o n , C . : a.a.O. (FN 7), S. 254.
[60]Vgl. ebenda, S. 253.
[61]Vgl. auch C a r l i n e r , G . : Industrial Policies for Emerging Industries, in: Krugman, Paul R.: Strategic Trade Policy and the New International Economics, Oxford 1986, S. 147-166.

Zur Wahrnehmung dieser Aufgaben setzt das MITI neben direkten und indirekten geldlichen Mitteln zur Investitionskanalisierung insbesondere "weiche" Politikmittel wie Konsultationen (zwischen Interessenvertretern), Informationsveranstaltungen (über Zukunfts- und Technologietrends, über bestehende Förderinstanzen) ein. Vermittlungs- und Kontaktstellen werden eingerichtet, die potentielle Investoren motivieren, technisch hochwertige Verfahren einzusetzen. Investoren werden über die branchenspezifische Investitionsneigung informiert, wodurch eine Investitionskoordinierung einsetzt, die möglichen Überkapazitäten vorbeugt. Innovative Unternehmen werden mit dem Patentamt und Risikokapitalgebern zusammengeführt.[62]

Klare administrative Anweisungen werden ersetzt durch ein Investitionsklima, in dem Unsicherheit minimiert und dem Unternehmer ein Gefühl der nationalen Hilfestellung vermittelt wird. Die Suche nach Innovationen wird ermutigt und FuE-Investitionen werden stimuliert. Auch ist sich der potentielle Investor bewußt, daß gemeinsam getragene Visionen die gesellschaftliche Akzeptanz innovativer Produkte erleichtern. Die im Vorfeld eruierten zukunftsorientierten Visionen und Pläne, die von den Bürokraten initiiert und moderiert und von den Politikern mittels plausibler Philosophien popularisiert wurden, werden vom Privatsektor in die Tat umgesetzt.

Der mangelnde Verbindlichkeitsgrad jener administrativen Empfehlungen ist nicht zu unterschätzen. Das einzige Prinzip heißt "Zielerreichung". Das bedeutet, daß das Gebot der administrativen Effektivität auch nach Verlust der direkten Einflußmöglichkeiten gewährleistet bleiben mußte. In diesem Sinne ist die administrative Führung seit den Liberalisierungen der 1960er nichts anderes als die Fortsetzung direkter MITI-Interventionen auf indirekte Weise.

Jedenfalls unterlag - nach Feststellung einer Kommission zur Verwaltungsreform 1990 - fast die Hälfte der Industrie in Japan administrativer Lenkung.[63] Ein großer Bereich wirtschaftlicher Aktivität wird weder über Generalklauseln, noch über detaillierte ministerielle Richtlinien gedeckt, sondern durch administrative Führung. Details werden erst durch zielgerichtete Interpretationen der Bürokraten

---

[62]Vgl. Neuschwander, T.: a.a.O. (FN 14), S. 58 f.; Johnson, C.: a.a.O. (FN 7), S. 245-250.

[63]Vgl. o. V.: Administrative Guidance, in: The Japan Economic Journal, 24.11.1990, S. 3.

sichtbar. Es zählen weniger die angewandten Mittel, als vielmehr der Zweck und das erzielte Ergebnis. *Administrative guidance* ist ein industriepolitisches Steuerungsinstrument in einem kapitalistischen System, welches seine Betonung auf zielorientierte Effektivität statt auf prozeßkonforme Legalität legt. Die Wirksamkeit der administrativen Führung erhöhte in starkem Maße die Fähigkeit der japanischen Wirtschaft, auf verändernde Rahmenbedingungen schnell und flexibel zu reagieren. In diesem Sinne ist der Mechanismus der japanischen Industriepolitik weniger durch die direkte Zuwendung finanzieller Mittel als vielmehr durch konsensuale Hinführung und administrative Kanalisierung geprägt.

4.2.3 Durchführungsflexibilität

Letztlich muß eine Revision von einmal getroffenen Entscheidungen und initiierten Maßnahmen bei sich verändernden Rahmenbedingungen problemlos möglich sein. In der industriepolitischen Praxis Japans herrscht ein fortschrittsgläubiger Pragmatismus anstelle eines Prozesses langwieriger Schuldzuweisungen über getroffene Fehlentscheidungen. Nahezu alle vom MITI ausgearbeiteten mittel- und langfristigen Wirtschaftspläne wurden zwischenzeitlich korrigiert.[64] Ebenso wie auch private Unternehmen laufend durch Fehlversuche Enttäuschungen und Überraschungen erleben und ihre betrieblichen Dispositionen revidieren müssen, so muß auch ein ziel- und nachfrageorientiertes industriepolitisches Konzept ausreichend Spielraum lassen, um auf wirtschaftliche Veränderungen reagieren zu können. Der industriepolitische Ansatz darf derart keine unausweichlichen Anordnungen enthalten, sondern soll Signale setzen, auf die die privaten Unternehmen hören, da diese gesellschaftlich legitimiert sind, von einer hochangesehenen und fachkompetenten Bürokratie initiiert werden und weil durch die umfassende staatliche Unterstützung die Investitionsrendite in Relation zu Alternativinvestitionen steigt.

Der bereits geschilderte Prozeß der Interessenabstimmung (s.o.) bildet auch die Grundlage für eine schnelle und unkonventionelle Planrevision, falls die gewünschten Effekte nicht eintreten oder falls sich die gesamt- oder einzelwirtschaftlichen Vorzeichen, die der Durchführungsplanung zugrunde

---

[64]Vgl. J o h n s o n , C . : a.a.O. (FN 7), S. 198-242.

lagen, geändert haben. Die Konsultationsgremien zwischen MITI und dem Unternehmenssektor sind von Loyalität gegenüber der jeweils anderen Seite geprägt, so daß Unzufriedenheiten sofort reflektiert werden. Durch anderslautendes unternehmerisches Feedback sind jederzeit Plankorrekturen möglich und sogar erwünscht.

Unterhalb der offiziellen, ministeriellen Ebene agieren darüber hinaus als industriepolitische Instanzen eine Vielzahl von Organisationen und Verbänden ohne Gewinnerzielungsabsicht. Diese stehen teils unter direkter Leitung des MITI, teils sind sie jedoch weitgehend unabhängig gegenüber den staatlichen Körperschaften. Diese halbstaatlichen Institutionen dienen als Bindeglied zwischen Staat und Wirtschaft. Sie sammeln Informationen und führen Informationsveranstaltungen durch; sie bilden soziale Kontaktstellen und kanalisieren die sektoralen Gelder im Rahmen der industriepolitischen Förderung. Sie führen Entwicklungsinvestitionen und Industrieforschung durch; sie organisieren die nationale Forschungspolitik und verteilen Geldmittel an weniger lukrative Industriefelder.[65] Auf diese Weise bilden diese Institutionen den verlängerten Arm der zentralistischen Staatsbürokratie. Sie können schnell und flexibel auf sich verändernde Rahmenbedingungen vor Ort reagieren und erweitern somit die Interventionsmöglichkeiten der Ministerien.

Die oftmals notwendige Revision von Entscheidungen bedurfte der Ausräumung von institutionellen Hindernissen. Denkt man an die in westlichen Demokratien üblichen langandauernden Prozesse der Schuldzuweisungen und öffentlichen Diffamierungen bei offensichtlichen Fehlentscheidungen, so schien den Japanern im politisch-administrativen Bereich eine strikte Trennung zwischen Autorität (politische Parteien) und Macht (Bürokratie) sinnvoll. Die Träger sind nicht die "Verkäufer" der Wirtschaftspolitik, die Verantwortlichen sind nicht die Entscheidungsträger der Industriepolitik.[66]

Entscheidungen können getroffen werden, da sie keinen Selbstbindungscharakter[67] haben und niemand bei Fehlentscheidungen "sein Gesicht verliert". Ein Rechtsstreit mit Gewinnern und Verlierern steht dem

---

[65]Vgl. Hilpert, H. G.: a.a.O. (FN 15), S. 16.
[66]Vgl. Wolferen van, K.: a.a.O. (FN 40), S. 458-466.
[67]Es ist nie in Japan versucht worden, die Realitäten an die Pläne anzupassen, sondern es ist stets ein pragmatischer Umkehrschluß verfolgt worden.

asiatischen Harmoniegedanken entgegen.[68] Ein umständliches politisiertes Verfahren zur Widerrufung von industriepolitischen Maßnahmen wird zugunsten einer reibungslosen und unbürokratischen Korrekturmaßnahme vermieden.

Die LDP-Regentschaft sorgte bis zum Sommer 1993 für durchgehend politisch stabile Verhältnisse, in denen bürokratische Vorschläge problemlos durch das Parlament gebracht wurden. Etwa ein Viertel der Abgeordneten aus dem Parlament sind ehemalige Ministerialbeamte. Jenes spezifische korporatistische Gebilde mit formaldemokratischem Rahmen ist letztlich der Grundstein für eine reibungslose Initiierung und flexible Handhabung industriepolitischer Maßnahmen.[69]

Anhand der Fünfjahrespläne im allgemeinen und anhand zweier Branchenbeispiele im speziellen soll nachfolgend skizziert werden, daß die Bürokratie imstande ist, Strukturprobleme im voraus zu erkennen und erfolgreich zu bewältigen.

4.3 Fünfjahrespläne und Zielerreichungsgrad

4.3.1 Wirtschaftsplanung als makroökonomisches Instrument

Die Wirtschaftsplanung als makroökonomisches Instrument wird in Japan seit Mitte der 1950er Jahre angewandt.[70] Die Economic Planning Agency (EPA) veröffentlichte im Dezember 1955 den ersten Fünfjahresplan für den Zeitraum von 1956-60. Offiziell ist die EPA beim Premierminister angesiedelt.[71] Doch auch hier gilt das Gebot der frühzeitigen Interessendeckung zwischen allen Wirtschaftsteilnehmern sowie die (dadurch hervorgerufene) größtmögliche Informationsbreite. Das Planungsamt wird in diesem Sinne unterstützt von einem Gremium, dem Politiker, Wissenschaftler, MITI-Beamte und Vertreter sozialer Gruppen angehören, die sich über die bereits bestehenden Kontakte und andere

---

[68] Vgl. auch an verschiedenen Stellen: W o l f e r e n v a n , K.: a.a.O. (FN 40), S. 341-366.

[69] Vgl. auch R o d e , R. : a.a.O. (FN 55), S. 81 f.; S a t o r i , A. : Gewaltige Schieflage, in: wiwo, 09.07.1993, S. 14-20.

[70] Vgl. S c h a r r e r , H.-E; H e s s e , W.; K r ä g e n a u , H.: Japans Wirtschaftsentwicklung, Außenhandel und Wettbewerbsfähigkeit, Hamburg 1982, S. 7.

[71] Tatsächlich steht das EPA weitgehend unter der Kontrolle des MITI. Das MITI benennt z.B. den Vizeminister und den Chef des *Coordination Bureaus*. Vgl. J o h n s o n , C. : a.a.O. (FN 7), S. 76.

Beratungsausschüsse meist schon im Vorfeld kooperative Gedanken gemacht haben.

Diese nationalen Pläne, die seit Mitte der 1960er Jahre über ökonometrische Modelle generiert werden, werden schließlich vom Kabinett verabschiedet, laufend überprüft und gegebenenfalls. revidiert.[72] Sie geben die zum Ziel gesetzten makroökonomischen Größen (z.B. Wachstumsrate, Zahlungsbilanzentwicklung) für den Planungszeitraum unter Berücksichtigung von ein bis zwei übergeordneten Zielen (z.B. Beseitigung sozial-schädlicher Ungleichgewichte und gleichgewichtiges Wachstum) sowie den wirtschaftspolitischen Schwerpunkten an. Die Veröffentlichungen werden dabei als indikative Rahmenplanung verstanden, da sie weder einen verpflichtenden Charakter haben noch bis auf die Unternehmerseite disaggregiert sind. Doch die offizielle Verabschiedung durch das Kabinett hebt diese Pläne in den Status einer Orientierungshilfe für den privaten Sektor. Durch die frühzeitige und kontinuierliche Identifikation und Beteiligung aller Wirtschaftsteilnehmer ist ein hoher Grad an Übereinstimmung und Akzeptanz einerseits gesichert. Andererseits ist durch ein gewachsenes Loyalitätsempfinden unter den Gesprächspartnern gewährleistet, daß Störfaktoren offen diskutiert werden können und Planrevisionen nahezu jederzeit möglich sind.

Kompatibel zu den nationalen Plänen sind seit Anfang der 1970er Jahre die sogenannten "visions", die das MITI speziell für einzelne Industriezweige erarbeitet.[73] Diese "visions" bilden eine Disaggregierung der nationalen Pläne auf den industriellen Sektor bzw. einzelne Industriezweige. Die Ergebnisse der Branchenpolitik des MITI werden später beispielhaft anhand der Stahl- sowie der Computerindustrie aufgezeigt.

Bei den nationalen Plänen wie bei den "visions" werden aus der Mannigfaltigkeit der Pläne aus den Gesprächkreisen über einzelne Probleme bzw. Industriezweige vom MITI gewünschte Szenarien entwickelt und zu einer Gesamtschau verdichtet. Die nationalen Pläne lassen insbesondere Aussagen über Planung und Verwirklichung von makroökonomischen Größen zu. Tabelle 4.1 zeigt einen

---

[72]Vgl. Johnson, C.: a.a.O. (FN 7), S. 5 ff.; DIW: a.a.O. (FN 23), Bd. 2, S. 78-80; Kokalj, L.; Albach, H.: a.a.O. (FN 23), S. 57 ff..
[73]Vgl. ebenda.

Überblick über die japanischen Wirtschaftspläne für den Zeitraum, in dem Japan zur wirtschaftlichen Weltmacht aufstieg. Anhand von einigen gesamtwirtschaftlichen Zielgrößen sollen die planerischen Ergebnisse exemplarisch überprüft werden.

Tabelle 4.1: Überblick über die japanischen Wirtschaftspläne

Quelle: The Comptroller General of the United States: Industrial Policy: Japan`s Flexible Approach, Report of the Chairman, Joint Economic Committee United States Congress, General Account Office, Washington 1982, in: K o k a l j , L . ; A l b a c h , H . : a.a.O. (FN 23), S. 59-60.

Planungs - periode	Wachstum Planprojek -tion in %	Wachstum tatsächlich in %	Zielsetzung	politischer Schwerpunkt
1956-60	5	8,7	Vollbeschäftigung, Unabhängigkeit von Auslandshilfen	Modernisierung der Produktionsfazilitäten, Förderung des internationalen Handels, Reduktion der Importabhängigkeit, Förderung der Spartätigkeit
1958-62	6,5	9,9	maximales Wachstum, Verbesserung der Lebensbedingungen, Vollbeschäftigung	Verbesserung der Infrastruktur, Förderung der Schwerindustrie, Exportförderung, Sparförderung
1961-70	7,8	10,7	maximales Wachstum, Verbesserung der Lebensbedingungen, Vollbeschäftigung	Verbesserung des Sozialkapitals, Verbesserung der Industriestruktur, Beseitigung der dualen Wirtschaftsstruktur, Verbesserung der sozialen Stabilität
1964-68	8,1	10,6	Beseitigung von Ungleichgewichten	Modernisierung von Sektoren mit geringer Produktivität, effiziente Nutzung der Arbeitskraft, Verbesserung der Lebensqualität

1967-71	8,2	10,9	Stetiges und gleichgewichtiges Wachstum	Preisstabilisierung, Verbesserung der wirtschaftlichen Effizienz, Förderung der sozialen Entwicklung
1970-75	10,6	5,9	Beseitigung sozialschädlicher Ungleichgewichte durch gleichgewichtiges Wachstum	Verbesserung der wirtschaftlichen Effizienz im internationalen Bezug, Sicherung der Preisstabilität, Förderung der sozialen Entwicklung, Erlangung einer adäquaten Wachstumsrate
1973-77	9,4	4,2	Förderung der nationalen Wohlfahrt, Förderung der internationalen Kooperation	Errichtung einer günstigen Umwelt, Sicherung stabiler und guter Lebensverhältnisse, Preisstabilität, Förderung der internationalen Kooperation
1976-80	6	5,7	Realisierung besserer Lebensqualität und einer stabilen Wirtschaftsentwicklung	Preisstabilität, Sicherung der Vollbeschäftigung, Sicherung stabiler Lebensverhältnisse und Er-richtung günstiger Lebensumwelt, Kooperation mit und Beitrag für die Entwicklung der Weltwirtschaft
1979-85	5,7	4,0	Erreichung eines stabilen Wachstumspfades, Verbes-serung der Lebensqualität, Beitrag zur internationalen wirtschaftlichen Entwicklung	Erlangung von Vollbeschäftigung und Preisstabilität, Stabilisierung und Bereicherung der Lebensqualität, Kooperation mit und Beitrag für die Entwicklung der Weltwirtschaft, Konsolidierung der Staatsfinanzen

Fortsetzung von Tabelle 4.1: Überblick über die japanischen Wirtschaftspläne

4.3.2 Zielgröße Wachstumsrate

Bereits im zweiten Fünfjahresplan für den Zeitraum von 1958-62 wurde ein maximales Wachstum angestrebt. Das gleiche galt fortlaufend für den darüberhinausgehenden Planungshorizont bis einschließlich 1975.[74] Betrachtet man die tatsächlichen Wachstumsraten, so lagen sie für 1958-62 bei durchschnittlich 9,9% und in den folgenden Jahren bis 1971 bei durchschnittlich über 10,0%. Gemessen an den einstelligen Planprojektionen des Staates hat die tatsächliche Entwicklung die geplante und erhoffte sogar teilweise weit überschritten. Die Ölkrise 1973 führte auch in Japan zu einem Konjuktureinbruch, der dazu beitrug, daß die tatsächlichen Wachstumsraten bis 1977 nahezu 50% unter den geplanten lagen. Für die beiden Planungsperioden von 1976 bis 1985 fanden die staatlichen Planungsstellen allerdings wieder zu einer realistischeren Prognose zurück (vgl. Tab. 4.1).

Auch wenn seit der Ölkrise im Jahre 1973 die tatsächlichen Wachstumsraten hinter den geplanten zurückgeblieben sind, so ist jedoch zu bedenken, daß die wirtschaftspolitischen Maßnahmen von staatlicher Seite in Kooperation mit der privaten Wirtschaft immer noch - im Vergleich zu anderen Industrienationen - hohe jährliche Wachstumsraten gewährleistet haben. Das Wachstum in Deutschland lag im Zeitraum von 1970-75 bei durchschnittlich 2,1% und das der USA bei 2,3% (Japan: 5,9%). 1976 bis 1980 hatten Deutschland und die USA jeweils ein durchschnittliches Wachstum von 3,3% (Japan: 5,7%), 1979 bis 1985 von 1,3% (Deutschland) und 3,0% (USA) gegenüber 4,0% (Japan).[75] Das verdeutlicht, daß die japanische Wirtschaft trotz der weltwirtschaftlichen Wachstumsschwächen und der zunehmenden weltwirtschaftlichen Einbindung Japans in der Lage war, ein angemessenes und im Vergleich zu den Handelspartnern hohes Wachstum zu realisieren.

4.3.3 Zielgröße Arbeitslosigkeit

In den ersten drei Wirtschaftsplänen wurde jeweils Vollbeschäftigung als eine der obersten Zielsetzungen genannt. Vollbeschäftigung bedeutet genaugenommen,

---

[74]Wobei für 1967-71 und 1970-75 statt eines maximalen ein stetiges und gleichgewichtiges Wachstum angestrebt wurde. Vgl. Tab. 4.1.

[75]Vgl. P o r t e r , M . : Nationale Wettbewerbsvorteile, München 1991, S. 303-304.

daß die Arbeitslosenquote 0,0% beträgt. Nun ist allein aus volkswirtschaftlichen Allokationsüberlegungen heraus verständlich, daß sich ein Teil der Erwerbsbevölkerung auf Arbeitssuche befindet oder mit sonstigen Anpassungsschwierigkeiten konfrontiert wird. Im übrigen müssen in einer auf Produktivitätssteigerungen ausgerichteten Weltwirtschaft Produktivitätsfortschritte auch den Faktor Arbeit betreffen, wodurch ein beträchtliches Arbeitskräftepotential latent von Kündigungen bedroht ist. Vor dem Hintergrund dieser Gedankenansätze ist zum einen ein gewisses Maß an Arbeitslosigkeit zumindest temporär (und somit statistisch kontinuierlich) unvermeidbar und zum anderen ist wiederum der Vergleich zu anderen Industrienationen aufschlußreich (vgl. Tab. 4.2).

Die Tabelle verdeutlicht, daß bereits 1956-60 die Arbeitslosenquote in Japan unter allen aufgeführten Industrieländern die geringste ist. In den 1960er Jahren werden lediglich in Westdeutschland durch den kriegsbedingten Nachholbedarf weniger Arbeitslose verzeichnet. Doch der Konjunktureinbruch mit Beginn der Ölkrise hebt das westdeutsche Erwerbslosenniveau auf japanische Verhältnisse (1,4%). Während jedoch in Deutschland im nachfolgenden Zeitraum von 1976-81 die Arbeitslosenquote auf 4,1% steigt, steigt sie in Japan nur auf 2,1%. Bis 1985 beträgt die Arbeitslosenquote in Deutschland gar 5,5% (Japan: 2,5%). Damit ist es in Japan trotz international steigenden Erwerbslosenzahlen gelungen, hohes wirtschaftliches Wachstum mit einem vergleichsweise niedrigen Arbeitslosenstand zu erzielen.[76]

in %	1956-60	1961-65	1966-70	1971-75	1976-80	1980-85
Japan	1,4	1,3	1,2	1,4	2,1	2,5
USA	5,2	5,4	3,8	6,0	6,7	8,2
Deutschland	2,9	0,5	0,8	1,4	4,1	5,5
Großbritannie n	1,8	2,5	2,9	3,8	6,1	11,2

Quelle: P o r t e r ,M.: a.a.O. (FN 75), S. 303-304.

Tabelle 4.2: Internationaler Vergleich von Arbeitslosenquoten

[76]Dies gilt auch dann, wenn man berücksichtigt, daß die Arbeitslosenstatistiken in Japan die Arbeitslosigkeit zu niedrig ausweisen. Vgl. E r n s t , A . : Japans unvollkommene Vollbeschäftigung - Beschäftigungsproblenme und Beschäftigungspolitik, Hamburg 1980, S. 152 ff..

4.3.4 Zielgröße Handelsbilanz

Im ersten Wirtschaftsplan 1956 wurde die Unabhängigkeit von Auslandshilfen und die damit verbundene Reduktion der Importabhängigkeit angestrebt. Darüberhinaus sollte 1958-62 der Export gefördert werden (vgl. Tab. 4.1). Die permanenten Handelsbilanzdefizite wurden 1958 erstmals in einen Überschuß von 1,1% umgewandelt.[77] Das Exportwachstum betrug im Zeitraum von 1955 bis 1963 durchschnittlich jährlich 13,7%, während der Welthandel im gleichen Zeitraum lediglich um 5,5% jährlich zunahm.[78] Von 1963 bis 1970 betrug das durchschnittliche jährliche Exportwachstum in Japan gar 18,2%, während der Welthandel um 8,4% stieg. Trotz der starken Rohstoffabhängigkeit Japans ist es der Wirtschaft in den 1960er Jahren offensichtlich gelungen, Produkte mit hoher Wertschöpfung zu exportieren. Dies verdeutlicht auch der Überblick in Tabelle 4.3, wo Produktionsanteile von Industriegruppen nach technologischem Standard (1953-68) aufgeführt sind.

	Anteile an der industriellen Wertschöpfung in %		
Gruppe	1953	1960	1968
hoch	34,7	42,4	47,1
mittel	33,0	30,0	29,4
niedrig	29,5	23,5	21,7
nicht klassifiziert	2,8	4,1	1,8

Quelle: H e n t s c h e l , V .: a.a.O. (FN 1), Bd. 2, S. 97.

Tabelle 4.3: Produktionsanteile von Industriegruppen nach technologischem Standard in Japan von 1953-1968

Danach ist der Produktionsanteil von Gütern mit einer hohen industriellen Wertschöpfung von 34,7% (1953) kontinuierlich auf 47,1% (1968) gestiegen, während im gleichen Zeitraum der Anteil von Produkten mit mittelgroßer und insbesondere niedriger Wertschöpfung deutlich zurückging. Die nationalen Zielvorstellungen wurden auch in diesem Punkt mittels indikativer Planung erfolgreich verwirklicht.

[77]Vgl. O E C D : Wirtschaftsausblick, Nr. 50, 1991, S. 14.
[78]Vgl. H e n t s c h e l , V . : a.a.O. (FN 1), S. 123.

4.3.5 Zielgröße Inflationsrate

Mit zunehmendem wirtschaftlichen Wachstum war man seit dem Ende der 1960er Jahre explizit bemüht, Preisstabilisierung zu betreiben. Somit war seit 1967-71 stets die Preisniveaustabilität ein Hauptanliegen wirtschaftspolitischer Aktivität. Tabelle 4.4 verdeutlicht, daß mit Beginn der erwähnten Planungsperiode die Inflationsrate bei 5,5% lag. Doch 1971 sind bereits deflationäre Tendenzen erkennbar, da die Inflationsrate nun -0,8% beträgt. Die Ölkrise führt dann 1974 schließlich zu einer Abwertung des Yen um über 30%, so daß bereits 1973 für die nächste Planungsperiode abermals die Sicherung der Preisstabilität zum Unterziel erklärt wird. Und trotz der gewaltigen Inflation im Zuge der Ölkrise gelang es, die Inflation 1977 auf 1,9% zu senken. Analog wurde 1982 - nachdem die zweite Ölkrise 1980 zu einer Inflation von 17,8% geführt hatte - die Preissteigerungsrate auf 1,8% begrenzt. Somit sind auch im Bereich der Preisstabilisierung geplante Vorgaben erfolgreich verwirklicht worden.

1968	1969	1970	1971	1972	1973	1974	1975	1976	1977	1978	1979	1980	1981	1982
5,5	5,5	-	-0,8	0,8	15,7	31,6	3,0	5,0	1,9	-2,6	7,3	17,8	1,4	1,8

Quelle: OECD: Government Aid: The Positive Adjustment Perspective, Paris 1984, S. 15

Tabelle 4.4: Inflationsraten in Japan von 1968 bis 1982 in %

4.4 Strukturanpassungspolitik - Beispiel Stahl

Die ministeriellen Eingriffe sind nicht permanent; die Perpetuierung von industriellen Unterstützungsmaßnahmen wird abgelehnt und ist im übrigen nicht grundsatzkonform. Vielmehr hat das MITI in den frühen Phasen des Branchenlebenszyklus (bei sogenannten Zukunfts- oder Schlüsseltechnologiebranchen) stimulierend eingegriffen, um sich dann allmählich wieder zurückzuziehen.[79] Schwindet in späteren Phasen die Wettbewerbsfähigkeit eines Industriezweiges, so werden die Ministerialbeamten wieder im Sinne einer Strukturanpassungshilfe tätig.[80]

[79]Vgl. Schmiegelow, M.: Japans Antwort auf Krise und Wandel in der Weltwirtschaft, Hamburg 1989, S. 248-250.

[80]Vgl. auch Hilpert, H. G.: a.a.O. (FN 15), S. 7-22; Neuschwander, T.: a.a.O. (FN 14), S. 42 f..

Anhand der Strukturanpassungspolitik im Rahmen des Krisenbranchen-Stabilisierungs-Gesetzes von 1978 bis 1983 einerseits und der Forschungs- und Technologiepolitik für die Computerindustrie für die 1960er, 1970er und 1980er Jahre andererseits sollen abschließend beispielhaft erfolgreiche industriepolitische Konzeptionen dargestellt werden. Die folgende Darstellung lehnt sich an die industriepolitischen Definitionselemente aus Kapitel 1.3 an.

4.4.1 Ursachen der Krise

Hatte die japanische Industriepolitik bis Mitte der 1970er Jahre hauptsächlich Wachstumspolitik für zukunftsträchtige Industriezweige betrieben, so wurden in Folge des 1. Ölpreisschocks 1973 insbesondere jene in den 1950er und 1960er Jahren aufgebauten Grundstoffindustrien notleidend.[81] Schnell waren Unternehmerverbände und MITI einer Meinung hinsichtlich einer aktiven Strukturanpassungspolitik für auszuwählende Bereiche. Aus Gründen der nationalen Versorgungssicherheit galt dies vor allem neben den Grundstoffbranchen für energieintensive Industriezweige, da Japan von Energieimporten abhängig war.

Die Diskussion unter den betroffenen Branchen und Wirtschaftsverbänden bzgl. einer aktiven und umfassenden Strukturanpassungspolitik stieß beim MITI auf große Offenheit. Bereits bisher waren von Fall zu Fall industriepolitische Maßnahmen zugunsten strukturschwacher Industrien durchgeführt worden. Begründet hat man nun die staatlichen Hilfsmaßnahmen mit Befürchtungen über schwerwiegende Friktionen infolge eines rein marktwirtschaftlichen Anpassungsprozesses. Es wurden abrupte Unternehmenszusammenbrüche, hohe soziale Belastungen durch die plötzliche Freisetzung von Arbeitnehmern sowie regionale Verelendungen befürchtet. Davon wären dann letztlich auch die mittelständischen Zulieferer betroffen. Ohne staatliche Unterstützung würde der notwendige Kapazitätsabbau nur zögerlich verlaufen, da vielmehr durch Preisunterbietungen versucht würde, die eigenen hohen Kapazitäten auszulasten. Dieser ruinöse Wettbewerb würde zu großen Verlusten bei den meisten Unternehmen der betroffenen Branche führen. Es würde zu abrupten Stillegungen und überhöhtem Kapazitätsabbau kommen.

---

[81] Vgl. bzgl. der Stahlindustrie: Komiya, R.; Okuno, M.; Suzumura, K.: a.a.O. (FN 16), S. 281-302.

4.4.2 Ziele der Strukturanpassungspolitik

Ziel der Strukturanpassungspolitik von 1978 bis 1983 unter dem Krisenbranchen-Stabilisierungsgesetz (KBStG) von 1978[82] war deshalb ein geordneter Kapazitätsabbau, der alle Unternehmen gleichmäßig erfaßt und die Widerstände gegen einen Kapazitätsabbau reduziert. Damit betrieb Japan in stärkerem Maße eine Politik der positiven Strukturanpassung i. S. der von der OECD aufgestellten Leitsätze.[83] Mittels Auflagen zur Umstrukturierung befristeter Subventionen sollte damit die Ressourcenallokation von schrumpfenden in Wachstumsbranchen erfolgen. Damit war bereits während der eigentlichen Kapazitätsabbaupolitik der synchrone Kapazitätsaufbau in Wachstumsbereichen geplant (vgl. auch Abschnitt 4.5). Gezielt sollten nun nicht mehr einzelne Unternehmen, sondern ganze Industriezweige angesprochen werden. Jenes Gesetz hatte eine Laufzeit von 5 Jahren und sah während dieses Zeitraums eine nachfrageorientierte Vorgehensweise vor. Man erhoffte sich vom Kapazitätsabbau eine Reduzierung des Wettbewerbs und eine Verbesserung der Gewinnsituation durch Ausnutzung von Skaleneffekten. Eine zeitliche Planung sollte derart erfolgen, daß Arbeitnehmer rechtzeitig umverteilt werden konnten. Letztlich war geplant, zwischen 5,6 und 44,9 % der in 1978 bestehenden Kapazitäten je nach Branche abzubauen.[84]

Darüberhinaus wurden Anpassungshilfen für Klein- und Mittelbetriebe in Krisenregionen sowie für die Arbeitskräfte in Krisenbranchen gesetzlich verankert, um den großen mittelständischen Bereich und die Arbeitnehmerschaft über soziale Ausgleichsmaßnahmen in den Anpassungsprozeß einzubeziehen.

4.4.3 Träger der Strukturanpassungspolitik

Ablauftechnisch waren speziell die Industrieabteilungen des MITI für die wirtschaftliche Entwicklung der jeweiligen Sektoren verantwortlich. Ein breitfächriger Konsens unter Einbezug der Unternehmen brachte marktnahe

---

[82] Vgl. Laumer, H.; Ochel, W.: Strukturpolitik für traditionelle Industriezweige in Japan, IFO-Institut für Wirtschaftsforschung, Berlin 1985, S. 42-145; Kokalj, L.; Albach, H.: a.a.O. (FN 23), S. 88-106.
[83] Vgl. ausführlich: OECD: Positive Adjustment Policies, Managing Structural Change, Paris 1983; derselbe: Government Aid: The Positive Adjustment Perspective, Paris 1984.
[84] Vgl. Laumer, H.; Ochel, W.: a.a.O. (FN 82), S. 47.

Informationen und genaue Kenntnisse betrieblicher Gegebenheiten. Der ISC mit seinen sektoralen Unterausschüssen wirkte beratend auf die Auswahl der Branchen und die Durchführung der Anpassungsmaßnahmen. Der Einbezug der Arbeitnehmerseite in den Konsensbildungsprozeß erhöhte überdies die Akzeptanz späterer Entscheidungen.[85]

4.4.4 Adressaten

Erstmals wurde nicht punktuell interveniert, sondern nach allgemeingültigen Kriterien ausgewählt, welche Industriezweige notleidend waren und somit hinsichtlich ihrer Anpassung brancheneinheitlich unterstützt werden sollten.

Der ISC sollte in Japan kraft seiner mehr als 30 Unterausschüsse die sektoralen Nachfrage- und Angebotsbedingungen in den Industrien untersuchen, die in wirtschaftliche Schwierigkeiten geraten waren. Nach Konsultation mit den Unternehmerverbänden sollte dann Einigkeit darüber herrschen, ob ein Kapazitätsabbau die Probleme des jeweiligen Industriezweigs lösen konnte. Bei Einverständnis mußten jedoch noch drei weitere Bedingungen erfüllt sein:[86]

- der Industriezweig mußte erhebliche Überkapazitäten aufweisen,
- mehr als die Hälfte der Unternehmen mußten sich in finanziellen Schwierigkeiten befinden und
- mehr als zwei Drittel mußten einen Antrag auf Einbeziehung in die staatliche Strukturanpassungspolitik stellen.

Zunächst zählten der Schiffbau, die Aluminiumindustrie, die Synthetikfaserindustrie und die Elektrostahlindustrie zu den strukturschwachen Industrien. Letztlich waren es 14 Branchen, die unter die Anpassungspolitik des KBStG von 1978 fielen.

4.4.5 Funktioneller Ablauf

Nach der endgültigen Festlegung der zu stabilisierenden Branchen wurde vom verantwortlichen Minister ein branchenspezifischer Stabilisierungsplan

---

[85] Vgl. L a u m e r , H . ; O c h e l , W . : a.a.O. (FN 82), S. 23-25 bzw. S. 50-53.
[86] Vgl. ebenda: S. 50 f..

aufgestellt. (vgl. Abb. 4.4) Während dieser Phase fand ein ständiger interaktiver Austausch zwischen dem ISC, den Branchenvertretern und den Gewerkschaften statt. Ebenso erfolgte eine maßnahmenbezogene Abstimmung mit anderen Wirtschaftspolitikbereichen wie z.B. der Regional- und Arbeitsmarktpolitik.

In einem zweiten Schritt wurde dann das Ausmaß der sektoralen Kapazitätsreduzierung zwischen Unternehmerverbänden und dem ISC ausgehandelt (vgl. Abb. 4.4), wobei der ISC die zukünftige Marktentwicklung zugrundelegte, während die Verbände die Bereitschaft ihrer Mitglieder zum Kapazitätsabbau repräsentierten.[87] Im Anschluß daran mußten die Unternehmen eines Industriezweigs jene Quoten unter sich aufteilen. Hier hatte fast jede Branche ihre eigene Methode: Konnte man sich nicht auf individuell unterschiedliche Reduzierungsbeiträge einigen, so schien es am einfachsten, feste Prozentsätze für jedes Unternehmen festzulegen. Dabei blieben jedoch Effizienzkriterien außer Acht. Deshalb wurden beispielsweise in der Synthesefaserindustrie 50% der Reduzierungsvorgaben entsprechend der betriebsspezifischen Branchenkapazität und die anderen 50% nach Auslastungsgrad reduziert.[88] Darüberhinaus ist ein nicht unerheblicher Teil der Kapazitätsanpassung über bilaterale Verhandlungen zwischen den einzelnen Unternehmen bewerkstelligt worden. Um eigene Kapazitäten zu erhalten, sollte der Konkurrent durch Zahlungen die Stillegung von bestimmten Produktionsabteilungen vornehmen; oder es wurden vorgegebene Stillegungsmaßnahmen untereinander "getauscht": statt Produktion von A legte Unternehmen U_1 die Produktion von B nieder und U_2 verhielt sich entgegengesetzt.

Auch diese gegenseitigen Absprachen sind ein Indiz für die unternehmerische Einsicht bzgl. nationaler Strukturanpassungsmaßnahmen. Die bürokratische Loyalität durch plankonformes Miteinander war den Unternehmern gewiß, die zu Kapazitätsanpassungen beitrugen. Maßnahmen, die den geplanten freiwilligen Kapazitätsabbau darüberhinaus fördern sollten, waren Kreditgarantien sowie die Zusicherung von Finanzierungsmitteln. Mit einer ebenfalls fünfjährigen Laufzeit wurde der "*Designated Depressed Industries Credit Guaranty Fund*" gegründet, der von den betroffenen Industrien und den Banken getragen wurde.

---

[87]Vgl. K o k a l j , L . ; A l b a c h , H . : a.a.O. (FN 23), S. 88-95.
[88]Der Auslastungsgrad sollte dabei ein Effizienzkriterium sein. Vgl. ebenda, S. 97.

Insbesondere war jedoch nach dem KBStG die Bildung von sogenannten Strukturkrisenkartellen möglich. Das Anti-Monopol-Gesetz fand auf diesen Bereich keine Anwendung. Die notwendige Anhörung der *Fair Trade Commission* war stets ein formaler Akt. Durch diese Möglichkeit sollten die anfallenden Anpassungskosten gleichmäßiger und geordneter über die Branche verteilt werden.

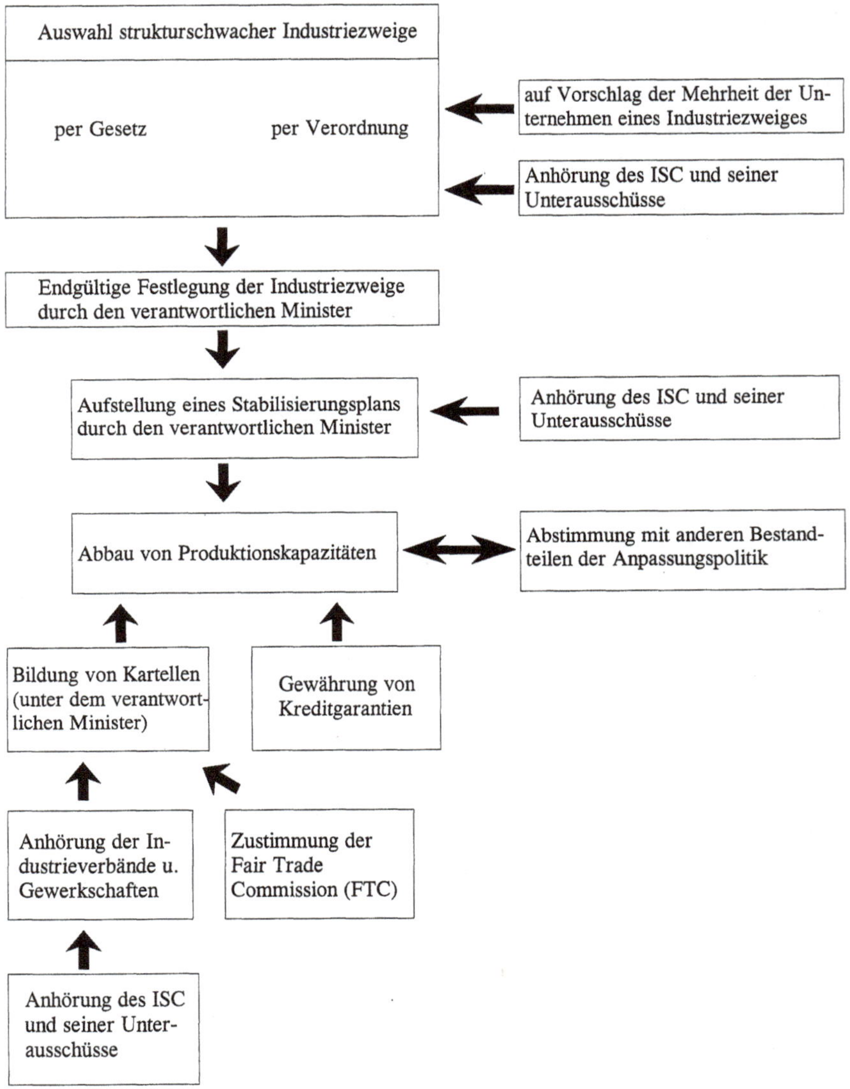

Quelle: MITI, in: Laumer, Helmut; Ochel, Wolfgang: Strukturpolitik für traditionelle Industriezweige in Japan, ifo-Institut für Wirtschaftsforschung, Berlin 1985, S.49.

Abbildung 4.4: Entscheidungsprozesse der Strukturanpassungspolitik unter dem KBStG 1978

Die Maßnahmen für freigesetzte Arbeitnehmer und Klein- und Mittelgroße Unternehmen (KMU) sollten einen möglichst breiten Konsens im Rahmen der Anpassungspolitik schaffen.[89] Das *Law on Temporary Measures for Small and Medium-scale Industries in Specified Depressed Regions* sah verschiedene Anpassungshilfen für Klein- und Mittelbetriebe in Krisenregionen vor. Zwei weitere Gesetze sahen umfangreiche Anpassungshilfen für Arbeitskräfte in Krisenbranchen vor. Diese Gesetze berücksichtigten insgesamt 40 Industriezweige, darunter die Schiffbau-, Elektrostahl-, Aluminium-, Eisensilizium-, Textil- und Papierindustrie. Hierin enthalten war die Zahlung von Lohnzuschüssen bei Beschäftigungsanpassungsmaßnahmen (bei temporärer Nichtbeschäftigung von Arbeitnehmern, bei Arbeitsplatzwechsel zur Verhinderung von Einkommenseinbußen und bei Ausleihung von Beschäftigten an andere Betriebe), die staatliche Förderung von Umschulungsmaßnahmen sowie ein Arbeitsplatzförderungsprogramm zur Wiedereingliederung von 45-65-jährigen Arbeitslosen.[90] Für Arbeitslose wurden u.a. staatliche Mobilitätshilfen und Ausbildungszulagen gewährt. Die Maßnahmen zur Verhinderung von Arbeitslosigkeit hatten allerdings eindeutig Vorrang vor den Maßnahmen für Arbeitslose.

4.4.6 Ergebnisse des KBStG und Ergänzung der Strukturanpassungspolitik

In der Zeit von 1978 bis 1983 wurden die Produktionskapazitäten der ausgewählten Industriezweige in Höhe von 98 % der Zielvorgaben reduziert (vgl. Tab. 4.5). Die konzertierte Aktion unter Leitung des MITI zur Kapazitätsanpassung in den notleidenden Industrien war erfolgreich durchgeführt worden.[91]

Der hohe Zielerreichungsgrad ist auf mehrere Faktoren zurückzuführen. Der Strukturanpassungspolitik lag erstmalig eine allgemeingültige und breite Interessenbasis zugrunde, die von großer Akzeptanz getragen war. Die Abkehr von fallweisen und zufälligen ad hoc-Maßnahmen zugunsten eines konsensgetragenen und objektivierten Strukturanpassungskonzepts hat

---

[89] Vgl. Laumer, H.; Ochel, W.: a.a.O. (FN 82), S. 125-134.
[90] Vgl. ebenda S. 142.
[91] Vgl. ebenda, S. 58-64; Kokalj, L.; Albach, H.: a.a.O. (FN 82), S. 95-99.

Branchenlobbyismus erschwert, die Qualität des Informationsaustausches erhöht (und somit die Qualität der Planungsgrundlagen) und die Abstimmung mit den übrigen Wirtschaftspolitikbereichen erleichtert.

Strukturschwache Industriezweige waren im Einzelfall nicht in der Lage, zwecks erhoffter Erhaltungssubventionen Druck auf die Staatsbürokratie auszuüben. Das allgemeingültige Strukturanpassungskonzept sah keine Strukturkonservierungsmaßnahmen vor.

Industrien	Prod.Kapazität 1978 Tt	Geplanter Abbau Tt	%	Realisierter Abbbau %
Schiffbau	9.770,0	3.420,0	35,0	36,6
Aluminium	1.642,0	530,0	32,3	54,8
Elektrostahl	20.790,0	2.850,0	13,7	13,1
Herstellung Nylon	366,7	71,5	19,5	19,9
Herstellung Acrylfaser	430,5	73,2	17,0	22,2
Herstellung Polyester	349,8	36,8	10,5	10,5
Herstellung Polyesterfasern	397,5	67,6	17,0	17,8
Herstellung Harnstoff	3.985,0	1.790,0	44,9	41,9
Herstellung Ammoniak	4.559,0	1.190,0	26,1	26,1
Flüssigphosphor	934,0	190,0	20,3	18,6
Baumwollspinnerei	1.204,0	67,1	5,6	4,3
Kammgarnspinnerei	181,7	18,3	10,1	9,7
Wellpappe	7.549,0	1.147,0	15,2	14,3
Eisensilizium	487,0	100,0	20,5	20,5

Quelle: MITI, Fair Trade Commission, Verbandsstatistiken, in: Laumer, H.; Ochel, W.: a.a.O. (FN 82), S. 12.

Tabelle 4.5: Ziele und Ergebnisse der Strukturanpassungspolitik

Der Einbezug der Unternehmerseite kam dem allgemeinen strukturpolitischen Konsens zugute. Darüberhinaus lieferten die Unternehmer marktnahe Informationen und genaue Kenntnisse über betriebliche Abläufe und Ausgangssituationen.

Die explizite Einbeziehung der Arbeitnehmerseite sowie der kleinen und mittelgroßen Unternehmen bewirkte eine bessere Abstimmung mit der Arbeitsmarktpolitik und somit eine bessere Anpassung der Beschäftigten an die veränderte Situation. Die sozialen Anpassungskosten wurden gleichmäßiger auf alle Beteiligten verteilt. Hierin kommt die Beschäftigungssicherung als ein wichtiges Ziel der Unternehmerpolitik zum Ausdruck. Die Arbeitgeber sind bestrebt, für nicht mehr benötigte Arbeitnehmer neue Einsatzmöglichkeiten zu finden. Denn Entlassungen gefährden den Arbeitsfrieden und die innerbetriebliche Harmonie. Auch zwischen Arbeitgebern und -nehmern bestehen vielfältige persönliche Beziehungen, die der Verantwortung des Unternehmers großes Engagement und Hingabe der Arbeitnehmer entgegensetzen.

Seit Mitte der 1970er Jahre (mit dem Anwachsen der Arbeitslosigkeit) veranlaßte das Arbeitsministerium, das MITI bei Strukturanpassungen arbeitsmarktpolitische Kriterien zu berücksichtigen.[92] Bedeutsam im Rahmen des KBStG war die Tatsache, daß die Unternehmen in die Verantwortung zur Lösung von Beschäftigungsproblemen einbezogen wurden. Um die erwähnten Lohnzuschüsse zu erhalten, mußten sie für temporär und dauernd ausscheidende Mitarbeiter Wiederbeschäftigungspläne aufstellen, die von der regionalen Behörde geprüft und ggfs. anerkannt wurden.[93] In besonderem Maße haben auch die vielfach gebildeten Strukturkrisenkartelle bewirkt, daß rein marktmäßige Anpassungsprozesse in Form von ruinösem Wettbewerb vermieden wurden.

Auch war (zumindest seit Anfang der 1970er Jahre) die synchrone Förderung von Wachstumsindustrien integraler Bestandteil der Arbeitsmarktpolitik. Denn die Maßnahmen für freigesetzte Mitarbeiter durften zumindest mittelfristig nicht auf traditionelle Industriezweige beschränkt bleiben. An den Plänen zur Förderung von Wachstumsbereichen waren somit auch Unternehmer- und Arbeitnehmerverbände der strukturschwachen Industrien interessiert und beteiligt (vgl. Abschnitt 4.5).

Trotz der Existenz des allgemeingültigen Strukturanpassungskonzepts waren stets Planrevisionen möglich, wenn dies im Rahmen des ständigen interaktiven Austausches aller Beteiligten notwendig gewesen wäre. Auf diese Weise fühlten

[92]Vgl. E r n s t , A.: a.a.O. (FN 76), S. 281 ff..
[93]Vgl. L a u m e r , H . ; O c h e l , W . : a.a.O. (FN 82), S. 135.

sich Arbeitnehmer wie Unternehmen durch den Kapazitätsabbau nicht übergangen, sondern zur operativen Umsetzung herausgefordert.

Trotz der sichtbaren Erfolge wiesen jedoch die meisten Unternehmen als Folge des 2. Ölpreisschocks (1979) weiterhin Überkapazitäten auf. Es hatte sich herausgestellt, daß Kapazitätsanpassungen langfristig nicht ausreichten, um den Strukturwandel zu bewerkstelligen. So entschloß sich die japanische Regierung 1982, die Strukturanpassungspolitik für weitere fünf Jahre fortzusetzen. Das *Branchenstruktur-Verbesserungsgesetz* (BStVG)[94] enthielt im wesentlichen die gleichen Mechanismen und Vorgehensweisen wie das Vorgängergesetz. Über die Kapazitätsanpassung hinaus zielte es auf eine Steigerung der internationalen Konkurrenzfähigkeit durch Revitalisierung. Im Vordergrund der Unterstützung standen dabei eindeutig energie- und materialsparende Investitionen in Prozeß- und Produkttechnologien. Damit einhergehen sollte eine höhere Produktwertschöpfung, um der Importkonkurrenz weniger ausgesetzt zu sein.

Steuerliche Vergünstigungen, Subventionen für ölsubstituierende Prozeßtechnologien sowie Kreditgarantien waren die bedeutendsten Einzelmaßnahmen. Damit wollte man die Wettbewerbsfähigkeit der betroffenen Unternehmen mittel- und langfristig erhöhen, da die ausschließliche Orientierung an einer verminderten Nachfrage die Kapazitätsauslastung der Unternehmen nicht im gewünschten Maße verbessert hatte. Dabei wurden abermals wettbewerbsrechtliche Konzessionen angeboten. Denn erstmals konnten die in Schwierigkeiten geratenen Unternehmen Produktionsabsprachen und gemeinsame Absatzgesellschaften sowie FuE-Kooperationen bilden, um weitreichende Kostensenkungen zu ermöglichen und somit Anpassungskosten und -erfolge gleichmäßiger zu verteilen.[95] Aus der Bildung oligopolistischer Binnenmarktstrukturen versprach man sich ebenfalls eine erhöhte *internationale* Wettbewerbsfähigkeit.

Im Ergebnis zeugt die Verlängerung der Strukturanpassungspolitik abermals von konzeptioneller Flexibilität und industriepolitischem Pragmatismus. Die wirtschaftlichen Rahmenbedingungen hatten sich während der Durchführungsphase verändert, und man begriff die zusätzliche Notwendigkeit

---

[94]Vgl. Laumer, H.; Ochel, W.: a.a.O. (FN 82), S. 146-160.
[95]Hierbei mußte allerdings das FTC "prozeßformal" zustimmen!

von Revitalisierungsmaßnahmen, insbesondere Energiesparmaßnahmen und Wertschöpfungssteigerungen im verarbeitenden Gewerbe. Nach einer neueren Studie ist der Energieverbrauch im verarbeitenden Gewerbe im Zeitraum von 1983 bis 1988 um 20,8 % gesenkt worden.[96] Der Erdölanteil am Energieverbrauch hat sich in analoger Weise reduziert[97]. Im gleichen Zeitraum hat sich die Bruttowertschöpfung um 20,6 % erhöht[98], so daß man auch hinsichtlich der Ergänzungsmaßnahmen von einer erfolgreichen Umsetzung der industriepolitischen Konzeption für strukturschwache Branchen sprechen kann.

4.5 Förderung von Zukunftsindustrien - Beispiel Computer

4.5.1 Ursachen für die japanische Forschungs- und Technologiepolitik

Der rasante Aufstieg Japans zur zweitstärksten Wirtschaftsmacht der Welt ist zu einem guten Teil das Ergebnis intensiver Forschungs- und Entwicklungsaktivitäten (FuE) sowie einer langfristig angelegten Forschungs- und Technologiepolitik (F&T). Der Beitrag von FuE-Anstrengungen zum wirtschaftlichen Wachstum Japans ist seit den 1960er Jahren kontinuierlich gestiegen. Schon eine Untersuchung von 1978 des *Nomura Research Institute* machte für den Zeitraum von 1975-1985 einen Anteil von über 50 % aus.[99]

Technologiepolitik wird allgemein als staatliche oder staatlich geförderte Grundlagenforschung und als Innovationspolitik betrieben, welche anwendungsorientierte Neuerungen mit dem Ziel ihrer kommerziellen Nutzung zu fördern beabsichtigt.[100] In Japan wählte man zunächst - um den Nachholbedarf gegenüber dem Westen zu befriedigen - in den 1950er und 1960er Jahren eine pragmatischere Lösung. Notwendige Patente und Lizenzen sollten von japanischen Unternehmen im Ausland erworben werden.[101] Im Rahmen eines umfangreichen Technologieimport-Programms sollte das MITI Lizenzvereinbarungen zwischen ausländischen und japanischen Firmen regulieren. Regulieren bedeutete, daß das Ministerium die

---

[96]Vgl. Foljanty-Jost, G.: a.a.O. (FN 20), S. 72.
[97]Vgl. ebenda, S. 76.
[98]Vgl. ebenda, S. 53.
[99]Vgl. Nomura Research Institute: Financial Analysis of R & D in Japan, Tokyo, Project 78-2210, December 1978, S.1.
[100]Vgl. Goerdeler, A.: a.a.O. (FN 43), S. 199.
[101]Analog zum Aufholprozeß im 19. Jahrhundert, als man sich ausländischer Experten bediente.

Schlüsseltechnologiebereiche festlegte, in denen Lizenzen erworben werden durften. Auf diese Weise konnten sich japanische Unternehmen insbesondere zeitliche Nachteile, die bei der Grundlagenforschung aufhalten, ersparen. Ihren Durchbruch auf den Weltmärkten verdanken sie der Tatsache, daß sie die erreichbaren Marktvolumina (später auch durch Exportoffensiven) sehr viel systematischer erforschten und ihre Erschließung in Angriff nahmen als dies im Westen der Fall war.[102]

Doch je mehr japanische Firmen auf den Weltmärkten auf- und überholten, um so mehr wurde es notwendig, selbst innovativ tätig zu sein. Somit traten in den 1970er Jahren an die Stelle der Technologieimporte die eigene Durchführung und Koordination von Forschungsvorhaben in zukunftsweisende Industrien. Die Imitation westlicher Technologien mußte einer eigenständigen Grundlagenforschung und Innovationsstrategie weichen. Diese Notwendigkeit wurde flankiert von der Tatsache, daß die FuE-Aufwendungen der High-Tech-Unternehmen infolge des rasanten technologischen Wandels ständig stiegen. Aufgrund dieser strukturellen Veränderungen war es notwendig, die F&T-Politik zum integralen Bestandteil des industriepolitischen Konzepts zu machen. Die Ziele, Instrumente, Träger, Adressaten und Ergebnisse der staatlichen F&T-Politik, insbesondere zur Förderung der Computerindustrie in den 1960er, 1970er und zu Beginn der 1980er Jahre sollen im folgenden analysiert werden.

4.5.2 Ziele der F&T-Politik

4.5.2.1 Allgemeine Ziele der F&T-Politik

A science and technology-based country ist das von der Regierung proklamierte und von der Bevölkerung akzeptierte Ziel, an dem die gemeinschaftlichen Anstrengungen aller am Wirtschaftsleben Beteiligten ausgerichtet sind.[103] Es galt verstärkt, im technologischen Wettstreit mit Produkt- und Verfahrensinnovationen neue Märkte zu erschließen. Letztlich sollte damit eine Absicherung der Grundlagen für das längerfristige wirtschaftliche Wachstum erfolgen. Wachstumspolitik für zukunftsträchtige Industriezweige wurde seit dem

---

[102]Vgl. auch L a u m e r , H . : a.a.O: (FN 58), S. 9-23.
[103]Vgl. L a u m e r , H . : a.a.O: (FN 58), S. 9.

Beginn der 1970er Jahre umso dringlicher, je mehr traditionelle Branchen an Wettbewerbsfähigkeit einbüßten.

Insgesamt wird bis heute ein Ausbau der Infrastruktur für den technischen Fortschritt in den 1990er Jahren und darüberhinaus angestrebt.[104] Neben der daraus resultierenden grundsätzlichen Förderung von Hochtechnologiebereichen war und ist ein Hauptanliegen der japanischen Technologiepolitik die Diffusion von technologischen Entwicklungen über die gesamte heimische Wirtschaft.[105] Forschungsergebnisse sind öffentlich zugänglich und sollen allen Unternehmen eines Industriezweiges verfügbar gemacht werden. Dadurch wird Doppelforschung ansatzweise vermieden und gesamtwirtschaftlich werden Forschungskosten minimiert. Entsprechend nehmen die Entwicklung von Produkten und Produktionsmöglichkeiten mit flexiblen und breiten Anwendungsmöglichkeiten einen großen Stellenwert ein. Um diese breiten Ausstrahlungen auf andere industrielle Bereiche ausschöpfen zu können, ist ganz besonders die Mikroelektronik Forschungsgegenstand. Dabei sind die Mittel für Grundlagenforschung weiterhin vergleichsweise gering (ca. 15 %), während der Schwerpunkt eindeutig auf den Bereichen "Entwicklung" und "angewandte Forschung" liegt.[106] FuE ist kein Selbstzweck; die ökonomische Verwertbarkeit der Ergebnisse spielt in Japan schon in der Phase der Forschungsplanung eine entscheidende Rolle.

Desweiteren ist es seit jeher ein japanisches Bestreben, der Energie- und Rohstoffabhängigkeit entgegenzuwirken. Dabei ist eine Exportorientierung nach wie vor bindend, da die Exporterlöse die in großem Maße stattfindenden Rohstoffimporte finanzieren sollen. Somit werden im Hochtechnologiebereich Vorhaben unterstützt und initiiert, die dem Ziel dienen, die Energie- und Rohstoffabhängigkeit der japanischen Wirtschaft zu mindern. Im Sektor "Energie" sind dies Projekte der Nuklearforschung und der Sonnenenergienutzung, im Rohstoffbereich gelten Forschungsvorhaben für

---

[104] Vgl. Ernst, A.; Hilpert, H. G.; Laumer, H.: Japans Wirtschaft im strukturellen Wandel, in: Maull, H. (Hrsg.): Japan nach dem Ende des Kalten Krieges, München 1992, S. 7.

[105] Prinzipiell einzugliedern ist hier auch noch die weiter oben bereits erwähnte Kombination von Strukturanpassung und Revitalisierung für strukturschwache Bereiche. Aus systematischen Gründen soll unter dem Bereich Technologiepolitik jedoch nur die Förderung von sog. Zukunftsindustrien abgehandelt werden.

[106] Vgl. Laumer, H.: a.a.O. (FN 58), S. 10-11.

Biotechnologie und "neue" Materialien als sehr aussichtsreich. Insgesamt soll ein Strukturwandel weg von energie- und ressourcenintensiven Schwerindustrien hin zu wissensintensiven Technologiesektoren unterstützt werden.[107]

4.5.2.2 Ziele bei der Förderung der Computerindustrie

In diesem Sinne hatten alle wirtschaftlich relevanten Gruppen in Japan schon sehr früh die Elektronik, und hier insbesondere die Computerindustrie als förderungswürdig erachtet. Bereits 1957 begann eine vorsichtige industriepolitische Sonderförderung der Elektronikindustrie.[108] Hinsichtlich der Computerindustrie war man bestrebt, den Entwicklungsrückstand gegenüber den USA aufzuholen. Denn besonders in der Computerindustrie traten die Schwächen der Imitationsstrategie immer deutlicher zu Tage: große Stückzahlen von Computerbausteinen reduzieren die Produktionskosten überproportional. Der Hersteller, der zuerst am Markt ist, kann auf diese Weise Monopolrenten abschöpfen. Nachfolgende Anbieter können diese Losgrößen zwangsläufig nicht realisieren, weshalb sie einen erheblichen Wettbewerbsnachteil haben. Eine eigenständige Forschung und Entwicklung für die Computerhardware mit staatlicher Unterstützung wurde zur nationalen Zielsetzung. Insbesondere die Steigerung der Marktanteile heimischer Produzenten stand zunächst im Vordergrund.

4.5.3 Instrumente der F&T-Politik

4.5.3.1 Allgemeine Instrumente der F&T-Politik

Bestand die japanische Technologiepolitik bis weit in den 1970er Jahre im wesentlichen in einem handelspolitisch motivierten "industrial targeting", so machten seit den 1980er Jahren die fortlaufend zunehmenden FuE-Anstrengungen der Unternehmen immer mehr staatliche Technologiepolitik notwendig. Wurden früher heranwachsende Industrien durch Zölle und nicht-tarifäre Handelshemmnisse geschützt und Technologieimporte durch Beschränkung der ausländischen Direktinvestitionen gefördert, so ist seither die Formulierung industriepolitischer Visionen zur Förderung wissens- und

---

[107]Vgl. N e u s c h w a n d e r , T . : a.a.O. (FN 14), S. 41.
[108]Vgl. ebenda, S. 130.

technologieintensiver Branchen vorherrschend.[109] Sind derart zukunftsträchtige Bereiche öffentlich kultiviert, so ist dies mit einer Signalwirkung für die dem Finanzministerium unterstehenden Banken zur Bereitstellung von ausreichend Risikokapital für Investitionen in jene Bereiche verbunden. Trotz einer gezielten Mittelstandsforschung ist die Förderung im Hochtechnologiebereich jedoch hauptsächlich eine Förderung von Großunternehmen.[110] Da die Unternehmen einen insgesamt hohen Eigenanteil an den zu bewältigenden FuE-Kosten leisten müssen, sind kleinere und mittelgroße Unternehmen meist nicht in der Lage, an der technologischen Spitze mitzuhalten.

Denn gemessen an den Verhältnissen in anderen Industrienationen ist die staatliche Beteiligung in Japan an den Aufwendungen der Privatwirtschaft für FuE sehr gering. Zu Beginn der 1980er Jahre betrug sie gerade einmal knapp 2%, während ca. 96% von den Unternehmen selbst getragen wurden.[111] Auch der Anteil an den gesamten nationalen FuE-Ausgaben ist im Vergleich zur Bundesrepublik oder den Vereinigten Staaten deutlich geringer: In 1991 betrug der Staatsanteil in Japan 18% und in Deutschland 34,1% bzw. in den USA 48,2%.[112] Unter Forschungs- und Technologiepolitik versteht man in Japan nicht die Finanzierung oder gar Durchführung von FuE, sondern der Staat sieht seine Aufgabe wesentlich in der gemeinsamen Entwicklung von Denkanstößen und Orientierungshilfen für die Privatwirtschaft. Zukunftsträchtige Technologien sollen aufgezeigt, die privaten Forschungsanstrengungen organisiert und koordiniert sowie tatkräftig Informationen und Forschungskapazitäten bereitgestellt werden. Die mangelnde staatliche Finanzierung wird auf der anderen Seite von einer besseren Risikokapitalbereitstellung durch die Banken kompensiert. Zwar haben die *venture capital*-Firmen noch keine durchschlagenden Erfolge - insbesondere nicht im Bereich FuE - erzielen können[113], aber die Finanzierung der *keiretsu* über ihre Hausbanken, die dem Innovationsprozeß positiv gegenüberstehen, da sie langfristig den Bestand der Unternehmensgruppe gewährleisten, darf nicht unterschätzt werden. Banken und Unternehmen verfolgen gemeinsam abgestimmte langfristige

---

[109]Vgl. H i l p e r t, H. G.: a.a.O. (FN 15), S. 7-22.
[110]Vgl. K o k a l j, L.; A l b a c h, H.: a.a.O. (FN 23), S. 88-95.
[111]Vgl. L a u m e r, H.: a.a.O. (FN 58), S. 17.
[112]Vgl. D u n n, M. H.: Wettbewerbsfähigkeit und Technologiepolitik - Die japanischen Erfahrungen, in: Jahrbuch für Nationalökonomie und Statistik, Vol. 212/3-4, 1993, S. 293-305.
[113]Vgl. A l b a c h, H.: Venture Capital-Firmen in Japan und den USA, in: ZfB 1983, S. 993-1002.

Innovationsstrategien, in denen weniger kurzfristige Renditeüberlegungen angestellt werden, sondern vielmehr eine strategische Marktführerschaft angestrebt wird.

Darüberhinaus initiiert das MITI nationale Forschungsprojekte unter Beteiligung der öffentlichen Hand, der Wissenschaft und der Großunternehmen. Dabei handelt es sich in aller Regel um Forschungsprojekte für jene wissenschaftlichen Bereiche, die sich durch hohe Kosten und ebenso hohe Unsicherheiten auszeichnen. Meist wird im nationalen Interesse Gemeinschaftsforschung betrieben, die zeitlich befristet unter der organisatorischen Obhut eines Ministeriums steht. Für diese Forschungsprogramme werden zwar Mittel bereitgestellt, jedoch mit der Intention, daß die beteiligten Unternehmen einen zigfachen Betrag eigenständig in das jeweilige Projekt stecken.[114] Neben der schon erwähnten Vermeidung von Doppelforschung sollen die Teilnehmer der gemeinschaftlichen Forschungsvorhaben frühzeitig Lernkurven- und Skaleneffekte ausschöpfen können.[115]

Flankierend werden über steuerliche Vergünstigungen Anreize zu Forschungsaktivitäten geschaffen; durch die breitfächrige regionale Verteilung von High-Tech-Zentren wird eine große FuE-Dichte erzeugt und durch die bekannten wettbewerbsrechtlichen Konzessionen wird produzentenorientierte Kartellpolitik betrieben.[116] Letzteres bedeutete von Anfang an eine Limitierung der Unternehmen, die in Schlüsseltechnologien tätig werden durften, da man von staatlicher Seite befürchtete, daß sich ein ruinöser Wettbewerb entwickeln könnte[117]. Auch hier steht die Ausnutzung von Größenvorteilen bei oligopolistischen Wettbewerbsstrukturen im Vordergrund. Überdies fungiert das MITI und die *Japan External Trade Organization* (JETRO) als Interessensvertreter der heimischen Industrie gegenüber ausländischen

[114]Vgl. L a u m e r , H . : a.a.O. (Fn 58), S. 21; H i l p e r t , H . G . : a.a.O. (FN 15), S. 18; S c h o l z , L . : Forschungs- und Technologiepolitik in Japan und in der Bundesrepublik Deutschland, in: ifo-Schnelldienst 26-27/85, S. 52-58.

[115]Ein erfolgreiches Beispiel für Gemeinschaftsforschung ist das 1976 für vier Jahre gegründete Gemeinschaftforschungsinstitut zur Entwicklung der Komponenten für höchstintegrierte Schaltungen (VLSI). Die Unternehmen investierten den 20fachen Betrag der staatlichen Subvention mit dem Resultat, daß Japan heute der größte Exporteur von Halbleitern ist. Die erfolgreiche Entwicklung eines Computers der sog. 5. Generation oder die Entwicklung hochintelligenter Roboter sind weitere Beweise für den gemeinschaftlichen Erfolg. Vgl. L a u m e r , H . : a.a.O. (FN 58), S. 21-22.

[116]Vgl. H i l p e r t , H . G . : a.a.O. (FN 15), S. 18.

[117]Vgl. ebenda, S. 20.

Konkurrenten. Hier wird japanische Außenhandelspolitik durch Zuteilung von Exportkontingenten an die heimischen Produzenten im Rahmen der Selbstbeschränkungsabkommen betrieben. Besonders werden vom JETRO Kontakte zu ausländischen Anbietern geknüpft zwecks Forschungskooperationen, um technologische Lücken gegenüber dem Ausland zu schließen.

Jedes Instrument für sich scheint in Anbetracht der Einflußmöglichkeiten in den 1960er Jahren und im Vergleich zu umfangreichen Subventionszahlungen im Westen gering. In ihrer Gesamtheit sind sie jedoch trotz alledem sehr effektiv. Von all diesen kleinen Hilfen geht wiederum jene vertauensvolle Signalwirkung aus, die letztlich dafür sorgt, daß die japanische Industriepolitik in ihrer Ziel- und Ergebnisorientierung wirkungsvoller ist als ihre geldlichen Größen es auszudrücken vermögen.

4.5.3.2 Instrumente zur Förderung der Computerindustrie

4.5.3.2.1 Sensibilisierung

Bereits in den 1950er Jahren fanden an den japanischen Hochschulen Projektierungen im Bereich der Computerforschung und -entwicklung statt, so daß Japan schon Mitte der 1950er Jahre in der Lage war, eigene Computermodelle zu bauen. In dieser frühen Phase wurden die führenden Telekommunikationsunternehmen Japans - trotz starker staatlicher Kanalisierung durch das *Agency of Industrial Science and Technology* (AIST) - in die Entwicklungsprogramme zur Computertechnik einbezogen. Auf diese Weise wurde frühzeitig versucht, nicht an den Erfordernissen der Wirtschaft und des Verbrauchers vorbeizuforschen. Breitenwirkung wurde dann durch die Tatsache erzielt, daß die Ergebnisse der Technologieentwicklung des AIST für alle interessierten Firmen verfügbar waren. Dies kam letztlich der Basis für die Entwicklung kommerzieller Computer in den folgenden Jahren zugute.[118]

1957 begann dann die industriepolitische Sonderförderung mit dem Sondergesetz zur Förderung der Elektronikindustrie.[119] Damit wurde eigentlich eine Förderung der Haushaltsgeräteindustrie beabsichtigt. Aber nachdem NEC, Hitachi, Fujitsu und Toshiba die Produktion von Kleinrechnern ankündigte,

---

[118] Vgl. Komiya, R.; Okuno, M.; Suzumura, K.: a.a.O. (FN 16), S. 341.
[119] Vgl. ebenda, S. 342; Neuschwander, T.: a.a.O. (FN 14), S. 130.

bewog dies drei weitere japanische Elektronikhersteller zum Markteintritt. Gleichzeitig begann die Exportoffensive der Amerikaner unter Führung von IBM.[120] Die japanische Elektronikindustrie nahm die Herausforderung an und das MITI wurde für die Lukrativität der Mikroelektronik derart sensibilisiert, daß eine eigene Elektronikindustrieabteilung innerhalb des MITI gebildet wurde. Dank der weitreichenden Kompetenzen des MITI infolge des Sondergesetzes wurden nun zunächst die Elektronikforschung und Markteintritte staatlich bezuschußt und steuerlich gefördert. Ebenso wurden Rationalisierungsmaßnahmen im Rahmen der Produktion von Elektronikbauteilen gefördert.[121] Die Initiierung von Hochschulforschung zur Computertechnik Anfang der 1950er Jahre sowie die Offenlegung der Ergebnisse war von der Industrie positiv aufgenommen worden. Daraufhin sollte das MITI seine Förderung intensivieren.

Nämlich im Zuge dieser anfänglichen Fördermaßnahmen wurde beim MITI die Einsicht geschärft, daß es sich lohne, die Forschung und Entwicklung der Computertechnologie zu unterstützen. 1960 wurden die Importzölle für Computerbauteile von 15 % auf 25 % angehoben. Computerimportlizenzen wurden eingeführt und Joint-Ventures mit amerikanischen Firmen gefördert.[122] Insbesondere IBM wurde aufgefordert, seine technischen Lizenzen preisgünstig an das MITI zu verkaufen. Schließlich wurde 1961 die *Japan Electronic Computer Company* (JECC) aus den sieben führenden Elektronikfirmen Japans gegründet. Dabei handelte es sich um ein vom MITI gesteuertes Joint-Venture.[123] Dadurch versuchte das MITI, Exporte zu koordinieren und Importe abzuwehren. Letzteres geschah im wesentlichen durch die Favorisierung heimischer Produzenten bei staatlichen Beschaffungsaufträgen. Die bedeutendste vom MITI organisierte Maßnahme war jedoch das Leihgeschäft von Computern an kleine und mittelgroße Unternehmen (KMU). Ziel war es, die Benutzung von Computern für den Mittelstand lukrativ zu gestalten und den Anbietern eine

[120] Vgl. Neuschwander, T.: a.a.O. (FN 14), S. 342.
[121] Vgl. ebenda.
[122] Vgl. ebenda, S. 130 f..
[123] Vgl. ebenda sowie Komiya, R.; Okuno, M.; Suzumura, K.: a.a.O. (FN 16), S. 342-345. Eine vom MITI favorisierte Fusion lehnten die sieben Elektronikfirmen allerdings ab.

entsprechend großen Nachfrage zu verschaffen, um mit den IBM-Offerten konkurrieren zu können.[124]

Die anfänglichen finanziellen Risiken wurden durch entsprechend günstige Bereitstellung von Risikokapital durch die Privatbanken entgegnet. Nach *Anchordoguy* hat dieses staatlich gestützte Joint-Venture die Bereitschaft der Banken nachhaltig erhöht, die Entwicklung und Produktion von Computern finanziell zu unterstützen.[125] Nach dieser Studie hat der staatliche Beistand im Rahmen des Leihgeschäftes den japanischen Computerfirmen von 1961 bis 1969 zusätzliche Entnahmen vom privaten Finanzmarkt ermöglicht, die einen um ca. eine Milliarde DM höheren Cashflow der Branche im Vergleich zur staatlichen Abstinenz bewirkt haben.[126]

Bis Mitte der 1960er Jahre war auf diese Weise per staatlicher Initiierung die japanische Volkswirtschaft für die Lukrativität der Computertechnologie sensibilisiert worden, zur kostensenkenden Produktion großer Lose war eine entsprechend große Nachfrage generiert worden und die Hersteller wurden im Rahmen des Leihgeschäfts finanziell entlastet.

4.5.3.2.2 Intensivierung der Förderung

Die Intensivierung der Förderung begann 1966 durch einen Report des MITI in Zusammenarbeit mit dem *Electronics Industry Council* (EIC) über die "Stärkung der internationalen Wettbewerbsfähigkeit der Computerindustrie".[127] Darin waren Förderziele und Spezialprogramme enthalten. Die wesentlichen Ziele waren die angestrebte technologische Unabhängigkeit Japans und mittelfristig die Steigerung der Marktanteile heimischer Produzenten.

Um dies zu erreichen, sollte die Zusammenarbeit des JECC intensiviert und die Ingenieurausbildung auf die neue Technologie verstärkt ausgerichtet werden. Operativ sollten von nun an zahlreiche Projektierungen unter Federführung und Subventionierung des MITI durchgeführt werden. Neben dem MITI und den

---

[124] Vgl. N e u s c h w a n d e r , T. : a.a.O. (FN 14), S. 131 bzw. S. 345-350; R o d e , R. : a.a.O. (FN 55), S. 98 ff.. Dieses Konzept wurde in den 1980er ebenfalls angewandt, als den heimischen Herstellern die Benutzung von Robotern nahegelegt werden sollte.

[125] Vgl. A n c h o r d o g u y , M. : Computers Inc., Japan`s Challenge to IBM, Cambridge 1989, S. 521; N e u s c h w a n d e r , T. : a.a.O. (FN 14), S. 237.

[126] Vgl. ebenda.

[127] Vgl. K o m i y a , R.; O k u n o , M.; S u z u m u r a , K. : a.a.O. (FN 16), S. 350.

privaten Firmen waren daran stets auch die halbstaatlichen Forschungseinrichtungen beteiligt.

Von 1966 bis 1972 wurde das *Super High Performance Computer Project* mit sechs führenden Herstellern durchgeführt. Dieses Projekt wurde vom MITI bis 1972 mit ca. DM 100 Mio. (entsprechend 50% des Investitionsvolumens aller japanischen Hersteller) gefördert (Subventionen und Steuererleichterungen)[128]. Als 1971 der Computermarkt liberalisiert wurde und die führenden Firmen eine Fusionierung weiterhin ablehnten, initiierte das MITI das Großrechner-Projekt, welches analog bis 1975 mit ca. DM 213 Mio. (entsprechend 30 % des Investitionsvolumens) gefördert wurde.[129] Schließlich wurden vom MITI die allgemeinen FuE-Zuschüsse für die Computerindustrie 1977 eingestellt, da man der Ansicht war, daß genügend Technologie- und Managementpotential gewonnen worden war.[130]

Mitte der 1970er Jahre erkannten die Verantwortlichen beim MITI, daß der Markt für Computerhardware entscheidend von der Größe und Leistungsfähigkeit der Speicherchips bestimmt wird. Deshalb wurde von 1975 bis 1980 das *Very Large Scale Integration Project* (VLSI) durchgeführt. Um die Technologie dieser "Höchstintegrierten Schaltkreise" zu entwickeln, hatte das MITI die Elektronikkonzerne und Forschungsinstitute zusammengeführt.[131] Mit insgesamt DM 7,5 Mrd. (entsprechend 25 % des Investitionsvolumens) wurde dieses Projekt gefördert[132]. Analog wurde 1981 das *Super-Computer-Project* vom MITI eingeleitet, um die Geschwindigkeit der Chips zu erhöhen. Auch hier wurden sechs japanische Großproduzenten temporär zusammengeführt, um die neue Technologie gemeinsam zu entwickeln und um später große Stückzahlen produzieren zu können. In diesem Sinne wurde die heimische Nachfrage auf die heimischen Hersteller ausgerichtet.[133] Die staatlichen Zuschüsse waren bei diesem Projekt ebenfalls gemessen am privaten Investitionsvolumen rückläufig.

---

[128]Vgl. N e u s c h w a n d e r , T. : a.a.O. (FN 14),S. 133.

[129]Vgl. ebenda. Der sinkenden Anteil am privaten Investitionsvolumens ist auf die zunehmende Wettbewerbsfähigkeit der Branche zurückzuführen.

[130]Vgl. R o d e , R. : a.a.O. (FN 55), S. 98 f..

[131]Vgl. S e i t z , K. : Die japanisch-amerikanische Herausforderung, München 1990, S. 32 ff..

[132]Vgl. N e u s c h w a n d e r , T. : a.a.O. (FN 14), S. 132 f..

[133]Vgl. S e i t z , K. : a.a.O. (FN 131), S. 54.

Zu Beginn der 1980er Jahre wurde dann parallel die Forschung und Entwicklung von Softwarelösungen forciert, da man im Bereich der Softwareentwicklung gegenüber den Amerikanern mittelfristig ebenfalls einen Entwicklungsrückstand aufzuholen hatte. Das *Fifth Generation Computer Project* von 1982 bis Anfang der 1990er Jahre sollte insbesondere auf dem Gebiet der *Künstlichen Intelligenz* forschen, da man hier zukünftig großen Nachfragebedarf annahm. Zu diesem Zweck wurden u.a. die 40 besten Computerwissenschaftler in einem eigens eingerichteten Projektinstitut namens *Institute for New Generation Computer Technology* (ICOT) zusammengeführt. Da dieser Bereich eine grundsätzliche Umstrukturierung von Hard- und Software vorsah, wurden jeder Firma Spezialaufgaben zugeordnet, die in einem bestimmten Zeitraum erfüllt werden sollten.[134]

4.5.4 Träger der F&T-Politik

Die Effektivität der staatlichen F&T-Politik liegt vielmehr abermals in der Konsistenz der Zielerreichung und im Mechanismus der Entscheidungsfindung. Innerhalb der Gesellschaft besteht ein breiter Konsens, daß sich alle wirtschaftlichen Probleme durch die Verbesserung vorhandener Verfahren und Technologien lösen lassen. Forschung ist in diesem Sinne Beitrag zur Wohlstandsmehrung. Diese Einstellung gastiert nicht zufällig, sondern ist das Produkt institutioneller Umsetzungen, bei denen alle Betroffenen Zugang zum Entscheidungsprozeß haben.

Das vielschichtige institutionelle Geflecht wirkt auf den ersten Blick unkoordiniert und verwirrend. Tatsächlich läßt sich jedoch eine Dreiteilung der Zuständigkeiten erkennen. Die *Science and Technology Agency* (STA) beaufsichtigt die oben erwähnten nationalen Großforschungsprojekte. Dieses Amt ist wegen seiner nationalen Bedeutung direkt dem Premierminister unterstellt. Unabhängig davon wird die universitäre Grundlagenforschung einzig vom Bildungsministerium gesteuert. Die eigentliche industrielle Technologieförderung betreibt das MITI mitsamt seinen Unterausschüssen.[135] Die sektorbezogene industriepolitische Zuständigkeit für Hochtechnologiebranchen obliegt dem

[134]Vgl. Tatsuno, Sh.: Created in Japan - From Imitators to World-class Innovators, New York 1990, S. 167-176.

[135]Vgl. u.a. Ernst, A.; Hilpert, H. G.; Laumer, H.: a.a.O. (FN 104), S. 17-22.

vertikalen Bereich "Wissensindustrien" innerhalb des MITI. Diese Generaldirektion ist erst im Rahmen einer zukunftsorientierten Neuausrichtung 1973 entstanden und ein Indiz für das strukturpolitische Gespür des MITI. Diese Unterabteilung arbeitet eng mit dem Amt für industrielle Wissenschaft und Technik (AIST) zusammen. Beispielsweise werden dort die MITI-Pläne für Industrieforschung formuliert und für deren Durchführung gesorgt. Daneben haben wiederum einige Ministerien speziell ihren Bereich betreffende forschungspolitische Kompetenzen (z.B. das Verkehrs- und Postministerium).

Die für FuE zuständigen Ministerien werden darüberhinaus durch zahlreiche Sachverständigenräte und andere Beratungsgremien unterstützt. Dem *Council for Science and Technology* gehören neben dem Finanzminister der Erziehungsminister, die Leiter von AIST und STA, der Vorsitzende des Wissenschaftsrates und fünf namhafte Wissenschaftler an. Dieses Gremium empfiehlt staatliche Förderbereiche. Der *Wissenschaftsrat* berät das Kabinett in Fragen von Forschung und Lehre sowie einer Anpassung an den industriellen Bedarf. Das *Agency of Industrial Science and Technology* befaßt sich mit Problemen der industrietechnischen Umsetzung von Forschungsergebnissen.[136]

Insgesamt existiert kein bürokratisches Organisationskonzept, welches diese Aktivitäten zu koordinieren versucht. Die erforderlichen Absprachen erfolgen informell ohne öffentliche Partizipation. In einer Untersuchung im Auftrag des BMFT stellt die Prognos AG dazu schon 1983 u.a. fest:[137] "Die japanische Forschungspolitik ist sehr viel eher auf allen Ebenen des Staates, der Wirtschaft und Wissenschaft durch einen bewußt organisierten Trial and Error-Prozeß zu kennzeichnen... Die Forschungsplanung und -politik in Japan sind dadurch flexibler und weniger hoheitlich-legalistisch, als es dem westlichen Planungsverständnis entspricht."

4.5.5 Adressaten der staatlichen F&T-Politik

Wie schon aus der Darlegung der Ziele und Instrumente hervorging, wurden im Rahmen der F&T-Politik besonders Produkte und Technologien mit breiten

---

[136] Vgl. L a u m e r , H . : a.a.O. (FN 58), S. 19.

[137] Vgl. B r o w e r , H . ; W o l f f , H . : Forschungs- und Entwicklungssystem in Japan, Kurzfassung, Untersuchung im Auftrag des Bundesministeriums für Forschung und Technologie (BMFT), Basel 1983, S. 18-19.

Anwendungsmöglichkeiten gefördert. Denn dadurch erfolgt eine entsprechende Wissensdiffusion mit einer signalisierenden Breitenwirkung für die gesamte Volkswirtschaft.[138] Auswahlkriterien, die die Förderungswürdigkeit einer Branche charakterisieren, waren eine hohe Einkommenselastizität der Nachfrage, woraufhin man ein hohes Marktwachstum unterstellte, die sich andeutenden Technologietrends, das geschätzte Produktivitätswachstumspotential sowie zu erwartende Beschäftigungseffekte.

Die Branchenstruktur der staatlichen Projektförderung sah dabei Mitte der 1980er Jahre insbesondere die Elektrotechnik und hier insbesondere die Mikroelektronik als förderungswürdig an. 21,7% der staatlichen Projektförderung entfallen zu diesem Zeitpunkt auf die Elektronikindustrie, 11,5% auf die Chemische Industrie (inklusive Energiebereich), 7,9% auf den Maschinenbau und 6,1% auf die Eisen- und Stahlindustrie.[139]

4.5.6 Ergebnisse der F&T-Politik, insbesondere zur Förderung der Computerindustrie

4.5.6.1 Allgemeine Ergebnisse der F&T-Politik

Der Erfolg der japanischen Forschungs- und Technologiepolitik läßt sich an den bestehenden extremen Handelsbilanzüberschüssen bei Hochtechnologiegütern ebenso ablesen[140] wie an der rasanten Entwicklung externer Patentanträge japanischer Unternehmen seit 1980.[141] Eine Rangordnung verschiedener Länder im Spitzentechnologiebereich zeigt bereits für das Jahr 1984 eine Positionierung der Japaner knapp hinter den USA, aber deutlich vor der Bundesrepublik und anderen europäischen Industrieländern (vgl. Tabelle 4.6). Dies entspricht im übrigen dem eingangs erwähnten Ziel der Japaner eines kanalisierten Strukturwandels weg von energie- und ressourcenintensiven, hin zu wissensintensiven Technologien.

---

[138] Vgl. K o k a l j , L . ; A l b a c h , H .: a.a.O. (FN 23), S. 89-115.
[139] Vgl. K l o d t , H . : Wettlauf um die Zukunft - Technologiepolitik im internationalen Vergleich, Tübingen 1987, S. 43.
[140] Vgl. D u n n , M .: a.a.O. (FN 112), S. 295-296.
[141] Vgl. ebenda, S. 293.

Bereich/Land	USA	Japan	BRD	Skandinavien	GBR	Frankreich
Computer	1	2	3	4-5	6	4-5
Elektronik	1-2	1-2	3	4	6-7	6-7
Telekommunikation	1	2	3	4	5-6	5-6
Biotechnologie	1	2	3	4	5	n.a.
Chemie	1	2	3	4	5	6-7
Metalle/Legierungen	2	1	3	4	5-6	5-6
Maschinenbau	1	2	3	4	5	6
verarb. Industrie	1-2	1-2	3	4	5	6
Roboter	2	1	3	4	6	5
durchschn. Rang	1.3	1.7	3.0	4.2	5.4	5.8

Legende: n.a.: = keine Antwort
Quelle: Managements and Technology - A Survey of European Chief Executives, 1984. Zitiert in: Pohl, M.: Japanische F&E-Politik, in: Heiduk, G. (Hrsg.): Japan als führende Wirtschaftsmacht in einem zukünftigen pazifischen Weltwirtschaftsraum, Baden-Baden 1984, S. 111.

Tabelle 4.6: Rangordnung verschiedener Länder im Spitzentechnologiebereich

Darüberhinaus wurde das Ziel verfolgt, Technologien mit breiten Anwendungsmöglichkeiten zu fördern. Zu einer solchen Technologie zählt die Mikroelektronik. Abbildung 4.5 zeigt sowohl hinsichtlich der Produktionsanteile als auch bezüglich des Verbrauchs von Mikroelektronik eine deutliche Vormachtstellung der japanischen Firmen zu Beginn der 1990er Jahre. Dadurch gelangen die japanischen Unternehmen in große Stückzahlbereiche und zu massiven Kostensenkungen.

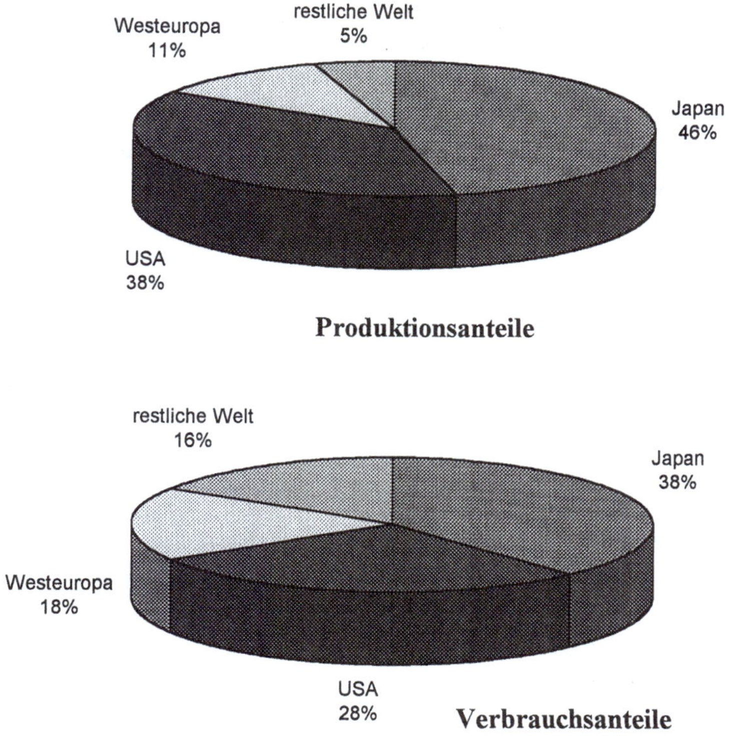

Quelle: VDE/VDI-Studie: Trends der Mikroelektronik und ihrer Anwendungen 1991-2000, Hannover 1993, Bild 3.

Abbildung 4.5: Mikroelektronik - Produktion und Verbrauch 1991

Doch auch unabhängig von jenen materiellen Erfolgen liegt ein großes Verdienst der Technologiepolitik in der Schaffung eines technologiefreundlichen Umfelds einer Forschungsinfrastruktur. Dazu zählen die Förderung des Informationsaustauschs zwischen allen Ebenen, die Steigerung der Wissens- und Technologiediffussion, die Motivation zu langfristiger Forschung, die Stimulierung des Wettbewerbs und die Erhöhung der gesellschaftlichen Akzeptanz von FuE. Die westliche Fixierung auf geldliche Größen ist hier wenig hilfreich; die Stärke des japanischen Modells liegt in der wirksamen Integrationskraft der staatlichen Instanzen und der damit einhergehenden engen personellen und institutionellen Verflechtung von Staat und Wirtschaft. Da die

Stimulationsinstrumente auf fruchtbaren Boden treffen, sind diskretionäre Eingriffe kaum notwendig. Im Umkehrschluß werden Marktstruktureingriffe auf einer breiten Informations- und Konsensgrundlage getroffen und entsprechend akzeptiert. Das japanische Beispiel zeigt, daß sich wirtschaftliche Tendenzen durch ganzheitliches Vorgehen - insbesondere bei Zukunftstechnologien - antizipieren lassen.

4.5.6.2 Ergebnisse im Rahmen der Förderung der Computerindustrie

Konkret wurde das Beispiel der Computerindustrie näher betrachtet. Ziel war es, den Entwicklungsrückstand gegenüber den USA aufzuholen. Dazu sollte der Weltmarktanteil heimischer Produzenten gegenüber IBM gesteigert werden. Um dieses Ziel zu erreichen, war es wiederum notwendig, die Nachfrage nach heimischen Geräten zu erhöhen.

4.5.6.2.1 Steigerung der Absatzzahlen heimischer Hersteller

Die bedeutendste Einzelmaßnahme des MITI zu Beginn der 1960er Jahre war das von der JECC koordinierte Leihgeschäft von Computern an mittelständische Unternehmen, die keinen Computer kaufen konnten, aber trotzdem nicht auf den technologischen Fortschritt verzichten wollten. Dieses Leihgeschäft war für die Hersteller mit finanziellen Risiken verbunden, da die angefallenen Produktionskosten oftmals nicht ausreichend durch die Leihgebühr abgedeckt werden konnten. In diesem Punkt hat die JECC entscheidend zur finanziellen Entlastung und Rückendeckung der Unternehmen beigetragen. Die notwendigen Zwischenfinanzierungen wurden von der JECC organisiert, so daß den Unternehmen beispielsweise beachtliche Zinszahlungen erspart blieben.

Dem Risiko des staatlich organisierten Leihsystems standen jedoch zwei große Vorteile gegenüber. Erstens konnten auf diese Weise die kleinen und mittelgroßen Unternehmen ebenfalls neue Technologien anwenden. Dadurch wurde nicht nur die verfügbare Produktionstechnologie optimiert, sondern ebenso die Technologiediffusion innerhalb der Volkswirtschaft beschleunigt. Die Breitenwirkung solcher Technologiefördermaßnahmen hat im übrigen in der japanischen Volkswirtschaft zu einer positiven Einstellung hinsichtlich technologischer Veränderungen beigetragen.

Zweitens hat das staatlich organisierte Leihgeschäft den heimischen Computerabsatz erheblich gesteigert. Ob Verkauf oder Verleih, letztlich vergrößern sich die Produktionslose, was wiederum die Stückkosten senkt. 1965 gingen bereits 78% der heimischen Computerproduktion in dieses Leihgeschäft.[142] Staatliche Beschaffungsaufträge spielten dabei eine bedeutende Rolle. Diese betrugen in den 1960er und 1970er Jahren durchschnittlich 25%, in den 1980er Jahren mindestens noch 14%.[143] Damit konnten die japanischen Firmen ihren Heimatmarktanteil bereits Mitte der 1960er Jahre auf über 50% heben.[144] Dies ging im wesentlichen zu Lasten des Hauptkonkurrenten IBM.

Ähnlich erfolgreich war das 1981 mit großem Presseaufwand initiierte *Super-Computer-Projekt*. Supercomputer waren bis dato eine amerikanische Domäne, da sich die beiden Firmen *Cray Research* und *Control Data* praktisch den Weltmarkt teilten. Als Mitte der 1980er Jahre japanische Anbieter in den Markt eintraten, ließ die Nachfrage von japanischen Forschungsinstituten und Universitäten nach amerikanischen Supercomputern schlagartig nach. Wiederum wurde durch umfangreiche Finanzierungs- und Informationsmaßnahmen die heimische Nachfrage auf heimische Hersteller umgestellt. 1989 waren bereits über 70 % der heimischen Nachfrage durch heimische Geräte abgedeckt (vgl. Abbildung 4.6).[145]

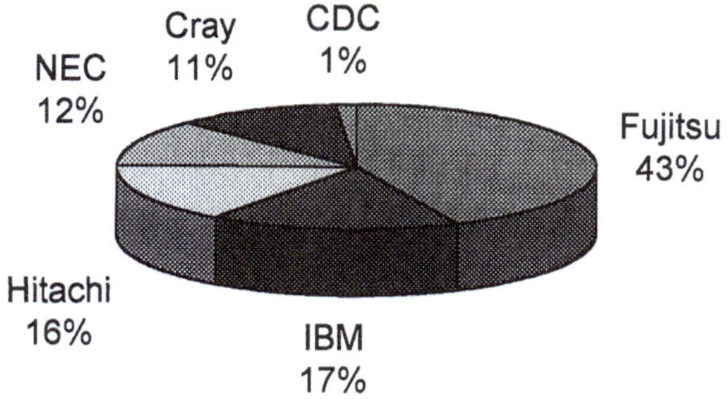

Quelle: The Japan Economic Journal, 3.6.1989, in: Seitz, K.: a.a.O. (FN 131), S.60.

Abbildung 4.6: Installierte Supercomputer in Japan 1989

---

142 Vgl. N e u s c h w a n d e r , T. : a.a.O. (FN 14), S. 130.
143 Vgl. ebenda, S. 131.
144 Vgl. ebenda, S. 130.
145 Vgl. S e i t z , K. : a.a.O. (FN 131), S. 60.

4.5.6.2.2 Erhöhung des Weltmarktanteils heimischer Produzenten

Bereits Mitte der 1970er Jahre war man in Japan der Ansicht, daß der Aufholprozeß zu Beginn der 1980er Jahre abgeschlossen sei. Man erkannte, daß die Leistungsfähigkeit der Computerhardware zunehmend von den Speicherchips abhing. Die beiden erwähnten Projeket *VLSI* und das *Super-Computer-Project* sollten die Größe und Leistungsfähigkeit der Speicherchips bis Ende der 1980er Jahre steigern. Die Ergebnisse der beiden staatlich initiierten Projekte zeigt Abbildung 4.7. Hatte die USA 1974 noch einen Weltmarktanteil bei Integrierten Schaltkreisen (ICs) von 73 % und die japanischen Unternehmen von nur 15 %, so hatten die Japaner bereits 1986 aufgeholt und 46 % Anteile am Weltmarkt gegenüber 43 % der amerikanischen Firmen. Der Weltmarktanteil der Japaner stieg bis 1988 auf 50 % (USA 38 %).[146]

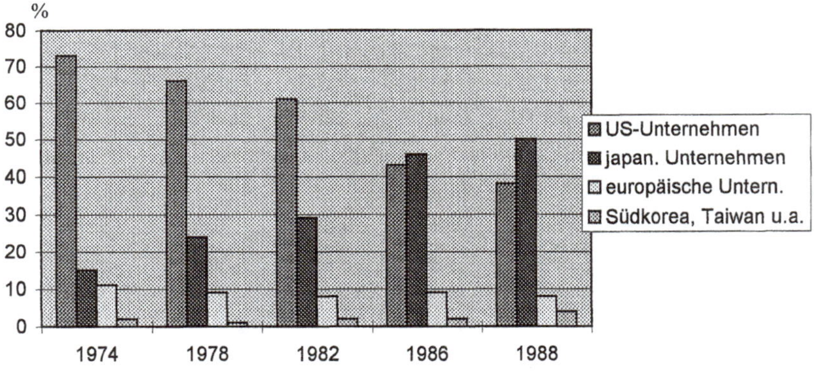

Quelle: Seitz, K.: a.a.O. (FN 131), S. 37.

Abbildung 4.7: Anteile am Weltmarkt für Integrierte Schaltkreise 1974-1989

Noch drastischer stellt sich im gleichen Zeitraum die Entwicklung der Weltmarktanteile an der jeweils neuesten DRAM-Generation (Speicherchips) dar.[147] Danach besitzen die Amerikaner 1978 noch 87 % Anteile an den damals neuen 4K DRAMs (Japan 13 %). Bis 1988 konnte Japan seinen Anteil kontinuierlich steigern. 1988 besaßen japanische Unternehmen 91 % der Weltmarktanteile am 1M DRAM. Als Folge dieser Dominanz kam es 1987 in Europa und den USA zu Versorgungsengpässen auf dem DRAM-Markt. Die

[146]Vgl. Seitz, K.: a.a.O. (FN 131), S. 37.
[147]Vgl. ebenda, S. 35; Rode, R.: a.a.O. (FN 55), S. 100.

Preise stiegen rapide und die Japaner konnten reiche Monopolrenten einnehmen.[148]

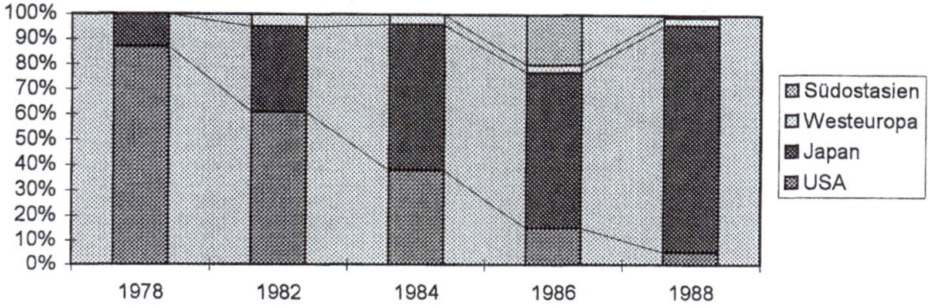

Quelle: Seitz, K.: a.a.O. (FN 131), S. 35.

Abbildung 4.8: Anteile an der Weltproduktion der jeweils neuesten DRAM Chips

4.5.6.2.3 Aufholung des Entwicklungsrückstands gegenüber den USA

Wie eine Untersuchung 1984 ergab, belegt Japan bereits zu diesem Zeitpunkt in einer Rangordnung verschiedener Industrieländer im Spitzentechnologiebereich durchweg erste oder zweite Plätze.[149] Insbesondere die ständigen Projektierungen im Bereich der Computerindustrie von 1961 bis 1983 waren nach einer Auswertung von *Wilks/ Wright* stets erfolgreich.[150] Sie haben dazu beigetragen, daß der technologische Gleichstand zu den USA bereits Mitte der 1980er Jahre erreicht war.[151]

1987 mußte das amerikanische Verteidigungsministerium eingestehen, daß die japanischen Halbleiterhersteller die amerikanischen nicht nur hinsichtlich der Stückzahlen, sondern speziell bezüglich der Technologie überholt hatten. Die für den technologischen Fortschritt der Computerhardware entscheidende Halbleitertechnologie wurde eindeutig von den Japanern dominiert (vgl. Tabelle 4.7). Die angesprochene Untersuchung des *Defense Science Board* ergab, daß

---

[148]Vgl. Rode, R.: a.a.O. (FN 55), S. 35; Tatsuno, Sh.: Created in Japan - From Imitators to World-class Innovators, New York 1990, S. 17-49.

[149]Vgl. Pohl, M.: Japanische F&E-Politik, in: Heiduk, G. (Hrsg.): Japan als führende Wirtschaftsmacht in einem zukünftigen pazifischen Weltwirtschaftszentrum, Baden-Baden 1984, S. 111.

[150]Vgl. Wilks, S.; Wright, M.: The Promotion and Regulation of Industry in Japan, London 1991, S. 55-56.

[151]Vgl. Rode, R.: a.a.O. (FN 55), S. 98-100.

	Japan Lead	U.S - Japan Parity	U.S. Lead
Silicon Products			
DRAMs	X		
SRAMs	X		
EPROMs		X	
Microprozessors			X
Custom, Semicustom Logic			X
Bipolar	X		
Nonsilicon Products			
Memory	X		
Logic	X		
Linear			X
Optoelectronics	X		
Heterostructures	X		
Materials			
Silicon	X		
Gallium Arsenide	X		
Processing Equipment			
Optical Lithography		X	
E-beam Lithography			X
X-ray Lithography		X	
Ion Implantation Technology			
Chemical Vapor Deposition		X	
Deposition, Diffusion, Other		X	
Energy-Assisted Processing	X		
Assembly		X	
Packaging	X		
Test	X		
CAE		X	
CAM		X	
Total	12	8	4

Quelle: Seitz, K.: a.a.O. (FN 131), S. 39-40.

Tabelle 4.7: Vergleich der japanischen und amerikanischen Halbleitertechnologie

Japan 1986 in 12 von 24 Halbleitertechnologien führend war. In acht Technologien herrschte Gleichstand zwischen den US-Firmen und den Japanern, während die ehemals hoch überlegene Halbleitertechnologie der Amerikaner nur noch in vier Technologiefeldern führend war.

Die 1992 ausgelaufenen *Fifth Generation Computer Projects* sind abschließend noch nicht zu beurteilen, da die Kommerzialisierungsphase noch bevorsteht. Diese Projektreihe ist allerdings ein gutes Beispiel dafür, wie das MITI die Richtung der Forschungsanstrengungen vorgab. Im Bereich der Softwareentwicklung hatte das MITI zu Beginn der 1980er Jahre einen technologischen Rückstand festgestellt. Die Entwicklung von Computern mit *künstlicher Intelligenz* zielte genau auf dieses Defizit. Gleichzeitig gelang es dem MITI damit, die langjährige Imitationsstrategie durch eine eigenständige Innovationsstrategie zu ersetzen.[152] Die Computerhersteller wurden auf diese Weise für die Softwareherausforderungen der 1990er Jahre sensibilisiert.

Die japanische Industriepolitik zur Förderung der Computerindustrie ist somit über drei Jahrzehnte erfolgreich durchgeführt worden, da der technologische Rückstand aufgeholt und bereits Maßnahmen für die technologische Zukunft eingeleitet wurden.

4.6 Beurteilung der japanischen Industriepolitik

Die voranstehenden Ausführungen haben die grundsätzlichen Charakteristika japanischer Wirtschaftsentwicklung und -politik ebenso verdeutlicht wie die exemplarischen Branchendarstellungen zur Strukturanpassung einerseits und zur Wachstumsförderung andererseits.

4.6.1 Industriepolitische Basismechanismen

Die japanische Wirtschaft hat sich seit ihrer Öffnung Mitte des 19. Jahrhunderts unvorbelastet von liberalistischen Ideologien unter staatlicher Anleitung und Nutzung kapitalistischer Märkte entwickelt. Besonders in der Zeit nach dem Zweiten Weltkrieg wurde dabei eine indikative Rahmenplanung gepaart mit

[152] Vgl. ausführlich F e i g e n b a u m, E. A.; M c C o r d u c k, P.: The Fifth Generation - Artificial Intelligence and Japan`s Computer Challenge to the World, New York 1984.

flexiblen Durchführungsmechanismen (vgl. Tab. 4.8). Die Planungsgrundlage bildet die industriepolitische Interessenabstimmung unter und zwischen den Unternehmensverbundgruppen, Wirtschaftsverbänden, Staatsbürokratie und politischen Parteien.

Dieses Interessensoligopol erleichtert die Interessenabstimmung und die gemeinsame Strategiefindung ebenso wie die operative Akzeptanz der getroffenen Entscheidungen. Unter den Machtzentren herrscht ein großes Loyalitätsempfinden für die Belange des jeweils anderen. Die Staatsbürokratie kann die Interessenaggregierung des *zaikai* ebenso wenig ignorieren wie der Unternehmenssektor die einflußreichen Ministerien. Beide brauchen die politische Stabilität und das wirtschaftspolitische Marketing durch die Regierungspartei.

Eine besondere Bedeutung kommt dennoch der Staatsbürokratie zu. Dies gilt sowohl für den strategischen (Planung) als auch für den operativen (Durchführung) Teil der Industriepolitik. Bereits bei der Konsensableitung schlichtet das MITI bei bestehenden Interessenkonflikten und Mißverständnissen. Später kanalisieren die Beamten die parlamentarische Zustimmung mittels entsprechender Kontakte. Sodann werden Basispläne nach Rücksprache mit dem privaten Unternehmenssektor erstellt und die Unternehmen zu deren Durchführung mittels Empfehlungen und Leitlinien animiert. Auch hier wirkt das MITI mitunter schlichtend und kompromißfindend. Die Zusammenarbeit zwischen Staat und Wirtschaft führt zu einer großen Identifikation mit den industriepolitischen Zielen und Maßnahmen auf der Unternehmerseite. In diesem Sinne ist die japanische Industriepolitik als interventionistische Gesamtkonzeption deutlich von dirigistischen Einzelmaßnahmen zu trennen.[153]

Die Zusammenarbeit zwischen Staat und Wirtschaft ist durch einen scharf reflektierten *trial-and-error*-Prozeß auf der Grundlage der persönlichen Beziehungen und Konsultationsgremien gekennzeichnet. Der bei westlichen Beobachtern häufig anzutreffende Vorwurf, daß der Wettbewerb als Entdeckungsverfahren ausgeschaltet wird und der Staat mit der Anmaßung von Wissen protzt, trifft nicht zu. Der Wettbewerb als Entdeckungsprozeß wird durch

---

[153]Zur Trennung von Interventionismus und Dirigismus vgl. Zinn, K. G.: Krisen und Perspektiven des Interventionismus, in: Wirtschaft und Gesellschaft, Jhg. 9, 1983, Heft 3, S. 325-340.

das bürokratische Interesse an wirtschaftlichen Abläufen nicht ausgeschaltet. Es gibt Argumente für den Mechanismus des Marktes. Doch sie lauten nicht, daß Märkte perfekt sind. Die japanische Botschaft lautet vielmehr, daß die Märkte bei ebenfalls unvollständigen Informationen einen wirkungsvollen Mechanismus bieten, um die Ergebnisse von Entscheidungen einzuschätzen und Fehler zu korrigieren. Mittels der guten Beziehungen zwischen Bürokraten und Wirtschaftsteilnehmern horcht das MITI zunächst lediglich in diesen Prozeß hinein, um dann gegebenenfalls Mittel und Wege für die Privatwirtschaft zu öffnen (vgl. Tab. 4.8).

Industriepolitischer Mechanismus	Aufgabe der Staatsbürokratie
Interessenabstimmung zwischen den Beteiligten	- Initiator der Interessenabstimmung - Schlichter bei Interessenkonflikten
Analyse, Zielformulierung und Planung	- Problemanalyse - Ableitung industriepolitischer Zielsetzungen - Kanalisierung der parlamentarischen Zustimmung - Erstellung mittelfristiger Wirtschaftspläne
Durchführungsflexibilität und laufende Analyse	- Empfehlungen und Leitlinien an die Privatwirtschaft - Koordination mit anderen Politikbereichen (Schlichtung bei Interessenkonflikten) - Initiierung regelmäßiger Konsultationen mit der Privatwirtschaft - Parlamentarische und privatwirtschaftliche Kanalisierung von notwendigen Plankorrekturen
Funktionszuordnung der Marktkräfte	- Festlegung von förderungswürdigen Bereichen - Beendigung von Unterstützungsmaßnahmen

Quelle: eigene Zusammenstellung

Tabelle 4.8: Industriepolitische Basismechanismen

4.6.2 Strukturanpassungsmechanismen

Speziell für strukturschwache Wirtschaftsbereiche offenbart die japanische Industriepolitik neben den industriepolitischen Basismechanismen weitere problemorientierte Charakteristika. Die kapitalistischen Märkte werden auch im Rahmen der Strukturanpassung genutzt. Betrachtet man beispielsweise die Voraussetzungen zum Einbezug einer Branche in das Krisenbranchenstabilisierungsgesetz (KBStG) (z.B. erhebliche Überkapazitäten, finanzielle Schwierigkeiten), so wird deutlich, daß die kapitalistischen Märkte zur Signalisierung von Strukturproblemen genutzt wurden. Hingegen wurden ihre Mechanismen bei der Lösung der Strukturprobleme zur Vermeidung von ruinösen Anpassungstendenzen eingeschränkt (geordneter Kapazitätsabbau). Private Unternehmen und Wirtschaftsverbände wurden durch persönlichen Austausch mit Ministerialbeamten von der Vorteilhaftigkeit eines geordneten Kapazitätsabbaus überzeugt.

Neben den herkömmlichen Instrumenten einer Strukturanpassungspolitik wie der temporären Zusicherung von Kreditgarantien und Finanzmitteln sowie der Erlaubnis zu Strukturkrisenkartellen, sind die synchrone Arbeitsmarkt- und Wachstumspolitik von nachhaltiger Bedeutung (vgl. Tab. 4.9). Dabei ist die Wachstumspolitik mit dem Aufbau neuer Industrien integraler Bestandteil der Arbeitsmarktpolitik. Denn der Verweis auf die schwindende internationale Konkurrenzfähigkeit traditioneller Industrien entbindet die Japaner nicht von der nationalen Verantwortung für die befriedigende Gestaltung von Arbeitsverhältnissen. Wirtschaftskrise wird nicht auf die wirtschaftlich-technische Dimension verkürzt, sondern auch unter dem Blickwinkel sozialer Verantwortung betrachtet. In Japan ist man sich während struktureller Krisen darüber bewußt, daß bei hoher Arbeitslosigkeit keine positive Identifikation der Arbeitnehmer mit Rationalisierungsprozessen gelingen kann. Die japanische Strukturanpassungspolitik ist deshalb ein weiteres gutes Beispiel für die Notwendigkeit staatlicher Interventionen auch ohne Steigerung der Wettbewerbsfähigkeit oder Rentenumlenkungseffekt. Der Einbezug der Arbeitnehmerseite hat in diesem Sinne den geordneten Kapazitätsabbau beschleunigt.

Die synchrone Wachstumspolitik offenbart den Unternehmensverbundgruppen neue lukrative Produktgruppen und animiert diese, dort (als Ausgleich für die strukturschwachen Industriezweige) zu investieren. Für die Arbeitnehmerseite wird der Zusammenhang zu den Problemen der traditionellen Branchen speziell über die von neuen Betätigungsfeldern ausgehenden Beschäftigungseffekte hergestellt (vgl. Tab. 4.9).

Strukturanpassungsmechanismen	Aufgabe der Staatsbürokratie
Interessenabstimmung zwischen den Beteiligten	s. Tabelle 4.8
Analyse, Zielformulierung und Planung	s. Tabelle 4.8
Durchführungsflexibilität und laufende Analyse	s. Tabelle 4.8
Funktionszuordnung der Marktkräfte * Marktsignale als Indikator für Unterstützungsmaßnahmen * Einschränkung der Marktsignale bei der Lösung von Strukturproblemen	 - Festlegung der ökonomischen Indikatoren - Festlegung der strukturschwachen Bereiche - Gewährung von Kreditgarantien und Finanzmitteln - Erlaubnis zu Strukturkrisenkartellen - synchrone Arbeitsmarkt- und Wachstumspolitik

Quelle: eigene Zusammenstellung

Tabelle 4.9: Strukturanpassungsmechanismen

4.6.3 Wachstumsförderungsmechanismen

Die in Japan bestehende Verinnerlichung, daß Strukturwandel Wachstumspolitik benötigt, mündet in dem Gedanken, daß zukünftige positive externe Effekte erhalten werden müssen. Diese bereits bei der Beurteilung der Strategischen Handels- und Industriepolitik geäußerte Überlegung findet somit in der japanischen Politik zur Förderung zukunftsträchtiger Industriezweige ihre empirische Bestätigung. Die japanische Wirtschaft hat nach dem Zweiten Weltkrieg selbst erfahren, daß ein Aufholprozeß ohne staatliche Anleitung, Unterstützung und Kanalisierung nicht stattgefunden hätte.

Die Ausführungen zur FuE-Politik sowie zur Förderung der Computerindustrie haben exemplarisch verdeutlicht, daß Wachstumspolitik in Japan prinzipiell dreistufig verläuft. Abbildung 4.9 illustriert die Zusammenhänge. Am Beginn dieses Prozesses steht eine Erfindung (invention) als Produkt von Forschung und Entwicklung. Die produktionstechnische Umsetzung dieser Erfindung (innovation) obliegt nun ebenfalls den FuE-Abteilungen oder geschieht durch "dynamische" Unternehmer. Dieser generierte technische Fortschritt wird zwar durch die Animation des Staates zu erhöhter FuE gefördert, aber die FuE-Ausgaben werden hauptsächlich von den Unternehmen selbst getragen, da es in ihrem Eigeninteresse liegt, den Unternehmensverbund durch technologische Weiterentwicklungen langfristig aufrechtzuerhalten. Die Bedeutung steigender FuE-Ausgaben als Wettbewerbsfaktor auf den internationalen Wachstumsmärkten ist von japanischen Ministerialbeamten und Unternehmen sehr viel schneller antizipiert worden als in Europa (vgl. auch Kapitel 8). Die produktionstechnische Umsetzung einer Erfindung (innovation) wurde in Japan besonders durch die frühzeitige Einbeziehung führender potentieller Hersteller und Anwender in staatlich geleitete Entwicklungsprogramme gefördert.

Ein stärkeres staatliches Engagement tritt in der zweiten Phase bei der Diffusion technischer Entwicklungen zutage (vgl. Tab. 4.10). Hier wird versucht, der gesamten heimischen Volkswirtschaft die technischen Neuerungen verfügbar und zugänglich zu machen. Verstopfte Informationskanäle werden mittels regionaler und flächendeckender FuE-Zentren ebenso wie durch gezielte Informationsveranstaltungen durchlässig gestaltet.

Die breite Verfügbarkeit des technischen Fortschritts wird nun durch das MITI hinsichtlich der Resonanz im Unternehmenssektor beobachtet.[154] Dabei ist wiederum der interpersonelle Meinungsaustausch zwischen den Unternehmen und den MITI-Beamten von großem Nutzen. Das MITI wird auf diese Weise für die mögliche Lukrativität eines neuen Produkts oder eines neuen Produktionsverfahrens sensibilisiert.

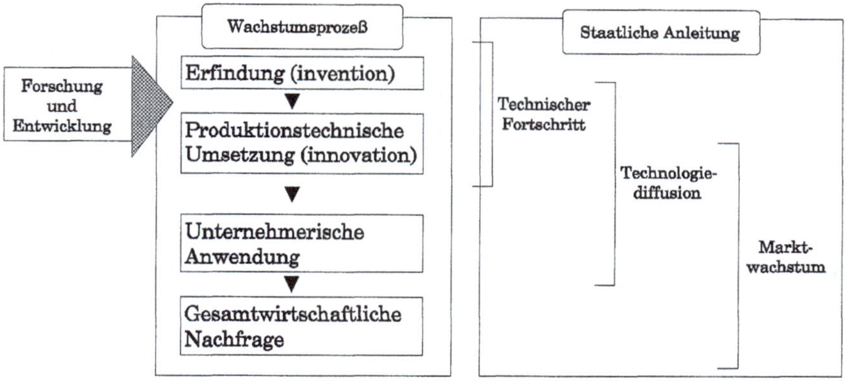

Quelle: eigene Zusammenstellung

Abbildung 4.9: Japanische Wachstumsförderungspolitik

Bis zu diesem Zeitpunkt betreibt das MITI bloße Rahmengestaltung und greift nicht in den Markt ein. Der Wettbewerb wird also weder ausgeschaltet noch findet eine ministerielle Anmaßung von Wissen statt. Die MITI-Beamten haben sich jedoch ein unternehmerisch fundiertes Bild von möglichen Zukunftsmärkten gemacht. Auf der Grundlage eines gewachsenen Informationsstandes werden weitere Forschungsanstrengungen in die derzeit lukrativ erscheinenden Märkte sowie Markteintritte und Rationalisierungsbestrebungen gefördert (Steuervergünstigungen, Zuschüsse). Während dieser "leichten" Förderphase werden die unternehmerische Resonanz und mögliche Kommerzialisierungschancen (Marktforschung) weiter beobachtet. Es erfolgt eine "vormarktliche" Abstimmung von technologischem Angebot und Nachfrage.

---

[154]Die Beobachtung bleibt nicht auf den nationalen Bereich beschränkt, sondern erstreckt sich auch auf die internationalen Märkte. Die Beobachtung und Informationsgewinnung ist im Inland natürlich weitaus umfassender.

Den Abschluß der Technologiediffusionsphase bildet die Intensivierung der Förderung durch eine vom MITI erlassene Richtlinie, welche nach der parlamentarischen Genehmigung Gesetzesstatus hat. Die Intensivierung der Förderung ist stets das Ergebnis eines einhelligen Meinungsquerschnitts unter allen Wirtschaftsteilnehmern. Marktstruktureingriffe finden insofern nicht auf der Grundlage von "Wissensanmaßung" statt, sondern sind das Produkt einer kontinuierlichen Informations- und Interessensverdichtung. Die Fördermaßnahmen sind dabei zeitlich begrenzt, um die Signalwirkungen des Marktes nach einer Inkubationszeit nicht auszuschalten. Nun wird staatliche Industriepolitik als Wachstumsförderungspolitik gezielt und unter Mithilfe und Akzeptanz des Unternehmenssektors betrieben. Handelt es sich um Produktinnovationen, so wird meist die Zahl der heimischen Hersteller staatlich limitiert, um ruinösen Wettbewerb zu vermeiden und den wenigen Anbietern frühzeitig Größenvorteile zu gewährleisten. Auslandskonkurrenz wird in dieser frühen Phase durch tarifäre oder nicht-tarifäre Hemmnisse vom Eindringen in den Inlandsmarkt abgehalten.

Die gedanklich dritte Phase der Politik zur Förderung von Wachstumsbereichen ist die Stimulierung einer entsprechenden Nachfrage nach dem Produkt oder der Verfahrensinnovation. Diese Nachfragestimulierung erfolgt jedoch parallel zur oben beschriebenen Intensivierung der Förderungsmaßnahmen. Nur über eine entsprechende Nachfrage können die Hersteller steigende Skalenerträge verwirklichen und schließlich Marktwachstum einleiten. Der potentielle Nachfragebedarf bei Anwendern (im Falle von Verfahrensinnovationen) und Konsumenten (Produktneuerungen) ist bereits in einer früheren Phase abgeleitet worden (s.o.). Nun fördert das MITI die Abnahme der Innovation beim Käufer. Produktmarketing wird beim Hersteller, die Anwendung von Innovationen beim Anwender staatlich bezuschußt. Finanzierungsmodelle (wie z.B. beim Leihgeschäft für Computer) ermöglichen selbst den kleinen und mittelgroßen Unternehmen (KMU) den Einsatz neuester Technik. Auf diese Weise wird Wachstum durch die Förderung des unternehmerischen Angebots eingeleitet und über die Stimulierung der gesamtwirtschaftlichen Nachfrage finanziert (vgl. Tabelle 4.10). Schließlich werden die Marktsignale genutzt, um bei erreichter Wettbewerbsfähigkeit der heimischen Industrie die Förderung sukzessive zu beenden. Damit werden Geldmittel und bürokratisches Augenmerk für neue Wachstumsbereiche frei.

Wachstumsförderungs-mechanismen	Aufgabe der Staatsbürokratie
Interessenabstimmung zwischen den Beteiligten	s. Tabelle 4.8
Analyse, Zielformulierung und Planung	s. Tabelle 4.8
Durchführungsflexibilität und laufende Analyse	s. Tabelle 4.8
Funktionszuordnung der Marktkräfte	
bei der Entstehung von technischem Fortschritt	- Animation zu gesamtwirtschaftlich hoher FuE-Tätigkeit - Einbezug führender Hersteller und Anwender in Entwicklungsprogramme
bei der Technologiediffusion	- Bildung flächendeckender FuE-Zentren - Gezielte Informationsveranstaltungen - Beobachtung der Resonanz im Unternehmersektor
bei der Generierung von Marktwachstum	1. "leichte" Förderphase (z.B. mittels Steuervergünstigungen) 2. weitere Resonanzbetrachtung mittels Marktforschung (vormarktliche Abstimmung) 3a. gezielte Intensivierung der Fördermaßnahmen 3b. parallele Nachfragestimulierung 4. Einstellung der Förderung bei erreichter Wettbewerbsfähigkeit

Quelle: eigene Zusammenstellung

Tabelle 4.10: Wachstumsförderungsmechanismen

Die japanische Förderungspolitik für zukunftsträchtige Bereiche ist somit ein herausragendes praktisches Beispiel für die Aritmethik von Wachstumsvorgängen. Die Mitte der 1980er Jahre entstandene "Neue Wachstumstheorie" ist deshalb in ihrer theoretischen Nachbetrachtung von wirtschaftlichem Wachstum von geringer Praxisrelevanz, da sie nur einen (wenn auch nicht neuen) Aspekt von Wachstumsvorgängen betrachtet.

Kapitel 5: Zusammenfassung bisheriger Ergebnisse und Perspektive

5.1 Zusammenfassung

Das Ziel der bisherigen Untersuchung war - ausgehend von den liberalen Gegenargumenten - Industriepolitik historisch, theoretisch und empirisch zu legitimieren. Zusammenfassend lässt sich für den weiteren Gang der Untersuchung folgendes festhalten:

In **Kapitel 2** wurde die US-amerikanische Außenhandelspolitik nach dem Zweiten Weltkrieg analysiert, da sie als Eckpfeiler einer liberalen Weltwirtschaftsordnung gilt. Als wesentliche Festellungen und Ergebnisse der Untersuchung können festgehalten werden:

- Mit Blick auf die Außenhandelspolitik der Vereinigten Staaten in den letzten 200 Jahren, läßt sich feststellen, daß ein wirtschaftlich mögliches und politisch durchführbares Interesse an Freihandel frühestens 1932 spürbar wurde. Die 140 Jahre zuvor waren durch eine protektionistische Tradition mit hohen Importzollschranken geprägt. 1932 führten die Auswirkungen der Weltwirtschaftskrise zur gedanklichen Wende in der US-amerikanischen Außenhandelspolitik.

- Das gereifte Freihandelsinteresse wurde allerdings erst gegen Ende der 1960er Jahre in praktische Außenhandelspolitik umgesetzt. Die Ausnahmeregelungen des GATT sowie die von vornherein nicht geradlinig auf die Öffnung nationaler Märkte ausgerichteten Ziele des GATT haben bewirkt, daß sich die US-Wirtschaft noch bis weit in die 1960er Jahre hinter hohen Schutzzollmauern unabhängig von den internationalen Märkten entwickeln konnte. Erst im Zuge der Kennedy-Runde des GATT (1964-67) wurden die Voraussetzungen für einen Liberalisierungsprozeß geschaffen.

- Die tatsächliche Entwicklung der US-Wirtschaft seit Anfang der 1970er Jahre hat allerdings keineswegs die seit 1932 hervorgehobenen theoretischen Vorteile des Freihandels bewirkt. Seit 1973 haben ca. 75% der Amerikaner Realeinkommenseinbußen hinnehmen müssen. Im Zuge einer starken Deindustralisierung liegt die durchschnittliche Arbeitslosenquote seit 1970 stets um mindestens 2% über den vergleichbaren Werten bis Ende der 1960er Jahre. Hatten sich die Familieneinkommen bis 1970 gleichmäßig verteilt, so haben sie sich seitdem deutlich zu Lasten der Geringverdiener und zugunsten der Besserverdienenden entwickelt. Diese Entwicklungen wurden u.a. durch die Importbeschränkungen in den 1960er Jahren vermieden.

In **Kapitel 3** wurden aktuelle theoretische Legitimationen für industriepolitisches Handeln untersucht. Die Ansätze der Strategischen Handels- und Industriepolitik und der Neuen Wachstumstheorie führten zu folgenden Feststellungen und Ergebnissen:

- Die neuen Theorieansätze sind wesentlich aus der Diskrepanz zwischen den Prämissen der traditionellen Außenhandelstheorie und der internationalen Handelsrealität entstanden. Die beobachtbare Zunahme des intra-industriellen Handels zwischen Nationen mit annähernd gleichem Entwicklungsniveau und die entsprechende Präferenzgüterverteilung waren durch die traditionellen Theorieansätze nicht mehr erklärbar. Die Prämissen der neuen Theorie sind teilweise mit den tatsächlichen Entwicklungen und Bedingungen auf internationalen Gütermärkten besser vereinbar als die Restriktionen der traditionellen Theorie. Die neuen Theorieansätze lenken das Augenmerk des Betrachters besonders auf die Marktmechanismen bei - in der Praxis überwiegend anzutreffenden - oligopolistischen Marktstrukturen.

- Unter Berücksichtigung oligopolistischer Marktstrukturen dienen besonders die Modelle, in denen nicht-autonomes Verhalten impliziert wird und Modelle der strategischen Importbeschränkung wegen ihres - im Vergleich zu den klassischen Theorieannahmen - hohen Realitätsgehalts als theoretische Legitimierung einer staatlichen Industrie- und Handelspolitik.

- Das Kriterium zum Einsatz industriepolitischer Instrumente in den Modellen ist eine mögliche Rentenumlenkung vom Ausland ins Inland. Damit bleibt die industriepolitische Legitimation auf einen angebotsorientierten Aspekt beschränkt. Mit Blick auf das derzeit drängende Problem der Industrieländer (anhaltend hohe Arbeitslosigkeit) wurde deshalb das industriepolitische Eingreifkriterium um einen durch Arbeitslosigkeit induzierten Nachfrageaspekt erweitert. Es wurde gezeigt, daß bei wirtschaftlich in Not geratenen Industrien die unproduktive Verwendung von Arbeitskräften infolge von Nicht-Protektion dieser Branchen über die Haushaltsbudgetkürzungen zu gesamtwirtschaftlichen Nachfrageverschiebungen bzw. -einschränkungen führen kann. Die Wohlfahrtsverluste des Laissez-faire können dann größer sein als im Protektionsfall, weshalb staatliche Interventionen, auch wenn sie nach den Kriterien der angebotsorientierten Betrachtung schädlich sind, darüberhinaus solange notwendig sind, wie die Nachfrage-Problematik ansonsten höhere Wohlfahrtsverluste erwarten läßt.

- Hinsichtlich junger zukunftsträchtiger Industrien impliziert das Rentenumlenkungskriterium einen zu kurzfristigen Betrachtungszeitraum. Denn wenn die staatliche Unterstützung einer jungen Industrie mangels kurz- und mittelfristiger Rentenumlenkung vermieden wird, so gehen mögliche positive spill-overs in Zukunft verloren. Vor- und nachgelagerte Industriezweige, die gegebenenfalls von einer starken und innovativen Zukunftsindustrie hätten profitieren können, sind somit u.U. zukünftig im Wettbewerbsnachteil gegenüber der internationalen Konkurrenz. Die Legitimation zur Förderung von Zukunfts- und Schlüsseltechnologien muß also um den Aspekt des möglichen Verlustes positiver externer Effekte erweitert werden.

- Der zentrale Gedanke der "Neuen" Wachstumstheorie ist bereits 140 Jahre zuvor von *Friedrich List* sehr plastisch formuliert worden. Die modelltheoretische Fortsetzung seit Mitte der 1980er Jahre hat nur einen Teilaspekt des technischen Fortschritts (Humankapital-, FuE-Investitionen) berücksichtigt. Bei der Endogenisierung von Wachstumsursachen wurden mögliche nachfragebedingte Stagnationstendenzen vernachlässigt. Die Humankapitalausstattung einer Volkswirtschaft bietet Optionen zum technischen Fortschritt, Humankapitalinvestitionen erhalten diese Optionen, aber eine spürbare positive Korrelation zwischen dem Umfang der FuE-Investitionen und möglichen Produktivitätsfortschritten bzw. Wachstumschüben kann auch von der "Neuen" Wachstumstheorie nicht nachgewiesen werden.

- Die Wirtschaftsgeschichte belehrt über die Aritmethik von Wachstumsmechanismen. Die Beispiele Chinas in der Antike und des Merkantilismus als Wegbereiter der industriellen Revolution haben illustriert, daß technischer Fortschritt unter Umständen überhaupt erst dann Wachstumsimpulse auslösen kann, wenn unter staatlicher Kanalisierung Erfindungen angewandt werden und wenn den Anwendungen eine entsprechende Nachfrage gegenübersteht. Die "Neue" Wachstumstheorie liefert allenfalls einen (wenn auch nicht neuen) Erklärungsansatz für den ersten Teil des Zusammenhangs. Der industriepolitische Handlungsbedarf läßt sich in diesem Sinne auch unter Wachstumsgesichtspunkten erweitern. Dazu zählt zunächst ein staatlich induzierter Informationsaustausch über den Anwender- und Nachfragernutzen von bestimmten Innovationen, quasi als Selektionsinstrument. In der zweiten Phase (nach Auswahl einer produktiven Idee) ist dann eine synchrone Anwendungs- und Nachfragestimulierung notwendig, um die Diffusion von technischen Neuerungen zu beschleunigen und Stückkostensenkungen zu realisieren.

Im **vierten Kapitel** wurde mit der japanischen Industriepolitik (insbesondere nach dem Zweiten Weltkrieg) das derzeit prägnanteste Beispiel eines erfolgreichen konzeptionellen Interventionismus untersucht. Dieser Interventionismus ist durch industriepolitische Basismechanismen im allgemeinen und durch Strukturanpassungs- bzw. Wachstumsförderungsmechanismen im besonderen gekennzeichnet:

- Die industriepolitischen Basismechanismen des japanischen Interventionismus haben sich unvorbelastet von liberalistischen Ideologien entwickelt. Unter staatlicher Anleitung und Ausnutzung der kapitalistischen Märkte findet eine indikative Rahmenplanung mit flexiblem Durchführungsmechanismus statt. Die Planungsgrundlage bildet die industriepolitische Interessenabstimmung zwischen den Unternehmensgruppen/Wirtschaftsverbänden, Staatsbürokratie und politischen Parteien. Dabei ist das Verhältnis durch gute persönliche Kontakte unter den Wirtschaftsteilnehmern und durch großes Loyalitätsempfinden für die Belange des jeweils anderen geprägt. Auf diese Weise führt die Zusammenarbeit zwischen Staat und Wirtschaft bereits frühzeitig zu einer interessensdeckenden Identifikation mit den industriepolitischen Notwendigkeiten und Maßnahmen bei Unternehmern wie Ministerien. Die besondere Bedeutung der Staatsbürokratie liegt in der Schlichtung von Interessenkonflikten und Mißverständnissen, sowohl in der Planungs-, als auch in der Durchführungsphase. Der Wettbewerb als Entdeckungsverfahren wird durch das bürokratische Interesse an wirtschaftlichen Abläufen nicht ausgeschaltet. Mittels persönlicher Beziehungen horcht das MITI zunächst lediglich in diesen Prozeß hinein, um dann gegebenenfalls Mittel und Wege zu öffnen.

- Die Strukturanpassungspolitik im Rahmen des Krisenbranchen-Stabilisierungs-Gesetzes von 1978 bis 1983 ist ein Beispiel für die erfolgreiche Umsetzung eines industriepolitischen Konzepts für strukturschwache Branchen. Unter Einbezug der Unternehmer- und Arbeitnehmerseite in einem strukturpolitischen Konsens wurde nach fünf Jahren ein hoher Zielerreichungsgrad realisiert. Dabei wurde eine größtmögliche Flexibilität bewahrt. Denn das Nachfolgegesetz zielte unter Beibehaltung der Mechanismen über reine Kapazitätsanpassungen hinaus auf eine Steigerung der internationalen Konkurrenzfähigkeit durch Revitalisierung ab.

Es wurde gezeigt, daß die kapitalistischen Märkte im Rahmen der Strukturanpassung zur Signalisierung von Strukturproblemen genutzt, aber zur Lösung der Strukturprobleme - zwecks Vermeidung von ruinösen Anpassungstendenzen - eingeschränkt wurden. Neben den herkömmlichen Instrumenten (Kreditgarantien, Finanzmittel etc.) hat die synchrone Arbeitsmarkt- und Wachstumspolitik zum erfolgreichen Kapazitätsabbau beigetragen. Die nationale Verantwortung für die befriedigende Gestaltung von Arbeitsverhältnissen (trotz international schwindender Konkurrenzfähigkeit) und die Einsicht, daß bei hoher Arbeitslosigkeit keine positive Identifikation der Arbeitnehmer mit Rationalisierungsprozessen gelingen kann, haben den geordneten Kapazitätsabbau erleichtert. Die synchrone Förderung von Wachstumsindustrien fungiert dabei als Zukunftsperspektive für die Unternehmer und Arbeitnehmer gleichermaßen. Eine unproduktive Verwendung der Arbeitskräfte sollte in diesem Sinne vermieden werden. Für die einen werden neue lukrative Betätigungsfelder markiert sowie spill-overs generiert, für die Arbeitnehmer sind vor allem zukünftige Beschäftigungseffekte notwendig.

- Die Forschungs- und Technologiepolitik Japans und insbesondere die darin enthaltenen Fördermaßnahmen für die Computerindustrie sind Ausdruck einer erfolgreichen konzeptionellen Unterstützung einer Zukunftsindustrie. Der Erfolg dieses ziel- und nachfrageorientierten Ansatzes läßt sich *im allgemeinen* an der heutigen Spitzenstellung japanischer Unternehmen bei den wichtigsten High-Tech-Bereichen ablesen. *Speziell* die japanische Computerindustrie hat durch umfangreiche industriepolitische Fördermaßnahmen in den 1960er und 1970er Jahren den Entwicklungsrückstand zu den USA bereits Mitte der 1980er Jahre nicht nur auf, sondern überholt. Die heutige Spitzenstellung der japanischen Computerindustrie und die permanente Orientierung an technologischen Herausforderungen sind darüberhinaus ein Zeichen für ausgeprägtes Technologieinteresse. Die Notwendigkeit zur Wachstumsförderungspolitik mündet in dem Gedanken, daß mögliche positive externe Effekte erhalten werden müssen.

Die Wachstumsförderungspolitik verläuft dabei prinzipiell dreistufig. Am Beginn dieses Prozesses steht eine Erfindung (i.d.R. als Produkt von FuE). Die produktionstechnische Umsetzung (Innovation) erfolgt ebenfalls durch FuE bzw. durch einen "dynamischen" Unternehmer. In dieser ersten Phase ist das staatliche Engagement gering.[1] In der anschließenden Technologiediffusionsphase wird der gesamten Wirtschaft das aktuelle Innovationspotential verfügbar gemacht. Mittels der persönlichen Beziehungs-Netzwerke der Ministerialbeamten wird nun die Resonanz im Unternehmersektor beobachtet. Das MITI wird für mögliche lukrative Betätigungsfelder sensibilisiert. Nach einer "leichten" Förderphase, in der Kommerzialisierungschancen beobachtet werden und eine "vormarktliche" Abstimmung von technologischem Angebot und Nachfrage erfolgen, wird sodann die Förderung intensiviert und schließlich eine synchrone Nachfragestimulierung vorangetrieben. Die Fördermaßnahmen sind dabei zeitlich befristet, um die Signalwirkungen des Marktes mittel- und langfristig nicht auszuschalten. Diese erfolgreiche Begleitung von Wachstumsvorgängen durch staatliche Instanzen offeriert eine sehr viel intensivere Analyse von Wachstumsmechanismen als dies im Rahmen der "Neuen" Wachstumstheorie geschehen ist.

[1] Abgesehen vom grundsätzlichen Interesse der Staatsbürokratie an einer hohen FuE-Tätigkeit.

5.2 Perspektive

Die Ausführungen zur japanischen Industriepolitik haben verdeutlicht, daß Japan in seiner Aufholphase nach dem Zweiten Weltkrieg ebenso wie die USA im Rahmen ihrer Außenhandelspolitik in den 1950er und 1960er Jahre interveniert hat. Anders als die reinen Schutzzollmaßnahmen der US-amerikanischen Außenhandelspolitik hat man in Japan eine industriepolitische Gesamtkonzeption zur erfolgreichen Bewältigung von Strukturproblemen bzw. zur Förderung von Wachstumsbereichen verfolgt. Vergleichend könnte man konstatieren, daß die protektionistische Schutzzollpolitik der USA von den Japanern hin zu einer aktiven und konsensorientierten Industriepolitik weiterentwickelt wurde. Dabei wurden die Träger der Industriepolitik auch von den dargelegten theoretischen Argumenten geleitet.

Im zweiten Teil der Untersuchung soll deshalb die europäische Industriepolitik unter dem Blickwinkel der japanischen Erfahrungen analysiert werden. Ausgehend von den industriepolitischen Basismechanismen in Japan sollen zunächst die industriepolitischen Rahmenbedingungen in Europa anhand beispielhaft herausgegriffener wirtschaftspolitischer Leitlinien und Empfehlungen der Kommission dargestellt und beurteilt werden. Im Vordergrund stehen dabei die Aspekte, wie Wirtschaftspolitikformulierung zustande kommt und wie gegebenenfalls industriepolitische Maßnahmen initiiert und durchgeführt werden. Um - entsprechend einer pragmatischen Ergebnisorientierung - die Leistungsfähigkeit der EU-Länder in Relation zu Japan setzen zu können, werden eingangs einige ökonomische Basisdaten referiert. In den Kapiteln 7 und 8 werden abschließend die industriepolitischen Analysen auf Strukturanpassungs- und Wachstumsförderungssituationen branchenspezifisch ausgedehnt.

Zweiter Teil: Analyse der Europäischen Industriepolitik

Kapitel 6: Die Rahmenbedingungen für eine Europäische Industriepolitik

Spätestens seit Abschluß der Maastrichter Verträge im Dezember 1991 ist die ordnungspolitische Diskussion entbrannt, ob die europäische Integration primär durch Wettbewerbspolitik oder durch eine aktive Industriepolitik bewirkt werden soll. In Maastricht erfolgte die gesetzliche Kodifizierung der Industriepolitik. Seitdem existiert sie gleichrangig neben anderen Politikbereichen. In diesem Kapitel soll - losgelöst von branchenspezifischen Besonderheiten - analysiert werden, wie auf europäischer Ebene Industriepolitikformulierung zustande kommt. Die Analyse stützt sich dabei auf eine vergleichende Betrachtung zur japanischen Industriepolitikformulierung wie sie in Kapitel 4 (vgl. 4.2 und 4.3) dargelegt wurde. Eingangs sollen einige ökonomische Basisdaten der Europäischen Union die Situation der europäischen Wirtschaft und den wirtschaftspolitischen Handlungsbedarf illustrieren.

6.1 Ökonomische Basisdaten der Europäischen Union

Das ökonomische Potential der EU-Mitgliedstaaten mit über 300 Millionen Einwohnern, politisch stabilen Verhältnissen, einer breiten industriellen Basis, offenen Grenzen und einer ausgebauten Verkehrsinfrastruktur ist im Weltmaßstab beträchtlich. Ein durchschnittlich hohes wirtschaftliches Entwicklungsniveau verschafft den Mitgliedsländern prinzipiell Optionen auf eine Wohlstandswahrung im 21. Jahrhundert. Eine Betrachtung der ökonomischen Basisdaten zeigt jedoch eine allenfalls mäßige teils schwache "performance" der europäischen Wirtschaft im internationalen Kontext.

Eine Betrachtung des realen Wachstums des Bruttoinlandprodukts für die erste Hälfte der 1990er Jahre verdeutlicht zunächst lediglich die strukturelle Krise der führenden europäischen Mitgliedsländer (mit Ausnahme Großbritanniens) mit Tiefpunkten im Jahre 1993 (vgl. Tab. 6.1). Die hohe Wachstumsrate der Bundesrepublik 1991 ist dabei wesentlich auf Wachstumsschübe durch die deutsche Wiedervereinigung zurückzuführen. Gegensätzlich stellt sich das Wachstum der US-amerikanischen Wirtschaft von 1991 bis 1995 dar. Daran gekoppelt ist auch der Verlauf der britischen Wirtschaftsentwicklung. Das japanische Wirtschaftswachstum entwickelte sich wiederum mehr in Analogie zum europäischen Festland. Allerdings ist der Wachstumsrückgang im Krisenjahr 1993 in Japan (-0,2%) bei weitem nicht so gravierend wie beispielsweise in Deutschland, Frankreich und Italien.

	im Vergleich zum Vorjahr				
	1991 in %	1992 in %	1993 in %	1994 in %	1995 in %
Deutschland	5,0	2,2	-1,1	2,9	1,9
Frankreich	0,8	1,3	-1,5	2,7	2,2
Großbritannien	-2,0	-0,5	2,2	3,8	2,4
Italien	1,2	0,7	-1,2	2,2	3,0
USA	-0,6	2,3	3,1	4,1	2,0
Japan	4,3	1,1	-0,2	0,6	0,9

Quelle: OECD, Wirtschafts-Ausblick, Nr. 57, Juni 1995, Tabelle A 4; OECD OBSERVER, No. 201, Aug./Sept. 1996, S. 42.

Tabelle 6.1: Reales Wachstum des BIP von 1991-1995

	BIP pro Kopf in DM
Deutschland	42400
Frankreich	37900
Großbritannien	27700
Italien	27200
EU-Durchschnitt	**32400**
USA	39500
Japan	58700

Quelle: o.V.: ZEIT magazin: ZEIT Punkte: Wie geht`s, Europa ?, 4/1996, S. 21.

Tabelle 6.2: Bruttoinlandsprodukt pro Kopf in DM (1995)

Das Bruttoinlandsprodukt pro Kopf im Jahre 1995 ist im EU-Durchschnitt mit DM 32.400 deutlich niedriger als das Pro-Kopf-Einkommen in den USA (DM 39.500) bzw. in Japan (DM 58.700). Betrachtet man diese Größe als *einen* Wohlstandsfaktor, so ist das durchschnittliche Wohlstandsniveau in Europa eindeutig geringer (vgl. Tab. 6.2). Bedenkt man, daß Länder wie die Bundesrepublik (TDM 42,4), Luxemburg (TDM 60,5) oder Dänemark (TDM 47,4) recht hohe Pro-Kopf-Einkommen erzielen, so ist das Wohlstandsgefälle zu den großen Ländern Frankreich, Großbritannien, Italien und Spanien um so größer.

Weitaus deutlicher werden die Schwächen der europäischen Wirtschaft, wenn man die Entwicklung der Arbeitslosigkeit seit 1980 im Vergleich mit den außereuropäischen Industrienationen USA und Japan verfolgt (vgl. Tab. 6.3). Während die Arbeitslosenquote in Japan u. a. durch gezielte Arbeitsmarktpolitik in den 1990er Jahren gerade einmal die 3%-Hürde erreicht hat[1], liegt die entsprechende Quote bei den führenden EU-Ländern deutlich jenseits der 8%-Marke. Die zu Beginn der 1980er Jahre drastisch angestiegene Arbeitslosigkeit konnten die europäischen Industrienationen zwar mit Ausnahme von Italien bis 1990 leicht eindämmen. Das Niveau der Arbeitslosigkeit in Europa hat sich jedoch bis heute stetig erhöht. In den USA hingegen ist es gelungen, die hohe Arbeitslosigkeit der 1980er Jahre (7,2%) in den 1990er Jahren zu reduzieren (5,4%).

	1980 in %	1985 in %	1990 in %	1994 in %	1995 in %	1996* in %
Deutschland	3,2	8,0	6,2	9,6	9,4	10,3
Frankreich	6,2	10,2	8,9	12,4	11,6	12,4
Großbritannien	5,3	11,0	5,9	9,2	8,2	7,6
Italien	7,7	10,2	11,5	11,3	12,0	12,4
USA	7,2	7,2	5,5	6,1	5,6	5,4
Japan	2,0	2,6	2,1	2,9	3,1	3,3

*März 1996

Quelle: OECD, Wirtschafts-Ausblick, Nr. 57, Juni 1995, Tabelle A 24; OECD OBSERVER, No. 201, Aug./Sept. 1996, S. 43; o.V.: ZEIT magazin: ZEIT Punkte: Wie geht`s, Europa ?, 4/1996, S. 21; OECD, Schweizerische Bankgesellschaft, Zürich Dezember 1996.

Tabelle 6.3: Entwicklung der Arbeitslosenquoten

Die Bilanz der neugeschaffenen Arbeitsplätze in Europa seit 1960 ist enttäuschend. In der EU wurden seit 1960 netto ca. 10 Mio. neue Arbeitsplätze geschaffen. Halb so viele wie in Japan und weniger als ein Fünftel der in den

[1]Zu bedenken ist jedoch, daß die statistische Aufbereitung der Arbeitslosenquote in Japan anders erfolgt als beispielsweise in Deutschland. Es ist anzunehmen, daß ein angeglichenes Ermittlungsverfahren zu leicht erhöhten Werten bzgl. der japanischen Arbeitslosigkeit führt.

USA entstandenen Arbeitsplätze.[2] Hohe Arbeitsplatzverluste und die parallel schwache Vertretung der europäischen Industrie auf neuen Wachstumsmärkten haben diese Entwicklung bewirkt. Die Entwicklung der Erwerbsquote von 1960 im Vergleich zu 1995 stellt sich entsprechend dar (vgl. Tab. 6.4).

	1960 in %	1995 in %
EU-Durchschnitt	67	60
USA	62	72
Japan	74	74

Quelle: KOM. EG: Die Wettbewerbsfähigkeit der Europäischen Industrie - Eine Bewertung mittels Benchmarking, Brüssel 9.10.1996, S. 5.

Tabelle 6.4: Erwerbsquoten 1960 bzw. 1995

	Anteil der Staatsausgaben am BIP 1996* in %	Staatsverschuldung in % vom BIP				
		1980	1985	1990	1994	1995*
Deutschland	49,9	-2,9	-1,2	-2,1	-2,5	-2,3
Frankreich	54,1	0,0	-2,9	-1,6	-6,0	-5,0
Großbritannien	41,6	-3,4	-2,8	-1,2	-6,5	-4,2
Italien	53,4	-8,6	-12,6	-10,9	-9,0	-7,8
USA	33,3	-1,3	-3,1	-2,5	-2,0	-1,8
Japan	36,2	-4,4	-0,8	2,9	-3,5	-4,1

*geschätzt
Quelle: OECD, Wirtschafts-Ausblick, Nr. 57, Juni 1995, Tabelle A 33; OECD; Schweizerische Bankgesellschaft, Zürich, Dezember 1996.

Tabelle 6.5: Anteil der Staatsausgaben am BIP (nominal) und Staatsverschuldung

Ein weiteres ökonomisches Charakteristikum im weltwirtschaftlichen Vergleich ist der in Europa deutlich größere Anteil der Staatsausgaben am BIP. In Japan

[2] Vgl. K O M . E G : Die Wettbewerbsfähigkeit der Europäischen Industrie - Eine Bewertung mittels Benchmarking, Brüssel 9.10.1996, S. 5.

und den USA betragen die Staatsausgaben nur ca. ein Drittel des Bruttoinlandprodukts, während mit Ausnahme von Großbritannien in Europas Führungsnationen ca. 50% und mehr des BIP vom Staat ausgegeben werden. Mit Blick auf die Staatsverschuldung seit 1980 ist erkennbar, daß den europäischen Ländern - mit Ausnahme von Deutschland - die Haushaltskonsolidierung im Verlauf der 1990er Jahre sehr viel weniger gelungen ist als in den USA und Japan. Die jährliche Staatsverschuldung konnte in Japan im Laufe der erfolgreichen 1980er kontinuierlich verringert werden, so daß 1987 bis 1992 sogar jeweils ein Überschuß der Einnahmen über die Ausgaben erzielt wurde. Erst seit 1993 hat man in Japan wieder die Notwendigkeit einer staatlichen Kreditaufnahme zur Unterstützung der heimischen Wirtschaft erkannt. Das zeigt einerseits, daß in Japan sehr viel mehr ein zeitlich begrenztes "deficit-spending" betrieben wurde und andererseits, daß *gezielte* Staatsausgaben eine mittelfristige Haushaltskonsolidierung erleichtern. Die europäischen Industrienationen operieren seit über 20 Jahren mit einer jährlichen Neuverschuldung (vgl. Tab. 6.5).

	1990 in %	1991 in %	1992 in %	1993 in %	1994 in %
Deutschland	12,7	11,7	11,9	10,7	10,6
Frankreich	6,3	6,2	6,4	5,8	5,8
Großbritannien	5,4	5,2	5,2	4,9	5,0
Italien	5,0	4,9	4,9	4,7	4,6
USA	11,7	12,3	12,2	12,7	12,5
Japan	8,5	9,2	9,3	10,1	9,8

Quelle: OECD, Wirtschafts-Ausblick, Nr. 57, Juni 1995, Tabelle A 49.

Tabelle 6.6: Entwicklung der Weltexportanteile von 1990-1994

Abschließend soll ein Blick auf die Entwicklung der Weltexportanteile seit 1990 die ökonomische Performance der wichtigsten europäischen Mitgliedsstaaten im internationalen Vergleich abrunden. Die vier aufgeführten europäischen Industrienationen haben seit 1990 auf den Welthandelsmärkten kontinuierlich an Boden verloren. Wenn auch die deutschen und französischen Weltexportanteile 1992 leicht gestiegen sind, so sind sie dennoch bis 1994 (ebenso wie der britische und italienische Anteil) unterhalb des Prozentsatzes von 1990 gesunken. Im gleichen Zeitraum haben sich die Weltexportanteile von Japan (auf 9,8%) und den USA (auf 12,5%) erhöht. Wenn man berücksichtigt, daß die derzeit höchsten Exportanteilszuwächse nicht von den aufgeführten Industrienationen verzeichnet werden, sondern insbesondere im südostasiatischen Raum anfallen, so geht die stattfindende Verschiebung der Welthandelsstrukturen wesentlich zu Lasten der traditionellen europäischen Industrienationen (vgl. Tab. 6.6).

Das dargelegte Zahlenmaterial hat verdeutlicht, daß Europa innerhalb der weltwirtschaftlichen Triade (USA, Japan, Europa) das geringste Wohlstandsniveau (gemessen am Pro-Kopf-Einkommen) und die höchsten Arbeitslosenquoten aufweist. Zusätzlich ist eine jährliche Neuverschuldung seit über 20 Jahren zur Dauereinrichtung geworden. Seit Beginn der 1990er Jahre sind die Welthandelseinbußen für die europäischen Industrienationen am größten. Im internationalen Vergleich hohe Staatsausgaben und eine stetige Neuverschuldung haben weder die europäische Wettbewerbsfähigkeit auf den Weltmärkten und das Wohlstandsniveau der Bevölkerung noch die Entwicklung der Arbeitslosigkeit positiv beeinflußt. In Anbetracht des eingangs erwähnten ökonomischen Potentials der Europäischen Union müssen deshalb die Ursachen für diese schwache ökonomische Darbietung in der europäischen Wirtschafts- und Industriepolitik gesucht werden. Denn sowohl unternehmerische Schwächen als auch eine offensichtlich fehlgeschlagene Wirtschaftspolitik müssen durch eine verantwortungsbewußte Wirtschafts- und Industriepolitik analysiert und angegangen werden.

Bevor die Industriepolitik der Europäischen Kommission in den Bereichen Stahl und Mikroelektronik untersucht wird, soll die Qualität der Wirtschaftspolitikformulierung anhand der bedeutendsten industriepolitischen Mitteilungen seit Beginn der 1990er Jahre analysiert werden.

6.2 Industriepolitikformulierung durch die Europäische Kommission

6.2.1 Die Kodifizierung der Industriepolitik in den Maastrichter Verträgen

Mit der Kodifizierung eines industriepolitischen Mandats in Art. 130 i.V.m. Art. 3 Buchstabe l) EUV wurde einer breitgefächerten und auf französischen Druck forcierten industriepolitischen Diskussion auf europäischem Boden Rechnung getragen. Die Forderungen nach den Marktstruktureingriffen einer aktiven Industriepolitik kommen sowohl aus dem Bereich der Wirtschaftspolitik und der privaten Wirtschaft als auch aus dem Sektor der Wirtschaftstheorie. Die Namen reichen vom linken Parteienspektrum (*Lafontaine*) über Wirtschaftsvertreter wie *Heinz Dürr* (Chef der Bundesbahn AG) und *Jürgen E. Schrempp* (Vorstandsvorsitzender der Daimler-Benz AG) bis hin zu *Lothar Späth* und Sachsens CDU-Wirtschaftsminister *Schommer*, um nur einige zu nennen.[3] Insbesondere über eine aktive Förderung sog. Zukunftsindustrien wird mittlerweile selbst in der Bundesrepublik offen diskutiert.[4] Auch weisen Entwicklungstendenzen der Wettbewerbstheorie daraufhin, "daß extrem liberale Vorstellungen einer Politik des Laissez-faire an Bedeutung verlieren und daß eine instrumentale Verankerung von Marktstruktureingriffen zunehmend in Erwägung gezogen wird."[5]

In Artikel 3 und 3a des Vertrages zur Gründung der Europäischen Gemeinschaft vom 25.03.1957 in der Fassung des Europäischen Unionsvertrages vom 07.02.1992 umreißt die Union ihre Tätigkeit im Rahmen der Wirtschafts- und Währungsunion. Vorgesehen ist danach in Artikel 3 Buchstabe g) "ein System, das den Wettbewerb innerhalb des Binnenmarktes vor Verfälschungen schützt." Eine auf jenes marktwirtschaftliche Grundprinzip ausgerichtete Wettbewerbspolitik ist sicherlich ordnungspolitisch unproblematisch. Buchstabe l) des gleichen Artikels sieht jedoch ebenso "die Stärkung der Wettbewerbsfähigkeit der Industrie der Gemeinschaft" als gleichrangiges Ziel an. Darüberhinaus wird "die Förderung der Forschung und technologischen Entwicklung" unter Buchstabe m) angestrebt.[6]

Jene drei Grundsatzziele begründen drei Politikbereiche, die im dritten Teil des Vertrages unter drei verschiedenen Titeln näher definiert sind. Es handelt sich um die bereits erwähnte Wettbewerbspolitik (Art. 85-94 EUV), die Industriepolitik (Art. 130 EUV) sowie eine Forschungs- und Technologiepolitik (Art. 130 f bis p EUV). Desweiteren kann man aus den Artikeln 130a bis 130e EUV noch ein regional- und strukturpolitisches Mandat herauslesen.

---

[3]Vgl. O b e r e n d e r , P . (Hrsg.): Industriepolitik im Widerstreit mit der Wettbewerbspolitk, Berlin 1994. Hierin sind u.a. Beiträge der genannten Personen enthalten.
[4]Vgl. das Streitgespräch zwischen E r n s t H e l m s t ä d t e r (emeritierter Ökonomieprofessor in Münster) und K o n r a d S e i t z (Diplomat und Verfechter einer Förderung von Zukunftsindustrien): o . V . : Räte für die Revolution, in: Die ZEIT, 18.11.1994, S. 37-38.
[5]Vgl. B a r t l i n g , H . : Schlußfolgerungen aus Entwicklungstendenzen der Wettbewerbstheorie für die Wettbewerbspolitik, in: wuw 1/1993, S. 29.
[6]Vgl. Artikel 3a des Vertrages über die Europäische Union in der Fassung vom 07.02.1992.

In Art. 130, Abs. I EUV verpflichten sich die Mitgliedstaaten und die Gemeinschaft, alle notwendigen Voraussetzungen für die Wettbewerbsfähigkeit der Industrie der Gemeinschaft zu schaffen. Zu diesem Zwecke verfolgt die Gemeinschaft vier explizit kodifizierte Ziele:[7]

- Erleichterung der Anpassung der Industrie an die strukturellen Veränderungen
- Förderung eines für die Initiative und Weiterentwicklung der Unternehmen in der gesamten Gemeinschaft, insbesondere der kleineren und mittleren Unternehmen, günstigen Umfelds
- Förderung eines für die Zusammenarbeit zwischen Unternehmen günstigen Umfelds und
- Förderung einer besseren Nutzung des industriellen Potentials der Politik in den Bereichen Innovation, Forschung und technologische Entwicklung

Jene industriepolitischen Grundgedanken sollen dennoch eine offene Wettbewerbskonzeption unangetastet lassen[8] und auf Drängen der deutschen Delegation keine Grundlage dafür sein, Maßnahmen durchzuführen, die zu Wettbewerbsverzerrungen führen könnten.[9]

Die Zahl der Interpretationsversuche ist seit Maastricht reichhaltig.[10] Das Thema geht im Kern von einem Gegensatz zwischen Wettbewerbs- und Industriepolitik aus. Staatliche Eingriffe sind nur insofern angesprochen wie wettbewerbliche

---

[7]Vgl. EU-Vertrag, Art. 130.

[8]Vgl. K O M . E G : Industriepolitik in einem offenen und wettbewerbsorientierten Umfeld: Ansätze für ein Gemeinschaftskonzept, in: Bulletin der Europäischen Gemeinschaften, Beilage 3/91, Luxembourg 1991, S. 7-25.

[9]Vgl. EU-Vertrag, Art. 130, Abs. III S. 3.

[10] Vgl. I m m e n g a , U . : Wettbewerbspolitik contra Industriepolitik nach Maastricht, in: Gerken, L. (Hrsg.): Europa 2000 - Pespektive Wohin ? Die Europäische Integration nach Maastricht, Freiburg 1993, S. 147-165; W a r t e n b e r g v o n , L . (BDI): Industriepolitik im Widerstreit zur Wettbewerbspolitik, in: Oberender, Peter (Hrsg.): Industriepolitik im Widerstreit mit der Wettbewerbspolitik, Berlin 1994, S. 55-67; M i t t e l s t e n - S c h e i d , J . : Perspektiven der Industriepolitik in Europa, in: Oberender, Peter (Hrsg.): Industriepolitik im Widerstreit mit der Wettbewerbspolitik, Schriften des Vereins für Socialpolitik, Bd. 231, Berlin 1994, S. 43-53; F r e y t a g , A .: Zur Rolle der EG-Kommission in der Europäischen Industriepolitik, in: zfw 42/3, 1993, S. 295-307; M ö s c h e l , W . : EG-Industriepolitik nach Maastricht, in: ORDO, Jahrbuch für die Ordnung von Wirtschaft und Gesellschaft, Bd. 43,1992, S. 415-421; E e k h o f f , J . : Die ordnungspolitische Problematik der Industriepolitik, in: Oberender, Peter (Hrsg.): Industriepolitik im Widerstreit mit der Wettbewerbspolitik, Berlin 1994, S. 69-77; E h l e r m a n n , C . - D .: Industriepolitik aus europäischer Sicht, in: Oberender, P. (Hrsg.): Industriepolitik im Widerstreit mit der Wettbewerbspolitik, Berlin 1994, S. 107-125.

Freiheiten berührt werden. Die Zweideutigkeit des Rechtsrahmens führt zunehmend zu einer Politisierung statt einer Verrechtlichung gemeinschaftsverbindlicher wirtschaftlicher Wertmaßstäbe[11], mit dem Ergebnis, daß die industriepolitischen Mitteilungen der Kommission untersucht werden müssen, um die industriepolitischen Grundvorstellungen auf EU-Ebene zu erkennen.

Die ständigen Beteuerungen marktwirtschaflicher Verhältnisse im Vertragswerk von Maastricht, der Verweis auf ein "System offener und wettbewerbsorientierter Märkte" und die Relativierung, daß nur von den Voraussetzungen der Wettbewerbsfähigkeit und nicht von Wettbewerbsfähigkeit selbst die Rede ist, können sicherlich nicht als liberale Rhetorik abgetan werden.[12] Staatliche Interventionen in den Wirtschaftsprozeß bevorzugen jedoch zwangsläufig bestimmte Wirtschaftsteilnehmer, so daß Wettbewerbsverzerrungen im streng rahmensetzenden ordoliberalen Sinne unvermeidbar sind. Man kann allenfalls von einem "mehr oder weniger" an Wettbewerbsverfälschungen je nach staatlicher Fördermaßnahme sprechen. Eine allzu wörtliche Auslegung des Art. 130, Abs. I EUV bereitet deshalb Schwierigkeiten.

So kommt man unweigerlich zu dem Standpunkt, daß Art. 130 EUV als Einfallstor einer ergebnisorientierten Industriepolitik gedacht ist.[13] Dafür sprechen seine Entstehung unter der maßgeblichen Mithilfe der damaligen französischen Ministerpräsidentin *Edith Cresson*, die Aufstockung der veranschlagten Zusatzmittel für den Sektor "Verbesserung der Wettbewerbsfähigkeit" im sog. Delors II-Paket auf 3,5 Mrd. ECU[14] und die Tatsache, daß die Kodifizierung einer unbedenklichen Rahmensetzung nicht erforderlich gewesen wäre. Selbst eine Interpretation im Sinne der "Schaffung von investitions- und innovationsfördernden Rahmenbedingungen" geht spätestens im Bereich der Sektorenpapiere in eine sektorielle Strukturanpassung über.[15]

---

[11]Vgl. Immenga, U.: a.a.O. (FN 10), S. 160.
[12]*Möschel* spricht in diesem Zusammenhang von "Gesundbeter-Interpretation". Vgl. Möschel, W.: a.a.O. (FN 10), S. 418.
[13]*Möschel* bezeichnet dies aus marktwirtschaftlicher Sicht als "Kassandra-Interpretation". Vgl. ebenda.
[14]Vgl. KOM.EG: Von der Einheitlichen Europäischen Akte zu der Zeit nach Maastricht. Ausreichende Mittel für unsere ehrgeizigen Ziele, Dokument. KOM, 1992.
[15]Vgl. dazu: Wartenberg von, L.: a.a.O. (FN 10), S. 55-67; Freytag, A.: a.a.O. (FN 10), S. 295-307; Ehlermann, C.-D.: a.a.O., S. 107-125 oder KOM.EG: Die Europäische Elektronik- und Informatikindustrie: Situation, Chancen und Risiken, Aktionsvorschläge,

Der Widerstreit zwischen wettbewerblicher und industriepolitischer Deutung des Art. 130 EUV ist auf rein rechtlichem Wege allenfalls akademisch und auf pauschaler Ebene eindeutig abhängig vom jeweiligen Leitbild.[16] Was die Kommission darunter versteht und wie sie industriepolitische Maßnahmen umzusetzen gedenkt, läßt sich am besten anhand ihrer Veröffentlichungen belegen. Exemplarisch werden die vier bedeutendsten Mitteilungen in diesem Zusammenhang analysiert:

6.2.2 "Industriepolitik in einem offenen und wettbewerbsorientierten Umfeld: Ansätze für ein Gemeinschaftskonzept"

Die Kommission selbst hat 1991 eine industriepolitische Globalkonzeption vorgelegt.[17] In diesem sogenannten "Bangemann-Papier" wird im Bewußtsein der globalen Herausforderungen eine langfristig angelegte Politik zur Stärkung der industriellen und technologischen Basis auf der Grundlage eines breiten Konsens zwischen den Mitgliedstaaten angestrebt. Der zeitliche Zusammenhang zu der Maastrichter Vertragsgestaltung läßt vermuten, daß die dort zum Ausdruck gebrachten industriepolitischen Vorschläge eine Konkretisierung des Vertragstextes darstellen.

Im ersten Teil des Papiers erfolgt mit Blick auf die Ableitung eines industriepolitischen Konzepts eine Grundlagenbetrachtung. Demnach muß der Bezugspunkt bei der Entwicklung eines industriepolitischen Konzepts das *Gemeinschaftsinteresse* sein. Dieses muß zunächst durch die Erörterung industrieller Probleme *identifiziert* werden, durch eine aktive Partnerschaft aggregiert werden und schließlich durch gemeinsame (europäische) Aktionen umgesetzt werden.[18] Die Erfahrungen aus der industriellen Anpassung hätten darüberhinaus gelehrt, daß eine langfristig angelegte Politik an die Stelle von Flickschusterei treten muß. Diesbezüglich ist ein breiter Konsens zwischen den Mitgliedern notwendig. Das politische Handeln muß durch Kongruenz und

---

in: Bulletin der Europäischen Gemeinschaften, Beilage 3/91, Luxembourg 1991, S. 27-44. An dieser Stelle wird die Vermeidung sektoraler Eingriffe für den Bereich der Schlüsselindustrien ausdrücklich aufgehoben und im Sinne von "Vermeidung sektoraler *strukturerhaltender* Maßnahmen" umgedeutet.

[16]Man bedenke, daß auch der liberale deutsche Standpunkt durch die Praxis in den neuen Bundesländern angreifbar geworden ist.

[17]Vgl. K O M . E G : Industriepolitik in einem offenen und wettbewerbsorientierten Umfeld: Ansätze für ein Gemeinschaftskonzept, in: Bulletin der Europäischen Gemeinschaften, Beilage 3/91, Luxembourg 1991, S. 7-25.

[18]Vgl. K O M . E G :a.a.O. (FN 17), S. 7 f..

Transparenz gekennzeichnet sein, um im Unternehmenssektor eine Vertrauensbasis zu schaffen.[19] Ebenso verlangt die globale Herausforderung eine Verbesserung der Technologiediffusion und verstärkte Humankapitalinvestitionen.[20]

Aus diesen wenig detaillierten Grundgedanken auf Kommissionsebene wurden nun Vorbedingungen, Katalysatoren und Akzeleratoren des Anpassungsprozesses abgeleitet.

6.2.2.1 Vorbedingungen des Anpassungsprozesses

Die von der Kommission abgeleiteten Vorbedingungen sind:[21]

- Erhaltung eines wettbewerbsorientierten Umfelds
- Erhaltung stabiler wirtschaftlicher Rahmenbedingungen
- Sicherung eines hohen Bildungsniveaus
- Förderung des wirtschaftlichen und sozialen Zusammenhalts
- Verwirklichung eines hohen Umweltschutzniveaus

In der *Erhaltung eines wettbewerbsorientierten Umfelds* wird die zentrale Aufgabe gesehen. Bei der Kontrolle von Unternehmenszusammenschlüssen sei es allerdings entscheidend, daß die Betrachtung nicht auf Gemeinschaftsmärkte beschränkt bleiben soll, wenn die betreffenden Unternehmen internationalem Wettbewerb ausgesetzt sind. Die Tatsache, daß der Erhalt eines wettbewerbsorientierten Umfelds bei der Ableitung eines industriepolitischen Konzepts im Vordergrund steht, verdeutlicht zum einen Prozeßorientierung statt pragmatischer Ergebnisorientierung und andererseits Unsicherheit über die Funktion des marktwirtschaftlichen Wettbewerbs im Zusammenhang mit industriepolitischen Maßnahmen. Während die marktwirtschaftlichen Kräfte in Japan eine Funktion im industriepolitischen Konzept zugeordnet bekommen, versucht die Kommission ein industriepolitisches Konzept durch wettbewerbliche Restriktionen einzuengen. Bereits die Berücksichtigung globaler Tendenzen bei der Fusionskontrolle enttarnt die falsche Richtung der Grundsatzüberlegungen.

[19]Vgl. K O M . E G :a.a.O. (FN 17), S. 8.
[20]Vgl. ebenda, S. 8-12.
[21]Vgl. ebenda, S. 12-15.

Doch statt eine Zielrichtung zum Nutzen der EU-Bevölkerung zu eruieren, wird eine theoretische liberale "Wohlstandsgrundlage" ungeprüft vorangestellt.

Die *Erhaltung stabiler wirtschaftlicher Rahmenbedingungen* gleicht einer Leerformel. Die knappen Ausführungen im Text geben den Hinweis, daß damit insbesondere das Betreiben einer soliden Preis-, Finanz- und Steuerpolitik gemeint ist. Doch das ist das Anliegen jeder wirtschaftspolitischen Ausrichtung. Im Rahmen einer industriepolitischen Konzeptionierung wäre es fortschrittlicher gewesen, andere Wirtschaftspolitikbereiche hinsichtlich ihrer Ausrichtung auf industriepolitische Zielsetzungen zu konkretisieren.

Die *Sicherstellung eines hohen Bildungsniveaus* ist als Vorbedingung für den wirtschaftlichen Anpassungsprozeß wenig aussagekräftig. Sicherlich ist das verfügbare Humankapital gerade in forschungsintensiven und Hochtechnologiebranchen ein Wettbewerbsfaktor, aber deshalb muß die berufliche Aus- und Fortbildung mittels Bildungspolitik entsprechend an die volkswirtschaftlichen Erfordernisse angepaßt werden. Ohne Zielrichtung wird Bildungspolitik - ökonomisch betrachtet - zum Selbstzweck.

Die *Förderung des wirtschaftlichen und sozialen Zusammenhalts* ist bereits im Maastrichter Vertrag kodifiziert worden.[22] Damit ist volkswirtschaftlich eine effektive Regionalpolitik für schwächere Regionen und betriebswirtschaftlich ein besserer sozialer Zusammenhalt zwischen Unternehmern und Arbeitnehmern bei unternehmensbezogenen Entscheidungen gemeint. Diese zweifellos hehren Ansprüche werden mit Blick auf die industriepolitischen Zielsetzungen allerdings wesentlich von einem Interessensabgleich zwischen den wirtschaftlich stärkeren und schwächeren Regionen getragen. Auch auf Unternehmensebene ist zur erfolgreichen operativen Umsetzung zunächst eine Interessensidentifikation unentbehrlich, um gemeinsame Zielsetzungen zu generieren.

Schließlich wird die *Verwirklichung eines hohen Umweltschutzniveaus* als Vorbedingung des Anpassungsprozesses gesehen. Dabei soll ein marktorientiertes Konzept mit dem in der Umweltpolitik maßgeblichen Verursacherprinzip im Einklang stehen. Wichtig in diesem Kontext ist, daß das gesellschaftlich gewollte an das mittelfristig wirtschaftlich machbare angepaßt

[22]Vgl. Art. 3 Buchstabe j) EUV.

wird. Eine grundsätzliche gesellschaftliche Übereinstimmung zum Schutze der Umwelt ist in Europa zweifelsohne vorhanden. Doch in welchem Maße jeder Industrie Umweltschutzauflagen zuzumuten sind, ohne ein Höchstmaß an internationaler Wettbewerbsfähigkeit einzubüßen, muß durch Konsultationen zwischen öffentlichen Behörden und Unternehmen spezifiziert werden. Dabei wäre im Sinne einer industriepolitischen Gesamtkonzeption darauf zu achten, daß umweltpolitische Auflagen nicht kontraproduktiv wirken, sondern eher flankierend.

6.2.2.2 Katalysatoren des Anpassungsprozesses

Als Katalysatoren sieht die Kommission den *Binnenmarkt als Faktor des Wandels* sowie die *Gemeinschaft als offenen Handelspartner.*[23] Von der Kommission werden einige Vorteile des vergrößerten *Binnenmarktes* für den Verbraucherschutz, für die Wettbewerbsfähigkeit der Industrie sowie für den europäischen Einigungsprozeß aufgeführt. Ein zu generierendes industriepolitisches Gesamtkonzept mit entsprechenden Zielsetzungen (für den Verbraucherschutz, die Wettbewerbsfähigkeit der Unternehmen und den Einigungsprozeß) *kann* von diesen Binnenmarktwirkungen profitieren. Doch ohne politische Zielformulierung können mögliche Größenvorteile - statt von heimischen - von außereuropäischen Wettbewerbern realisiert werden. Ebenso kann das europäische Normenwesen - statt internationale Standards zu setzen - die wirtschaftliche Performance der europäischen Unternehmen behindern. Auch kann die Abschaffung nationaler Quoten - statt den europäischen Einigungsprozeß zu fördern - bei mangelnden Konfliktlösungsstrategien zu kontraproduktiven Ausweichhandlungen führen.

Komplementär dazu ist es nach Ansicht der Kommission notwendig, daß die *Gemeinschaft als offener Handelspartner* dem Freihandel treu bleibt. Dies wird allerdings auch von den Handelspartnern verlangt. Hierin wird wiederum die unkritische Inthronisierung marktwirtschaftlicher Prinzipien deutlich. Obwohl die Kommission allein durch ihr industriepolitisches Thesenpapier zum Ausdruck bringt, daß die zukünftigen europäischen Herausforderungen nicht von den Unternehmen alleine bewältigt werden können, wird strukturschwachen und aufstrebenden Industrien der Schutz durch eine offene Wettbewerbskonzeption

[23] Vgl. K O M . E G : a.a.O. (FN 17), S. 16-20.

entzogen. Obwohl eventuell zielkonforme Ausnahmen vom Freihandel in bestimmten Branchen erforderlich sind, beinträchtigt das wettbewerbspolitische Postulat die industriepolitische Stringenz.

6.2.2.3 Akzeleratoren des Anpassungsprozesses

Zur Beschleunigung des Anpassungsprozesses sind nun nach Ansicht der Kommission flankierende Maßnahmen notwendig. Explizit werden genannt:[24]

- Zusammenarbeit von Unternehmen, öffentlicher Hand und Forschern im Bereich der Hochtechnologien
- Einbeziehen der kleinen und mittleren Unternehmen (KMU) als wichtige Komponente der industriellen Anpassung
- Anpassung der beruflichen Ausbildung an die technologischen Erfordernisse

Die *Zusammenarbeit von Unternehmen, öffentlicher Hand und Forschern im Bereich der Hochtechnologien* soll durch vorwettbewerbliche Forschungskooperationen, organisierte Technologiediffusion, den Nachfrageeffekt durch Normenstandards und eine verbesserte technologische Ausbildung gewährleistet werden. An dieser Stelle wird erstmals ein konsensuales industriepolitisches Vorgehen konkretisiert. Bei dieser Zusammenarbeit ist eine frühzeitige Interessendeckung auf allen Ebenen möglich. Unklar bleibt jedoch, wie diese Zusammenarbeit aussehen soll und wer sie initiiert und kanalisiert.

Auch der *Einbezug der kleinen und mittleren Unternehmen* ist für den volkswirtschaftlichen Interessensabgleich innerhalb einer industriepolitischen Konzeption sehr wertvoll. Doch wer informiert die KMU über welche Kanäle und inwiefern hat ihre Stimme Gewicht?

Die *Anpassung der beruflichen Ausbildung an die technologischen Erfordernisse* ist für die Abstimmung zwischen dem technologischen Angebot und der Marktnachfrage unabdingbar. Doch wer weiß woher, wie die technologischen Erfordernisse mittel- und langfristig aussehen ?

---

[24]Vgl. K O M . E G : a.a.O. (FN 17), S. 20-22.

6.2.2.4. Analyse

Die flankierenden Maßnahmen zur Beschleunigung des Anpassungsprozesses sind somit zwar konkreter und industriepolitisch greifbarer als die allgemein gehaltenen wirtschaftspolitischen Gedanken zuvor, aber bei weitem nicht so fundiert, konzeptioniert und flexibel wie die japanischen Fünfjahrespläne.

Sicherlich erhebt dieses sogenannte "Bangemann"-Papier nicht den Anspruch eines Fünfjahresplans, dessen späterer Erfolg sich an klar definierten Kriterien ablesen läßt. Dennoch waren die industriepolitischen Basismechanismen in Japan unabhängig von konkreten Einzelzielen klar strukturiert (vgl. Tabelle 4.8). Bei den Ausführungen der Kommission wird die frühzeitige Interessendeckung auf allen involvierten wirtschaftlichen Ebenen nicht thematisiert. Es hat den Anschein, als würde eine grobe ordnungspolitische Abstimmung allenfalls unter den Kommissaren, aber ohne Einbezug des Unternehmenssektors stattfinden. Dadurch versäumt die Kommission eine Definition staatlichen Aktionspotentials als Initiator der Interessenabsprachen und als Schlichter bei Interessenkonflikten. Liegen keiner staatliche Stelle gesammelte und durch ständige Konsultationen aktualisierte Informationen über wirtschaftliche und technologische Tendenzen sowie über gesellschaftliche Konfliktfelder vor, so beraubt sich der Staat seiner Diagnosefähigkeit. Die öffentliche Hand läuft Gefahr, daß industriepolitische Entscheidungen sachlich wenig fundiert und gesellschaftlich nicht konsensfähig sind. Demzufolge fehlt die entsprechend breite Akzeptanz im Unternehmer- und Arbeitnehmersektor bei der operativen Durchführung.[25]

Ebensowenig wird - letztlich bedingt durch die mangelnde Interessenidentifikation - die Wichtigkeit einer Zielorientierung angesprochen. Auch im Ansatz einer industriepolitischen Konzeptionierung muß die Formulierung von mittel- und langfristigen Zielen angestrebt werden. D.h. genauer, daß die Abstimmung staatlicher und privater Instanzen nicht Selbstzweck sein darf, sondern nationale Zielsetzungen produzieren muß. Erst

---

[25]Das Resultat sind industriepolitische ad hoc-Maßnahmen, die ohne Einbindung in ein industriepolitisches Gesamtkonzept bestimmte Sektoren gegenüber anderen begünstigen. Da die nicht begünstigten Sektoren nicht im Rahmen einer breiten Interessenidentifikation von der Notwendigkeit dieser Maßnahme überzeugt wurden, fehlt entsprechend die Toleranz und Akzeptanz. Die öffentliche Hand tritt nicht als Schlichter der Interessenskonflikte auf und die Unternehmen buhlen um die Gunst staatlicher Zuwendungen (rent-seeking).

auf der Grundlage dieser Zielsetzungen lassen sich konzeptionierte Maßnahmenbündel generieren, die wegen der konsensualen Abstimmung und Schlichtung die operative Durchführung erleichtern.

Schließlich wurde aus der Erörterung deutlich, daß trotz des Eingeständnisses, daß die Unternehmen bestimmte Akzeleratoren zur erfolgreichen Bewältigung der Anpassungsprozesse benötigen, keine klare Zuordnung der Marktkräfte innerhalb der Industriepolitik erfolgt. Die Unantastbarkeit freien Wettbewerbs schwebt gleichsam ohne Bindung über dem industriepolitischen Gedankengebäude. Sicherlich ist eine horizontale rahmensetzende Einzelmaßnahme ordnungspolitisch unbedenklich, doch z.B. die von der Kommission angestrebte Zusammenarbeit zwischen öffentlicher Hand und Unternehmenssektor im Hochtechnologiebereich mit der gemeinsamen Planung, Entwicklung, Verbreitung und Nutzung von Technologien ist (wie die japanische Praxis zeigt) mehr oder weniger mit Marktabsprachen verbunden und leistet der Tendenz zu oligopolistischen Wettbewerbsstrukturen Vorschub. Hier sollten die marktwirtschaftlichen Kräfte unvorbelastet von liberalistischen Ideologien für die industriepolitischen Zielsetzungen genutzt werden.

6.2.3 Das Weißbuch der Kommission über "Wachstum, Wettbewerbsfähigkeit und Beschäftigung"

Im Wettbewerbsbericht des Jahres 1991 besteht offiziell kein Widerspruch zwischen Industriepolitik einerseits und Wettbewerbspolitik andererseits, wenn "das Umfeld für die Entfaltung der Unternehmen verbessert oder Leistungsdefizite behoben werden".[26] Insbesondere die Förderung von Forschung und Entwicklung wird unter den vorrangigen Zielen eingereiht. Denn nur oberflächlich bestehe ein Widerspruch zwischen Wettbewerbspolitik und Industriepolitik. Tatsächlich sei FuE ein Wettbewerbsfaktor, der zu fortbestehenden Finanzierungslücken bei den Unternehmen führe und eine Beteiligung der öffentlichen Hand rechtfertige.[27] 1992 setzte der für Industriepolitik zuständige deutsche EG-Kommissar *Martin Bangemann* mit seinem industriepolitischen Glaubensbekenntnis unter dem Titel "Mut zum

[26]Vgl. K O M . E G : XXI. Bericht über die Wettbewerbspolitik 1991, Brüssel 1992, S. 51.
[27]Vgl. ebenda, S. 55-59.

Dialog" ein weiteres Zeichen in jene Richtung.[28] Weitere industriepolitische Tendenzen sind im XXIII. Wettbewerbsbericht der Kommission 1993 spürbar[29]. Hier wird eine Herabsetzung der Aufgreifschwellen und damit eine Verschärfung der Fusionskontrolle zwar befürwortet, aber für politisch undurchsetzbar gehalten. Vielmehr sieht sich die Kommission veranlaßt - gemäß der industriepolitischen Zielsetzungen und der zunehmenden Globalisierung der Weltmärkte - eine großzügigere Haltung gegenüber Zusammenschlüssen zu praktizieren[30]. Hier wird Industriepolitik eindeutig als Konzentrationsförderung verstanden und steht entgegen den leerformelartigen Ausführungen der Kommission in ihren jährlichen Wettbewerbsberichten eindeutig im Widerspruch zu einer aktiven Wettbewerbspolitik.

Ende 1993 legte die Kommission das Weißbuch über "Wachstum, Wettbewerbsfähigkeit, Beschäftigung - Herausforderungen der Gegenwart und Wege ins 21. Jahrhundert" vor, welches als Reflexionsgrundlage und Wegweisung für die Entscheidungen auf dezentraler, nationaler und Gemeinschaftsebene zu verstehen ist.[31] Diese Kommissionsvorlage ist in drei Teilabschnitte untergliedert. Zunächst werden die derzeitigen und zukünftigen *Herausforderungen* für die europäische Wirtschaft umrissen und sodann werden die Notwendigkeiten und Voraussetzungen zur *Bekämpfung der Arbeitslosigkeit* und *Steigerung der Wettbewerbsfähigkeit* nach Ansicht der Kommission dargelegt. Trotz der üblichen allgemeingehaltenen und wenig konkreten Formulierungen lassen sich zur Bewältigung dieser "Herausforderungen" eindeutige industrie- und forschungspolitische Zuständigkeiten herausarbeiten.

Bereits im Zusammenhang mit den bevorstehenden "Herausforderungen" wird von der Kommission bemerkt, daß der Begriff Industriepolitik zwar nach wie vor umstritten sei, "...daß aber niemand mehr bezweifelt, daß es Aufgabe der

---

[28]Vgl. B a n g e m a n n, M.: Mut zum Dialog, Wege zu einer europäischen Industriepolitik, München 1992.

[29]Vgl. K O M . E G : XXIII. Bericht der Kommission über die Wettbewerbspolitik 1993, Brüssel 1994, S. 506.

[30]Die Kommission ist im XXIII. Wettbewerbsbericht 1993 der Meinung, daß die Wettbewerbspolitik ein für die Industriepolitik unerläßliches Instrument darstellt und daß somit diese beiden Politikbereiche ausgesprochen komplementär zueinander stehen. Der Vertrag von Maastricht ging im übrigen von keinem anderen Ansatz aus. Vgl. ebenda, S. 91.

[31]Vgl. K O M . E G : Wachstum, Wettbewerbsfähigkeit, Beschäftigung - Herausforderungen der Gegenwart und Wege ins 21. Jahrhundert, Brüssel, Luxemburg 1994.

Regierungen und der Gemeinschaft ist, optimale Rahmenbedingungen für die Wettbewerbsfähigkeit der Unternehmen zu schaffen."[32]

Konkret bedeute dies für strukturschwache Branchen und damit im weitesten Sinne hinsichtlich des Problemfeldes der *Arbeitslosigkeit*, daß eine Kombination von makroökonomischer und Strukturpolitik einsetzen muß.[33] Deshalb müsse Handels- und Wettbewerbspolitik in diesem Sinne betrieben werden. Zwar sei "...ein von Wettbewerb geprägtes Umfeld für eine effiziente Ressourcenallokation wichtig, aber die zunehmende Globalisierung und der schnelle technologische Wandel..." verlangten "...von den Unternehmen Umstrukturierungen größeren Umfangs...".[34] Die Unternehmen müßten deshalb "...zur einseitigen oder bilateralen Umstrukturierung in Zusammenarbeit mit anderen Firmen in der Lage sein."[35] Da es sich hierbei nicht um eine Verzögerung des Strukturwandels, sondern um ein wettbewerbförderndes Vorgehen handelt, sollten im Rahmen der gemeinschaftlichen Wettbewerbspolitik staatliche Beihilfen sinnvoll eingesetzt sowie Fusionen, Kooperationen und strategische Allianzen erleichtert und beschleunigt werden.[36] Den größten Handlungsbedarf zur Lösung anstehender Probleme und zur Bewältigung künftiger Herausforderungen sieht die Kommission jedoch eindeutig in der *Steigerung der Wettbewerbsfähigkeit* der europäischen Industrie.[37]

6.2.3.1 Bessere Einbindung der europäischen Unternehmen in ein Wettbewerbsumfeld der gegenseitigen weltweiten Abhängigkeit

Unter dem Hinweis der Globalisierung im industriellen Sektor ist die Kommission der Ansicht, daß ein neues Gleichgewicht zwischen Wettbewerb und Zusammenarbeit gefunden werden muß. Konkret führt die Kommission aus, daß eine "Erschließung und der Ausbau der industriellen Stärken der Gemeinschaft" vor dem Hintergrund "...der Industriepolitik der hauptsächlichen Wettbewerber ..."[38] vorangetrieben werden müsse. In diesem Sinne müsse sich eine Politik der aktiven industriellen Zusammenarbeit entwickeln. Dies bedeute

[32]Vgl. K O M . E G :a.a.O. (FN 31), S. 14.
[33]Vgl. ebenda, S. 68.
[34]Vgl. ebenda, S. 69.
[35]Vgl. ebenda.
[36]Vgl. ebenda.
[37]Vgl. ebenda, S. 14-15 bzw. S. 77.
[38]Vgl. ebenda, S. 81-82.

insbesondere die "Verwirklichung einer kohärenten und abgestimmten Vorgehensweise gegenüber Unternehmenskooperationen und strategischen Allianzen..., damit die Gemeinschaft nicht aufgrund der Strenge ihrer selbstauferlegten Regeln benachteiligt wird."[39] Dies sei notwendig, "...um ein Gegengewicht ... gegenüber amerikanischen und japanischen Wettbewerbern zu schaffen."[40]

Offensichtlich sieht die Kommission eine Möglichkeit zur mittelfristigen Erhöhung der Wettbewerbsfähigkeit einer Industrie durch staatliche Unterstützung. Beim "Wie" der staatlichen Hilfestellung setzt die Kommission allerdings einseitig beim Problem mangelnder Wettbewerbsfähigkeit an. Dies mag noch bei jungen aufsteigenden Industrien zutreffend analysiert sein, aber die Probelme der strukturschwachen Branchen werden nicht durch eine Erhöhung der Wettbewerbsfähigkeit gelöst. Hier ist auf Kommissionebene eine differenzierte wirtschaftliche Betrachtungsweise erforderlich.

Darüberhinaus erhebt sich - streng ordnungspolitisch gesehen - ein Widerspruch bei der Existenz eines "Wettbewerbsumfelds der gegenseitigen weltweiten Abhängigkeit". Dieser wird beim Vorschlag notwendiger Maßnahmen nicht nachvollzogen. Vielmehr wird auf der einen Seite eine "weiche" Wettbewerbspolitik gegenüber der Ausbreitung strategischer Allianzen und industrieller Zusammenarbeit vorgeschlagen, aber andererseits die Durchführung geeigneter Maßnahmen zur Sicherung des Wettbewerbs auf den Märkten gefordert. Das Erkennen marktwirtschaftlicher Anpassungsprobleme für die heimische Industrie führt nicht zur Analyse der industriepolitisch brauchbaren Elemente des marktwirtschaftlichen Anpassungsprozesses.

Die Kommission verweist in diesem Zusammenhang ausdrücklich auf die industriepolitischen Aktivitäten amerikanischer und japanischer Wettbewerber. Die Beobachtung, daß an der Schwelle zum 21. Jahrhundert sowohl strukturschwache als auch aufsteigende Industriezweige Probleme mit den marktwirtschaftlichen Anpassungsmechanismen haben und die Tatsache, daß die Konkurrenten auf den Weltmärkten längst entsprechend staatlich intervenieren,

[39]Vgl. K O M . E G :a.a.O. (FN 31), S. 83.
[40]Vgl. ebenda.

haben auf Kommissionsebene nicht dazu geführt, deren Erfolgsrezepte zu analysieren.

6.2.3.2 Nutzung der Wettbewerbsvorteile bei der zunehmenden Entmaterialisierung der Volkswirtschaft

Im Zuge der globalen Tendenzen müsse eine Politik entwickelt werden, die "immaterielle" Investitionen begünstigt (Ausbildung, Forschung, technische Hilfe). Der Wohlstand der Nationen hänge immer mehr von der Entwicklung und Nutzung von Kenntnissen ab. Dies zeige sich u.a. in einem schnelleren Wachstum des Dienstleistungsbereichs. In diesen Bereichen verfüge die EU über erhebliche Vorteile.[41]

Hier zeigt sich deutlich die schwache Analysetätigkeit der Kommission. Zwar sind die Wachstumssteigerungen im tertiären Sektor unbestritten, aber betrachtet man das Verständnis von "Dienstleistung" innerhalb der Bevölkerung der Vereinigten Staaten, so hat Europa bereits in den ideologischen Grundlagen einer Dienstleistungsgesellschaft eher Nachteile. Auch die Forschungs- und Entwicklungstätigkeit ist innerhalb der EU deutlich geringer als in Japan und den USA.[42] Und selbst die Tatsache einer sich entwickelnden Dienstleistungs- und Informationsgesellschaft darf nicht von der nationalen Verantwortung für industrielle Notwendigkeiten ablenken. Erstens werden sich die Völker Europas auch dann nicht von Wissen und Erkenntnissen ernähren können, wenn zu deren Herstellung immer mehr Forschung vorangeht. Auch die Vernetzung des ganzen Erdballs wird grundlegende "materielle" Erfordernisse unabkömmlich machen und darüberhinaus neue materielle Wünsche hervorrufen. Zweitens hat die starke Hinwendung der US-amerikanischen Wirtschaft zur Dienstleistung zwar neue Arbeitsplätze geschaffen, aber größtenteils zu einer unproduktiveren Verwendung von Arbeit geführt (woorking poor). Eine zu starke Akzentuierung der Wirtschaftspolitik auf diese "entmaterialisierten" Bereiche stellt letztlich nur eine Verlagerung von Arbeitslosigkeit dar und birgt überdies die Gefahr einer rückläufigen privaten Nachfrage.

---

[41]Vgl. K O M . E G : a.a.O: (FN 31), S. 83.
[42]Vgl. Kapitel 8.

Der Kommission fehlte bei der Formulierung dieser vagen Zielsetzungen abermals eine fundierte Informationsgrundlage wie sie sich aus Konsultationen mit der Privatwirtschaft und den Wissenschaften in Japan ergeben. Als Folge daraus ist die Analyse nicht nur falsch und oberflächlich, sondern die empfohlenen Maßnahmen sind auch sehr einseitig und undeutlich dargestellt.

6.2.3.3 Förderung einer stetigen Fortentwicklung der Industrie

Unter diesem Entwicklungspunkt geht die Kommission auf forschungspolitische Notwendigkeiten ein. So soll die Zusammenarbeit im Bereich der Forschung und Entwicklung (FuE) bei umweltfreundlichen Techniken gefördert werden. Zur stetigen Fortentwicklung der europäischen Industrie soll darüberhinaus die Umsetzung der Forschungsergebnisse in marktfähige Produkte verbessert und beschleunigt werden.[43]

Vorbehaltlich der Analyse der europäischen Forschungspolitik an späterer Stelle läßt sich bezüglich dieses Ziels der Kommission bereits folgendes festhalten: Wie schon im "Bangemann"-Papier wird das Postulat zur Verwendung umweltfreundlicher Technologien ohne Bindung zu einer möglichen industriepolitischen Gesamtkonzeption vorangestellt. Damit wird zwar der globalen Notwendigkeit zu mehr Umweltschutz Rechnung getragen, auch erkennt die Kommission hier einen möglichen Wachstumsmarkt, doch ein Bezug zu den Problemen mangelnder Wettbewerbsfähigkeit (überwiegend in Hochtechnologiebereichen) und hoher anhaltender Arbeitslosigkeit läßt sich nicht feststellen. Die Kommission dokumentiert vielmehr allgemeine Trends und Notwendigkeiten ohne den Bezug zu den Problemen der europäischen Wirtschaft herzustellen.

Das Problem der schwerfälligen Umsetzung von FuE-Ergebnissen innerhalb der europäischen Unternehmen wird von der Kommission erkannt. Doch statt die erfolgreiche Umsetzung bei den Konkurrenten zu analysieren, wird ebenso glatt wie wirkungslos konstatiert, daß wirtschaftliche Anreize entwickelt werden müßten, um den Einsatz der Forschungsergebnisse in Erzeugnissen und

[43] Vgl. K O M . E G : a.a.O. (FN 31), S. 84.

Verfahren zu fördern.[44] Dabei handelt es sich um eine allgemein bekannte "Binsenweisheit" im Bereich FuE.

6.2.3.4 Stärkere Synchronisierung der Schwankungen von Angebot und Nachfrage

Hierunter versteht die Kommission u.a. eine bessere Abstimmung von Angebot und Nachfrage. Sie schlägt vor, partnerschaftliche Beziehungen zwischen Großunternehmer und Zulieferern einzuführen, die Schnittstellen zwischen Herstellern und Anwendern zu verbessern sowie ein Abstimmungsgefüge zur Entwicklung von zukünftigen Betätigungsfeldern aufzubauen.[45] Hinsichtlich der *Nachfrage* erfordert dies laut Kommission "Maßnahmen zur Förderung einer weltweiten abgestimmten Belebung des Verbrauchs" und "Erleichterungen beim Entstehen neuer Märkte". Auf der *Angebotsseite* sollten die Strukturanpassungen der Industrie insbesondere durch Privatisierungen fortgesetzt werden und die Anpassungsdynamik der KMU unterstützt werden.

Zu Beginn ihrer Ausführungen konstatiert die Kommission im Hinblick auf die Abstimmungen von Angebot und Nachfrage die "unbefriedigende Funktionsweise der Märkte".[46] Trotz des Eingeständnisses, daß die Märkte ihrer Hauptfunktion (Abstimmung von Angebot und Nachfrage) nicht befriedigend nachkommen, wird ein staatliches Aktionspotential dennoch nicht definiert.

Die Stagnation der weltweiten *Nachfrage* ist nach Ansicht der Kommission durch die Abschottung vieler Länder bedingt. Da nicht alle Länder so offen seien wie die Länder der Gemeinschaft, habe sich eine chronische Wachstumsschwäche etabliert. Die Öffnung dieser Märkte und Maßnahmen zur Erschließung neuer Märkte gelten daher als geeignete Maßnahmen zur Belebung der weltweiten Nachfrage. Obwohl wenige Zeilen zuvor Marktschwächen festgestellt werden, wird eine weitere Ausbreitung marktwirtschaftlicher Mechanismen als notwendig erachtet. Nicht die Tatsache, daß die westlichen Industrienationen vielfach Produkte auf gesättigten Märkten anbieten wird hervorgehoben, sondern die Möglichkeit der Güterbedarfsdeckung in unterentwickelten Ländern. Die

---

[44]Vgl. K O M . E G : a.a.O: (FN 43), S. 84.
[45]Vgl. ebenda, S. 85-86.
[46]Vgl. ebenda, S. 85.

derzeitigen weltwirtschaftlichen Entwicklungen zeigen jedoch, daß Exportausweitung bei den Industrieländern mittelfristig auch zum Export von Arbeitsplätzen führt. Selbst wenn die Exportnachfrage also tatsächlich gesteigert werden könnte, so würde die Binnennachfrage dadurch nicht steigen. Mittelfristig würde sich sogar die Arbeitslosigkeit im Binnenmarkt erhöhen und soziale Konfliktfelder erzeugen. Das Nachfrageproblem wird von der Kommission erkannt, aber bei der Ableitung notwendiger Maßnahmen wird augenscheinlich auf die gemeinschaftliche Stärke im internationalen Wettbewerb vertraut. Wiederum offenbart sich eine wenig fundierte Beobachtung von Tatsachen und eine schwache Wirkungsanalyse.

Auch *angebotsseitig* wird dies deutlich. Statt - in Anbetracht der Feststellung, daß die Märkte unzureichend funktionieren und die Unternehmen den Strukturanpassungsprozeß nicht allein bewältigen können - eine staatliche Kanalisierung vorzunehmen, soll der Anpassungsprozeß durch mehr Privatisierungen beschleunigt werden. Darüberhinaus soll die Dynamik der KMU für den Anpassungsprozeß genutzt werden. Doch weder deren unternehmerische Dynamik noch deren Rolle im Anpassungsprozeß werden von der Kommision näher ergründet. Mögliche Ansätze zur Mittelstandspolitik bleiben ebenso unerwähnt wie ihr Bezug zu Strukturanpassungsproblemen.

Schließlich sollen Großunternehmen und Zulieferer sowie Anwender/Verbraucher und Hersteller näher zusammenrücken. Unabhängig davon, daß abermals nicht weiter erläutert wird, wie dieses Zusammenrücken organisiert werden könnte und welchen wichtigen Beitrag staatliche Instanzen zu übernehmen hätten, ist dies der Gedanke, der der frühzeitigen Interessendeckung auf allen Ebenen in Japan zugrunde liegt. Die Kommission äußert einen Gedanken, dessen Umsetzung allen industriepolitischen Maßnahmen vorangehen muß. Denn gerade jenes Abstimmungsgefüge liefert wertvolle Informationen, auf deren Grundlage industriepolitische Problemlösungen diskutiert werden müssen. Dieser Abstimmungsprozeß kann nicht von den privaten Unternehmen alleine bewältigt werden. Doch ein möglicher Interventionsansatz wird von der Kommission nicht entdeckt.

6.2.3.5 Analyse

Bereits bei der Beurteilung des "Bangemann"-Papiers wurden eine schwache Diagnosefähigkeit der Kommission, kaum zusammenhängende zielorientierte Konzepte und eine wenig nutzenorientierte Bewertung der Marktkräfte kritisiert. Das zwei Jahre später (Ende 1993) veröffentlichte Weißbuch offenbart zusätzliche analytische Mängel.

Das Problem mangelnder Wettbewerbsfähigkeit ist in strukturschwachen Industrien von nachrangiger Bedeutung. Dort findet vielmehr tendenziell ein ruinöser Verteilungskampf auf gesättigten Märkten statt. Die führenden Industrieländer sind durch vergleichsweise hohe Arbeitskosten meist benachteiligt. Eine reine Wettbewerbsbetrachtung blendet die vordergründige Verantwortung für die sozial verträgliche Gestaltung von Arbeitsverhältnissen aus. Dies erfordert vielmehr einen kontrollierten Kapazitätsabbau mittels Arbeitsmarktpolitik und keine FuE zur Steigerung der Wettbewerbsfähigkeit.

Im Weißbuch wird stellenweise auf die industriepolitischen Aktionen der Kontrahenten verwiesen. Deren Erfolgsrezepte scheint die Kommission aber nicht analysiert zu haben. Beispielsweise wird die schnellere Umsetzung von FuE-Ergebnissen zwar platt gefordert, aber ohne auch nur anzudeuten, wie dies in den USA und Japan praktiziert wird. Europas Rückstand im Bereich der Hochtechnologien hat in Brüssel nicht zu einer nachhaltigen *ex-post*-Analyse geführt. Wiederum sorgt eine schwache Informationsgrundlage für eine dürftige Analysetätigkeit.

Die hervorgehobene Notwendigkeit zur Förderung der "Entmaterialisierung" der Wirtschaft ist dafür ein weiteres Indiz. Ohne kritische Überprüfung möglicher Konsequenzen dieses Postulats wird ein allgemein sichtbarer Trend zu einer Zukunftsrestriktion hochstilisiert. Ein Bezug zu den Problemen der europäischen Wirtschaft wird nicht hergestellt. Denn die Probleme werden nicht analysiert, mögliche Ursachen werden nicht aufgezeigt und Maßnahmen werden zusammenhanglos gefordert. In diesem Sinne wird die zweifelsohne feststellbare Stagnation der Nachfrage - analytisch wenig fundiert - getreu einer ungeprüften liberalistischen Grundeinstellung interpretiert. Obwohl die Wirtschaft der westlichen Industrieländer trotz enormer Handelsausweitung seit dem Beginn der

1970er Jahre unter Wachstumsschwächen leidet, empfiehlt die Kommission als Lösung eine weiter voranschreitende Öffnung der Weltmärkte.

6.2.4 "Eine Politik der industriellen Wettbewerbsfähigkeit für die Europäische Union"

Im September 1994 legte die Europäische Kommission dem Rat eine Mitteilung vor, die ausdrücklich auf den bisherigen Papieren (s.o.) aufbaut und weitere Konkretisierungen eines industriepolitischen Konzepts enthält.[47] Zu Beginn erläutert sie, daß es dank der bisherigen Mitteilungen gelungen sei, "...ein modernes Konzept für eine Industriepolitik zu erarbeiten, das auf der notwendigen Komplementarität der verschiedenen Politikbereiche beruht, die sich auf die Industrie auswirken: internationaler Handel, Wettbewerb, Binnenmarkt, Umweltschutz, Forschung und Entwicklung, Netze, wirtschaftlicher und sozialer Zusammenhalt, KMU."[48] Eine kohärente Rechtsgrundlage für ein industriepolitisches Konzept bilden demnach folgende Titel: Titel XIII "Industrie" des Vertrages über die Europäische Union, Titel XV (Artikel 130 f und folgende) über Forschung und technologische Entwicklung, Titel VIII (Artikel 123) über Sozialpolitik und industrielle Wandlungsprozesse, Titel XIV (Artikel 130 a und b) über den wirtschaftlichen und sozialen Zusammenhalt und Titel XII über transeuropäische Netze.

Ausgehend von einer Bewertung der Wettbewerbsfähigkeit der EU im ersten Teil der Mitteilung werden im zweiten Abschnitt vier Schwerpunkte einer Politik der Wettbewerbsfähigkeit für die Europäische Union festgelegt,[49] die in Ansätzen bereits im Weißbuch (s.o.) erwähnt wurden.

6.2.4.1 Analyse der Wettbewerbsfähigkeit

"Die Wettbewerbsfähigkeit...(beruhe)...in einer gut funktionierenden Marktwirtschaft hauptsächlich auf den Unternehmen. Die öffentliche Hand...(müsse)...jedoch, um ihrer Verantwortung nachzukommen, die Entwicklung zukunftsträchtiger Märkte unterstützen und Anpassungen

---

[47]Vgl. K O M . E G : Eine Politik der industriellen Wettbewerbsfähigkeit für die Europäische Union, Mitteilung der Kommission an den Rat, Brüssel, 14.09.1994, S. 9.
[48]Vgl. ebenda, S. 10.
[49]Vgl. K O M . E G :a.a.O.(FN 47), S. 26-40.

voraussehen anstatt im nachhinein auf entsprechende Anforderungen zu reagieren."[50] In diesem Sinne erkennt die Kommission die status-quo-Analyse erstmals als präventives Mittel zur Wirtschaftspolitikgestaltung an. Dargelegt wird, daß sich die Arbeitsproduktivität im verarbeitenden Sektor in den USA und Japan besser entwickelt haben, daß die europäische Wirtschaft auf den Wachstumsmärkten schwach vertreten ist, daß die Handelsbilanzen gegenüber den USA und Japan immer noch negativ sind, daß der europäische Anteil am Welthandel rückläufig ist, daß der FuE-Aufwand in Europa geringer und weniger gebündelt ist und daß die Umsetzung der FuE-Ergebnisse in marktgängige Produkte und Verfahren zu lange dauert.[51]

Überraschenderweise wurden Vergleiche über die Entwicklung der Arbeitslosenquote sowie die Pro-Kopf-Einkommen nicht angestellt. Die Ausblendung jener Bestimmungsfaktoren der privaten Nachfrage offenbart eine angebotsorientierte Betrachtungsweise. Auf der Grundlage dieser Analyse wurden nun folgende Notwendigkeiten abgeleitet:

6.2.4.2 Förderung der immateriellen Investitionen

Die Kommission räumt den immateriellen Investitionen innerhalb der Investitionsförderung allererste Priorität ein. Insbesondere müßten dabei zukünftig die Markterfordernisse stärker berücksichtigt werden. Dies gelte speziell für die Forschungs- und Technologiepolitik und bedeute konkret eine stärkere Zusammenarbeit zwischen den am Wirtschaftsprozeß Beteiligten.[52] Bezüglich der allzu deutlichen Akzentuierung auf immaterielle Investitionen und Wirtschaftsbereiche gilt grundsätzlich die bereits oben geäußerte Kritik. Diese überzeichnete Bedeutung jenes Sektors läßt vermuten, daß die Kommission durch diese geplante Förderung nicht nur eine Behebung von Wachstumsschwächen ersinnt, sondern auch eine weitreichende Kompensation von Arbeitsplatzverlusten in traditionellen Bereichen. Letzteres ist jedoch noch nicht nachgewiesen. Wenn marktwirtschaftlicher Fortschritt weiterhin durch eine Erhöhung der Arbeitsproduktivität definiert wird, ist ein entsprechender Nachweis auch nicht zu erwarten. Das Problem der Arbeitslosigkeit in

---

[50]Vgl. K O M . E G : a.a.O: (FN 47), S. 15.
[51]Vgl. ebenda, S. 16-18.
[52]Vgl. ebenda, S. 26-27.

strukturschwachen Bereichen wird bei der Konzentration auf immaterielle Investitionen an den Rand gedrängt.

Die stärkere Zusammenarbeit der Wirtschaftsbeteilgten dient der Informationsgewinnung und Interessendeckung. Diese Abläufe stellen sich - wie selbst die EU-Analyse belegt - im Interesse einer besseren Abstimmung von Angebot und Nachfrage und einer erhöhten Wettbewerbsfähigkeit nicht von selbst ein, sondern müssen staatlich organisiert werden. Ein entsprechendes staatliches Aktionspotential wird nicht konkretisiert. Die Initialzündung bleibt aus.

6.2.4.3 Ausbau der industriellen Zusammenarbeit

Die Kommission möchte Hindernisse für die industrielle Zusammenarbeit ausräumen und erforderliche Maßnahmen zur Erleichterung treffen. Dazu sollen Informationsveranstaltungen, Kontaktstellen sowie industrielle Gesprächsrunden eingeführt werden. Dabei sollen die gegenseitigen Interessen der europäischen Industrie festgestellt und genutzt werden. Der steigende FuE-Aufwand soll auf diese Weise gleichmäßiger verteilt werden. Ebenso soll der Transfer von Erfahrung und Know-How zugunsten der mittelständischen Unternehmen, die besonders unter steigenden FuE-Aufwendungen zu leiden haben, erleichtert werden.[53] Unternehmenskooperationen und strategische Allianzen werden in diesem Sinne von der Kommission präferiert.

Erstmals wird von der Kommission der grundlegende Prozeß frühzeitiger Interessendeckung auf allen Ebenen mit den erforderlichen Initialmaßnahmen beschrieben. Auch sollen supranationale Instanzen als Moderator von Gesprächsrunden und Kontaktstellen fungieren. In diesem Sinne könnte dem Staat eine wertvolle Rolle als Schlichter bei industriellen Interessenkonflikten zukommen. Das Ziel dieser Konfliktbereinigung muß ein von breiter Akzeptanz getragenes Gemeinschaftsinteresse sein. Der staatliche Aktionsradius und die industriepolitischen Kompetenzen sind dazu deutlicher auszuformulieren, damit der unternehmerische Sektor entsprechendes Vertrauen in die staatliche Diagnosefähigkeit gewinnt. Bei der operativen Umsetzung werden derart unnötige Reibungsverluste minimiert.

---

[53]Vgl. K O M . E G : a.a.O: (FN 47), S. 28-32.

6.2.4.4 Gewährleistung gleichbleibender Wettbewerbsbedingungen

An dieser Stelle tritt die Kommission für eine industriepolitische Strategie ein, "...bei der die GATT-Vereinbarungen optimal genutzt werden."[54] Desweiteren führt sie aus: "Für die Wettbewerbsfähigkeit der Industrie der EU ist es besonders wichtig, daß die Öffnung des Welthandels und die Förderung des Wettbewerbs auf dem Binnenmarkt voranschreiten und sich gegenseitig verstärken."[55] In diesem Sinne fordert sie u.a. internationale Wettbewerbsregeln sowie die Einrichtung einer Datenbank über Hindernisse auf Auslandsmärkten. Dieses nahezu uneingeschränkte Freihandelsbekenntnis wird ohne Bezug zu den konstatierten Problemen der europäischen Wirtschaft und ohne Bindung an ein industriepolitisches Konzept restriktiv zwischengeschaltet. Unter Fortentwicklung der freien Marktkräfte und Ausbreitung des Freihandels und ohne partielle (gegebenenfalls zeitlich befristete) Einschränkung der Marktkräfte degeneriert ein möglicher staatlicher Interventionismus zum unkoordinierten Dirigismus. Durch dieses Freihandelspostulat wird die wirtschaftspolitische Unfähigkeit der Kommission zu konzeptionellen Lösungen offensichtlich.

6.2.4.5 Modernisierung der Rolle der öffentlichen Hand

Damit die Unternehmen die Vorteile des Binnenmarktes besser nutzen können und die Kommission die Unternehmen besser unterstützen kann, müssen die staatlichen Eingreifkriterien neu definiert werden. Die Rechts- und Verwaltungsvorschriften müssen deshalb vereinfacht werden. Die öffentlichen Verwaltungen sollen helfen, die Abstimmung zwischen Wirtschaftsteilnehmern (insbesondere zwischen KMU und den Großunternehmen) durch Informationen über die Entwicklung der Märkte, der Technologien und der Rahmenbedingungen zu erleichtern. Die Verwaltungen, die für die Forschungsförderung und die Entwicklung der Industrie zuständig sind, sollten angeglichen werden.[56] Die bestehenden Strukturfonds sollten zur Begleitung des industriellen Wandels genutzt werden. Forschungsprojekte von gemeinschaftlichem Interesse sollten initiiert werden. Schließlich sollen die Ziele der öffentlichen Hand neu definiert

---

[54]Vgl. K O M . E G : a.a.O: (FN 47), S. 32.
[55]Vgl. ebenda.
[56]Vgl. ebenda, S. 38.

werden, "...damit klar wird, welche Aufgaben nicht allein durch den Wettbewerb und durch Rahmenbedingungen für die sinnvolle Anwendung der Regulierungswerkzeuge bewältigt werden können."[57]

Statt die staatliche Rolle im Zusammenhang mit dem industriellen Strukturwandel zu definieren, propagiert die Kommission eine Rationalisierung der administrativen Einrichtungen der Mitgliedsländer, eine "schlankere" Verwaltung und kürzere Verfahren. Handelt es sich dabei auch um durchaus sinnvolle Bestrebungen, so fehlt ihnen dennoch die klare industriepolitische Bedeutung. Die Minimierung verwaltungstechnischer Reibungsverluste für private Unternehmen ist bei weitem nicht so effizient wie die informelle und problemorientierte Zusammenarbeit. Auch hier scheut sich die Kommission vor einer allzu deutlichen industriepolitischen Stellungnahme.

6.2.4.6 Analyse

In der Mitteilung der Kommission an den Rat vom September 1994 wird durch die einseitige Konzentration auf die Wachstumsmärkte das Problem der hohen und stetig steigenden Arbeitslosigkeit (insbesondere in strukturschwachen und traditionellen Bereichen) in den Mitgliedsländern der Europäischen Union beständig ausgeblendet. Das von der Kommission offerierte industriepolitische Konzept ist somit stark forschungspolitisch auf die Wissens- und Informationsindustrien ausgerichtet. Eine strukturpolitische Anpassungskomponente für weniger zukunftssichere Industriebereiche fehlt gänzlich. Im Gegenteil durch die Forderung zur "Gewährleistung gleichbleibender Wettbewerbsbedingungen" verbunden mit einem uneingeschränkten Freihandelspostulat auf den Binnen- und Weltmärkten verschärfen sich deren Probleme. Die reduzierte Orientierung an Wachstumsgesichtspunkten vernachlässigt die Tatsache, daß sich in den Industrieländern seit Anfang der 1970er Jahre der Wachstumspfad vom hohen Beschäftigungsstand abgekoppelt hat. Kapitalismus ohne Arbeit ist mittelfristig politisch nicht haltbar, weshalb industriepolitische Unterstützung auch zur Vermeidung von Arbeitslosigkeit im Interesse der politisch Verantwortlichen liegen muß (vgl. 3.3.2).

---

[57]Vgl. KOM. EG: a.a.O. (FN 47), S. 39.

Doch selbst im Rahmen der Industriepolitik für Wachstumsbereiche wird der staatliche Handlungsrahmen bei der Zusammenarbeit der Wirtschaftsteilnehmer nicht konkretisiert. Die kooperative und konsensorientierte Reformierung des Wirtschaftsprozesses braucht einen Initiator und Moderator. Dies umso mehr als in Europa keine vergleichbare duale Wirtschaftsstruktur wie in Japan vorhanden ist, in deren Rahmen eine private Abstimmung zwischen Groß- und Kleinunternehmen noch eher möglich erscheint. Die Kommission scheut sich vor einer klaren interventionistischen Stellungnahme im Rahmen der industriepolitischen Zielsetzungen. Dadurch entzieht sie sich die vertrauensvolle Basis zur privaten Wirtschaft. Das in Japan so fruchtbare Verhältnis von Bürokraten und Industriellen wird in Brüssel erst gar nicht aufgebaut. Welchen Nutzen hat ein privater Unternehmer durch einen persönlichen Kontakt zu den Brüsseler Ministerien, wenn deren Interessen ambivalent und deren Kompetenzen unklar sind?

Wie schon im "Bangemann"-Papier und im Weißbuch wird ein Freihandelsbekenntnis ohne Bindung zu den industriepolitischen Notwendigkeiten formuliert. Es hat den Anschein, als hätte man dem für Wettbewerbspolitik zuständigen Kommissar die Formulierung einer Zielsetzung unabhängig von der Problemanalyse überlassen. Es fehlt die klare Zuordnung der Marktbedeutung. Marktsignale können - wie in Japan - die Notwendigkeit zum staatlichen Interventionismus bei z.B. ruinösen Wettbewerbstendenzen andeuten. Ebenso können die Marktkräfte signalisieren, daß infolge erreichter Wettbewerbsfähigkeit eine weitere staatliche Unterstützung überflüssig ist. Doch ohne Einschränkung der Marktkräfte in bestimmten Phasen des Anpassungsprozesses ist weder eine Interessenabstimmung der Teilnehmer durchführbar, noch ist auf einer derart ungesicherten Informationsgrundlage eine brauchbare indikative Rahmenplanung möglich. Folglich ist auch eine Durchführung industriepolitischer Maßnahmen, die die Erfordernisse der Wirtschaft berücksichtigt, nicht denkbar.

Kapitel 7: Die Stahlpolitik der Europäischen Union

Die EG-Stahlpolitik der Vergangenheit ist ein von Kritikern oft zitiertes Beispiel für industriepolitischen Mißerfolg. Die Fehler der Vergangenheit sind unstrittig. Allerdings beziehen sich diese Fehler auf das "Wie" der Industriepolitik. Im folgenden wird die EG-Stahlpolitik vom Beginn der 1970er bis zum Beginn der 1990er Jahre vor dem Hintergrund japanischer Erfolge in der Strukturanpassungspolitik analysiert. Deshalb werden zunächst mit dem EGKS-Vertrag die rechtlichen und politischen Grundlagen dargestellt (7.1). Anschließend werden die Maßnahmen im Rahmen der EG-Stahlpolitik in ihren Hauptzügen charakterisiert (7.2) und analysiert (7.3).

7.1 Grundlagen des EGKS-Vertrages und wirtschaftspolitische Konzeption

7.1.1 Liberaler Ordnungsrahmen

Die konzeptionelle Grundlage der EU-Stahlpolitik bildet der EGKS-Vertrag vom 23.9.1952 (Montanunion). Mit diesem Vertrag wurde das Ziel verfolgt, einen Gemeinsamen Markt für Kohle, Eisenerz, Schrott sowie Stahl und Edelstahl zu errichten. Die Laufzeit beträgt 50 Jahre (bis zum Jahre 2002). Der Vertrag kodifiziert in den Artikeln 4, 65 und 66 EGKSV zunächst einen liberalen Ordnungsrahmen, in dem Wettbewerbsbeschränkungen aller Art verboten sind. Untersagt sind tarifäre und nicht-tarifäre Beschränkungen des innergemeinschaftlichen Handels mit Montanerzeugnissen (Art. 4a EGKSV). Das gleiche gilt für staatliche Maßnahmen, die zu Diskriminierungen - insbesondere hinsichtlich Preis- und Lieferbedingungen - zwischen den Handelspartnern führen (Art. 4b EGKSV). Auch nationale Subventionen sind nach Art. 4c EGKSV nicht mit dem errichteten Gemeinsamen Markt vereinbar. Schließlich sieht Art. 4d EGKSV ein Verbot für wettbewerbsbeschränkende Praktiken vor, die eine Marktaufteilung oder ähnliches zum Gegenstand haben. Die wettbewerbsrechtlichen Vorschriften werden darüberhinaus durch ein weitgefaßtes Kartellverbot (Art. 65 Abs. I EGKSV) und eine Fusionskontrolle (Art. 66 EGKSV) erweitert.[1]

[1]Vgl. neben den einschlägigen Paragraphen des Europäischen Unionsvertrags insbesondere O p p e r m a n n , T.: Europarecht, München 1991, S. 321 f..

7.1.2 Interventionistische Instrumente

Jener liberale Ordnungsrahmen ist jedoch stark geprägt von interventionistischen Instrumenten, was bereits frühzeitig ein Zeichen für den schwachen Glauben der EU-Kommission hinsichtlich der Funktionsfähigkeit des Wettbewerbs auf dem europäischen Stahlmarkt in Krisenzeiten war. Die Interventionskompetenzen der Kommission sind dabei sehr umfangreich, bezogen auf den Grad ihres Eingriffs in die Marktstrukturen allerdings sehr unterschiedlich.

7.1.2.1 Informationsrecht der Kommission

Zunächst hat die Kommission das Recht auf sachverhaltsrelevante Informationen über Branche und einzelne Unternehmen.[2] Dieses Informationsrecht sieht die Kommission als Voraussetzung zur Erfüllung ihrer ordnungspolitischen Aufgaben.[3] Darin inbegriffen sind neben rein wirtschaftlichen Daten ebenso Informationen über die angestrebte Unternehmenspolitik. Ist in diesem Recht auch noch keine ordnungspolitische Brisanz enthalten, so deutet die Durchleuchtung der unternehmerischen Entscheidungsprozesse durch die Kommission jedoch schon auf eine ergebnisorientierte Steuerung der Marktprozesse in Krisenzeiten hin. Zumal weitergehende interventionistische Eingriffe, wie eine Subventionierung von Umstrukturierungsmaßnahmen, im Sinne der Förderung der angewandten Forschung durch das Informationsrecht hervorgerufen wurden.[4]

7.1.2.2 Ausnahmen vom Kartellverbot

Konkret bietet Art. 65 Abs. II EGKSV unter eng begrenzten Bedingungen Ausnahmen vom grundsätzlichen Kartellverbot. So beispielsweise, wenn Spezialisierungen oder gemeinsame Ein- oder Verkäufe "...zu einer merklichen Verbesserung der Produktion oder der Verteilung der Erzeugnisse beitragen...". Gleiches gilt für Vereinbarungen, die nicht geeignet sind, "...für einen wesentlichen Teil der betreffenden Erzeugnisse auf dem gemeinsamen Markt die

---

[2]Vgl. G l a e s n e r , H . - J . : Europarecht, Baden-Baden 1995, Art. 65 Abs. III EGKSV.
[3]Vgl. diesbezüglich Artikel 65 Abs. III EGKS-Vertrag; K l o d t , H . ; S t e h n , J . u.a.: Die Strukturpolitik der EG, Tübingen 1992, S. 116.
[4]Vgl. S t e h n , J . : Stahlkrisenmanagemant: Lehren der Vergangenheit für die Wirtschaftspolitik, in: wd III/ 1993, S. 147-150.

Preise zu bestimmen...". Die Genehmigungen können unter bestimmten Bedingungen und für einen begrenzten Zeitraum erteilt werden. Sie können danach verlängert werden oder nach Änderung der tatsächlichen Verhältnisse widerrufen werden.[5]

7.1.2.3 Preisregulierungsmöglichkeiten

Handelt es sich derart lediglich um wettbewerbsrechtliche Konzessionen, so kann die Kommission mittels der Preisregulierungsmöglichkeiten des Art. 61 EGKSV Mindest- bzw. Höchstpreise festsetzen, womit supranationale Marktstruktureingriffsmöglichkeiten geschaffen wurden. Letzteres gilt über Importkontrollen insbesondere für Lieferungen aus Drittländern. Dazu muß die Kommission allerdings Untersuchungen unter Beteiligung der Unternehmen und Verbände über die Zweckmäßigkeit solcher Maßnahmen und über das von ihnen bestimmte Preisniveau angestellt haben.[6] Ebenso muß in diesen Fällen der Beratende Ausschuß und der Rat angehört werden. Hier sollten frühzeitig interventionistische Alleingänge der Kommission vermieden werden und statt dessen ein gemeinsamer Konsens geschaffen werden.

7.1.2.4 Rationierungssystem für Stahlerzeugnisse in ernsten Mangellagen

Noch weiter gehen die Regelungen zum Aufbau eines "Rationierungssystems für Stahlerzeugnisse in einer ernsten Mangellage" (Art. 59 EGKSV). Wiederum nach Anhörung des Beratenden Ausschusses kann demnach die Kommission Handlungsvorschläge machen, wenn sich einzelne oder alle Erzeugnisse in einer ernsten Mangellage befinden. Die Kommission schlägt Verwendungsprioritäten über den Export und den sonstigen Verbrauch vor, die schließlich in Fabrikationsprogramme münden, die von den betreffenden Unternehmen umzusetzen sind (vgl. Absatz 2). Dabei hat die Kommission auf der Grundlage von Untersuchungen, bei denen die Unternehmen und Unternehmensverbände beteiligt werden, die Produktionsmengen auf die Unternehmen gerecht zu verteilen (vgl. Absatz 4). Bei Zuwiderhandlungen kann die Kommission Geldbußen verhängen (vgl. Absatz 7).

---

[5]Vgl. G l a e s n e r , H . - J .: a.a.O. (FN 2), Art. 65 Abs. II EGKSV.
[6]Vgl. ebenda, Art. 61 EGKSV

7.1.2.5 Zwangsquotensystem

Den Höhepunkt interventionistischer Kompetenz kodifiziert schließlich Art. 58 EGKSV, der im Falle einer offensichtlichen Krise Zwangsquoten für einzelne Stahlkocher vorsieht. Analog zum vorhergehenden Interventionsinstrument müssen Rat und Beratender Ausschuß angehört und Untersuchungen unter Mitwirkung von Unternehmen und Verbänden angestellt werden. Die Mitbestimmung der Unternehmen ist jedoch eingeschränkt, da die Kommission die Quoten unter Berücksichtigung der Grundsätze in den Artikeln 2, 3 und 4 und unter Zugrundelegung der Kapazitätsausnutzung der Unternehmen festsetzt.

7.1.3 Wirtschaftspolitische Konzeption

7.1.3.1 Bedeutung der wirtschaftlichen Rahmenbedingungen

Die interventionistischen Kompetenzen der Kommission stehen offensichtlich im krassen Gegensatz zum liberalen Ordnungsrahmen. *Kerz* spricht deshalb von einer "dichotomischen Anlage des EGKS-Vertrages", in der man hinsichtlich der politischen Ausrichtung zwischen "Nicht-Krisenfall" und "Krisenfall" unterscheiden müsse.[7] Hier scheint die Kommision erstmals zur Aufgabe und Einschränkung der Marktkräfte innerhalb eines liberalen Ordnungsrahmens Stellung zu nehmen Denn anders als im Sinne des liberalen Grundverständnisses im "Nicht-Krisenfall", ist das wirtschaftspolitische Konzept der Kommission im "Krisenfall" weniger marktkonform. Die Intensität staatlicher Eingriffe ist stark an die Ausprägung der wirtschaftlichen Rahmenbedingungen geknüpft. Diese sind - wie später noch gezeigt wird - seit Beginn der 1970er Jahre durch weltweite Überkapazitäten und Nachfrageverschiebungen belastet. Identische Produktionsprofile in den Industrieländern erlauben zwar wachstumsträchtigen intra-industriellen Handel, für Krisenbranchen wird jedoch die Kehrseite der "modernen Arbeitsteilung" in steigenden Überkapazitäten deutlich.[8]

---

[7]Vgl. Kerz, S.: Bewältigung der Stahlkrisen in den USA, Japan und der Europäischen Gemeinschaft, insbesondere in der Bundesrepublik Deutschland, Institut für Europäische Wirtschaftspolitik und für Industrie- und Gewerbepolitik der Universität Hamburg, Göttingen 1991, S. 47.

[8]Vgl. aktuelle Presse, z.B. o. V.: Als Abladeplatz für die Überschußproduktion mißbraucht - Die amerikanische Stahlindustrie bezichtigt ausländische Hersteller der Kartell- und Preisabsprachen, (1994).

Die europäische stahlpolitische Konzeption in Krisenzeiten[9] war gekennzeichnet durch:

- die Abkopplung von den Weltmarktpreisen mittels Importkontingenten, Selbstbeschränkungsabkommen und Antidumpingzöllen,[10]
- Importquoten in Form fester Drittländerquoten,[11]
- freiwillige Quotenregelungen und somit interne Marktsegmentierung,[12]
- Zwangsquotenregelung[13] und durch
- Subventionierung[14] bei gleichzeitigem Kapazitätsabbau.

Diese industrie- und handelspolitische Ausrichtung der europäischen Stahlpolitik ist durch die permanente wirtschaftliche Bedrohung des Stahlsektors in den letzten Jahrzehnten zur Dauereinrichtung geworden. Industriepolitische Motive sind dabei ein strategisches Sicherheitsinteresse, das Bestreben nach Selbstversorgung durch heimische Stahllieferanten sowie in besonderem Maße beschäftigungs- und sozialpolitische Motive.

7.1.3.2 Strategische Sicherheitsinteressen und Selbstversorgung

Die industriepolitischen Motive zur Unterstützung strukturschwacher Industrien sind entscheidend durch die generellen Zukunftsaussichten der betreffenden Branche gekennzeichnet. Im Gegensatz zu den Motiven zur Unterstützung von Zukunftsindustrien ist in der Stahlbranche mit einer langfristigen wirtschaftlichen Erholung nicht zu rechnen. Eine industriepolitische Motivation folgt somit weniger zukünftigen Wachstumspotentialen als überwiegend außerökonomischen Begründungen.[15]

---

[9] Eine Stahlkrise existiert in Europa seit 1974 mit einer kurzen Unterbrechung Ende der 1980er/Anfang 1990er Jahre und einer derzeitigen Erholung permanent.

[10] Vgl. K e r z , S .: a.a.O. (FN 7), S. 48.

[11] Vgl. u.a. S t o t z , R .: Die EG-Stahlkrise im Lichte der Wirtschaftsverfassung des EGKS-Vertrages, Baden-Baden 1983, S. 34-72.

[12] Vgl. K l o d t , H .; S t e h n , J . u.a.: Die Strukturpolitik der EG, Tübingen 1992, S. 115-122; M e s t m ä c k e r , E . - J . : Europäische Kartellpolitik auf dem Stahlmarkt, Baden-Baden 1983, S. 11-21.

[13] Vgl. ebenda und K e r z , S .: a.a.O. (FN 7), S. 48.

[14] Vgl. ebenda und G e r s t e n b e r g e r , W . u.a.: Subventionen in Europa - Konsequenzen einer Laissez-Faire-Politik am Beispiel der deutschen Stahlindustrie, ifo-Studien zur Industriewirtschaft Nr.29, München 1985, S. 42-47.

[15] Strategische und militärische Sicherheitsinteressen haben allerdings in Anbetracht weiterhin hoher Rüstungsausgaben einiger Mitgliedsländer auch erhebliche ökonomische Relevanz.

Die Stahlindustrie ist eine ehemalige Wachstumsbranche der Industrieländer. Die seit den 1970er Jahren zunehmenden Strukturprobleme in dieser Branche haben in keinem einzigen Industrieland dazu geführt, diese ehemalige Wachstumsindustrie aufzugeben und dem Prinzip der internationalen Arbeitsteilung unterzuordnen. Strategische Sicherheitsinteressen und die nationale Versorgungssicherheit stehen hierbei im Vordergrund. Denn Stahl ist ebenso ein wichtiges Vorprodukt für die Rüstungs- als auch für die zivile Industrie. So betonte bereits 1980 der damals zuständige Kommissar *Davignon*, daß keines der Mitgliedsländer bereit sei, seine Stahlindustrie aufzugeben, da sich sonst das Maß der Abhängigkeit gegenüber der Außenwelt erhöhe.[16]

Hier wird national die Autarkie lebenswichtiger Produktionsbereiche einer Produktionsaufgabe im Zuge der internationalen Arbeitsteilung vorgezogen. Das Zusammenwachsen von Wirtschaftsblöcken - wie der EU - verlagert dieses Autarkiebestreben entsprechend auf EU-Ebene.

7.1.3.3 Beschäftigungs- und sozialpolitische Motive

Vielmehr noch als strategische und versorgungspolitische Interessen treten beschäftigungs-, sozial- und regionalpolitische Motive zur Unterstützung strukturschwacher Industrien hervor.

Die zu Zeiten nachhaltigen Wachstums aufgebauten Kapazitäten und die darauf ausgerichtete Ausbildungsstruktur einer Volkswirtschaft führten in der europäischen Stahlindustrie in den 1970er Jahren zu steigenden Überkapazitäten. Die hohe Arbeitsintensität der Branche führte besonders zu personellen Überkapazitäten. Notwendige Entlassungen liefern sozialen Sprengstoff und erfordern entsprechende sozialpolitische Ausgleichsmaßnahmen. Dies umso mehr, da auch Arbeitsplätze der heimischen Zulieferer betroffen sind. Die dadurch befürchteten regionalen Verelendungen lassen entsprechende regionalpolitische Beweggründe hinzutreten.

Die sozial-, beschäftigungs- und regionalpolitischen Befürchtungen bilden einen politischen Machtfaktor, der durch den hohen Organisationsgrad der

---

[16]Vgl. T o m a n n , H. : Die neue EG-Stahlmarktordnung: Einstieg in die Liberalisierung?, in: wd, II, 1985, S. 620.

Interessensvertretung in dieser ehemaligen Wachstumsindustrie ergänzt wird. Diese politische Interessenabstimmung hat zu einer jahrzehntelangen Subventionierung der europäischen Stahlindustrie geführt. Sozialpolitische Abfederungsmaßnahmen haben den massiven Arbeitsplatzabbau in der Stahlindustrie seit 1970 allerdings nicht verhindern können. Die auf der Grundlage des EGKS-Vertrages und unter Beibehaltung einer industriepolitischen Grundausrichtung ergriffenen Maßnahmen und erzielten Ergebnisse sollen im folgenden dargestellt und analysiert werden.

7.2 Maßnahmen im Rahmen der EU-Stahlpolitik

7.2.1 Entwicklung des Stahlsektors zu Beginn der 1970er Jahre

Das kräftige Wachstum der Stahlnachfrage in den ersten beiden Nachkriegsdekaden machte die Stahlindustrie in den westlichen Ländern zur Wachstumsbranche schlechthin. Die Industrienationen dieser Welt stützten sich in jener Zeit auf einen voluminösen Eisen- und Stahlsektor. Die zentrale Bedeutung der Stahlindustrie wird auch darin deutlich, daß bis Anfang der 1970er Jahre die Wachstumsentwicklung im Stahlverbrauch parallel zum Wachstum des Sozialprodukts verlief (vgl. Tabelle 7.1).

Aus dieser Abbildung wird ersichtlich, daß bis Mitte der 1980er Jahre sukzessive eine Abkopplung der Stahlnachfrage vom Wachstumspfad des Bruttosozialprodukts einsetzte. Die Produktionselastizität aus dem jährlichen Wachstum der Stahlnachfrage und des Sozialprodukts betrug im Zeitraum 1980-85 nur noch -0.05 im Vergleich zu 1,22 in den Jahren 1955-60. Ab 1973 sank der bis dahin steigende Pro-Kopf-Verbrauch an Stahl in der Europäischen Gemeinschaft erstmalig.[17]

Für die schwindende Bedeutung der Stahlindustrie (zumindest in den westlichen Industrieländern) war die Kombination konjunktureller und struktureller Entwicklungen verantwortlich. Die beiden Ölkrisen Anfang und Ende der 1970er Jahre sorgten in erster Linie durch eine Erhöhung der Inputkosten für einen säkulären Nachfragerückgang auf dem Weltmarkt für Stahl. Bedeutender als

[17] Vgl. K e r z , S .: a.a.O. (FN 7), S. 10. Das gleiche läßt sich im übrigen auch für Japan und die USA zeigen.

diese temporären Konjunktureinbrüche war jedoch der nach fast drei Jahrzehnten Wachstum auf dem Stahlmarkt einsetzende Strukturwandel. Der technische Fortschritt brachte es mit sich, daß Stahl mehr und mehr durch Kunststoffe, Aluminium und andere Alternativprodukte ersetzt wurde. Genauso führten verbesserte Produktionstechniken mit einer höheren Produktqualität zur Zementierung von Überkapazitäten.[18] Diese waren in den Boomjahren in ausnahmslos allen EG-Mitgliedsstaaten angelegt und durch falsche (weil zu positiv formulierte) Zukunftsprognosen seitens der Kommission erst viel zu spät abgebaut worden.

	Marktversorgung mit Stahl	reales Sozialprodukt	Produktionselastizität
	durchschnittliche jährliche Veränderung in %		
1955-60	5,0	4,1	1,22
1960-65	5,8	4,9	1,18
1965-70	5,4	4,8	1,13
1970-75	1,6	4,0	0,40
1975-80	2,4	3,9	0,62
1980-85	-0,1	2,1	-0,05

Quelle: Vondran, R.: Probleme der Weltstahlindustrie, Arbeitsgruppe Wettbewerb im wirtschaftspolitischen Ausschuß, Bonn 1985, Anlage 1.

Tabelle 7.1: Zusammenhang zwischen Stahlverbrauch und Sozialprodukt in der Welt

Erschwerend kam hinzu, daß der Selbstversorgungsgrad der Entwicklungs- und Schwellenländer stetig zunahm. Diese Entwicklung setzte den Industrieländern spätestens zu Beginn der 1980er Jahre zu, als die Exportmöglichkeiten dadurch rapide eingeschränkt wurden.

Die sinkenden Absatzmöglichkeiten in Drittländer (insbesondere in Entwicklungs- und Schwellenländer) gingen darüberhinaus einher mit einer Nachfrageverschiebung auf dem Weltstahlmarkt zuungunsten der Industrieländer. Die Stahlnachfrage sank in den Industrieländern und stieg in den Entwicklungs-

---

[18] Vgl. Kerz, S.: a.a.O. (FN 7), S. 16.

und Schwellenländern.[19] Somit läßt sich festhalten, daß der konjunkturell bedingte Nachfragerückgang 1973 sukzessive durch strukturelle Faktoren perpetuiert wurde. Wie die daraus notwendigen Anpassungserfordernisse im europäischen Kontext angegangen wurden, soll im folgenden zunächst dargestellt und sodann analysiert werden.

7.2.2 Die freiwillige Quotenregelung der 1970er Jahre

Anders als in den Boomjahren der 1950er und 1960er, in denen eine steigende Weltnachfrage die Einhaltung eines liberalen Ordnungsrahmens seitens der EG-Kommission nicht in Frage stellte, breitete sich mit Beginn der ersten Ölkrise 1973 Interventionismus in der EG-Stahlpolitik aus. Damit fand eine sukzessive Verlagerung des (ehemals nationalen) Dirigismus auf supranationaler Ebene statt. Angesichts eines Preisverfalls für Stahlerzeugnisse von 40% (1975), einer auf 66% gesunkenen Kapazitätsauslastung (1974), steigender Inputpreise (insbesondere Energiepreise), rückläufiger Nachfrage und wachsender Importkonkurrenz wurde im Dezember 1976 der erste Stahlkrisenplan ins Leben gerufen.[20]

In diesem gesamteuropäischen Plan sollten die stahlproduzierenden Unternehmen auf "freiwilliger Basis" dazu verpflichtet werden, Lieferziele für bestimmte Produkte einzuhalten. Aus diesem Grund wurde die statistische Datenerfassung und Weitergabe zwischen den Unternehmen und der Kommission verbessert. Statt jährlich entwickelte die Kommission nun vierteljährlich Prognosen über den Stahlverbrauch, um den Unternehmen Kapazitätsanpassungen zu signalisieren. Denn die unverbindlichen Empfehlungen der Kommission im Jahre 1975 scheiterten nicht zuletzt an unzureichenden Informationsgrundlagen. Flankierend wurden im Rahmen dieses ersten Stahlkrisenplans Sofortmaßnahmen zur Steuerung der Produktionsquoten mittels eines Marktanalyse- und Überwachungssystems installiert.[21]

---

[19]Vgl. Gerstenberger, W.: a.a.O. (FN 14), S. 49-51.

[20]Vgl. KOM.EG: Gesamtbericht der Europäischen Gemeinschaft 1977, Ziff. 149, S. 95; Mestmäcker, E.-J.: a.a.O. (FN 12), S. 11-13; Klodt, H.; Stehn, J. u.a.: a.a.O. (FN 3), S. 117. Bereits 1975 hatte die Kommission mittels einiger unverbindlicher Empfehlungen versucht, das Stahlangebot der europäischen Produzenten an die gesunkene Nachfrage anzupassen. Doch da die Vorausschätzungen - aufgrund falscher Basisdaten - zu optimistisch ausfielen, konnten die Kapazitäten nicht adäquat angepaßt werden. Ebenso konnte dadurch der Preisverfall nicht aufgehalten werden.

[21]Vgl. Kerz, S.: a.a.O: (FN 7), S. 55.

Zunächst zeigte sich die Kommission befriedigt über die Antworten von Unternehmen und Unternehmensgruppen auf die individuelle Quotenzuweisung, doch der neue Industriekommissar *Davignon* erkannte bereits im Frühjahr 1977, daß die getroffenen Maßnahmen zur Behebung der Stahlkrise nicht ausreichten. So wurden am 16.3.1977 im Rahmen des zweiten Stahlkrisenplans "Leitlinien für die Stahlpolitik" verfaßt.[22] Darin war eine Umstrukturierung der europäischen Stahlindustrie vorgesehen. So sollten die Produktionskapazitäten modernisiert und der europäische Stahlmarkt "wiederbelebt" werden. Letzteres sollte durch Orientierungspreise für Walzstahl und Mindestpreise für Betonstahl und Warmbreitband garantiert werden. Damit beabsichtigte die Kommission, einzelne angebotene Produktgruppen auf bestimmte Liefermengen zu heben.

Es zeigte sich jedoch im Laufe des Jahres 1977, daß die Kommission nicht in der Lage war, ihr Konzept einer individuellen und vertraulichen Preis- und Lieferbeschränkung der Unternehmen durchzuhalten.[23] Zur Durchsetzung jener "freiwilligen" Selbstbeschränkungen bediente sich die Kommission schließlich des europäischen Stahlverbands EUROFER, der mittels des EUROFER-I-Kartells Anfang 1978 eine Kartellierung der europäischen Stahlproduktion vorsah. Diese von der Kommission unterstützte Kartellierung war eindeutig EGKS-widrig.[24] Dennoch wurden auf dieser Basis "freiwillige" Exportselbstbeschränkungsabkommen mit 15 Ländern von der Kommission ausgehandelt, die bis heute Bestand haben. Jene außenwirtschaftliche Absicherung sah Einfuhrquoten und Mindestpreise für Importe aus Drittländern vor. Im Zuge der 2. Ölkrise 1979 und eines damit verbundenen weiteren Nachfragerückgangs kam es 1980 zum Zusammenbruch des EUROFER-I-Kartells. Eine Neufestsetzung der Quoten scheiterte offiziell an deutschen (Klöckner) und italienischen (Italsider) Widerständen.[25] Diese mangelnde Kooperation der Stahlkocher hat ihren Ursprung allerdings eher in einer unzureichenden Schaffung von Kooperationsgrundlagen seitens der Kommission (vgl. unten).

---

[22] Vgl. K e r z , S . : a.a.O: (FN 7), S. 55 oder auch S t o t z , R . : a.a.O. (FN 11); S. 59 ff..
[23] Vgl. S t o t z , R . : a.a.O. (FN 11), S. 54-55.
[24] Vgl. ebenda, S. 55 ff.; K l o d t , H . ; S t e h n , J . u.a.: a.a.O. (FN 3); S. 117.
[25] Vgl. ebenda.

7.2.3 Die Zwangsquotenregelung der 1980er Jahre

Trotz Mindestpreisregelung trat Mitte 1980 eine weitere Verschlechterung der Lage am Stahlmarkt ein. Speziell der Nachfragerückgang aus Bau- und Kraftfahrzeugindustrie, eine weitere Verringerung der Ausfuhren und eine erneute Steigung der Produktionskosten (2.Ölkrise) führten zu einer Verringerung der Gewinnmargen und zum Angebotsüberhang. Im Zuge dieser Entwicklung hatten sich sämtliche bisher ergriffenen Maßnahmen als ungeeignet und unzureichend erwiesen. Eine abermalige Regelung auf Basis freiwilliger Quoten scheiterte am Widerstand von *Klöckner* und *Italsider*, die deutlich höhere Quoten anbieten wollten.[26] Da auch die Kommission konstatierte, daß eine Beeinflussung des Verbrauchs nicht möglich sei,[27] stellte die Anwendung der Quotenregelung nach Art. 58 EGKSV die einzig verbleibende Maßnahme dar.[28] Ziel war es, die Preise zu stabilisieren und den "geordneten Kapazitätsabbau" sozial- und regionalverträglich vorzunehmen. Der Abbau sollte einerseits gleichmäßig über alle Mitgliedsstaaten verteilt werden und zum anderen regionalpolitische Aspekte berücksichtigen[29]. Die Festlegung von Erzeugungsquoten sah folgende Regelungen vor:[30]

- Die Erzeugungsquoten werden vierteljährlich verbindlich durch die Kommission festgelegt, wobei die Quoten verschiedener Rohstähle und Walzstahlerzeugnisse wegen akuter Nachfrageschwankungen gesondert festgestellt werden. Die Edelstähle unterliegen nur zu ca. 50% der Quotenregelung, da sich die Marktlage hier etwas besser darstellte.[31]
- Der Regelung unterliegen alle EGKS-Stahlunternehmen, sofern deren Produktion im Vergleichszeitraum von Juli 1977 bis Juli 1980 3.000 t Rohstahl oder Walzstahlerzeugnisse überschreitet.
- Die Produktionsquote eines Unternehmens für das 4. Quartal 1980 ergibt sich aus dem Durchschnitt der Vergleichsmonate im Zeitraum vom 1. Juli 1977 bis zum 1. Juli 1980 abzüglich einer durchschnittlichen Kürzung von ca. 20%.

---

[26]Vgl. Stotz, R.: a.a.O. (FN 11), S. 67.
[27]Vgl. ABl. L 291 vom 31.10.1980, S. 1.
[28]Vgl. Mestmäcker, E.-J.: a.a.O. (FN 12), S. 15.
[29]Regionalpolitische Aspekte waren beispielsweise der Erhalt industrieller Kerne oder die Vermeidung von regionalen Verelendungen durch den übermäßigen Abbau von Arbeitsplätzen.
[30]Vgl. Mestmäcker, E.-J.: a.a.O. (FN 12), S. 16-17.
[31]Vgl. o. V.: Edelstahlmarkt, in: FAZ vom 1.11.1980, S.14.

- Besondere Anpassungsregelungen bleiben der Kommission vorbehalten; auch können Unternehmen einzelne Quoten bis zu 3% überschreiten, wenn dadurch die Summe der Einzelquoten nicht überschritten wird.
- Nicht realisierte Quoten können bis zu 50% in das folgende Quartal übertragen werden oder nach Anmeldung bei der Kommission an andere Unternehmen getauscht oder veräußert werden.
- Lieferungen an Drittländer dürfen nicht die Quoten der Lieferungen in den Gemeinsamen Markt erhöhen.[32]
- Die Regelung enthielt desweiteren Bußgeldsanktionen, Auskunfts- und Prüfungsrechte der Kommission sowie die Möglichkeit zu Sonderregelungen in Härtefällen.

Die Regelungen galten zunächst für ein Jahr, wurden jedoch bis zum 31.12.1985 verlängert[33]. Die Mindestpreisregelung ist seitdem außer Kraft gesetzt. Bis zur Abschaffung des System am 24.6.1988 unterlagen damit ca. 70% der Stahlerzeugung dem Quotensystem und ca. 30% freiwilligen Vereinbarungen zwischen den 19 größten Stahlerzeugern in Europa (EUROFER-II). Ab dem 1.1.1986 fand dann eine Liberalisierung bestimmter Produkte und eine schrittweise Heranführung an marktwirtschaftliche Verhältnisse statt[34]. Konkret sollte der Anteil der regulierten Produkte von ca. 65% auf 45% gesenkt werden. Ansonsten sollte jedoch weiterhin ein "geordneter Abbau" von Kapazitäten erfolgen.

Neben der zentralen Quotenverteilung durch die Kommission wurden weitere Marktstruktureingriffe durch nationale Beihilfezahlungen vorgenommen. Bereits im Rahmen des 2. Stahlkrisenplans von 1977 hatte die Kommission den Stahlunternehmen den Zugang zu EG-Haushaltsmitteln erleichtert. Ebenso wurden von Seiten der Kommission umfangreiche Subventionen durch nationale Beihilfen in Großbritannien, Frankreich, Italien und Belgien bewilligt, obwohl dies gegen geltendes EG-Recht verstieß.[35]

---

[32]Der Export in Drittländer wurde gleichzeitig beschränkt, da man Gegenmaßnahmen aus beispielsweise den USA erwartete; im übrigen war der Weltmarktpreis niedriger als der europäische, so daß Exporte außerhalb der EG zu weiteren Verlusten geführt hätten, die durch staatliche Maßnahmen hätten ausgeglichen werden müssen. Vgl. dazu: K l o d t , H . ; S t e h n , J . u.a.: a.a.O. (FN 3), S. 117.

[33]Vgl. T o m a n n , H .: a.a.O. (FN 16), S. 619.

[34]Vgl. ebenda, S. 619-625.

[35]Vgl. K r ä g e n a u , H . : Stahlpolitik und Strukturanpassung in der EG-Stahlindustrie, HWWA-Report Nr. 72, 1986, S. 44.

Zu Zeiten der "freiwilligen" Quotenregelung wurden insgesamt 24,1 Mrd. DM an Subventionen innerhalb der EG gezahlt und dabei 14,8 Mio. t an Kapazitäten aufgebaut.[36] Das Ziel "Kapazitätsabbau" wurde in dieser Zeit damit eindeutig verfehlt. Die diesbzgl. schlechten Erfahrungen in der zweiten Hälfte der 1970er Jahre bewogen die Kommission dazu, einen gemeinschaftsweiten Subventionskodex aufzustellen, um den nationalen Alleingängen Herr zu werden.[37] Doch in Verbindung mit dem Quotensystem wirkten die Subventionen struktur- und kapazitätserhaltend, da auf diese Weise selbst unwirtschaftliche Hersteller ihre Quoten beibehalten konnten. Die Bundesrepublik übte dahingehend heftigste Kritik, was schließlich zur Verabschiedung eines zweiten Subventionskodex führte. Die bis 1985 geltende Regelung sah vor, daß Subventionen nur noch in Verbindung mit Kapazitätssenkungen gezahlt werden durften.

Flankierend zur Zwangsquotenregelung und zur Subventionsvergabe blieben Importbeschränkungen für Drittländer bestehen. Dadurch sollten die europäischen Stahlproduzenten vor einem Importsog geschützt werden, der sich infolge hoher Binnenmarktpreise im Vergleich zum Weltmarktpreis ankündigte. Im übrigen erhoffte man sich von dieser Maßnahme eine Stabilisierung der europäischen Stahlpreise.

7.2.4 Die Stahlkrise zu Beginn der 1990er Jahre

Nach guter Stahlkonjunktur seit Ende der 1980er Jahre zog seit Anfang 1992 wieder eine tiefe Krise über die Branche. 1992 erzielte kein integriertes Stahlunternehmen Gewinne.[38] Die Rohstahlproduktion der Gemeinschaft sank von 137 Mio. t (1991) auf 132 Mio. t (1993); gleichzeitig wurde beispielsweise in der Bundesrepublik die Beschäftigtenzahl in der eisenschaffenden Industrie von 206.000 (1991) auf 148.000 (1993) verringert.[39] Die Stahlpreise gaben von 1989 bis 1992 um ca. 20% nach.[40]

---

[36] Vgl. K e r z , S .: a.a.O. (FN 7), S. 66.
[37] Vgl. z.B. G e r s t e n b e r g e r , W . u.a.: a.a.O. (FN 14); S. 64-70.
[38] Vgl. C o n r a d , C . : Abbau von Überkapazitäten durch Industriepolitik - die EU-Stahlpolitik, in: wd, XII, 1994, S. 640.
[39] Vgl. S t r o h m e i e r , R . (Hrsg.): Die Europäische Union - Ein Kompendium aus deutscher Sicht, Opladen 1994, S. 289-292.
[40] Vgl. K O M . E G : Mitteilung der Kommission an den Rat und an das Europäische Parlament: Stärkung der Wettbewerbsfähigkeit der Stahlindustrie: Die Notwendigkeit einer erneuten Umstrukturierung, Brüssel, 23.11.1992, SEK (92) 2160 endg., S. 5.

Noch in ihrem XXI. Wettbewerbsbericht für das Jahr 1991 hatte die Kommission aufgrund der guten Konjunktur kaum Handlungsbedarf in diesem Industriezweig gesehen[41] und in ihren wettbewerbspolitischen Entscheidungen härter durchgegriffen als in den Folgejahren.[42] Am 27.11.1991 wurde gar ein neuer Beihilfekodex verabschiedet, der seit dem 1.1.1992 für den Zeitraum von 5 Jahren gilt.[43] Entgegen dem vorangegangenen Beihilfekodex wurden FuE-Beihilfen ausdrücklich dem Gemeinschaftsrahmen für FuE-Beihilfen aller Branchen angepaßt. Damit wurde der Stahlindustrie ihr Ausnahmecharakter genommen. Darüberhinaus wurden regionale Investitionsfördermaßnahmen für Ostdeutschland ausdrücklich genehmigt[44], sofern parallel ein Abbau der Gesamtproduktionskapazitäten in den neuen Bundesländern erfolgte. Konkret forderte die Kommission eine Gesamtreduzierung der Kapazität für warmgewalzte Fertigprodukte in Höhe von 10 % der 1990 vorhandenen Kapazitäten.[45]

Ein Jahr später genehmigte die Kommission der krisengeschüttelten spanischen Stahlindustrie Fördermittel mit einem Gesamtumfang von knapp 4 Mrd. ECU, die größtenteils unvereinbar mit Art. 95 EGKSV sind, und monierte lediglich, daß "das Verhältnis zwischen Beihilfeintensität und dem vorgesehenen Ausmaß der Umstrukturierung verbessert werden müsse".[46]

Im Krisenjahr 1992 wird deutlich, daß marktwirtschaftliche Lösungen zusehends weniger greifen. So ist zu Beginn des Jahres 1993 die Bereitschaft der europäischen Stahlkocher zum Abbau bestehender Produktionskapazitäten verständlich.[47] Im November 1992 erkannte die Kommission die Notlage und richtete eine Mitteilung an den Rat und an das Europäische Parlament bezüglich der Stärkung der Wettbewerbsfähigkeit der Stahlindustrie.[48] Darin erkennt die Kommission die Probleme einer langfristig schwächeren Stahlnachfrage, eines

---

[41]Vgl. K O M . E G : XXI. Bericht über die Wettbewerbspolitik 1991, Brüssel 1992, S. 206-215.

[42]Vgl. ebenda, S. 209 ff..

[43]Vgl. ebenda, S. 207.

[44]Dazu zählt u.a. eine Anwendung des Investitionszulagengesetzes auf die Stahlindustrie und umfangreiche Sonderabschreibungensmöglichkeiten. Vgl. auch: K O M . E G : XXII. Bericht über die Wettbewerbsolitik der Gemeinschaft 1992, Brüssel 1993, Ziff. 382.

[45]Vgl. ebenda. Darin enthalten sind ebenfalls Investitionsbeihilfen. Inwiefern Investitionsbeihilfen mit dem Montan-Vertrag vereinbar sind. Vgl. L i e r e s v o n , C . - T . : Sind Investitionsbeihilfen mit dem Montan-Vertrag vereinbar ?, in: wuw 3/1994, S. 220-225.

[46]Vgl. K O M . E G : a.a.O. (FN 44), Ziff. 394.

[47]Vgl. o.V.: Europas Stahlkocher bieten einen Kapazitätsabbau an (1993).

[48]Vgl. K O M . E G : a.a.O. (FN 40).

weiterhin verminderten Außenhandels sowie eines niedrig bleibenden Preisniveaus.[49] Die beiden zuständigen EG-Kommissare *Bangemann* (Industriepolitik) und *van Miert* (Wettbewerbspolitik) erklärten aufbauend darauf, daß weder ein Strukturkrisenkartell, welches von den Stahlproduzenten gefordert wurde, noch eine Neueinsetzung des 1988 abgeschafften Produktionsquotensystems[50] in Frage käme.[51] Allerhöchstens eine freiwillige Einigung der Unternehmen über notwendige Kapazitätsabbaumaßnahmen würde die Kommission akzeptieren. Im Rahmen einer lenkenden Industriepolitik schlug die Kommission folgende Maßnahmen vor:[52]

- Vorfinanzierung von Zahlungen der kapazitätsbeibehaltenden an die kapazitätsstillegenden Stahlproduzenten durch die Kommission auf der Grundlage von Artikel 53a EGKS-Vertrag,
- Zahlungen von 900 Mill. ECU (1,737 Mrd. DM) als Anreiz für die Unternehmen, Kapazitäten abzubauen. Diese Mittel dienten vornehmlich zur Abdeckung der sozialen Kosten der Kapazitätsstillegungen,
- Förderung von Fusionen und Produktionskooperationen,
- Maßnahmen zur Steigerung der Markttransparenz sowie
- temporärer Schutz des europäischen Stahlmarktes vor Importen.

Ziel der Europäischen Kommission war es nun, eine tiefgreifende Umstrukturierung der europäischen Stahlindustrie mit dem Abbau der strukturellen Kapazitätsüberhänge vorzunehmen.[53] Die Unternehmen begrüßten das Angebot und boten ihrerseits Kapazitätsstillegungen bei Rohstahl von 25,8 Mio. t/ Jahr (Überkapazität 31-42 Mio. t) und bei Warmwalzstahl von 18 Mio. t/ Jahr (Überkapazität 19-26 Mio. t) an.[54] Eine verbindliche Zusage seitens der Unternehmen wurde allerdings nicht abgegeben.

Für den Zeitraum von 1993 bis 1995 wurden zusätzlich weitere 240 Mio. ECU für soziale Hilfen zur Verfügung gestellt (neben den sozialen Hilfen gem. Art. 56

---

[49] Vgl. K O M . E G : a.a.O. (FN 40), S. 4-6.

[50] Dies forderte u.a. die Oppositionspartei in der Bundesrepublik. Vgl. o . V . : Stahlkrise: SPD fordert europäische Lösung, in: Handelsblatt v. 20./21.2.1993, S. 20.

[51] Vgl. ebenda.

[52] Dabei verweist die Kommission auf die allgemeinen industriepolitischen Grundsätze aus den in Kapitel 6 analysierten Mitteilungen. Vgl. K O M . E G : a.a.O. (FN 40), S. 3 ff..

[53] Vgl. S t r o h m e i e r , R.: a.a.O. (FN 39), S. 289.

[54] Vgl. o . V . : Europas Stahlkocher bieten einen Kapazitätsabbau an, in: FAZ, 9.2.93, S. 19.

EGKSV). Ende 1993 wurden von der Kommission private Finanzierungsgruppen für Programme zur Verringerung der Kapazitäten gem. Art. 53a EGKSV gebilligt.[55] Darüberhinaus veröffentlichte die Kommission - wie schon in früheren Krisenzeiten - vierteljährlich Orientierungsdaten.

Hinsichtlich der Subventionsvergabe galt der bestehende Montan-Vertrag in Verbindung mit dem derzeitigen Beihilfekodex. Dieser erlaubt grundsätzlich nur FuE-, Umwelt- und Schließungsbeihilfen.[56] In anderen Fällen ist Einstimmigkeit der Nationen gefordert. Jene Kompromisse und Paketlösungen sind keine Seltenheit. Ende 1993 konnte die Kommission in 6 Fällen die Zustimmung des Rates einholen, um notwendige Beihilfemaßnahmen seitens der Mitgliedsstaaten einzuleiten.[57] Zur Gleichbehandlung gab die Kommission als Ziel einen Kapazitätsabbau von jährlich 750.000 t für jeweils 1 Mrd. ECU Beihilfen an. Darüberhinaus waren die Beihilfen an weitere Auflagen geknüpft. Rat und Kommission hoben den Ausnahmecharakter dieser Zweckregelung hervor.[58] Die Umstrukturierungspläne sollten in den kommenden fünf Jahren gemeinsam mit den Mitgliedsstaaten kontrolliert werden.

Als die Unternehmen Mitte 1994 noch immer keine verbindliche Zusage über Kapazitätsstillegungen und -schließungen an die Kommission gemacht hatten, erklärte Kommissar *van Miert* den Umstrukturierungsplan für gescheitert. Die sozialen Abfederungsmaßnahmen wurden gestoppt und die Vorfinanzierungen zur Kapazitätsstillegung wurden fallengelassen.[59] Von den festgestellten Überkapazitäten waren bis zu diesem Zeitpunkt 13 Mio. Jahrestonnen Rohstahl und 11,4 Mio. Jahrestonnen Warmwalzkapazität stillgelegt worden.[60] Die verbleibenden Überkapazitäten beliefen sich demnach auf 18-29 Mio. Jahrestonnen für Rohstahl und 7,6-14,6 Mio. Jahrestonnen für Warmwalzstahl.

---

[55]Vgl. K O M . E G : XXIII. Bericht der Kommission über die Wettbewerbspolitik 1993, Brüssel 1994, Ziff. 334.

[56]Mit den erwähnten Ausnahmen für Ostdeutschland. Vgl. S t r o h m e i e r , R.: a.a.O. (FN 39), S. 289-292.

[57]Vgl. K O M . E G :a.a.O. (FN 55); Ziff. 481.

[58]Vgl. ebenda.

[59]Vgl. E U R O P E vom 20.5.1994, Nr. 6234, S. 5 f. und K O M . E G : a.a.O. (FN 55), S. 292.

[60]Vgl. K O M . E G : Mitteilung der Kommission an den Rat und an das Europäische Parlament: Zwischenbilanz der Umstrukturierung in der Stahlindustrie der Gemeinschaft, KOM (94), 125 endg., Brüssel, 13.4.1994, S. 4 f..

Im zweiten Halbjahr 1994 setzte eine spürbare konjunkturelle Erholung ein. In der deutschen Stahlindustrie verbesserte sich die Produktivität 1994 um bis zu 27 %, 1995 immerhin noch um ca. 7 %.[61] Im übrigen stellte auch die Kommission in ihrem XXIV. Wettbewerbsbericht für das Jahr 1994 eine spürbare wirtschaftliche Erholung des Stahlsektors fest und sah sich vorerst nicht zu weiterführenden Maßnahmen verpflichtet.[62] Im zweiten Halbjahr 1995 schwächte die Stahlnachfrage wieder deutlich ab.[63] In Branchenkreisen ist man der Ansicht, daß 1994 und Anfang 1995 offensichtlich viel Material zur Auffüllung der (konjunkturbedingt leeren) Lager bei Verbrauchern und Händlern bestellt wurde.[64] Seit 1995 befindet sich die Branche demnach in einer konjunkturbedingten Erholungsphase. Trotz dieser kurzzeitigen konjunkturellen Erholung bleiben mittel- und langfristige Befürchtungen innerhalb der Branche über die Verlagerung der Stahlgewichte nach Ostasien und der unveränderten Anfälligkeit für konjunkturelle Schwankungen bestehen. In diesem Sinne seien Konzentrationsprozesse in Europa und die Bildung strategischer Allianzen auf dem europäischen Stahlmarkt notwendig.[65] Kapazitätsreduzierungs- und Strukturanpassungsmaßnahmen sind deshalb nach Ansicht von Branchenkennern weiterhin unabdingbar, da mittel- und langfristig Überkapazitäten bestehen.[66]

7.3 Analyse der Europäischen Stahlpolitik

Im folgenden sollen die drei Zeitabschnitte der europäischen Stahlpolitik getrennt unter Berücksichtigung der Erkenntnisse aus der japanischen Strukturanpassungspolitik (vgl. Tabelle 4.9) analysiert werden.

7.3.1 Analyse der freiwilligen Quotenregelung in den 1970er Jahren

7.3.1.1 Interessenabstimmung zwischen den Beteiligten

Als Grundlage für ein erfolgreiches industriepolitisches Branchenkonzept wurde die frühzeitige Interessenabstimmung zwischen allen Beteiligten

[61]Vgl. o . V . : Stahlmarkt, in: Welt Report 16.11.1995, S. 1-6.
[62]Vgl. K O M . E G : a.a.O. (FN 55), S. 303.
[63]Vgl. ebenda.
[64]Vgl. ebenda.
[65]Vgl. K O M . E G : a.a.O. (FN 55), S. 303.
[66]Vgl. o . V .: Dauerkrise am europäischen Stahlmarkt wegen Stahlpolitik statt Marktwirtschaft, in: VDI-Nachrichten v. 28.10.1994, S. 7.

herausgearbeitet. Wenn auch eine grundsätzliche Einigung zwischen Staat und Unternehmen über Strukturanpassungsmaßnahmen besteht, so ist dennoch eine weiterführende staatliche Moderation notwendig. Wie bereits in Japan festgestellt, führt eine freiwillige Anpassungsregelung weiterhin dazu, daß die Unternehmen durch Preisunterbietungen versuchen, ihre eigenen hohen Kapazitäten auszulasten. Die Folge war auch in Europa ein ruinöser Verteilungskampf ohne schadensbegrenzende Interessenabsprachen. Durch die Herausgabe vierteljährlicher Prognosen wird bei den Unternehmen keine Initiative zum Kapazitätsabbau stimuliert. Die Unternehmen bleiben den wettbewerblichen Mechanismen treu; spätestens bei Interessenkonflikten überläßt man dem Konkurrenten nur ungerne kostbare Marktanteile. Hier hätte die Kommission als Initiator einer Interessenabstimmung und Schlichter bei Interessenkonflikten fungieren müssen. Der postalische Austausch von Formularen wirkt hier nicht konsensfördernd. Dazu hätte der persönliche Kontakt zwischen Ministerien und privaten Unternehmen durch Gespräche über Zwänge und Notwendigkeiten intensiviert werden müssen.

7.3.1.2 Analyse, Zielformulierung und Planung

Die von den Unternehmen gemeldeten Investitions- und Produktionsdaten waren stets positiver als tatsächlich angenommen, um bei der anschließenden Quotenempfehlung eine möglichst hohe Kapazitätsauslastung zu verwirklichen. Der von der Kommission empfangene Dateninput führte wiederum auf der Aggregationsebene zu wenig realistischen Investitionsprognosen. Weder Unternehmergespräche noch eine genaue Analyse der branchenbezogenen Probleme setzte ein. Obwohl der Nachfrageeinbruch von 1974 datiert, findet bis ins Jahr 1980 auf EG-Ebene noch eine Kapazitätsausweitung statt.[67] Neben dieser schwachen Diagnosetätigkeit der Kommission wurde ebensowenig ein Branchenstabilisierungsplan mit Zielsetzungen für die gesamte Branche oder bestimmten Produktgruppen abgeleitet. Dadurch konnte sich unter den betroffenen Unternehmen keine Branchensolidarität entwickeln. Die Politik der Kommission erfolgte geradezu unabhängig von den Belangen der europäischen Stahlkocher und ihren Arbeitnehmern. Diese mangelhafte Antizipation wirtschaftlicher Tendenzen führte statt zum Abbau zur Zementierung von Überkapazitäten.

---

[67] Vgl. K e r z , S . : a.a.O. (FN 7), S. 29 f..

7.3.1.3 Durchführungsflexibilität und laufende Analyse

Der unzureichende Einbezug der Unternehmer- und Arbeitnehmerinteressen seitens der Kommission hat die Stahlunternehmen nicht von ihrem rein marktwirtschaftlichen Anpassungsverhalten abgebracht. Weder freiwillige Anpassungen, noch Orientierungs- und Mindestpreise für bestimmte Produkte noch freiwillige Exportselbstbeschränkungen (EUROFER-I) wurden von den Unternehmen akzeptiert und eingehalten. Die konsensbezogenen Grundlagen darfür waren von der Kommission zuvor nicht gelegt worden. Doch nicht nur die frühzeitige Interessensidentifikation als industriepolitische Notwendigkeit im Vorfeld etwaiger Handlungen fehlte, ebenso fanden bei der "Durchführung" der freiwilligen Quotenregelung keine von der Kommission initiierten regelmäßigen Kosultationen mit der Privatwirtschaft statt. Dadurch wurde weder das unbrauchbare Ausgangszahlenmaterial aktualisiert noch wurde das persönliche Verhältnis der Brüsseler Ministerien zum Unternehmersektor vertieft. Ebensowenig hatten die Unternehmen die Möglichkeit, die Kommission für notwendige Maßnahmenkorrekturen zu sensibilisieren.

Die Empfehlung der Kommission zur Modernisierung der Produktionsanlagen (1977) verdeutlicht abermals deren schwache Kenntnisse von den unternehmerischen Problemen. Einerseits war die Finanzkraft der meisten Stahlproduzenten nicht ausreichend, um Vitalisierungsmaßnahmen ohne staatliche Unterstützung durchführen zu können, zum anderen würde eine derart pauschale Anregung - wenn sie dann von den Unternehmen umgesetzt würde - einen kapazitätserhöhenden Effekt (vermindeter Ausschuß) bewirken. Die Kommissionsbestrebungen zum Kapazitätsabbau würden dann nicht verwirklicht.

Auch die Belange der Arbeitnehmer, die in Japan über eine offene Arbeitsmarktpolitik Berücksichtigung finden, wurden von der Kommission nicht beachtet. Es gab weder Anpassungshilfen für kapazitätsabbauende Unternehmen noch wurden soziale Ausgleichsmaßnahmen für bereits entlassene Mitarbeiter vorgenommen. Darüberhinaus fand keine Animierung der Kommission zur Beschäftigungssicherung in den Unternehmen statt (z.B. Wiederbeschäftigungspläne). Sowohl die Kommision als auch die Unternehmen wurden auf diese Weise aus der sozialen Verantwortung für die Beschäftigungsverhältnisse in der Stahlbranche entlassen. Demzufolge wurde auch eine synchrone Kapazitätsaufbaupolitik (in Wachstumsbereichen) mit den Unternehmern nicht diskutiert. Dieser Bezug im Sinne eines ganzheitlichen industriepolitischen Vorgehens wurde nicht hergestellt. Davon haben in Japan insbesondere Großunternehmen und deren Arbeitnehmer profitiert, da die großen Konzerne für lukrative Wachstumsbereiche (staatlich kanalisiert) sensibilisiert wurden und gleichzeitig auf diese Weise versucht wurde, die Produktivität der Arbeitskräfte zu erhalten. Doch diese "Marktaustrittsperspektiven" wurden weder den Unternehmern noch den Arbeitnehmern angeboten.

Entsprechend war die Akzeptanz der Stahlproduzenten für die Umstrukturierungsideen der Europäischen Kommission sehr gering. Die operative Durchführung der freiwilligen Quotenregelung in den 1970er Jahren scheiterte in ganz besonderem Maße an der mangelhaft organisierten Zusammenarbeit zwischen der Kommission und den betroffenen Unternehmen.

7.3.1.4 Funktionszuordnung der Marktkräfte

Die japanischen Erfahrungen haben gezeigt, daß die industriepolitisch definierte Nutzung und Einschränkung der Marktmechanismen helfen, einen geordneten Kapazitätsabbau zu vollziehen. Die Wettbewerbsmechanismen auf dem europäischen Stahlmarkt wurden im Sinne der industriepolitischen Zielsetzungen weder genutzt noch effektiv eingeschränkt. Statt objektive Marktdaten als Indiaktor für notwendige Anpassungsmaßnahmen zu nutzen, stützt sich die Marktanalyse der Kommission auf Inputdaten, die den subjektiven Interessen der einzelnen Unternehmen unterliegen. Die tatsächlichen Ergebnisse einer liberalen Marktentwicklung bleiben ungenutzt. Die Qualität der Marktanalyse wird vielmehr von unternehmerischen Planzahlen bestimmt. Die mangelnde Beobachtung marktwirtschaftlicher Ergebnisse hat faktisch dazu geführt, daß die tatsächliche Kapazitätsentwicklung nicht an die rückläufigen Nachfragetendenzen angepaßt wurde.

Bei der Lösung der Strukturprobleme hat die Kommission allerdings auf (nicht funktionierende) privatwirtschaftliche Marktabsprachen vertraut, statt klare Wettbewerbsbeschränkungen anhand ökonomischer und sozialer Notwendigkeiten zu definieren. Die freiwilligen Quotenempfehlungen haben auf Unternehmensseite zu einer Beibehaltung des ruinösen Anpassungsverhaltens geführt. Hier hätte die privatwirtschaftliche Quotenorientierung stärker von der Kommission kanalisiert werden müssen. Die Bewerkstelligung einer freiwilligen Quotenregelung über bilaterale und multilaterale Verhandlungen zwischen den Unternehmen bedarf der staatlichen Zielorientierung und Konsensableitung ebenso wie der persönlichen Kontakte innerhalb des Unternehmersektors. Bilaterale Verhandlungserfolge zwischen Privatunternehmen sind jedoch auf dem ausgedehnten europäischen Markt nicht zu erwarten, wenn die Kommission nicht als integrationsfördernde Institution mitwirkt. Europäische Stahlkocher verschiedener Nationen werden unmöglich einsichtig in die Probleme des anderen, wenn die Kommission nicht im Sinne gemeinschaftlicher Zielsetzungen konsensfördernd interveniert.

Zur Unterstützung festgelegter Quotenstrategien hätten zeitlich befristetet Produktionssubventionen bei Kapazitätsabbau in Aussicht gestellt, Strukturkrisenkartelle oder vorübergehender Importschutz genehmigt und soziale Ausgleichsmaßnahmen für Arbeitnehmer initiiert werden können. Die Einschränkungen der Wettbewerbsregeln auf dem europäischen Stahlmarkt hätten in Abstimmung mit dem Kommissar für Wettbewerbspolitik erfolgen müssen. Die klare Einschränkung des Wettbewerbs an bestimmten Stellen und für einen bestimmten Zeitraum verschafft den Unternehmen mittelfristige Sicherheit bezüglich der wirtschaftspolitischen Rahmenbedingungen. Unter Einführung weiterer Konsultationen mit der Privatwirtschaft wird auf diese Weise eine vertrauensvolle Basis im Unternehmer- und Arbeitnehmerlager geschaffen.

7.3.2 Analyse der Zwangsquotenregelung in den 1980er Jahren

7.3.2.1 Funktionszuordnung der Marktkräfte

Im Rahmen des Zwangsquotensystems wurden die Marktkräfte einerseits hinsichtlich Richtung und Umfang der Strukturanpassung genutzt und zum anderen bezüglich der Lösung jener Strukturprobleme eingeschränkt.

Unter Zugrundelegung objektiver Marktdaten wurden zunächst die Adressaten des Zwangsquotensystems festgelegt. Der Regelung unterlagen alle EGKS-Stahlunternehmen, sofern deren Produktion von Juli 1977 bis Juli 1980 3.000 t Rohstahl oder Walzstahlerzeugnisse übertraf. Damit wurden ca. 70% der europäischen Stahlerzeugung einbezogen. Auch wurden die Prozentsätze der Kapazitätsreduzierung je Produktgruppe nach der Divergenz von Angebot und Nachfrage sowie zunehmender Konkurrenz aus Osteuropa und Südostasien festgelegt. Letztlich sollten demnach die europäischen Stahlbauer durchschnittlich ca. 20% ihrer Rohstahl- bzw. Walzstahlerzeugung reduzieren. Ebenso wurden dann anhand von aggregierten Nachfragestatistiken bestimmte Produktgruppen von der Zwangsquotenregelung ganz oder teilweise ausgeschlossen. Beispielsweise wurden Edelstähle nur zu ca. 50% einbezogen, da die Marktlage entsprechend günstiger war. In diesem Marktsegment hatte die Kommission eine vergleichsweise höhere Wettbewerbsfähigkeit der europäischen Anbieter anhand objektiver Marktdaten beobachtet und eine Sonderregelung installiert. Auch fand ab dem 1.1.1986 eine schrittweise "Reliberalisierung" bestimmter Produkte statt, da die konjunkturellen Daten weitere Marktstruktureingriffe überflüssig erscheinen ließen. Dadurch sollte der Anteil der regulierten Produkte auf unter 50% gesenkt werden. So wurde auch die Abschaffung des Zwangsquotensystems im Sommer 1988 eindeutig aufgrund einer spürbaren konjunkturellen Erholung auf dem europäischen Stahlmarkt beschlossen. Die Kommission hat damit erstmals im Rahmen einer Branchenstrukturanpassung die Signale des Marktes im Sinne der industriepolitischen Zielsetzungen genutzt.

Auf der anderen Seite hat sie Marktmechanismen zur Lösung (oder mittelfristigen Linderung) der Strukturprobleme gezielt ausgeschaltet. Dies geschah insbesondere durch die zwangsweise Festlegung von Produktionsquoten je Produktgruppe. Dadurch wurde einem Überangebot einzelner Produkte auf dem europäischen Markt Vorschub geleistet. Ein ruinöser Preisverfall konnte auf diese Weise verhindert werden. Es ist anzunehmen, daß ein stärkerer Preisverfall und der einsetzende Verteilungskampf statt zu geordneten zu abrupten Kapazitätsstillegungen geführt hätten. Ein Teil der Unternehmen wäre schneller in Liquiditätsengpässe geraten, wodurch nicht nur abrupte, sondern auch (mittel- und langfristig) überhöhte Stillegungen erfolgt wären. Die Konsequenz wären unnötige Marktanteilsverluste an die außereuropäische Konkurrenz gewesen und somit eine Verschärfung der ökonomischen und sozialen Situation bei den europäischen Stahlproduzenten.

Da die Lieferungen an Drittländer nicht die Quoten der Lieferungen in den Gemeinsamen Markt erhöhen durften, fand gleichzeitig eine Exportselbstbeschränkung statt. Dies umso mehr, da man Gegenmaßnahmen (insbesondere aus den USA) erwartete.[68] Offensichtlich führt die nachhaltige Bedrohung der Stahlbranche auf internationalem Terrain zu einer einhelligen Bereitschaft zur Einschränkung des Freihandels. Nur so ist auch die weltweite Subventionspraxis im Bereich der Stahlindustrie erklärbar. Auch die Kommission hat im Rahmen des Zwangsquotensystems ausdrücklich europäische Beihilfen genehmigt und in einer Umkehr zur bisherigen Praxis auch nationale Beihilfen bewilligt. Trotz dieser klaren markteinschränkenden Maßnahmen hat die Kommission den kapazitätserhöhenden Effekt der Subventionen nicht bekämpft. Wie *Kerz* nachwies, haben die deutschen Stahlkocher bei weitem die größten Kapazitäten abgebaut. Die von der Kommission genehmigten nationalen Subventionsalleingänge haben außerhalb Deutschlands zu einem vergleichsweise geringeren Kapazitätsabbau geführt.[69] Hier hätten die Subventionszahlungen enger an die Voraussetzung des Kapazitätsabbaus gekoppelt werden müssen.

Schließlich hat auch die eingeführte Importbeschränkung dazu beigetragen, die wirtschaftliche Situation der europäischen Stahlproduzenten zu stabilisieren. Zwar konnte das Preisniveau von 1980 nicht gehalten werden, aber es ist anzunehmen, daß sich ohne Importbeschränkung der Preisverfall verstärkt hätte. Auch aus sozial- und beschäftigungspolitischen Gründen war diese Maßnahme deshalb nützlich, da ein freilaufender Importsog Anfang der 1980er Jahre bei den bestehenden immensen Überkapazitäten zu großen und unkontrollierten Stillegungen und Arbeitsplatzverlusten geführt hätte.

Im Ergebnis dieses pragmatischen Einsatzes der Marktkräfte konnte die Rohstahlkapazität in Europa von 1980 bis 1987 um 41,6 Mio. t reduziert werden.[70] Dies entsprach exakt den von der Kommission 1980 angestrebten durchschnittlichen 20% der damaligen Rohstahlkapazität.

---

[68]Vgl. K l o d t , H. ; S t e h n , J. u.a.: a.a.O. (FN 3), S. 117.
[69]Vgl. K e r z , S. : a.a.O. (FN 7), S. 62.
[70]Vgl. ebenda.

7.3.2.2 Analyse, Zielformulierung und Planung

Soweit es die oben beschriebenen Marktdaten betrifft, hat sich die Qualität der Basisdaten durch die Berücksichtigung von (Markt-)Ist- statt (Unternehmens-)Planzahlen erheblich verbessert. Auf diese Weise waren objektive Merkmalsträger der Strukturanpassung betrachtet worden, mit deren Hilfe ein bedürftiger Adressatenkreis, eine ökonomisch sinnvolle Auswahl der Produktgruppen und die jeweilige Höhe der Kapazitätsanpassung abgeleitet werden konnten. Auf der Grundlage dieser Daten wurden dann auch die Ziele der Kommission (durchschnittlich 20% Kapazitätsabbau) formuliert und den Unternehmen durch entsprechende Zwangsquoten transparent gemacht.

Allerdings hat die Kommission nur wenige Informationen über unternehmensbezogene Gegebenheiten sowie über Arbeitnehmerinteressen hereingeholt, wodurch eine konsensorientierte Informationsaufbereitung und Entscheidungsfindung ebensowenig stattgefunden hat wie eine interessengeleitete Zielorientierung (vgl. im folgenden).

7.3.2.3 Interessenabstimmung zwischen den Beteiligten

Die Europäische Union ist noch kein politisch, gesellschaftlich und wirtschaftlich homogener Raum wie Japan oder die Vereinigten Staaten. Europäische Politik bedarf der Abstimmung von derzeit 15 Einzelstaaten. Das Beispiel der massiven nationalen Beihilfepolitiken und deren kapazitätserhöhende Wirkung illustriert ein gesamteuropäisches Abstimmungsdefizit. Auf Initiative der Kommission hätte an dieser Stelle eine Koordination der nationalen Beihilfemaßnahmen erfolgen müssen. Die grundsätzliche *Einigkeit unter den Mitgliedsländern* bezüglich einer aktiven Strukturanpassungspolitik hätte im Sinne der europäischen Zielsetzungen für die Stahlbranche genutzt werden müssen. Die Kommission hätte in diesem Zusammenhang eine wichtige Funktion als Schlichter bei Interessenkonflikten übernehmen müssen. Ihre Aufgabe wäre es desweiteren gewesen, aus den regionalen und nationalen Präferenzen industriepolitische Ziele für die Europäische Union abzuleiten. Auf der Grundlage der abgeleiteten Zielsetzungen müßten dann die verschiedenen Wirtschaftspolitikbereiche auf Kommissionsebene koordiniert werden.

Auch die *Unternehmerinteressen* wurden nur insoweit berücksichtigt wie es sich um allgemeine Branchenprobleme handelte. Die Maxime, grundsätzlich 20% der bestehenden Kapazitäten abzubauen, ließ insbesondere Rentabilitätskriterien außen vor. Dies traf speziell die deutschen Stahlproduzenten, da sie trotz vergleichsweise hoher Rentabilität den höchsten Kapazitätsabbau leisteten.[71] Die unternehmerischen Interessen jener Hersteller wurden ignoriert. Unter diesem Gesichtspunkt bedeutete die Zwangsquotenpolitik mittelfristig eine Fixierung bestehender Produktionsstrukturen. Dabei war auch der Kommission mittels ihrer vorangegangenen Marktbetrachtung nicht entgangen, daß bestimmte Stahlproduktbereiche (z.B. Edelstähle) konkurrenzfähiger waren als andere. Gerade bei der Ableitung des Ausmaßes der sektoralen Kapazitätsreduzierung hätten die Unternehmer einbezogen werden müssen. Einem Unternehmerverband hätte die Aufgabe übertragen werden können, die Branchenquoten unter den Unternehmern aufzuteilen. In diesem Rahmen wären sicherlich die Interessen der rentablen Unternehmen berücksichtigt worden. Im übrigen hätte der Unternehmerverband erstmals integrative Qualitäten in Bezug auf industriepolitische Zielsetzungen unter Beweis stellen können. Eine solche Maßnahme würde dazu beitragen, eine industriepolitische Infrastruktur zu schaffen. Die Kanalisierung von bilateralen oder multilateralen Absprachen zwischen Unternehmen durch Branchenverbände würde die unternehmerische Einsicht in europäische Strukturanpassungsmaßnahmen schärfen.

Die *Arbeitnehmer* waren diejenigen, die von den Kapazitätsanpassungen am meisten betroffen waren. Von 1978 bis 1988 wurden europaweit ca. 327.000 Arbeitsplätze in der Stahlindustrie gestrichen.[72] Dennoch wurden deren Probleme von der Kommission nur unzureichend berücksichtigt. Die explizite Einbeziehung der Arbeitnehmerseite sowie der kleinen und mittelgroßen Unternehmen (KMU) über eine aktive Arbeitsmarktpolitik hat in Japan eine bessere Anpassung der Arbeitnehmer an die veränderte Beschäftigungslage bewirkt (und somit weniger Arbeitsplatzverluste). Trotz der Notwendigkeit zum Abbau von Arbeitsplätzen im Rahmen der Kapazitätsabbaupolitik müssen auch in Europa Kommission und Unternehmer die Verantwortung für die befriedigende Gestaltung von Arbeitsverhältnissen übernehmen. Die Anpassungskosten werden ansonsten ungleich unter den Beteiligten verteilt, was den Arbeitsfrieden und die

[71]Vgl, K e r z , S . : a.a.O. (FN 7), S. 62 ff..
[72]Vgl.K O M . E G : a.a.O. (FN 60), S. 24.

innerbetriebliche Harmonie gefährdet. Beschäftigungssicherung muß ein wichtiges Ziel der Unternehmerpolitik bleiben. Ähnlich wie in Japan muß die Kommission deshalb bei Strukturanpassungen verstärkt arbeitsmarktpolitische Kriterien berücksichtigen und eine parallele Kapazitätsaufbaupolitik (in Wachstumsbereichen) zum intergrativen Bestandteil der Arbeitsmarktpolitik machen. Dies geschieht in Japan seit dem Anwachsen der Arbeitslosigkeit zu Beginn der 1970er Jahre. Auch in Europa ist das derzeit dringendste Problem der Industrieländer bei wirtschaftspolitischen Maßnahmen nicht länger auszugrenzen. Denn die in Japan übliche Einsicht, daß bei hoher Arbeitslosigkeit keine positive Identifikation der Arbeitnehmer mit Umstrukturierungsprozessen gelingen kann, mündet in der Beteiligung der Unternehmensgewerkschaften an strategischen Entscheidungen.

7.3.2.4 Durchführungsflexibilität und laufende Analyse

Durch die mangelnde Koordination der nationalen Beihilfepolitiken ist die europäische Subventionspraxis in der Stahlindustrie bis heute in negativer Erinnerung der Öffentlichkeit. Die Kommission hat es nicht verstanden, durch konsistente Öffentlichkeitsarbeit eine zielorientierte und in sich schlüssige industriepolitische Konzeption für den Stahlsektor transparent zu machen. Die breite Akzeptanz der durchgeführten Maßnahmen ist trotz des Erreichens der angestrebten Kapazitätsanpassungen ausgeblieben. Nach außen sichtbar wurden nur massive Subventionszahlungen, immer noch bestehende Überkapazitäten und hohe Arbeitsplatzverluste. Auf diese Weise ist selbst der erfolgreiche Kapazitätsabbau im Rahmen des Zwangsquotensystems in schlechter Erinnerung geblieben und gilt als ein abschreckendes Beispiel einer europäischen Industriepolitik.[73] Die Kommission hat es nicht verstanden, über eine Analyse der eigenen Politik ihre Teilerfolge bei der staatlichen Industriepolitik zu erkennen, zu nutzen und der Öffentlichkeit darzulegen.

Nicht nur das öffentliche Erinnerungsvermögen wurde dadurch negativ gefärbt, auch auf Unternehmer- und Arbeitnehmerseite ist durch die mangelnde Berücksichtigung ihrer Interessen das Vertrauen in die staatliche

[73] Selbst die EU-Kommissare *Bangemann* und *van Miert* haben angesichts dieser oberflächlichen Beurteilung bei der erneuten Stahlkrise zu Beginn der 1990er Jahre Strukturkrisenkartelle und eine Neueinsetzung des Quotensystems strikt abgelehnt. Vgl. o. V.: Stahlkrise: SPD fordert europäische Lösung, in: Handelsblatt v. 20./21.2.1993, S. 20.

Diagnosefähigkeit nicht gestärkt worden. Durch stetige Konsultationen mit den Unternehmer- und Arbeitnehmerverbänden hätte die Kommission während der Duchführung für die angesprochenen Belange sensibilisiert werden können. Ihre Durchführungsflexibilität im Rahmen der Zwangsquotenpolitik war jedoch auf die Reaktion auf rein marktliche Signale (z.B. Reduzierung der Quotenregelung ab 1986 und Beendigung 1988) beschränkt. Unternehmer- und Arbeitnehmeranregungen, die eine Industriepolitik mit mittel- bis langfristigen Perspektiven für alle Beteiligten ermöglichen, wurden ausgeblendet.

7.3.3 Analyse der Maßnahmen in den 1990er Jahren

7.3.3.1 Analyse, Zielformulierung und Planung

1992 erzielte kein EGKS-intergriertes Stahlunternehmen Gewinne.[74] Die Preise für Stahlprodukte waren von 1988 bis 1992 um durchschnittlich ca. 20% gesunken.[75] Allein in der Bundesrepublik sank die Beschäftigtenzahl in der eisenschaffenden Industrie von 1991 bis 1993 letztlich um ca. 28% (Abbau von ca. 58.000 Arbeitsplätzen).[76] Trotz dieser bereits 1992 feststellbaren Verschlechterungen auf dem europäischen Stahlmarkt hat die Kommission noch im Sommer 1992 bei der Veröffentlichung des Wettbewerbsberichts für 1991, "...aufgrund der guten Konjunktur..." "keinen Handlungsbedarf im Stahlbereich..." gesehen.[77]

Diese schwache Marktbeobachtung der Kommission hat ihr im entscheidenden Moment die Fähigkeit zur gezielten industriepolitischen Unterstützung genommen. Dies ist ein weiteres Indiz für die mangelnde Zusammenarbeit der Brüsseler Ministerien mit den Stahlunternehmen. Die in Japan üblichen regelmäßigen Treffen von Ministerialbeamten und Industriemanagern und die daraus entstandenen persönlichen Kontakte haben dort dafür gesorgt, daß die Diagnosefähigkeit des Staates stets erhalten bleibt und den Problemen der Privatwirtschaft gerecht wird. Denn ein derart konjunkturanfälliger Sektor wie die Stahlbranche bedarf der ständigen verantwortungsvollen Beobachtung durch staatliche Instanzen.

---

[74]Vgl. o . V . : Krise am europäischen Stahlmarkt, in: FAZ 12.12.1992, S. 14.
[75]Vgl. K O M . E G : a.a.O. (FN 40), S. 5.
[76]Vgl. S t r o h m e i e r , R.: a.a.O: (FN 39), S. 289-292.
[77]Vgl. K O M . E G : a.a.O. (FN 41), S. 206-215.

Ebenso offenbart der dann langsam einsetzende Aktionismus der Kommission eine schwache Analyse der Quotenpolitik. Auf dem Höhepunkt der Krise (Ende 1992) schränkt die Kommission sofort ein, daß weder die von den Unternehmen geforderten Strukturkrisenkartelle noch Zwangsquoten zur Behebung der Krise in Frage kämen (s.o.). Die durchaus bemerkenswerten Teilerfolge des Zwangsquotensystems, insbesondere die industriepolitische Nutzung und Einschränkung der Marktkräfte (s.o.), wurden nicht analysiert. Stattdessen gibt die Kommission abermals ihre vierteljährlichen Orientierungsdaten heraus und legt den Unternehmen eine freiwillige Kapazitätsanpassung nahe. Auch die Mißerfolge der freiwilligen Quotenregelung sind von der Kommission damit nicht vergegenwärtigt worden. Die Lernfähigkeit und die pragmatische Analyse von Fehlern der Vergangenheit, wie sie aus der japanischen Industriepolitik bekannt sind, fehlt der Kommission gänzlich. Ohne eine transparente Zielorientierung (außer: Kapazitätsabbau) reiht sie sich letztlich in die nationalen Subventionswettläufe ein und bietet bezugs- und wahllos Gelder aus EG-Töpfen an, sofern ein Kapazitätsabbau stattfindet (s.o.).

7.3.3.2 Interessenabstimmung zwischen den Beteiligten

Die augenscheinlich schwache Marktbeobachtung der Kommission sorgte dafür, daß diese Krise Europas Politiker völlig unvorbereitet traf.[78] Denn bei Ausbruch der Krise setzte eine konfuse nationale Beihilfegenehmigung seitens der Kommission ein. Insbesondere Ostdeutschland, Italien und Spanien erhielten hohe Fördermittel[79], die größtenteils unvereinbar waren mit Art. 95 EGKSV (s.o.). Der Eskalation nationaler Beihilfepraktiken hatte die Kommission Ende 1993 lediglich die Zielvorgabe eines Kapazitätsabbaus von jährlich 750.000 t für jeweils 1 Mrd. ECU Beihilfe entgegenzusetzen. Damit sollte eine Gleichbehandlung auf europäischer Ebene sichergestellt werden (s.o.). Auf diese Weise hatte die Kommission durch unvorbereitetes und zögerliches Handeln die Steuerung der europäischen Stahlpolitik aus der Hand gegeben. Zwar war wiederum europaweit eine Interessenseinigung bezüglich notwendiger Strukturanpassungsmaßnahmen feststellbar, doch die nationalen Regierungen

[78]Noch in ihrem Wettbewerbsbericht für 1991, welcher im Sommer 1992 veröffentlicht wurde, hatte die Kommission aufgrund der guten Konjunktur keinen Handlungsbedarf im Stahlbereich gesehen.
[79]Vgl. auch K O M . E G : a.a.O. (FN 55), S. 5 ff..

vertrauten angesichts der drückenden Last ökonomischer und sozialer Probleme zusehends weniger auf europäische Lösungen.

Eine europäische Interessenabstimmung als Grundlage für eine europäische Strukturanpassungspolitik war damit in weite Ferne gerückt. Da noch nicht einmal die Interessen der Mitgliedstaaten koordiniert werden konnten, war dies erst recht nicht unter den Unternehmen und Arbeitnehmern machbar. Durch das wenig Kompetenz ausstrahlende und zögerliche Verhalten der Kommission hat sie das Vertrauen der Unternehmer und Arbeitnehmer zur Lösung der anstehenden Probleme verspielt.

7.3.3.3 Durchführungsflexiblität und laufende Analyse

Die Kommission hat in Ermangelung einer fundierten Analyse die Vorteile des Zwangsquotensystems und die Unwirksamkeit der freiwilligen Quotenregelung nicht erkannt. Denn durch jene Freiwilligkeit wird keine Akzeptanz im Unternehmersektor zur Einschränkung marktwirtschaftlicher Anpassungsmechanismen geschürt. Auf die Unzulänglichkeiten der freiwilligen Quotenregelung wurde jedoch bereits an früherer Stelle eingegangen.

Fast logisch kam es 1994 zum Scheitern der EU-Umstrukturierungspläne, da nach Angabe von EU-Kommissar *van Miert* kein Kooperationsverhalten im Unternehmerlager sichtbar werde. Diese Einschätzung aus Brüssel dokumentiert den signifikanten Mangel an staatlicher Bringpflicht und stetiger Beobachtungsgabe. In Japan ist man sich auf politischer und administrativer Ebene einig, daß das MITI und andere Ministerien industriepolitisch tätig werden müssen, um den Wirtschaftsteilnehmern im Rahmen des Strukturwandels zu helfen. Die EU-Kommission ist offensichtlich der Ansicht, daß der Hilfe für den Privatsektor gewisse Vorleistungen vorausgehen müssen. Dadurch besteht für die Stahlunternehmen im ruinösen Strukturanpassungsprozeß kaum eine Möglichkeit, sich aus dem marktwirtschaftlichen Korsett zu befreien. Den staatlichen Instanzen bleibt dabei durch den mangelnden Kontakt zu unternehmerischen Problemfeldern die flexible Anpassung von industriepolitischen Maßnahmen verwehrt. Dadurch beraubten sich die Brüsseler Ministerien ihrer eigenen potentiellen Diagnose- und Problemlösungfähigkeit.

7.3.3.4 Funktionszuordnung der Marktkräfte

Im Gegensatz zur Handhabung bei der Zwangsquotenpolitik wurden die Marktkräfte bei den Problemen zu Beginn der 1990er Jahre nur unzureichend genutzt und wenig effektiv eingeschränkt. Zwar herrschte unter den europäischen Stahlproduzenten und Wirtschaftspolitikern schnell Einigkeit über notwendige Wettbewerbseinschränkungen, doch als die EU-Maßnahmen 1993 greifen sollten, waren bereits zahlreiche nationale Subventionen geflossen, die eine gezielte Einschränkung des Wettbewerbs für bestimmte Produktgruppen erschwerte. So sollten von der Kommission Zahlungen vorfinanziert werden, die die kapazitätsbeibehaltenden an die kapazitätsstillegenden Stahlproduzenten zu leisten hätten. Doch da weder die Höhe, der Umfang noch die Betroffenen von Kapazitätsreduzierungen durch Analyse und Zielorientierung seitens der Kommission bekanntgegeben wurden, kam es zu Kapazitätsabbaumaßnahmen nur "zufällig" über unternehmerische Zwänge.

Im Rahmen des Maßnahmenbündels hatte die Kommission 900 Mio. ECU hauptsächlich für soziale Ausgleichsmaßnahmen zur Verfügung gestellt (s.o.). Dadurch sollte für die Unternehmen ein Anreiz zum Kapazitätsabbau geschaffen werden. Diese Zahlungen stehen jedoch losgelöst von einer der Beschäftigungssicherung verpflichteten Unternehmenspolitik. Die Unternehmen konnten auf diese Weise eine Reduzierung der Beschäftigtenzahl ohne (oder mit verminderter) Gegenleistung verwirklichen. Auch wird der Bezug zu einer synchronen Kapazitätsaufbaupolitik in Zukunftsmärkten nicht hergestellt. Die Interventionen erfolgen ad hoc, ohne den beteiligten Unternehmern und Arbeitnehmern mittelfristige Perspektiven zu bieten und dadurch die Akzeptanz der getroffenen Entscheidungen zu erhöhen.

Die angestrebte Förderung von Fusionen und Produktionskooperationen kann zwar im Einzelfall Synergieeffekte erzeugen und die Stückkosten senken, doch in Kombination mit europaweit hohen Subventionierungen ist die Bereitschaft der Stahlproduzenten zur Autonomieeinschränkung gering. Der Vorschlag der Kommission ist ein weiteres Beispiel für die keineswegs sorgfältige Analyse wirtschaftlicher Zusammenhänge und situativer Umstände.

Das gleiche gilt für den temporären Importschutz des europäischen Stahlmarktes. Eine prinzipiell positive Wirkung des Importschutzes während einer strukturellen Anpassungsphase durch Kapazitätsabbau- und Revitalisierungsmaßnahmen kehrt sich bei einer ausufernden Beihilfepolitik ins Gegenteil um. Das unter der Obhut der Importbeschränkungen und durch nationale Egoismen gewachsene Subventionsniveau führt bei Wegfall des temporären Importschutzes in Zeiten konjunktureller Erholung zu erheblichen Einbußen bezüglich der internationalen Wettbewerbsfähigkeit.

Neben der wenig effektiven Einschränkung der Marktkräfte erfolgte auch die Nutzung der Marktkräfte lediglich pauschal und sehr undifferenziert. Einerseits wurden auf europäischer Ebene die Marktsignale zur Notwendigkeit von industriepolitischen Maßnahmen viel zu spät erkannt (s.o.). Während bereits im Frühjahr 1992 die Krise deutlich wurde, kamen die ersten Kommissionsvorschläge zum Jahreswechsel 1993. Andererseits waren die vorgeschlagenen Maßnahmen nicht anhand ökonomischer Daten für bestimmte Produktgruppen und Regionen differenziert. Vielmehr hat die Kommission unabhängig von ökonomischen Signalen pauschale ad hoc-Maßnahmen vorgeschlagen. Schließlich ist auch die Beendigung der ad hoc-Politik nicht auf konjunkturelle Reflektoren zurückzuführen, sondern aufgrund der erwähnten mangelnden Kooperation zwischen Kommission und den Unternehmen. Die zeitlich gleichgelegene konjunkturelle Erholung auf dem europäischen Stahlmarkt im Sommer 1994 ist rein zufällig und ein Glücksfall für die europäischen Stahlkocher. Es steht zu befürchten, daß die zur rechten Zeit einsetzende Belebung abermals verhindert hat, daß die Kommission eine fundierte Analyse bisheriger Stahlpolitik und struktureller Sachzwänge vornimmt, wodurch die potentielle Möglichkeit zur Analyse und Lösung von Strukturproblemen durch staatliche Instanzen (vgl. Japan) vertan wird.

Kapitel 8: Die Forschungs- und Technologiepolitik der EU im Bereich der Mikroelektronik

Seit dem Beginn der 1980er Jahre wird Industriepolitik in den westlichen Industrieländern auch verstärkt als Forschungs- und Technologiepolitik betrieben.[1] Die europäische Forschungs- und Technologiepolitik (F&T-Politik) ist seither immer wieder kritisiert worden.[2] Diese Kritik mündet oftmals in einer Grundsatzkritik staatlicher Technologieförderung. Bei genauer Betrachtung der europäischen F&T-Politik für die Mikroelektronik, die als Schlüsseltechnologie auf ein breites Feld verschiedenster Anwendungen ausstrahlt, werden allerdings Fehler in der Art und Weise der Fördermaßnahmen deutlich.

Im folgenden soll zunächst der technologische Rückstand Europas, insbesondere gegenüber Japan und den USA, dokumentiert werden (8.1). Daran schließt sich eine Schilderung der europäischen Forschungs- und Technologiepolitik seit dem Beginn der 1980er Jahre durch die EU-Kommission an. Dargestellt werden die Politikschwerpunkte (8.2). Die Analyse dieser F&T-Politik, die zu der rückständigen Wettbewerbsposition europäischer Anbieter beigetragen hat, erfolgt wiederum unter Berücksichtigung der Erkenntnisse aus der Analyse der japanischen F&T-Politik (8.3).

8.1 Der technologische Rückstand Europas

Mikroelektronik beinhaltet wesentlich die Bereitstellung von integrierten Speicher- und Rechnerkapazitäten.[3] Man spricht auch von Speicherchips bzw. Mikroprozessoren. Erst durch die Integration der Halbleiterbauelemente auf einem Chip mit Hilfe der Mikroelektronik wird die sehr schnelle Verknüpfung von Information und Wissen (Know-How) möglich. Die weltweiten Produktionsanteile im Bereich der Mikroelektronik und deren Verschiebung zwischen 1990 und 1995 zeigt Abbildung 8.1.

---

[1]Vgl. Starbatty, J.; Schäfers, M.; Vetterlein, U.: Europäische Technologiepolitik: Entwicklungslinien und Einwirkungsmöglichkeiten aus Sicht der Bundesrepublik Deutschland, Baden-Baden 1990, S. 24 ff..

[2]Vgl. Starbatty, J.; Vetterlein, U.: Muß die Halbleiterproduktion subventioniert werden?, in: wd, IV 1988, S. 194.

[3]Vgl. Weidenfeld, W.; Turek, J.: Technopoly - Europa im globalen Wettbewerb, Wiesbaden 1994, S. 78.

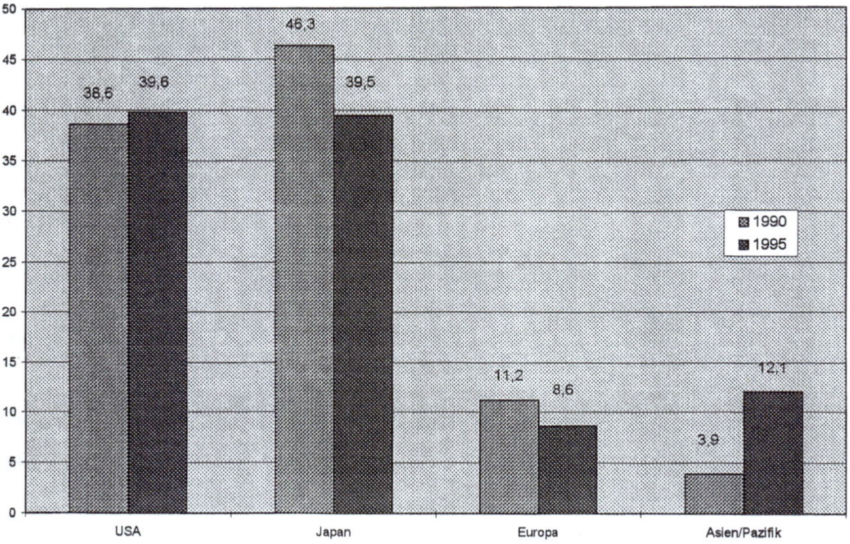

Quelle: VDE/VDI-Studie: Trends der Mikroelektronik, Hannover 1996, Bild 3.

Abbildung 8.1: Mikroelektronik - Produktionsanteile nach Regionen 1990 bzw. 1995

Die Abbildung verrät eine Verschiebung der Produktionsanteile von mikroelektronischen Bauteilen zugunsten der asiatisch-pazifischen Region und eindeutig zum Nachteil europäischer Hersteller. Deren ohnehin geringen Produktionsanteile haben sich um 2,6 % auf nur noch 8,6 % (1995) verringert. Die USA und Japan produzieren derzeit annähernd 80 % der Mikroelektronikbausteine. Bedingt ist dies nicht zuletzt durch einen ebenfalls hohen Verbrauch (Nachfrage nach Mikroelektronik) entsprechender Komponenten. Abbildung 8.2 illustriert dies analog für den gleichen Zeitraum.

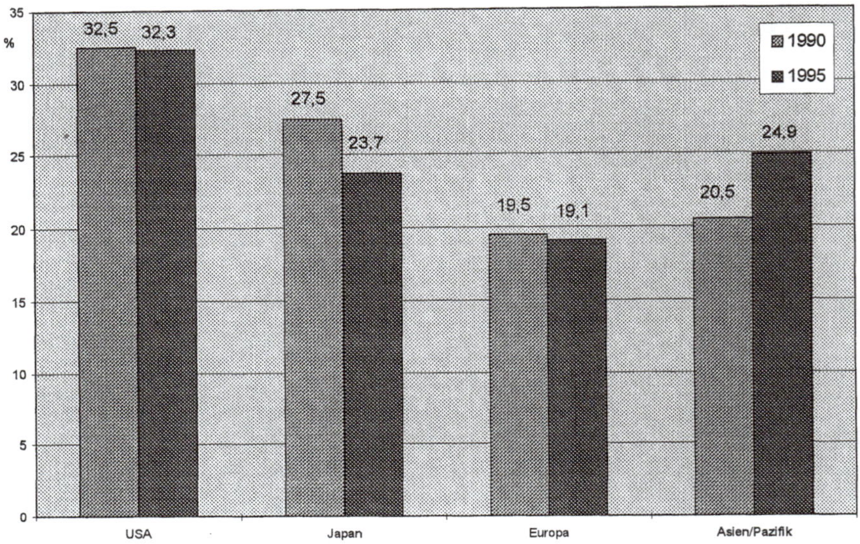

Quelle: VDE/VDI-Studie: Trends der Mikroelektronik, Hannover 1996, Bild 1.

Abbildung 8.2: Mikroelektronik - Verbrauch nach Regionen 1990 bzw. 1995

Auch hier ist der europäische Verbrauch rückläufig zugunsten der asiatisch-pazifischen Region. Selbst der stetig hohe Verbrauch in Japan hat sich im Zuge dieser Entwicklung reduziert, während er sich in den USA stabilisiert hat. Der Mikroelektronik-Verbrauch pro Kopf ist jedoch in Japan nach wie vor der höchste der Welt (vgl. Abbildung 8.3). In diesem Schaubild wird insbesondere deutlich, daß die anderen Nationen mit Ausnahme der Länder Westeuropas (ohne Deutschland) ihre Position im Vergleich zu Japan verbessern konnten. Die Bundesrepublik allein hat den Pro-Kopf-Verbrauch ebenfalls deutlich gesteigert, während die anderen EU-Mitgliedsländer Mikroelektronik heute kaum häufiger einbauen als 1990. Hier wurde es versäumt, über eine ausgedehnte Nachfrage im eigenen Binnenmarkt den heimischen Anbietern Größenvorteile zu verschaffen.

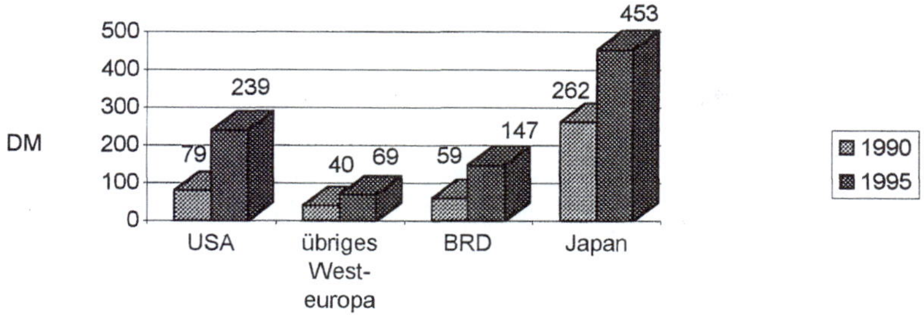

Quelle: VDE/VDI-Studie: Trends der Mikroelektronik, Hannover 1996, Bild 2.

Abbildung 8.3: Mikroelektronik - Verbrauch nach Regionen pro Kopf 1990 bzw. 1995

An früherer Stelle wurde in Abbildung 4.7 demonstriert, daß schon Ende der 1980er Jahre die Anteile auf dem Weltmarkt für Integrierte Schaltkreise zu über 80% bei japanischen und US-amerikanischen Firmen lagen. Jene Abbildung illustriert die deutliche europäische Unterlegenheit seit dem beginnenden Marktwachstum für ICs Anfang der 1970er Jahre.

Da in mikroelektronischen Produkten (wie z.B. Integrierte Schaltkreise) ein hohes Maß an technologischem Know-How steckt, zählen diese Güter zu den sogenannten Hochtechnologiegütern. Diese Güter sind in internationalen Statistiken wiederum durch eine überproportional hohe FuE-Intensität charakterisiert und definiert.[4] Einerseits ist Forschung und Entwicklung notwendig, um eine gewisse Marktposition zu erlangen andererseits ebenso, um bestehende Marktanteile zu verteidigen. Hochtechnologieexportanteile geben somit Aufschluß über Höhe und Effizienz der Forschungs- und Entwicklungstätigkeit.

Abbildung 8.4 illustriert, daß die EU 1993 zwar absolut gesehen den größten Anteil an Hochtechnologieexporten aufweist[5], aber daß sowohl Japan als auch die USA in ihrer Gesamtexporttätigkeit dem Hochtechnologiesektor größeres

[4]Vgl. Mirow, M.: Wettbewerbsbedingungen in der Elektronikindustrie - Notwendigkeit einer Industriepolitik, in: Oberender, P. (Hrsg.): Industriepolitik im Widerstreit mit der Wettbewerbspolitik, Berlin 1994, S. 92.

[5]Was jedoch insbesondere auf die Größe des europäischen Marktes in Relation zum japanischen und US-amerikanischen Markt zurückzuführen ist.

Gewicht einräumen. Ihre anteilige Hochtechnologieexporte sind höher als ihre anteiligen Gesamtexporte.

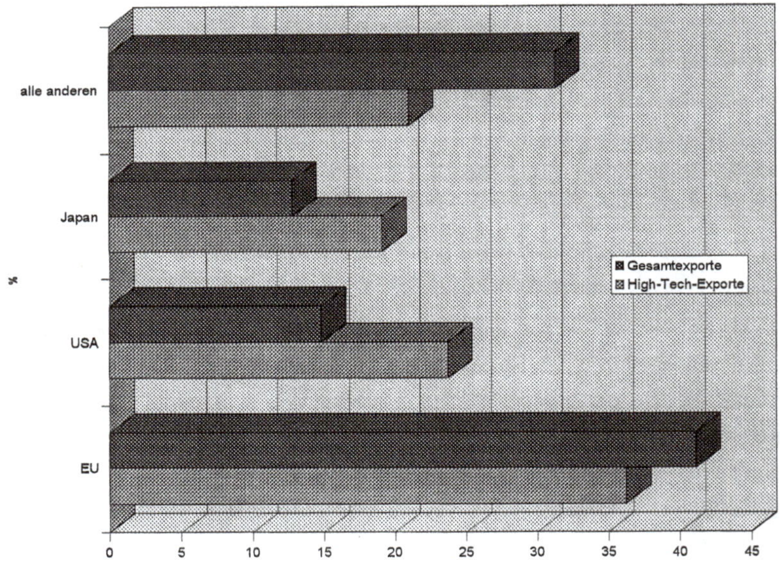

Quelle: KOM. EG: a.a.O: (FN 4), Fig. 21.

Abbildung: 8.4: Anteilige Hochtechnologieexporte und Gesamtexporte 1993

Auch die Entwicklung der Handelsbilanz mit Hochtechnologiegütern (Tabelle 8.1) zeigt für Japan und die USA deutliche Ausfuhrüberschüsse und für die EU ein beständiges Handelsdefizit.

	1989 in Mrd. ECU	1993 in Mrd. ECU
EU	-10,6	-11,3
USA	+16,6	+13,9
Japan	+31,4	+39,6

Quelle: Streck, W. R.: Welthandel mit High-Tech-Produkten, in: ifo-schnelldienst, 1-2/96, S. 25.

Tabelle 8.1: Entwicklung der Handelsbilanz mit Hochtechnologiegütern

Offenbar hat sich in Japan und den USA die gestiegene Bedeutung der Hochtechnologiegüter entsprechend in der Exportstruktur niedergeschlagen. Abbildung 8.5 prognostiziert einen zukünftigen Anstieg des Anteils der Hochtechnologiegüter am Wachstum des BSP. High-Tech-Produkte stellen demnach zukünftige Wachstumsmärkte dar. Diese Tendenz hat man außerhalb Europas schneller antizipiert.

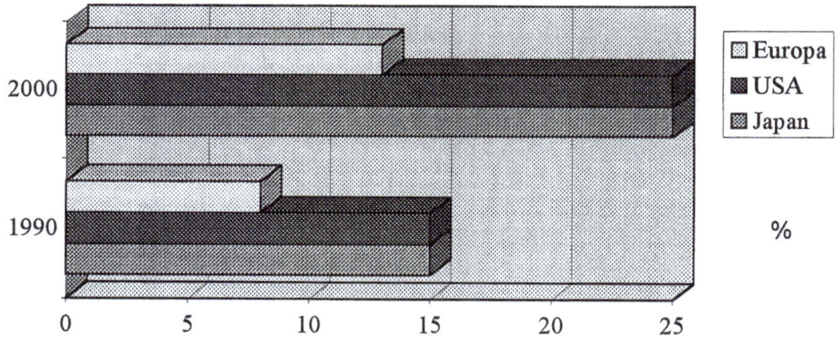

Quelle: Weidenfeld, W.; Turek, J.:a.a.O. (FN 3), S. 49.

Abbildung 8.5: Anstieg des Anteils von Hochtechnologiegütern am Wachstum des BSP

Unter Berücksichtigung obiger Definition von Hochtechnologiegütern (hohe FuE-Intensität) suggeriert die dargestellte Entwicklung relativ höhere FuE-Aufwendungen der japanischen und US-amerikanischen Unternehmen. Abbildung 8.6 bestätigt diesen Zusammenhang zumindestens für Japan. Die Überlegenheit US-amerikanischer Anbieter von Hochtechnologiegütern gegenüber Europa ist (trotz höherer FuE-Aufwendungen der europäischen Unternehmen) auf die spill-overs der ausgedehnten Raumfahrt und Verteidigung in den USA zurückzuführen.

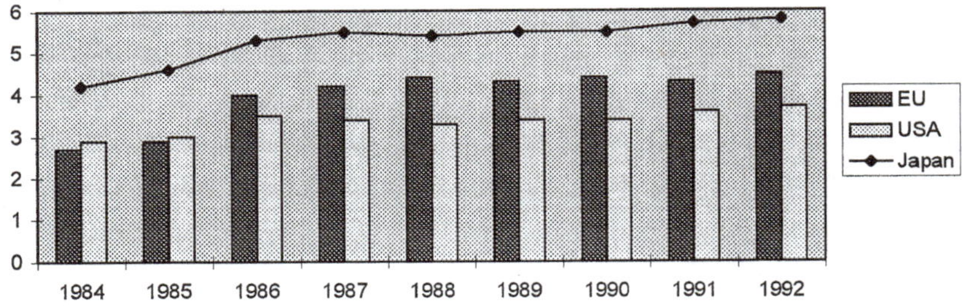

Quelle: K O M . E G : Eine Politik der industriellen Wettbewerbsfähigkeit für die Europäische Union, Mitteilung der Kommission an den Rat, Brüssel, 14.09.1994, Fig. 18.

Abbildung 8.6: FuE-Ausgaben der Unternehmen im verarbeitenden Gewerbe in % vom Umsatz

Die Wettbewerbsfähigkeit in der Halbleiterindustrie wird deshalb durch den überproportionalen Kostenanstieg im Bereich FuE bestimmt. Ausgaben für FuE gelten auf diese Weise als Indikator für die wirtschaftlichen Perspektiven eines Landes. Das verdeutlicht auch Abbildung 8.7. Denn der Anteil der FuE-Ausgaben am BSP in Europa liegt schon 1992 deutlich unter dem Niveau in Japan und den USA. Außerdem arbeiten in Europa weniger Menschen im Bereich FuE. Wissenschaftliches Forschungspersonal stellt nur 0,47% der Arbeitskräfte dar, gegenüber 0,74% in den USA und 0,80% in Japan.[6]

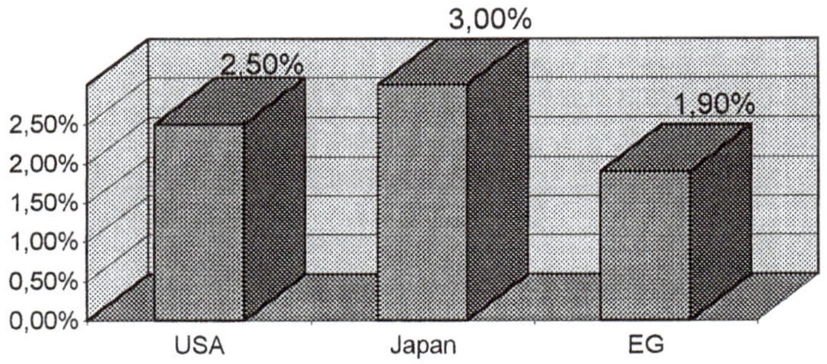

Quelle: KOM. EG: a.a.O. (FN 6), S. 9

Abbildung 8.7: Anteil der FuE-Ausgaben am BSP in % (1995)

---

[6]Vgl. K O M . E G : Die Wettbewerbsfähigkeit der Europäischen Industrie - Eine Bewertung mittels Benchmarking, Brüssel 9.10.1996, S.16.

Die Wettbewerbsfähigkeit US-amerikanischer und japanischer Unternehmen darf jedoch nicht auf den alleinigen Faktor FuE-Förderung oder aufgewendete FuE-Mittel der Unternehmen zurückgeführt werden. Eine nachhaltige und gezielte FuE-Tätigkeit in einer Volkswirtschaft oder in einer volkswirtschaftlichen Region schafft Wachstumsoptionen. Wachstumschancen bedürfen zusätzlich der staatliche Kanalisation. Die frühzeitige Antizipation technologischer Tendenzen in Japan (vgl. Kapitel 4) und den USA[7] durch gezielte industriepolitische

---

[7]Die Außenhandelspolitik der USA wurde bereits in Kapitel 2 analysiert. Darüberhinaus haben besonders die teils immensen Ausgaben für Raumfahrt und Verteidigung seit dem zweiten Weltkrieg über sogenannte *spin-offs* eine positive Ausstrahlung auf zivile Anwendungsbereiche entfaltet. Eine umfangreiche Analyse dieser Wirkungen findet sich bei Gerybadze, A.: Raumfahrt und Verteidigung als Industriepolitik?, Frankfurt/M., New York 1988. Seiner Ansicht nach waren es in der Vergangenheit dabei insbesondere die Parallelität angebots- und nachfrageseitiger Stimulierungsmaßnahmen, die eine weitreichende Durchschlagskraft entfachten, welche reine FuE-Fördermaßnahmen oftmals vermissen lassen. Die militärische FuE-Förderung zur Technologieentwicklung bewirkte dabei den Technologieschub, während die öffentlichen Beschaffungsaufträge für den notwendigen Nachfragesog sorgten. Beispiele für Technolgiefelder mit militärinduzierten Ursprüngen, in denen die USA lange führend waren sind Roboter, CAD-Systeme, Computer, Halbleiter oder "neue Materialien".

Dabei kommt Gerybadze bei seiner Untersuchung zu dem Ergebnis, daß mögliche *spin-offs* insbesondere dann begünstigt sind, wenn sich die internationale Diffusion nicht zu schnell vollzieht. Als Beispiel führt er die US-amerikanische Außenhandelsentwicklung zu Beginn der 1970er Jahre an. Während die Handelsbilanz durch die 1970er Jahre für das produzierende Gewerbe negativ war, konnten im Bereich der High-Tech-Güter bis in die 1980er Jahre Überschüsse erwirtschaftet werden. Doch auch bei diesen Produkten mußte man unterscheiden zwischen denjenigen, die stärker von den Rüstungsausgaben profitierten (Flugzeugturbinen, Raumfahrzeuge, Flugkörper, Computer) und denjenigen, die bereits in den 1970er Jahren eine Beeinträchtigung ihrer Exportposition verzeichneten (Kommunikationstechnik, Werkzeugmaschinen, Instrumentetechnik, Kunststoffe). In allen vier Bereichen, die durch zunehmend zivile Anwendungspotentiale charakterisiert waren, konstatiert er, daß keine konsequente Technologieentwicklung auf ziviler Ebene weiterverfolgt wurde und somit keine Rezepte gegen asiatische Industriepolitik vorhanden waren.

Die Analyse der US-amerikanischen Raumfahrt- und Verteidigungspolitik zeige jedoch, daß *spin-offs* gerade im Bereich der generischen Technologieentwicklung in einer frühen Lebenszyklusphase wahrscheinlich sind. Die hohe Unsicherheit der Unternehmen und die erforderliche langfristige Planungsnotwendigkeit eröffnet ein staatliches Aktionspotential. Seiner Untersuchung zufolge müssen - staatlich organisiert - Ressourcen in ertragreiche zivile Anwendungen gelenkt werden, da hohe militärische FuE-Investitionen alleine langfristig keine Kompensation bewirken. Durchläuft eine Technologie oder Industrie einen solchen Wendepunkt, von der mehr militärischen hin zur überwiegenden zivilen Anwendung (wie bei Halbleiter, Werkzeugmaschinen, Satellitentechnik), so müssen auf ziviler Seite entsprechende Ressourcen "nachgeschoben" werden. Denn bei einsetzender Internationalisierung wird die Wettbewerbsfähigkeit vom zivilen Markt determiniert. In diesem Sinne verfolgt die USA durch die umfangreiche Verteidigungspolitik ein langfristig gefährliches Spezialisierungsmuster. Denn bei den positiven Ausstrahlungen der Raumfahrt- und Verteidigungspolitik handelt es sich weniger um intentionale, als vielmehr um nicht unmittelbar geplante Nebeneffekte, da eine zielgerichtete Industriepolitik in den USA bis dato nur bedingt konsensfähig war.

In seinen industriepolitischen Schlußfolgerungen und mit Blick auf die Diskussion über eine zielgerichtete Industriepolitik in den USA für nationale Industrien konstatiert Gerybadze im wesentlichen folgende Erfahrungen aus der US-amerikanischen Raumfahrt- und Verteidigungspolitik:

Kern einer staatlich induzierten Industriepolitik muß die Parallelität von Beschaffungsmaßnahmen (nachfrageseitig) und Entwicklungsaufwendungen (angebotsseitig) sein. Darüberhinaus müßten

Unterstützungsmaßnahmen für Wachstumsbereiche haben zu einer eindeutigen technologischen Überlegenheit gegenüber europäischen Unternehmen geführt. Wie dargestellt wurde, ist die mangelnde Wettbewerbsfähigkeit europäischer Anbieter besonders eklatant im Bereich der Mikroelektronik.
Die EG hat seit den 1980er Jahren versucht, durch eine eigenständige Forschungs- und Technologiepolitik den globalen Herausforderungen zu begegnen.

8.2 Die Europäische Forschungs- und Technologiepolitik in der Halbleiterindustrie

8.2.1 Die Europäischen Rahmenprogramme

Bis Ende der 1970er Jahre waren die einzelnen Mitgliedstaaten der EG für die Technologiepolitik zuständig. Eine Institutionalisierung der Forschungs- und Technologiepolitk scheiterte lange Zeit an den konträren ordnungspolitischen Vorstellungen Frankreichs und der Bundesrepublik. Die Europäische Technologiepolitik war aus deutscher Sicht als ein ergänzendes Forum gedacht, das nur dann wirken sollte, wenn sich der nationale forschungspolitische Rahmen als zu eng erweist. Anders die französische Sichtweise: Nach kostspieligen und erfolglosen nationalen Alleingängen wurde eine europäische Technologiepolitik für Frankreich als Ausweg immer attraktiver.[8]

Erst als Zweifel an der eigenen technologischen Spitzenstellung auch in der Bundesrepublik infolge hoher ungewohnter Leistungsbilanzdefizite (1979-1981) und durch Marktanteilsverluste in Hochtechnologiebereichen genährt wurden, kam es zu einer gedanklichen Annäherung beider Positionen. Japanische

---

Komplementaritätsbeziehungen zwischen staatlichen und privaten Mitteln im Sinne eines "Leveraging" geschaffen werden, wonach öffentliche Anstöße durch einen wachsenden Anteil privater Mittel abgestützt werden. Die bis zum Ende der 1980er Jahre hohen Rüstungsausgaben und ihre erwiesenen positiven Effekte auf die Wettbewerbsfähigkeit vieler Industrien werden in den von überwiegend ziviler Technologieanwendung geprägten 1990er Jahren weniger Ausstrahlung entfalten, weshalb eine konsquente zivile Weiterverfolgung der Technologieentwicklung mittels gezielter Industriepolitik notwendig ist. Vgl. auch Abschnitt 2.2.3.

[8]Damit bietet sich ein alt bewährtes Bild in der Europäischen Technologiepolitik: Deutschland bevorzugt eine am Subsidiaritätsprinzip ausgerichtete Forschungspolitik, während Frankreich eine gestaltende Industriepolitik vor Augen hat, in der der Staat Leitlinien und Anreize zur Orientierung der Wirtschaft an zukünftigen technologischen Erfordernissen setzt. Vgl. Starbatty, J.; Schäfers, M.; Vetterlein, U.: a.a.O. (FN 1), S. 131-149.

Exporterfolge und amerikanische Wirtschaftsstärke bedingten erste technologische Zusammengehörigkeitsgefühle bei den europäischen Nachbarn. So wurde für den Zeitraum von 1983-87 das erste technologiepolitische Rahmenprogramm auf europäischer Ebene ins Leben gerufen. Am 1.7.1987 trat die Einheitliche Europäische Akte (EEA) in Kraft. Sie verankerte die EG-Kompetenzen im EWG-Vertrag. Die Stärkung der wissenschaftlichen und technologischen Grundlagen der europäischen Industrie und damit ihrer Wettbewerbsfähigkeit wurde als Ziel festgeschrieben. Man war unter den führenden Mitgliedsländern überzeugt, daß die veränderte Konkurrenzsituation und das hohe stets wachsende Innovationstempo auf den Hochtechnologiemärkten einen qualitativen Sprung in der gemeinschaftlichen Technologiepolitik zur Folge haben müsse.[9] Das Förderkonzept der EU basiert dabei auf Initiative und Verantwortung der Unternehmen. Der technologiepolitische Ansatz beruht in diesem Sinne auf Förderung einer positiven Anpassung, also Ablehnung einer protektionistischen Industriepolitik.[10] Grundlage für die dynamische industrielle Entwicklung sind somit offene Märkte.

Forschungspolitik wird in der EU über bis dato vier Rahmenprogramme betrieben. Darin werden Förderschwerpunkte, -kriterien und -modalitäten sowie das Budget festgelegt. Das zweite Rahmenprogramm von 1987 bis 1991 enthielt erstmals die Strategie, durch grenzüberschreitende europäische Forschung der Übermacht japanischer und US-amerikanischer Hauptkonkurrenten zu begegnen. Es wurde mit 5,4 Mrd. ECU schon deutlich besser ausgestattet als das erste (3,7 Mrd. ECU). Die Förderung der Informations- und Kommunikationsindustrie stand ebenso im Vordergrund wie beim dritten Rahmenprogramm (1990-1994, Förderbudget 6,6 Mrd. ECU).[11] Im derzeit vierten Rahmenprogramm (1994-1998) soll ein Beitrag zur Stärkung der globalen Wettbewerbsfähigkeit der europäischen Industrie geleistet werden. Durch die erhöhte Förderung strategischer Allianzen und technologischer Kooperationen mit Ländern außerhalb der EU hat sich nahezu eine Verdopplung der Fördermittel ergeben

[9]Vgl. Narjes, K.-H.: Europas Antwort auf die technologische Herausforderung, in: Die strukturpolitische Information, Nr.4, 1987, S.1-2.
[10]Vgl. Penzkofer, H.; Ochel, W.: Internationale Wettbewerbsfähigkeit und ihre Implikationen für die europäische FuE-Politik, in: ifo-schnelldienst, 10/96, S. 4.
[11]Vgl. ebenda, S. 4.

(12,3 Mrd. ECU).[12] Die Fördermittel gelten zu 28% den Informations- und Kommunikationstechnologien.[13] Das vierte Rahmenprogramm verfolgt dabei drei Ziele:[14]

- Festigung der Stellung von Wissenschaft und Technologie in Europa, um den Bedürfnissen der Industrie gerecht zu werden und die Lebensqualität in den Mitgliedstaaten zu verbessern,
- Förderung der wissenschaftlichen und technologischen Zusammenarbeit in Europa; Verbesserung der Koordinierung der Forschungsarbeiten in den Mitgliedstaaten und Verwertung der Ergebnisse von Forschungsprojekten,
- Beitrag zu anderen politischen Arbeitsfeldern der Gemeinschaft.

Um den Forschungsarbeiten *nach* dem vierten Rahmenprogramm größere Breitenwirkung zu verschaffen, hat die Kommission für einige zukunftsweisende Bereiche "Task Forces" eingerichtet, bei denen im Dialog mit Vertretern der Industrie und Anwendern Prioritäten für die Forschung herausgearbeitet werden sollen. Bisherige Schwerpunkte sind beispielsweise "Das Auto von morgen", "Multimediale Lernprogramme" oder "Impfstoffe und Viruserkrankungen".

Die inhaltliche Ausgestaltung der Rahmenprogramme sowie der Einzelprogramme obliegt der Kommission. Über gebildete F&T-Ausschüsse, in denen hohe Beamte, Wissenschaftler und Industrievertreter versammelt sind, gelangt die Kommission zu einem Informationsinput. Daraus entwickelt sie einen Rahmenvorschlag, der vom Rat und vom Europäischen Parlament im sogenannten "Mitentscheidungsverfahren" verabschiedet werden muß. Sobald eine Verabschiedung erfolgt, legt die Kommission Anzahl und Inhalt der spezifischen Programme fest.[15]

Die Teilnahme der Unternehmen erfolgt über die Einreichung von Vorschlägen seitens der Unternehmen auf bestimmte im Amtsblatt der EU quartalsweise veröffentlichte Ausschreibungen. Dabei sind seitens der Unternehmen umfangreiche Form- und Fristanforderungen einzuhalten. Demnächst sollen

[12]Vgl. Penzkofer, H.; Ochel, W.: a.a.O. (FN 10), S. 4.
[13]Vgl. KOM. EG: Forschung und Technologie: Das vierte Rahmenprogramm (1994-1998), Brüssel, Luxemburg 1995, S. 14.
[14]Vgl. ebenda, S. 15.
[15]Vgl. KOM. EG: a.a.O. (FN 13), S. 43-44.

Management-Handbücher für Teilnehmer an Gemeinschaftprogrammen erstellt werden.[16] Die Durchführung der Programme erfolgt zum weitaus größten Teil auf Kostenteilungsbasis (max. 50% Zuschüsse), also über Projekte. Zu einem geringen Teil werden eigene Forschungsaktivitäten in gegründeten Instituten entwickelt. Auch die Förderung von Forschungskooperationen zwischen verschiedenen Unternehmen ohne bürokratische Projektierungen ist gering.[17]

8.2.2 ESPRIT

Die Präferierung von Forschungsprojekten im vorwettbewerblichen Stadium kam im größten Einzelprogramm zur Förderung der Informationstechnologien namens ESPRIT (European Strategic Programme for Research and Development in Information Technologies) zum Ausdruck. Seit 1984 steht dieses Programm im Zentrum der Förderung von Informationstechnologien. Die Bedeutung von ESPRIT wird in der finanziellen Mittelausstattung im Zeitablauf sichtbar. War ESPRIT I (1984-1989) noch mit ECU 750 Mio.[18] dotiert, so standen für ESPRIT II (1990-1994) schon ECU 1,6 Mrd. zur Verfügung.[19]

Die Subsidiaritätsregel impliziert nun aus deutscher Argumentationsperspektive, die EG-Programme auf die Grundlagenforschung zu konzentrieren. Ein speziell deutsches Anliegen war es deshalb, die Förderquote generell auf 50% der Gesamtaufwendungen zu begrenzen. War auf diese Weise ESPRIT I auch weitgehend auf die Forschungsförderung im präkompetitiven Bereich ausgerichtet, so wuchs im Rahmen von ESPRIT II doch die europäische Einsicht zur punktuellen Förderung von markt- und anwendernäheren Projekten.

Den antragsberechtigten Unternehmen boten sich insgesamt fünf Förderbereiche, von denen die Grundlagenforschung nur einer war. Im einzelnen handelt es sich um die Bereiche "Mikroelektronik", "Informationsverarbeitungssysteme und Software", "Fortgeschrittene Systeme für den geschäftlichen und den privaten

---

[16]Vgl. K O M . E G : a.a.O. (FN 13), S. 43-44.
[17]Vgl. ebenda.
[18]ECU = DM 2,00
[19]ESPRIT II wurde allerdings durch die Entscheidung des Rates vom 8. Juli 1991 angepaßt. Vgl. dazu insbesondere: D e u t s c h e r W i r t s c h a f t s d i e n s t : Leitfaden zur EU-Förderung, März 1994, Bereich Informationstechnologie, Amt für Veröffentlichungen Brüssel 1994, S. 1-18.

Bereich", "Computerintegrierte Systeme und Ingenieurwesen" sowie "Grundlagenforschung".

Das Antragsverfahren erfolgte über öffentliche Ausschreibungen und gefördert wurden Forschungsvorhaben (Verträge auf Kostenteilungsbasis), flankierende Maßnahmen (z.B. Seminare und Ausbildung) und konzertierte Aktionen (gezielte Anstrengungen von öffentlicher und privater Hand). Größere Projekte deckten entsprechend mehrere Teilbereiche ab.

Im Bereich "Mikroelektronik" wurden drei Schwerpunkte definiert:[20]

- Stärkung einer technologischen Basis, die dem künftigen Fertigungspotential in Bezug auf eine breite Palette hochentwickelter ICs als Grundlage dient,
- Ausbau des in der Gemeinschaft vorhandenen Potentials integrierter Schaltungen und
- Einbezug möglichst vieler potentieller Beteiligter innerhalb der Gemeinschaft (Großindustrie, kleine Industriebetriebe, Hersteller sowie Benutzer, Hochschulen und Forschungszentren)

Gerade im letzten Schwerpunktbereich wird mit besonderem Nachdruck auf die Berücksichtigung der Anwender und Benutzer Wert gelegt, was eindeutig über eine breiter verwertbare Grundlagenforschung hinausgeht. Die anwenderorientierten ICs, also mehrfunktionale Schaltkreise, Hochgeschwindigkeitsschaltkreise bzw. sonstige moderne Leistungsschaltkreise stehen damit im Mittelpunkt der Forschungsanstrengungen.[21]

Bei den längerfristigen, innovativsten Aspekten der Arbeit im Bereich Mikroelektronik sollen die Ergebnisse und Zielsetzungen der Grundlagenforschung auf diesem Gebiet berücksichtigt werden, so daß im Rahmen des Programms die durchgängige Kohärenz in diesem Sektor gewährleistet ist. Die Bedeutung der Mikroelektronik als Basistechnologie läßt allerdings in weit stärkerem Maße positive Effekte der Halbleiterforschung auf

---

[20]Vgl. Deutscher Wirtschaftsdienst: a.a.O: (FN 19), S. 1-18.
[21]Vgl. zusätzlich: Bundesministerium für Forschung und Technologie (BMFT): Forschung in Europa, Amt für Öffentlichkeitsarbeit, Bonn, Juli 1994.

die anderen Schwerpunktbereiche zu, womit der Sektion "Mikroelektronik" gleichwohl eine führende Rolle im ESPRIT-Programm zufällt.[22]

Das Nachfolgeprogramm (ESPRIT III, 1994-1998, Fördermittel: ECU 3,6 Mrd.) soll den europäischen Mitgliedsländern die Teilnahme an der Informationsrevolution ermöglichen. Das Programm dazu ist in drei Teilbereiche gegliedert: Informationstechnologien (Fördermittel: ECU 2,0 Mrd.), Telematik (ECU 0,9 Mrd.) und Kommunikationstechnologien (ECU 0,7 Mrd.) Über quartalsmäßige Aufrufe im Amtsblatt der EU bzgl. bestimmter Projektschwerpunkte sollen die potentiellen Unternehmen im Bereich der Informationstechnologien animiert werden, in einer bestimmten Frist und Form zu reagieren.[23]

8.2.3 JESSI

Das EUREKA-Programm für die Mikroelektronik JESSI (Joint European Submicron Silicon) ist eine Gemeinschaftsinitiative der europäischen Anwender und Hersteller integrierter, mikroelektronischer Schaltkreise. Es handelt sich insofern um Projektierungen außerhalb des Rahmenprogramms. Innerhalb dieses Programms sollte in Kooperationen, die die ganze Breite des Mikroelektronikeinsatzes abdecken, in den Jahren 1989 bis mindestens 1996 durch arbeitsteilige Pilotentwicklungen die Konkurrenzfähigkeit der europäischen Wirtschaft in diesem industriellen Schlüsselfeld gestärkt werden.[24] Ziel dieses Programms war und ist die Grundlagenschaffung für eine eigenständige europäische Produktion von Speicherchips der nächsten und übernächsten Generation (16- bzw. 64-MB-Chip). Mittelfristig soll ebenso der Aufbau einer leistungsfähigen europäischen Zuliefererindustrie für die Herstellung von Fertiggeräten erfolgen.

Im Rahmen des Programms arbeiten Halbleiterhersteller und -anwender sowie staatliche und industrielle Forschungseinrichtungen eng zusammen. Nahezu alle

---

[22]Dies geht auch aus der Aufschlüsselung des veranschlagten Mittelbedarfs hervor; dem Bereich Mikroelektronik fallen demnach mit ca. ECU 390 Mio. die meisten Mittel zu. Vgl. Deutscher Wirtschaftsdienst: a.a.O. (FN 19), S. 17.

[23]Vgl. KOM. EG: a.a.O. (FN 13), S. 18-19.

[24]Vgl. Bundesministerium für Forschung und Technologie (BMFT): JESSI - das EUREKA-Programm für die europäische Silizium-Mikroelektronik, Pressedokumentation 04/1994, S. 1.

einschlägigen europäischen Technologieunternehmen und Forschungszentren sind mittlerweile involviert. Die Zusammenarbeit erstreckt sich nicht nur auf die *Halbleitertechnologie* und das dazugehörige Leitprodukt, sondern weiterhin auch auf die *Fertigungstechnik*, die *Ausgangsmaterialien* und die *Anwendungen*. In allen Programmbereichen wurden die Anwender und Benutzer von vornherein konstruktiv in die Forschungs- und Entwicklungsabläufe einbezogen. Die Kosten wurden bis 1996 auf DM 8,4 Mrd. veranschlagt. Das Konzept sieht eine Orientierung an *Flaggschiff*-Projekten vor, die eine technologische Teilkomponente zum Gegenstand haben und an die zahlreichen Einzelprojektierungen anknüpfen mit unterschiedlicher Forschungstiefe.[25] Die Auswahl der *Flaggschiffe* orientiert sich an den Produkten, die aus heutiger Sicht gegen Ende der 1990er Jahre große Marktbedeutung erlangen. Die Auswahl der Inhalte erfolgte auf der Informationsgrundlage großer europäischer Technologieunternehmen sowie namhafter Forschungsinstitute (z.B. Fraunhofer-Gesellschaft, Max-Planck-Institut). Letztlich soll in Analogie zum US-amerikanischen SEMATECH-Programm der sukzessive Aufbau einer tragfähigen FuE-Kooperationsstruktur im Bereich der Halbleiterindustrie vorangetrieben werden.

In JESSI hat sich die gesamte Argumentation und Diskussion seit Mitte der 1980er Jahre gebündelt, um der europäischen Halbleiterindustrie in Anbetracht ihrer unumstrittenen volkswirtschaftlichen Bedeutung auf die Sprünge zu helfen. Hier wird fernab von forschungs- und technologiepolitischen Standards oder ordnungspolitischen Rigorositäten industriepolitisch, und d.h. punktuell (Halbleiterindustrie) und ergebnisorientiert (verbesserte Weltmarktstellung) gehandelt. Insbesondere die starke Anwenderorientierung entspringt auch der Einsicht, daß bei der Mikroelektronik eine Nachfragestimulierung den hohen Angebotskosten gegenüber stehen muß. Denn das ungeheure Innovationstempo erhöht den notwendigen Anteil zielorientierter Forschung. Der hohe Kapitaleinsatz erfordert zusätzlich ein höheres Maß an Spezialisierung. Mit der Organisation des JESSI-Programms ist erstmals die Einbindung und Zusammenarbeit vieler für die Mikroelektronik relevanter Industrien bzw. Forschungseinrichtungen gelungen. Statt Summierung paralleler Einzelaktivitäten

---

[25]Vgl. im folgenden neben FN 24 besonders: Deutsches Koordinierungsbüro für das EUREKA-Programm JESSI (hrsg.): JESSI - Ergebnisse, Berlin, März 1993 oder derselbe: JESSI - Flexible Automated Wafer Production (FAW), Berlin, April 1992; Fisch, P.: Das europäische Mikroelektronik-Projekt JESSI, in: WiSt 8/90, S. 400-401.

wird die Integration unterschiedlicher Aktivitäten in ein strategisch ausgerichtetes Gesamtkonzept unter Führung der europäischen Mikroelektronikhersteller und Anwenderindustrien betrieben. Nicht die Technologie bestimmt die Anwendung, sondern umgekehrt werden industriell praktikable Lösungen zum Maßstab technologischer FuE.

JESSI umfasst ca. 20 strategische *Flaggschiff*-Projekte, die auf die eingangs erwähnten vier Forschungsfelder verteilt sind. Jedes Forschungsfeld besitzt einen eigenen Fachausschuß, der wiederum unmittelbar dem Entscheidungsgremium (JESSI-Board) unterstellt ist. Das JESSI-Board wird finanziell unterstützt vom JESSI-Committee, auf das die Regierungsvertreter der fünf Trägerländer[26] einwirken.

Eine dezidierte Beurteilung des Programms erscheint zu Beginn des Jahres 1997 noch etwas verfrüht, doch die Teilerfolge durch einige *Flaggschiff*-Projekte sollen dennoch kurz erwähnt werden:

a) Hochauflösendes Fernsehen (HDTV)
Hochauflösende Fernsehempfänger werden sich zum umsatzstärksten Produkt im Bereich der Konsumelektronik entwickeln. Hier werden Prozessoren entwickelt, die Schrittmacher für weitere ICs im Konsumbereich darstellen. Dabei sollen speziell Methoden erprobt werden, mit denen fertig produzierte neue Schaltkreise auf ihre Erfüllung in Hinsicht auf die Entwurfsanforderungen überprüft werden können. Die europäische Standardisierung von Testverfahren macht Sytementwürfe damit unabhängiger von einzelnen Herstellungsverfahren.

b) Digitaler Hörfunk (DAB)
Dem digitalen Hörfunk liegen neue Signalverarbeitungstechniken zugrunde, durch die ein vollständig neues Übertragungssystem einen brillanten Rundfunkempfang von bisher unerreichter Qualität ermöglichen wird. Die Machbarkeit dieses neuen Rundfunksystems wurde bereits nachgewiesen. Dieses JESSI-Projekt hat Ende 1995 die Schlüsselkomponenten für dieses System zur Verfügung gestellt. Dabei wurden zwei verschiedene Generationen von Schaltkreisen entwickelt. Die erste Generation führt zu Empfängern, die noch

[26]Dazu zählen Frankreich, Italien, die Niederlande, Großbritannien und die Bundesrepublik; im operativen Bereich sind mittlerweile auch noch andere EG-Länder involviert.

relativ gering integriert sind, mit denen Feldversuche zum Empfang seit Ende 1993 durchgeführt wurden. Die weiterentwickelte zweite Generation hat die Herstellung der ersten privaten DAB-Rundfunkempfangsgeräte 1996 ermöglicht. Legt man die jetzt schon erzielten Resultate zugrunde, so gibt es zur Zeit kein vergleichbares Konkurrenzsystem. In Europa besteht die Möglichkeit, einen weltweiten Standard aufzubauen.

c) Lithographie
Für die Miniaturisierung integrierter Schaltungen ist die fehlerfreie lithographische Reproduktion kleinster Schaltungsdimensionen über ausgedehnte Halbleiter-Chipflächen bedeutsam. Dieses Projekt sieht unter Führung eines Halbleiterherstellers die Entwicklung einer kompletten Lithographiestation vor, die unmittelbar an einer Produktionslinie ausgetestet wird. Der Entwicklungszeitraum einer solch fortgeschrittenen Station wird damit erheblich verkürzt und für die Hersteller von Halbleiterfertigungsgeräten wird eine Testplattform errichtet, die sie allein nicht unterhalten könnten.

d) Flexible, automatisierte Wafer-Produktion (FAW)
Den anwenderspezifischen integrierten Schaltkreisen (ASICs) wird besondere Bedeutung beigemessen. Sie erhöhen die Flexibilität in der industriellen Entwicklung und verringern die Gesamtherstellungszeiten eines Systems. Die Programmierung jener Chips kann einmalig durch den Einsatz einer benutzerdefinierten Maske erfolgen und somit direkt bei der Chip-Fertigung oder nachträglich nach dessen Herstellung. Für die anspruchsvollen ASICs gilt, da sie fast vollständig benutzerdefiniert sind, daß aufgrund der hohen Einführungskosten und relativ langen Entwurfszeiten ihr Einsatz nur bei größter Stückzahl lohnenswert ist. Im FAW-Vorhaben übernahm erstmals eine IC-Firma (*Telefunken Electronic)* in Europa eine Moderatorenfunktion, um zusammen mit mehreren Geräte- und Materiallieferanten Standards für die Schnittstellen ihrer Geräte zu entwickeln. Ziel ist die neue Konzipierung einer Produktionslinie für ICs. Hauptaugenmerk liegt auf den ständig wechselnden Anforderungen an die Einzelprozesse und an die Fertigungsgeräte bei der Herstellung von ASICs.

Gerade die letzten beiden genannten *Flaggschiff*-Projekte (Lithographie und FAW) im Rahmen der JESSI-Projektierungen sorgten dafür, daß die europäischen Unternehmen von 1991 auf 1992 ihren Anteil am Weltmarkt der

Halbleiterfertigungsgeräte von 11% auf 13% steigern konnten. Die JESSI-Partner profitierten davon, daß Fertigungsgeräte und Materialien der Halbleiterherstellung nach den Bedürfnissen der Hersteller konzipiert wurden.[27] Die Europäische Kommission hat jedenfalls im Rahmen von ESPRIT III ein verstärktes Interesse am Programmkonzept von JESSI gezeigt und daraufhin alleine für das Jahr 1994 DM 126 Mio. zur Verfügung gestellt.[28] Auch gilt für JESSI Art. 92 Abs. III Buchstabe b) EWGV, wonach diese Projekte im Rahmen der Beihilfekontrolle mit dem Gemeinsamen Markt vereinbar sind.

8.3 Analyse der Europäischen F&T-Politik

Die Analyse der japanischen Industriepolitik hat verdeutlicht, daß die industriepolitischen Mechanismen zur Wachstumsförderung (im Sinne von Hochtechnologieförderung) bestimmte staatliche Interventionen implizieren (vgl. Tabelle 4.10). Die folgende Untersuchung soll die wirtschaftspolitische Leistung der Europäischen Kommission vor dem Lichte dieser Ergebnisse analysieren.

8.3.1 Interessenabstimmung zwischen den Beteiligten

8.3.1.1 Interessenabstimmung zwischen den Mitgliedsländern

Aufgabe der Kommission im Rahmen der industriepolitischen Interessenabstimmung wäre es gewesen, die Interessen der Regierungen einerseits und die Belange und Vorstellungen der Wirtschaftsbeteiligten andererseits abzuleiten und bei Divergenzen schlichtend zu intervenieren, um den Prozeß der konsensorientierten Zielformulierung zu erleichtern.

Die *Uneinigkeit zwischen den Mitgliedsländern* hinsichtlich notwendiger Fördermaßnahmen und deren Durchführung benachteiligt die europäischen High-Tech-Unternehmen ebenso im Wettbewerb mit asiatischen und US-amerikanischen Konkurrenten wie die Effizienz einer gesamteuropäischen Forschungs- und Technologiepolitik. Dabei behindern sowohl ordnungspolitische

---

[27] Vgl. Bundesministerium für Forschung und Technologie (BMFT): a.a.O. (FN 24), S. 8.
[28] Vgl. ebenda.

Divergenzen wie auch nationale und regionale Rücksichtnahmen einen zielorientierten Förderansatz.

Gerade der Widerstreit zwischen Wettbewerbspolitik auf der einen und Industriepolitik auf der anderen Seite gehört unter den Mitgliedstaaten zum umstrittensten Wirtschaftspolitikfeld überhaupt. So sind besonders deutsch-französische Gegensätze für den ordnungspolitischen Meinungsquerschnitt innerhalb der Europäischen Union charakteristisch.[29] Frankreich propagiert traditionell direkte Interventionsformen, um die internationale Arbeitsteilung gezielt zu beinflussen und nicht allein den Marktkräften zu überlassen. Die staatliche Einflußnahme auf den Wirtschaftsprozeß zur Förderung der heimischen Industrie ist entsprechend hoch.[30] In Deutschland ist man hingegen mehr marktwirtschaftlichen Prozeßideologien zugetan, und man vertraut offiziell auf den Wettbewerb der Unternehmen als Entdeckungsverfahren.[31] In Deutschland sieht man durch staatliche Interventionen u.a. die heimische Exportwirtschaft gefährdet. Die ordoliberale Schule sieht die staatliche Funktion in der Schaffung der Voraussetzungen für den freien Wettbewerb und dessen Funktionsfähigkeit.[32] Die bereits an früherer Stelle diskutierte Kodifizierung der Industriepolitik in den Maastrichter Verträgen ist mit der unscharfen Abgrenzung gegenüber den wettbewerbspolitischen Gesetzen ein Produkt dieser ordnungspolitischen Pattsituation. Eine staatlich induzierte Industriepolitik für Europa muß mit Blick auf ihre eigene Effizienz und somit bzgl. der

---

[29]Vgl. z.B. das ordnungspolitische Streitgespräch zwischen G. Lafay (Berater von Edouard Balladur) und H. Siebert (Mitglied des Sachverständigenrates) in der Wochenzeitung "Die Zeit": o. V.: Macht Freihandel arbeitslos?, in: FAZ 20.08.1993, S. 34-35, S. 34-35 oder Siebert, H.: Die Weisheit einer höheren Instanz, in: FAZ v. 14.3.1992, S. 15; Lambsdorff, O. G.: Delors wandelt auf den falschen Pfaden, in: FAZ, 2.7.1993, S. 16; Piper, N.: Handel in Not - Ökonomischer Nationalismus bedroht die EG, in: Die ZEIT, 3.9.1993, S. 26; Schmid, K.-P.: Konzert für viele Solisten, in: Die ZEIT, 16.9.1994, S. 48.

[30]Vgl. Opitz, M.: Staatsbetriebe zur Unterstützung einer aktiven Strukturpolitik? - Das Beispiel Frankreich, in: wd, IV, 1992, S. 190-195 und ausführlich Neumann, W.; Uterwedde, H.: Industriepolitik - Ein deutsch-französischer Vergleich, Opladen 1986.

[31]Vgl. Hayek von, F. A.: Die Anmaßung von Wissen, in: Böhm, F. u.a. (Hrsg.): ORDO, Jahrbuch für die Ordnung von Wirtschaft und Gesellschaft, Bd. 26, Stuttgart 1975), S. 12-21.

[32]Vgl. beispielsweise Blum, R.: Wirtschaftsordnung II: Wirtschaftsordnungspolitik, in: Albers, W.; Born, K.E.; Dürr, E. u.a. (Hrsg.), Handwörterbuch der Wirtschaftswissenschaft (HdWW), Bd. 9, Stuttgart, New York, Tübingen, Göttingen, Zürich 1982, S. 149-155; Eucken, W.: Technik, Konzentration und Ordnung der Wirtschaft, in: Eucken, W.; Böhm, F.(Hrsg.): ORDO, Jahrbuch für die Ordnung von Wirtschaft und Gesellschaft, Bd. 3, Godesberg 1950, S. 3-17; Rüstow, A.: Das Versagen des Wirtschaftsliberalismus, o.O. 1950, Schlecht, O.: Macht und Ohnmacht der Ordnungspolitik - Eine Bilanz nach 40 Jahren Sozialer Marktwirtschaft, in: Lenel, H.O. u.a. (Hrsg.): ORDO, Jahrbuch für die Ordnung von Wirtschaft und Gesellschaft, Bd. 40, Stuttgart, New York 1989, S. 303-320.

internationalen Wettbewerbsfähigkeit der europäischen Industrie einen Ausgleich zwischen diesen Vorstellungen schaffen.

Darüberhinaus hatten die Projektierungen der EU in der Vergangenheit - insbesondere durch die Berücksichtigung nationaler und regionalpolitischer Aspekte - Umsetzungsprobleme. Entsprechend einem nationalstaatlichen oder auch unternehmensindividuellen Planungshorizont werden "nationale Champions" gezüchtet, die die mengenmäßigen Nutzeffekte des vergrößerten europäischen Binnenmarktes kaum ausnutzen. Nicht nur die einzelstaatliche Mikroelektronikförderung ist insgesamt um ein Vielfaches höher als die EU-Förderung. Nach einer Erhebung der Kommission für das Jahr 1992 betrug der staatliche Finanzierungsanteil an den Ausgaben für industrielle FuE 14%. 12,2% wurden aus nationalen, nur 1,8% aus Brüsseler Kassen bezahlt.[33] Auch die Ausrichtung der nationalen Gelder bleibt auf nationale Ziele beschränkt. Von den gesamten Forschungsmitteln, die in Europa gezahlt werden, fließen nur 13% in nationenübergreifende Kooperationsprogramme. D.h. 87% (!) der staatlichen Fördermittel bedienen nationale Zielsetzungen.[34] Dies hat zu einem Mangel an grenzüberschreitenden Benutzernetzwerken geführt, was die Schwierigkeiten zur Durchsetzung von technologischen Standards und Normen erhöht. Durch parallele nationale Forschungs- und Förderungsaktivitäten wird doppelt geforscht. Nationale Anbieter treten nicht nur in Konkurrenz zu US-amerikanischen und asiatischen Herstellern, sondern auch zu anderen europäischen Anbietern. Somit steigen für den europäischen Anbieter und Anwender von Mikroelektronik gleichermaßen die Faktorkosten im Vergleich zu den asiatischen und US-amerikanischen Großraummärkten. Die gezielte Lenkung der heimischen Nachfrage auf heimische Anbieter hat den japanischen Computerherstellern die notwendigen Größenvorteile in der Produktion zur Senkung der Stückkosten verschafft und gleichzeitig die Inputkosten für die Anwender von Computertechnik reduziert. Diese kombinierte Angebots- und Nachfrageförderung hat mittelfristig - flankiert von temporären Importbeschränkungen - die internationale Wettbewerbsfähigkeit dieser Branche zugunsten einer ausgeweiteten Exportierung und somit weiterer Größenvorteile erhöht. Die Zersplitterung in nationale Einzelstrategien verhindert diese

[33]Vgl. K O M . E G : Grünbuch zur Innovation, Mitteilung der Kommission vom 20.12.1995, Luxembourg 1996, Anhang, Tabellen 11a, 11b.
[34]Vgl. K O M . E G : a.a.O. (FN 13), S. 14.

Angebots- und Nachfrageeffekte für die europäischen Hersteller und Anwender von Mikroelektronik.

Die Kommission hat es in der Vergangenheit weitgehend versäumt, diese Zielkonflikte zwischen nationaler und europäischer F&T-Politik aufzulösen. Im Gegenteil, diese mangelnde Integrationsfähigkeit des wichtigsten Trägers der europäischen Industriepolitik spricht im Umkehrschluß eher für die höhere Durchschlagskraft nationaler Maßnahmen. Beispielsweise sind die Teilerfolge der JESSI-Projekte (s. unten) ein Zeichen für die erleichterte Interessenskongruenz weniger Einzelstaaten einerseits[35] und der Bedeutung von Interessenabstimmung andererseits. Nach einer Untersuchung der Kommission für die Jahre 1990-92 über Innovationsbarrieren ist von den Unternehmen neben den mangelnden Risikokapitalbeschaffungsmöglichkeiten die "fehlende Kompetenz, den Innovationsprozeß zu steuern" als Haupthindernis genannt worden.[36] Dahinter verbirgt sich ein mangelndes Vertrauen der innovativen Unternehmer in die von ruinösen Einzelinteressen geleiteten Marktkräfte. Eine konsensorientierte Ziel- und Maßnahmenherleitung scheint derzeit im europäischen Kontext weniger machbar als auf einzelstaatlicher Ebene.

Ein Indiz dafür sind auch die regionalpolitischen Rücksichtnahmen bei der gesamteuropäischen Politikgestaltung. Der regionale Ausgleich, die "Stärkung des wirtschaftlichen und sozialen Zusammenhalts" ist ein kodifiziertes Ziel europäischer Wirtschafts- und Sozialpolitik, um den europäischen Integrationsprozeß nicht durch regionale Diskriminierungen und Benachteiligungen zu blockieren. Die Schaffung von Innovationspotentialen ist eine Sache, die gleichmäßige Verteilung von Know-How eine andere. In Japan hat man bei der Auswahl großer Anbieter von Zukunftstechnologien keine regionalen Betrachtungen angestellt, sondern man hat versucht, ein schlagkräftiges Oligopol zu bilden, welches allen Regionen die Benutzung von High-Tech zukünftig ermöglicht. In diesem Sinne hat die Kommission den Zielkonflikt zwischen Spitzenforschung und der Verringerung des wirtschaftlichen Gefälles innerhalb der EU nicht schlichten können.

[35]JESSI entspringt nicht einer EU-Initiative, sondern ist ein Engagement von "Praktikern" in fünf europäischen Trägerländern.

[36]Vgl. K O M . E G : Grünbuch zur Innovation, a.a.O. (FN 33), Anhang, Tabelle 21.

Hinzu kommt, daß die Leerformel "Stärkung des wirtschaftlichen und sozialen Zusammenhalts" zusehends zur Durchsetzung regionaler und nationaler Interessen auf europäischer Ebene instrumentalisiert wird. In diesem Zusammenhang wird auch die ordnungspolitische Janusköpfigkeit der Bundesregierung deutlich: Obwohl sie offiziell den Standpunkt einer liberalen und weitgehend interventionsfreien Wirtschaftspolitik vertritt, wird in den neuen Bundesländern massiv im Sinne der nationalen Zielsetzung "Aufschwung Ost" interveniert. Die angesprochenen ordnungspolitischen Divergenzen bestehen dann zur Durchsetzung nationaler Interessen faktisch nicht mehr. Gerade jenes Beipiel zeigt, daß im nationalen Kontext das möglich ist, was auf EU-Ebene fehlschlägt bzw. erst gar nicht ausgelotet wird: eine an den Interessen der Beteiligten orientierte industriepolitische Unterstützung. Dies beinhaltet, daß ordnungspolitische Einwände hinter die interessensgeleiteten Zielvorstellungen treten.

Die Kommission hat es nicht verstanden, die ordnungspolitischen Divergenzen in den eigenen Reihen zu schlichten, die vielen nationalen Interessen zu koordinieren und den regionalen Ausgleich von der notwendigen Förderungstiefe zu trennen. Die gegenseitigen Behinderungen der europäischen Mitgliedsländer im Bereich der Hochtechnologien lassen den Rückschluß zu, daß die Zeit noch nicht reif ist, nationale Interessen durch europäische Interessen abzulösen. Deshalb ist es denkbar, daß die interessensbezogenen Grundlagen einer erfolgreichen Förderpolitik für Wachstumsmärkte eher auf einzelstaatlicher Ebene gegeben sind.

8.3.1.2 Interessenabstimmung zwischen den Unternehmen

Wie bei der Analyse der japanischen Industriepolitik herausgearbeitet wurde, muß die Zusammenarbeit der Kommission mit den Unternehmen zu Beginn weniger direktiv, sondern mehr einbeziehend sein. Während einer breit angelegten Informationsbeschaffungsphase müssen unternehmerische Interessen, Erkenntnisse und Anregungen als Informationsinput genutzt werden und potentielle Anwender beobachtet und einbezogen werden. Alsdann erfolgt eine sukzessiv verstärkte Abstimmung mit einem überschaubaren Unternehmenskreis, währenddessen u.a. der frühzeitige Einbezug der führenden High-Tech-

Unternehmen in die Entwicklungsprogramme einsetzt. In diesem Betroffenenkreis müssen die entsprechenden Maßnahmen abgestimmt werden.

Die Kommission und ihre Unterausschüsse sind weder ihrer Aufgabe als Initiator zur Informationsbeschaffung noch zur Interessenabstimmung in ausreichendem Maße nachgekommen. Die F&T-Ausschüsse, die die Informationsgrundlage für die bisherigen vier Rahmenprogrammierungen geliefert haben, setzten sich seit dem ersten Rahmenprogramm nahezu aus denselben Wissenschaftlern und Industrievertretern zusammen. Hintergrund dafür ist die Tatsache, daß die Teilnahme an der Mitarbeit in diesen Ausschüssen i.d.R. auf Einladung der Kommission hin erfolgt, wodurch viele potentiell wertvolle Unternehmererfahrungen außen vor bleiben, da die Animation zur Mitarbeit und die Identifikation mit einer europäischen F&T-Politik nicht im ausreichenden Maße vorhanden ist. Die Informationsbeschaffung deckt derartig lediglich bestimmte Facetten unternehmerischer Innovationstätigkeit ab.

Auch die Gründung des Instituts für technologische Zukunftsforschung (IPTS) in Sevilla 1995 ist ein Zeichen für die schwache Informationsaufbereitung auf europäischer Ebene.[37] Dieses Institut alleine soll weit weg von den großen Technologieunternehmen in Zentraleuropa (Deutschland, Nordfrankreich, Südengland) technologische Entwicklungen erfassen und zuverlässige Informationen über den Stand der Technik für ganz Europa liefern. Eine operable Informationsbeschaffung über unternehmerische Befragungen ist auf diese Weise ebenso erschwert wie eine effiziente Technologiediffusion. Ein konstruktiver Interessensaustausch über technologische Trends einerseits und industriepolitische Maßnahmen andererseits kommt dabei nicht zustande. Einen darüber hinaus gehenden Informations- und Abstimmungsbedarf soll nach den Vorschlägen im "Grünbuch zur Innovation" (Dezember 1995) von privaten Informationsdienstleistern bewerkstelligt werden.[38] Es stellt sich dann die Frage, wieviel Informationen Hochtechnologieanbieter an private Dienstleistungsunternehmen unter dem Gesichtspunkt von Patentschutz und verschärftem Wettbewerb weitergeben. In welchem Umfang ist auf der Grundlage dieses mangelhaften Informationsmanagements eine integrative Abstimmung von Anwendernutzen und Herstellerpotentialen möglich? Staatliche,

[37]Vgl. K O M . E G : Grünbuch zur Innovation, a.a.O. (FN 33), S. 47.
[38]Vgl. ebenda, S. 57.

nicht wettbewerblich orientierte Instanzen würden hier eine größere Vertrauensbasis bieten können.

Bevor ein fundierter Dialog mit wenigen ausgewählten (weil betroffenen) Firmen überhaupt einsetzen kann, geht der von der Kommission aus dem Forschungsausschuß erarbeitete Rahmenvorschlag zur Verabschiedung an Rat und Parlament. In Eigenregie legt die Kommission anschließend detaillierte Programminhalte ohne Rücksprache mit potentiellen Teilnehmern fest.

Stattdessen geht die Kommission den umgekehrten Weg. Statt die Informationsbeschaffung zu Beginn einer Förderpolitik breit anzulegen und die Interessen- und Maßnahmenabstimmung mit Fortlauf der Erkenntnisse auf prädestinierte Großanbieter sukzessive zu verdichten, ist die Informationsbeschaffung auf wenige Facetten unternehmerischer und wissenschaftlicher Erkenntnisse begrenzt. In der Durchführungsphase soll dann der Einbezug möglichst vieler Firmen, insbesondere die kleinen und mittelgoßen Unternehmen (KMU) erfolgen, statt in den fünf Förderschwerpunkten des ESPRIT-Programms jeweils ein schlagkräftiges Oligopol aus heimischen Anbietern zu bilden. Statt Förderung der Computerindustrie war in Japan ursprünglich ein Konglomerat der Haushaltsgerätehersteller geplant. Das MITI hörte jedoch auf die unternehmerischen Anregungen und wurde für die Lukrativität der Computerherstellung sensibilisiert.

Eine qualitative Auswahl, um nach einer allgemeinen FuE-Förderung gezielte und intensivere Fördermaßnahmen einzuleiten, erfolgt in diesem Sinne auf EU-Ebene nicht. Die Auswahl der zu fördernden Unternehmen vollzieht sich eher über die formalisierte Ordnungsmäßigkeit der Anmeldung und Teilnahme an den Programmen. Die Herausgabe von Management-Handbüchern seitens der Kommission zur form- und fristgerechten Projektteilnahme ist der Höhepunkt eines stark bürokratisierten Teilnahmeverfahrens. Nach einer Untersuchung des Bundesministeriums für Forschung und Technologie[39] muß von Unternehmensseite ein erheblicher bürokratischer Aufwand betrieben werden, um Forschungszuschüsse zu erhalten. Bei den deutschen Bewerbern in Bezug auf das ESPRIT-Programm standen den bewilligten Mitteln in Höhe von DM 370

[39]Vgl. Scientific Consulting (Hrsg.): Bewertung des Verfahrens der EG-Kommission im Bereich der Informations- und Kommunikationstechnik, Köln 1993, S. 7.

Mio. Kosten für die Antragstellung und Projektabwicklung in Höhe von DM 175 bis 205 Mio. entgegen. Dies insbesondere durch die hohen Ablehnungsquoten.

Darüberhinaus werden von EU-Instanzen kaum Forschungskooperationen der führenden Branchenvertreter initiiert, da man dort der Ansicht ist, dies müsse sich privatwirtschaftlich einstellen. Gerade hier könnte die EU-Kommission mit einer gezielten Moderation ohne geldliche Justierung den notwendigen und staatlich unterstützen Interessengleichklang bewirken. Doch die Schwierigkeit zur antibürokratischen Politikgestaltung auf europäischer Ebene wird abermals deutlich. Auf diese Weise behindern eine schmale Informationsbasis und ein zu breiter Adressatenkreis, gepaart mit einer wenig pragmatischen Bürokratiestruktur, die erfolgreiche Gestaltung industriepolitischer Grundlagen.

8.3.2 Analyse, Zielformulierung und Planung

Im Anschluß an den Prozeß der Interessenabstimmung werden in Japan die ökonomischen Besonderheiten der betreffenden Branche bzw. Technologie analysiert, um sodann Ziele zu konkretisieren und eine darauf ausgerichtete Planung auszuarbeiten.

8.3.2.1 Analysetätigkeit der Europäischen Kommission

8.3.2.1.1 Analyse des europäischen Rückstands

Die Analysetätigkeit staatlicher Instanzen stellt prinzipiell einen dauernden Vorgang dar. Denn auch später bei der Durchführung von industriepolitischen Maßnahmen muß von staatlicher Seite beobachtet und analysiert werden, um flexibel auf Veränderungen reagieren zu können. Ebenso ist die Analyse der Innovations- und Wachstumsmechanismen nötig, um die industriepolitische Funktionszuordnung der Marktkräfte vorzunehmen. Sowohl die permanente Analysetätigkeit während der Durchführung industriepolitischer Maßnahmen, als auch die Analyse der Wachstumsmechanismen wird in den folgenden Abschnitten erörtert. An dieser Stelle soll jedoch ausschließlich die status-quo-Analyse im Vorfeld einer industriepolitischen Maßnahmendurchführung diskutiert werden.

Europas Rückstand im Bereich der Mikroelektronik ist in besonderem Maße darauf zurückzuführen, daß man zu spät die Notwendigkeit erkannt hat, in diesem Segment wettbewerbsfähig sein zu müssen. Getreu der klassischen Außenhandelstheorie haben die europäischen Regierungen lange Zeit darauf vertraut, daß eine mögliche Abhängigkeit in diesem Industriezweig durch Vorteile bei der Produktion von anderen Produkten ausgeglichen wurden. Diese statische komparative Kostenbetrachtung vernachlässigt allerdings unterschiedliche Absatz- und Innovationspotentiale von Produkten.

Abbildung 8.8 verdeutlicht das rapide steigende Absatzpotential für mikroelektronische Produkte. Konkurrenzfähige Anbieter können hier über eine mittelfristig steigende Nachfrage Größenvorteile realisieren. Die damit verbundenen Stückkostensenkungen und die Möglichkeit für die ersten im Markt, Monopolrenten abzuschöpfen, bieten Wachstumspotentiale und möglicherweise auch Beschäftigungseffekte. Eine nicht wettbewerbsfähige europäische Mikroelektronikindustrie führt zum volkswirtschaftlichen Verlust dieser Effekte.

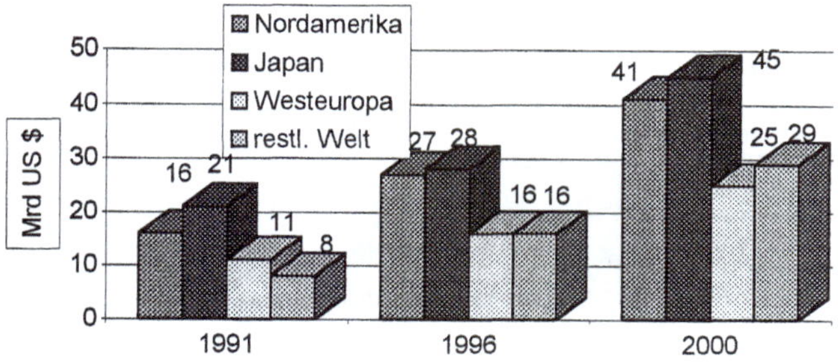

Quelle: VDE/VDI-Studie: Trends der Mikroelektronik, Hannover 1996, Bild 1.

Abbildung 8.8: Mikroelektronik-Bedarf der Gerätehersteller in der jeweiligen Region

Auch Abbildung 8.9 belegt das Absatzpotential für Mikroelektronik. Insbesondere in einem traditionellen, schon vorhandenen Industriezweig, wie die Automobilbranche kommt es zu einer Ausdehnung der Belieferung mit Mikroelektronik.

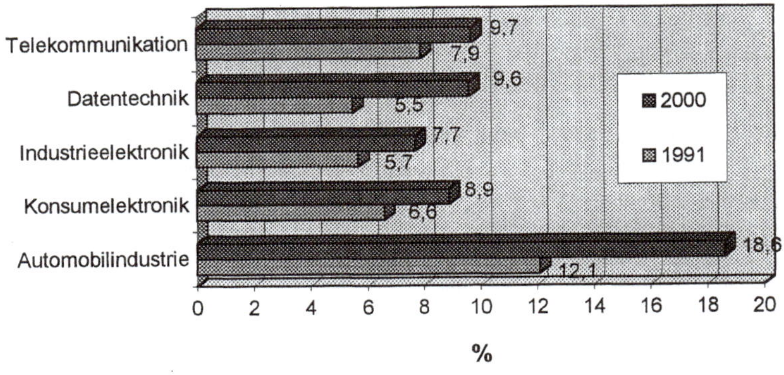

Quelle: VDE/VDI-Studie: Trends der Mikroelektronik, Hannover 1996, Bild 7.

Abbildung 8.9: Entwicklung des Mikroelektronikanteils am Produktionswert in Deutschland

In dieser Abbildung wird darüberhinaus das große Innovationspotential dieser Branche deutlich. Der steigende Mikroelektronikanteil am Produktionswert sorgt auch in den belieferten Industrien für Innovationsschübe. Im Umkehrschluß bedeutet eine mangelnde Wettbewerbsfähigkeit im Bereich der Mikroelektronik, daß die von der Mikroelektronik ausgehenden positiven externen Effekte auch für nachgelagerte Industriezweige verloren gehen. Denn wie Abb. 8.2 (s.o.) belegt, stellt stellt sich der Verbrauch und die Anwendung von Mikroelektronik entsprechend geringer dar, je geringer die eigenen Produktionsanteile sind (s.o.: Abb. 8.1). Dies ist ein Indiz für die zumindest zeitlich verzögerte Aufnahme von Innovationsschüben in Europa. Mittel- und langfristig bedeutet dieser Zusammenhang auf einem Markt mit derart großer Innovationsdynamik eine Perpetuierung von Wettbewerbsnachteilen gegenüber asiatischen und US-amerikanischen Anbietern. Nicht nur im Bereich der Mikroelektronik selbst, sondern gerade auch in den nachgelagerten Industrien. Noch deutlicher wird diese Gefahr einer nicht wettbewerbsfähigen Mikroelektronik-Industrie in Abbildung 8.10.

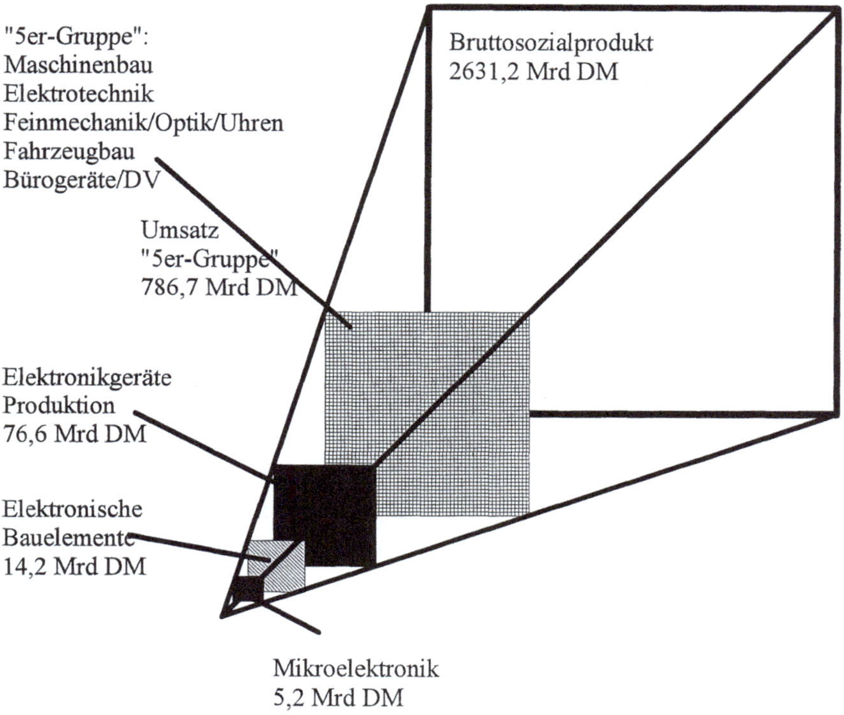

Quelle: VDE/VDI-Studie: Trends der Mikroelektronik, Hannover 1996, Bild 8.

Abbildung 8.10: Einfluß der Integrierten Schaltungen auf die Wirtschaft

Hier werden die Größenverhältnisse zwischen dem Markt der Integrierten Schaltkreise (Mikroelektronik) und den von der Mikroelektronik direkt beeinflußten Märkten dargestellt. Daran wird deutlich, daß die Mikroelektronik keine isolierte Teilbranche ist, sondern als Schlüsseltechnologie die Technik in praktisch allen wichtigen Wirtschaftszweigen prägt. Die Wirkungskette reicht in Deutschland vom Markt für Integrierte Schaltkreise bis hin zu den großen Exportbranchen wie Maschinenbau, Elektrotechnik, Feinmechanik/ Optik/ Uhren, Fahrzeugbau und Bürogeräte/ DV.

Dieses Absatz- und Innovationspotential ist von den japanischen Bürokraten nicht nur im Bereich der Mikroelektronik, sondern ebenso - wie gezeigt - beim Computerbau erkannt worden. Staatliche Kanalisierung sollte verhindern, daß diese Potentiale über eine rein marktmäßige Entwicklung für heimische Anbieter verloren gehen. Die volkswirtschaftliche Bedeutung der Mikroelektronik wird zwar von der Kommission oft genug erwähnt, die damit zusammenhängende Wirkungskette ist jedoch nur mangelhaft analysiert worden. Der Gedankenschluß hin zu einer staatlichen Industriepolitik für diese Wachstumsbranche wird auch im "Grünbuch zur Innovation" nicht gezogen. Denn in dieser derzeit letzten innovationspolitischen Äußerung der Europäischen Kommission (Dezember 1995) wurde der europäische Rückstand "analysiert" und zukünftige Aktionslinien festgelegt. Die Kommission kommt demnach zu der Erkenntnis:

"Eine wesentliche Schwäche Europas ist seine mangelnde Fähigkeit, seine Forschungsergebnisse und technologische Kompetenz in Innovationen und Wettbewerbsvorteile umzusetzen."[40]

Diese - im allgemeinen Teil des Grünbuchs - geäußerte Erkenntnis ist zwar ebenso wie die Tatsache, daß europäische Anbieter nur in geringem Maße auf den wachstumsstarken Märkten vertreten sind, zutreffend, doch eine fundierte Analyse dieser Tatsachen findet sich nirgends. Selbst im dritten Abschnitt des Grünbuchs (Die Lage in Europa) werden lediglich Unterschiede und Konvergenzen innerhalb der Europäischen Union wiederholt und aufgelistet.[41] Darüberhinaus wird breitfächrig erläutert und definiert, was "Innovation" ist und welche "Innovationshindernisse" es gibt.[42] Aus heiterem Himmel findet sich am Ende (vor den vorgeschlagenen Aktionslinien) das Ergebnis, "...daß die Innovation in Europa auf der Stelle tritt."[43]Und um das zu ändern, müsse etwas getan werden.

Lediglich im allgemeinen Teil findet sich eine Begründung für die mangelnde Umsetzung von Forschungsergebnissen in Europa. Dafür sei letztlich der in Prozent vom BSP geringere FuE-Aufwand im Vergleich zu den USA und Japan verantwortlich. Deshalb müsse das Hauptaugenmerk einer europäischen Forschungs- und Technologiepolitik zukünftig in einer Forcierung der gesamtwirtschaftlichen FuE-Tätigkeit liegen.[44] Dies werde im übrigem in den "neuen" Wachstumstheorien festgestellt, wonach die öffentliche Hand über den

---

[40]Vgl. K O M . E G : Grünbuch zur Innovation, a.a.O. (FN 33), S. 6.
[41]Vgl. ebenda, S. 19-28.
[42]Vgl. ebenda, S. 6-18 bzw. S. 28-46.
[43]Vgl. ebenda, S. 46.
[44]Vgl. ebenda, S. 6-8.

Ausbau des Wissenstands einer Volkswirtschaft Wachstumsimpulse liefern könne.[45]

Diese Wiedergabe der bedeutendsten analytischen Äußerungen der Kommission zu den forschungs- und innovationspolitischen Erfordernissen im "Grünbuch zur Innovation" verdeutlicht die schwache Diagnosefähigkeit der Kommission. Nur selten werden internationale Vergleichszahlen als Grundlage zur status-quo-Analyse herangezogen. Es werden kaum analytische Schlußfolgerungen oder Rückschlüsse gezogen. Allgemein Bekanntes und aus Presseartikeln Herrührendes wird wie in einer Informationsbroschüre dargeboten. Weder die betroffenen Unternehmen in den Hochtechnologiesektoren noch die europäische Öffentlichkeit gewinnt auf diese Weise Vertrauen in die integrative und diagnostische Kraft staatlicher Instanzen, was die Grundlagen einer staatlich induzierten Industriepolitik gefährdet.

8.3.2.1.2 Analyse fremder Erfolgsrezepte

Die status-quo-Analyse im Vorfeld einer industriepolitischen Betätigung schließt ebenso die Analyse fremder Erfolgsrezepte ein. Denn auch Imitation ist durch eine gewisse Effizienz und Produktivität gekennzeichnet, wodurch letztlich Wettbewerbsnachteile ausgeglichen werden können. Der japanische Aufholprozeß nach dem Zweiten Weltkrieg ist dafür ein gutes Beispiel. Imitation schafft in diesem Sinne die Möglichkeit zur ökonomischen Anpassung und wettbewerblichen Gleichstellung. Auf dieser Grundlage können dann weitere Innovationen Überholprozesse bewirken. Imitation ist somit auch Innovation. Die Kommission hat in ihrem Grünbuch ein Schaubild mit den Bestimmungsfaktoren der US-amerikanischen und japanischen Erfolge zusammengestellt (vgl. Tabelle 8.2).[46]

---

[45]Vgl. K O M . E G : Grünbuch zur Innovation, a.a.O. (FN 33), S. 11.
[46]Vgl. ebenda, S. 8.

Vereinigte Staaten	Japan
- Größerer Forschungsaufwand	- idem
- Größerer Anteil von Ingenieuren und Wissenschaftlern an den Erwerbstätigen	- idem
- Besser koordinierte Forschungsmaßnahmen, besonders zwischen ziviler und militärischer Forschung	- Große Fähigkeit, technologische Informationen anzupassen, aus welcher Quelle auch kommend; Zusammenarbeit zwischen den Unternehmen in FuE
- Enge Verbindung zwischen Universitäten und Industrie	- Starke Verbesserung der Zusammenarbeit Universitäten-Industrie
- Besser entwickeltes Risikokapital, mit effektiver Investition in Hochtechnologien	- Starke und beständige Beziehungen zwischen Finanzwelt und Industrie
- Eine kulturelle Tradition der Risikobereitschaft und des Unternehmergeistes; eine hohe gesellschaftliche Akzeptanz für Innovation	- Eine Kultur, die positiv zur Anwendung von Technologien und für ständige Neuerungen eingestellt ist
- Geringe Kosten für Patente, ein einheitliches Rechtsschutzsystem, das die geschäftliche Nutzung der Erfindungen begünstigt	- Eine bewährte Praxis der gemeinsamen Strategien zwischen Unternehmen, Universitäten und öffentlicher Hand
- Kurze Fristen und geringe Formalitäten für die Gründung von Unternehmen	- Eine hohe Mobilität des Personals innerhalb der Unternehmen

Quelle: KOM. EG: a.a.O: (FN 33), S. 8.

Tabelle 8.2: Analyse der Bestimmungsfaktoren der US-amerikanischen und japanischen Erfolge durch die EU-Kommission

Die aufgeführten Bestimmungsfaktoren werden weder hergeleitet noch im weiteren Verlauf des Grünbuchs benutzt. Beides ist ein Indiz für die schwache Analysetätigkeit der Kommission einerseits und für die mangelnde Einsicht in die wirtschaftspolitische Notwendigkeit einer fundierten Analysetätigkeit andererseits.

Sowohl die scheinbar fehlende Einsicht als auch die unzureichende Analysefähigkeit der Kommission brachten somit einige pressebekannte Klischees und inhaltsleere Phrasen hervor. US-amerikanische Erfolgsfaktoren sind demnach beispielsweise der - bereits erwähnte - höhere Forschungsaufwand und die höhere Zahl an Ingenieuren und Wissenschaftlern, ebenso wie eine höhere Risikobereitschaft und hohe gesellschaftliche Akzeptanz für Innovation. Dabei handelt es sich jedoch weniger um das Produkt einer urspünglichen Wirkungsanalyse, sondern vielmehr um eine Beschreibung von Symptomen. Das gleiche läßt sich über die bessere Koordination von ziviler und militärischer Forschung, über die enge Verbindung zwischen Hochschulen und Industrie sowie über einen besseren Risikokapitalmarkt sagen. Auch die geringeren Kosten für Patente und schnellere Unternehmensgründungen sind letztlich nur das Produkt bestimmter bürokratischer Innovationen.

Insbesondere findet sich keine eigenständige Analyse der US-amerikanischen Raumfahrt- und Verteidigungspolitik als Industriepolitik für zivile Anwendungsfelder. Dadurch reifte nicht die Erkenntnis, daß die Berührungspunkte zwischen miltärischen und zivilen Forschungsaufwendungen in den USA durch angebots- und nachfrageseitige Stimulierungsmaßnahmen erzeugt wurden. Militärische FuE-Förderung und öffentliche Beschaffungsaufträge versetzten die begünstigten Hersteller mittelfristig in die Lage, ihre Produkte auch auf zivilen Märkten anbieten zu können. Forschungsförderung allein über bloße Ausdehnung der Forschungsaufwendungen generiert noch keine zivilen Anwenderpreise. Der größere Forschungsaufwand als solcher stellt deshalb ebenso wie die größere Anzahl von Technikern noch keine ausreichende Erfolgsbegründung dar. Gerade in den Bereichen, wo sich zunehmend zivile Anwendungsfelder offenbarten, wurde die internationale Wettbewerbsfähigkeit spätestens in den 1980er Jahren stark beeinträchtigt, weil keine konsequente Technologieentwicklung auf ziviler Ebene weiterverfolgt wurde.[47] Eine differenzierte Betrachtung der US-amerikanischen Raumfahrt- und Verteidigungspolitik mit ihren zivilen spin-offs einerseits, aber auch mit ihrem langfristig gefährlichen Spezialsierungsmuster ohne ganzheitliches industriepolitisches Konzept andererseits wird von der Kommission nicht vorgenommen.

---

[47]Vgl. G e r y b a d z e , A . : Raumfahrt und Verteidigung als Industriepolitik?, Frankfurt/M., New York 1988, S. 192 ff..

Ähnlich unkritisch und mit Hang zur Mystifizierung wird die japanische Industriepolitik für Hochtechnologie-Märkte charakterisiert. So sind auch hier die größeren Forschungsaufwendungen sowie die hohe gesellschaftliche und kulturelle Technologieakzeptanz nur Produkte einer konsensorientierten Industriepolitik seitens der Staatsbürokratie. Die "große Fähigkeit, technologische Informationen anzupassen, aus welcher Quelle auch kommend" resultiert aus der vom MITI initiierten Intressensabstimmung unter allen Wirtschaftsteilnehmern. In ihrer Funktion als Zuhörer und Schlichter werden die Ministerialbeamten für technologische Trends sensibilisiert, wodurch sie vorab Verbindungen schaffen können zwischen Hersteller und Anwender.

Die guten Beziehungen zwischen Universitäten und Industrie sowie zwischen Industrie und Finanzwelt sind ebenfalls Resultate jenes langjährigen Prozesses der Interessensidentifikation. Darüberhinaus hat sich in diesen Kreisen - nicht zuletzt durch die erfolgreiche Technologiepolitik der Japaner in den letzten Jahrzehnten - ein großflächiges Vertrauen in die Integrations- und Diagnosefähigkeit der staatlichen Wirtschaftsministerien entwickelt, welches ein problemorientiertes Bewußtsein des Miteinanders stabilisiert hat. Die von der Kommission aufgelistete "bewährte Praxis der gemeinsamen Strategien zwischen Unternehmen, Universitäten und öffentlicher Hand" entspringt diesen Einsichten. Die Wachstumsbereiche einer Volkswirtschaft verlangen in diesem Sinne nach einer Kanalisierung ihrer Innovativkräfte. Bis zu diesem Erkenntnispunkt ist die Analysetätigkeit der Kommission nicht vorgedrungen.

8.3.2.2 Zielformulierungen der Europäischen Kommission

Die Formulierung von Zielen muß sich an den Problemen der heimischen und an den Erfordernissen der weltweiten Hochtechnologie-Märkte orientieren. Die Probleme der europäischen High-Tech-Anbieter liegen - wie im Fortlauf dieses Kapitels noch weiter analysiert wird - im Vergleich zu den Hauptkonkurrenten aus den USA und Japan hauptsächlich in einer wenig antizipativen Vorgehensweise staatlicher Instanzen auf nationaler und europäischer Ebene. Denn die wissenschaftliche und technologische Basis ist in Europa zweifelsfrei vorhanden, und es gibt auch durchaus erfolgreiche Beispiele (vgl. 8.3.3). Doch die unzureichende staatliche Hilfestellung im Innovations- und Wachstumsprozeß ist der gravierendste Unterschied zu den Hauptkonkurrenten. Damit ist auch gleichzeitig ein unumgängliches Erfordernis genannt, um auf den Hochtechnologieweltmärkten bestehen zu können. Denn die allgemeinen technologiepolitischen Ziele unterscheiden sich nicht wesentlich von denen in Japan (vgl. 4.5.2). Diese Zielsetzungen sind jedoch nur dann brauchbar, wenn die operativen Umsetzungsinstrumente im Sinne einer industriepolitischen Infrastruktur vorhanden sind.

Entsprechend einer pragmatischen und konstruktiven Vorgehensweise müßte also auch die Kommission ihre Ziele nach diesen Defiziten ausrichten. Dieser Zielkatalog könnte unter Berücksichtigung der bisherigen Erkenntnisse und vorbehaltlich der weiteren Analyse wie folgt aussehen:

- Initiierung von Interessenabstimmungen zwischen den Beteiligten im Sinne einer breiten Informationsbasis
- Verbesserung der status-quo-Analyse
- Problemorientierte Zielsetzungen
- Generierung von indikativen Rahmenplanungen
- Abstimmung wirtschaftspolitischer Maßnahmen mit prädestiniertem Unternehmenskreis und anderen Politikbereichen
- Initiierung regelmäßiger Konsultationen mit den Beteiligten einer Industriepolitik
- Zielorientierte Leitlinien und Empfehlungen an den Privatsektor
- Schaffung von flexiblen Entscheidungsstrukturen für notwendige Maßnahmenkorrekturen
- Steigerung der gesamtwirtschaftlichen FuE-Tätigkeit
- Bildung flächendeckender FuE-Zentren zur besseren Technologiediffusion
- Intensivierung der Förderung in bestimmten Bereichen nach ausgiebiger Resonanzbetrachtung im Unternehmersektor
- Parallele Nachfragestimulierung in ausgewählten Bereichen

Die derzeit gültigen Zielsetzungen im vierten Rahmenprogramm bzw. im Bereich der ESPRIT-Projekte (vgl. 8.2) sind nur unzureichend auf die bestehenden Defizite abgestimmt. Die strategischen Ziele des vierten Rahmenprogramms werden weder in den Einzelprogrammen noch in den speziellen Projekten konkretisiert. Eine Messung des Zielerreichungsgrads und somit eine brauchbare

Erfolgskontrolle hinsichtlich der Umsetzung von Forschungsergebnissen für alle Beteiligten ist derart unmöglich.

Die "Festigung der Stellung von Wissenschaft und Technologie in Europa, um den Bedürfnissen der Industrie gerecht zu werden und die Lebensqualität zu verbessern" spezifiziert weder was "Festigung" heißt noch wie die "Bedürfnisse der Industrie" aussehen noch auf welche Weise dies zu geschehen hat.

Die "Förderung der wissenschaftlichen und technologischen Zusammenarbeit in Europa", die "Verbesserung der Koordinierung der Forschungsarbeiten" und die "Verwertung der Ergebnisse von Forschungsprojekten" geben den Projektteilnehmern ebenfalls nicht bekannt, wie sie ihre Forschung besser koordinieren sollen ohne frühzeitig Know-How an die Konkurrenz zu verlieren oder wie sie ihre Forschungsergebnisse schneller verwerten können, wenn keine ausreichende Marktnachfrage generiert wird.

Inwiefern ein "Beitrag zu anderen politischen Arbeitsfeldern der Gemeinschaft" abgeleitet werden kann, wird genausowenig dargelegt. Konkret hätte hier die Abstimmung mit anderen Politikbereichen im Vordergrund stehen können. Zielkonflikte bei der Förderung der Spitzenforschung mit regionalpolitischen Bestrebungen hätten beispielsweise über eine vorgesehene Schlichtungsintention entschärft werden können.

Auch die Zielsetzungen des größten Einzelprogramms zur Förderung der Informationstechnologien ESPRIT sind wenig problemorientiert. Die "Stärkung der technologischen Basis als künftiges Fertigungspotential mittels hochentwickelter ICs" läßt offen, was unter "Stärkung" zu verstehen ist. Der Weltmarkt für Integrierte Schaltungen (ICs) ist eindeutig in der Hand japanischer und US-amerikanischer Unternehmen (vgl. Abb. 4.7). Stärkung könnte somit heißen "Ausbau der Marktanteile". Jenes wurde in Japan und den USA über parallele Angebots- und Nachfragemaßnahmen im Rahmen einer staatlichen Stimulierungspolitik erreicht. Ziele müßten also eine technologiebezogene Forschungsförderung sowie eine Generierung der entsprechenden heimischen Marktnachfrage sein. Ähnlich unspezifisch und mit analogem Konkretisierungsbedarf lautet das Ziel "Ausbau des in der Gemeinschaft vorhandenen Potentials integrierter Schaltungen".

Schließlich handelt es sich beim "Einbezug möglichst vieler potentieller Beteiligter in der Gemeinschaft" um eine Leerformel. Denn wobei und zu welcher Zeit sollen möglichst viele Beteiligte einbezogen werden? Zu Beginn, bei der Informationsbeschaffung, ist ein breit gefächerter Adressatenkreis durchaus sinnvoll und operabel. Bei der zunehmenden Informationsverdichtung werden aber auch entsprechende Interessen nur noch in einem überschaubaren Unternehmenskreis abstimmbar und planbar sein.

8.3.2.3 Planungstätigkeit der Europäischen Kommission und Akzeptanz der Beteiligten

Die Europäische Kommission stellt im Gegensatz zum MITI weder mittelfristige Wirtschaftspläne auf noch werden sog. "visions" für den industriellen Sektor bzw. einzelne Industriezweige entwickelt. Statt Rahmenplanungen existieren vielmehr Rahmenprogramme über einen mittelfristigen Zeitraum (meist 4 Jahre). Dadurch ist in Europa in Verbindung mit der schwachen Zielformulierung keine zielgeleitete Vorgehensweise im Bereich der Forschungs- und Technologiepolitik möglich. Da auf diese Weise weder inhaltliche (s.o.) noch erfolgsbezogene Kontrollmöglichkeiten über das auszureichende Budget eines von der Kommission generierten Rahmenprogramms bestehen, müssen im sog. Mitentscheidungsverfahren sowohl Rat als auch Europäisches Parlament zustimmen.

Letztlich versäumt die Kommission auf diese Weise die öffentliche Kultivierung zukunftsträchtiger Bereiche. Denn mit einem bloßen Rahmenprogramm zur Forschung und Technologie oder einem Einzelrahmenprogramm zur Förderung der Informations- und Kommunikationstechnologien (ESPRIT) können sich weder potentiell inolvierte Politikbereiche, noch Banken, noch die Wirtschaftsteilnehmer selbst identifizieren. Eine öffentliche Kultivierung hinsichtlich der Bedeutung von technologischen Neuerungen durch eine konsensgetragene Ausrichtung von Fördermaßnahmen könnte zur Interessensschlichtung bezüglich der befürchteten Gefahren des technischen Fortschritts (Orwell-Vision, Genmanipulation, Umweltaspekt etc.) beitragen. Durch gegenseitigen Informationsaustausch zwischen "Gegnern" und Nutznießern bestimmter Technologien würden sich hinlänglich bekannte

Gerüchte und Ausreden über eine technologiefeindliche Gesellschaft erst gar nicht halten können.

Darüberhinaus bleiben durch die fehlende Ziel- und Planorientierung Signalwirkungen für Banken, das Finanzministerium oder Außenhandelsorganisationen zur problembezogenen Mitarbeit aus. Keiner der Beteiligten kann derart seinen zumindest mittelbaren Beitrag zur zukünftigen Politikgestaltung erkennen. Auch wirkt sich letztlich die eingangs schwache Informationsbeschaffungsbasis beim Vorgehen der Kommission und die zu breit angelegte Durchführungsphase befremdend auf die Projektteilnehmer aus. Durch den formularmäßigen Austausch von Daten und Informationen können keine persönlichen Kontakte und somit auch kein gegenseitiges Loyalitätsempfinden für die Interessen des anderen entstehen. Entsprechend dem mangelnden Einbezug der Beteiligten ist sowohl die Risikokapitalbereitstellung der Banken äußerst dürftig als auch die Akzeptanz und Resonanz im Unternehmenssektor vergleichsweise gering. Der von der Kommission versäumte Interessensabgleich führt zu geringem Feedback seitens der Unternehmen und Banken und ebenso zu einem wenig ausgeprägten Kooperationsverhalten beider.

8.3.3 Durchführungsflexibilität und laufende Analyse

Während der Durchführung industriepolitischer Maßnahmen darf keine starre Orientierung an Planparametern oder Vorsätzen der Vergangenheit erfolgen. Vielmehr muß ein flexibles Reaktionspotential für die Träger der Industriepolitik verfügbar bleiben. Dies umso mehr, da auch eine noch so breit angelegte Informationsgrundlage die Gefahr einer Fehlbarkeit nicht ausschließt. Genauso wie Unternehmerkonzepte auf dem freien Markt unterliegen auch staatlich induzierte Wirtschaftspolitikstrategien einem *trial-and-error*-Prozeß. Für die staatlichen Instanzen im Rahmen einer ergebnisorientierten Industriepolitik bedeutet dies, daß quasi eine permanente Beobachtung und Analyse der ökonomischen Performance einer Volkswirtschaft, einer Industrie oder einer ausgewählten Unternehmensgruppe stattfinden muß. Regelmäßige Konsultationen mit der Privatwirtschaft sind darin eingeschlossen.

Daß die Kommission die schwache europäische Performance auf den Weltmärkten für Hochtechnologiegüter unzureichend analysiert hat und kaum brauchbare Schlußfolgerungen gezogen hat, wurde bereits erwähnt. Zusätzlich läßt die forschungspolitische Konzeption wenig Raum für flexible Anpassungsmaßnahmen. Ebenso hat es die Kommission während ihrer F&T-Politik seit Mitte der 1980er Jahre versäumt, unternehmerische Fehlleistungen bzw. Erfolge einerseits und die industriepolitischen Erfolge der Hauptkonkurrenten (wie erwähnt) bzw. im Rahmen des JESSI-Programms zu analysieren und in eigene Politikkonzepte einzuarbeiten.

8.3.3.1 Durchführungsflexibilität

Der dargestellte forschungs- und technologiepolitische Ansatz der Kommission ist wenig flexibel durch den thematisch vorgegebenen Rahmen der Programme und Einzelprojekte. Sobald die Rahmenplanung der EU-Kommission von Rat und Parlament bewilligt wurden, legte sie Einzelprogramme, Einzelprojekte mitsamt den Inhalten, Finanzrahmen und Kriterien des Antragsverfahrens fest. Diese demokratische und formalistische Legalisierung einer zukünftigen Forschungs- und Technologiepolitik ist prinzipiell sinnvoll, wie auch die parlamentarische Kanalisierungsarbeit des MITI in Japan gezeigt hat. Doch diese Verengung und Konzentration auf bestimmte Forschungsinhalte, Finanzierungsbudgets und Ablaufverfahren macht erst Sinn, wenn eine entsprechend fundierte Interessenabstimmung und status-quo-Analyse vorangegangen ist. Dies ist jedoch - wie die vorausgehenden Ausführungen gezeigt haben - auf EU-Ebene nur unzureichend geschehen. Dadurch erhöht sich die Gefahr einer Technologiepolitik, die an den Erfordernissen der Weltmärkte vorbeisteuert.

Sind diese Determinierungen eingeleitet, so bestehen kaum noch problembezogene Korrekturmöglichkeiten durch unternehmerische Ideen. Die Mindestanforderungen an Themenvorschläge der teilnehmenden Unternehmen sind, neben einer strengen Frist- und Formregelung, insbesondere bestimmte von der Kommission festgelegte Auswahlkriterien:

- Konformität mit Themen und Zielen des Rahmenprogramms und der Einzelprojekte
- Innovationscharakter
- Entstehung eines europäischen Mehrwerts
- Grenzüberschreitende Zusammenarbeit von mindestens zwei Partnern

- Nachweis der Fähigkeit zum Projektmanagement
- Berücksichtigung von Ergebnisverwertung und -verbreitung
- Berücksichtigung sozialer, wirtschaftlicher und umweltpolitischer Auswirkungen
- Berücksichtigung grundlegender EU-Ziele

Diese bürokratische Einschränkung innovativer Ideen und unternehmerischer Beiträge verhindert die qualitative Erhöhung des Informationsinputs auf Ebene der industriepolitischen Entscheidungsträger (Kommission). Möglicherweise sind die potentiellen Teilnehmer andere als die, auf deren Bestreben hin die Kommission ihre Themenauswahl eingeleitet hat. Dadurch besteht die Gefahr, daß die Identifikation mit den Forschungsinhalten nur bei einem begrenzten Kreis von Unternehmen gegeben und somit recht zufällig ist. Führende Technologieunternehmen mit anderen Forschungsschwerpunkten müssen potentiell eigene Vorschäge mit einem "europäischen Mehrwert" begründen. Eine derart unspezifizierte Rechtfertigung für unternehmerische Strategien animiert allerdings kaum ein Großunternehmen zur Teilnahme an diesen Projekten, da zu befürchten ist, daß das eigene Konzept durch die Zusammenarbeit mit anders Denkenden verwässert wird.

Auch die grenzüberschreitende Zusammenarbeit von mindestens zwei Partnern aus verschiedenen Mitgliedsländern ist notwendigerweise für ein EU-Forschungsprojekt sinnvoll. Doch warum dies eine an die teilnehmenden Unternehmen gestellte Anforderung ist, ist nicht nachvollziehbar. Die Kommission selbst sollte vielmehr Partnerschaften in die Wege leiten, die für die teilnehmenden Unternehmen einerseits Synergieeffekte bewirken können und andererseits auf ein entsprechendes Nachfragepotential treffen[48]. Gerade im Bereich der Hochtechnologiegüter ist eine europäische Zusammenarbeit der führenden nationalen Unternehmen erforderlich, um nicht zusätzlich europäische Entwicklungsfortschritte durch Konkurrenz untereinander zu beeinträchtigen.

Die antragstellenden Unternehmen müssen den Nachweis erbringen, daß sie die Fähigkeit besitzen, grenzüberschreitende Projekte durchzuführen. Dem interessierten Technologieunternehmen stellt sich die Frage, wie es diesen

[48]Dieses Nachfragepotential müsste natürlich über einen vormarktlichen Einbezug der wichtigsten potentiellen Anwender faktisch generiert werden.

Nachweis erbringen soll. Dadurch werden selbst den Interessenten dieser reduzierten Forschungsinhalte und wenig konsensgetragenen Auswahlthemen weitere formalistische Hindernisse in den Weg gelegt. Gerade die Zweifel der Kommission an den Managementfähigkeiten der Unternehmen sollten doch vielmehr dazu führen, daß die Kommission selbst mittels Ausschußarbeit die Projektmoderation übernimmt. Offensichtlich haben die Unternehmen erhebliche Probleme bei der Organisation von Innovationsprozessen. Dies verdeutlichen auch die im Anschluß dargestellten unternehmerischen Fehlleistungen auf Wachstumsmärkten.

Auch die Berücksichtigung von Ergebnisverwertung und -verbreitung ist eine Leerformel. Kaum ein Unternehmen wird FuE betreiben ohne den zukünftigen Marktwert im Auge zu behalten. Gerade auch für die potentiellen Risikokapitalgeber ist der anfänglichen Unsicherheit über Nutzen und Ergebnis durch ein konzeptionelles und vertrauenschaffendes Vorgehen von staatlicher Seite entgegenzutreten. Die Ergebnisverwertung und Technologiediffusion ist durch Marktbeobachtung, ökonomische Analyse und Anwender-Sensibilisierung einzuleiten, statt durch undefinierte Anforderungskriterien zu blockieren. Noch deutlicher wird die Weiterleitung staatlicher Aktionspotentiale an den Unternehmenssektor durch die Forderung, daß von den Antragstellern soziale, wirtschaftliche und umweltpolitische Auswirkungen sowie grundlegende EU-Ziele antizipiert werden sollen. Hier wird vom Unternehmer eine makroökonomische Betrachtungsweise verlangt, die doch eigentlich auf einem höheren Informationsaggregat inszeniert werden sollte. Nicht die Unternehmer teilen ihre mikroökonomischen Standpunkte mit und die Kommission generiert daraus Zukunftsszenarien, sondern die Unternehmen sollen volkswirtschaftlich planen, damit die Kommission die Übereinstimmung mit ihrer eigenen technologiepolitischen Rahmenplanung prüfen kann.

Diese permanent starre Themenorientierung der Europäischen Kommission hat den Glauben des Unternehmenssektors an die konstruktive Hilfe im Innovations- und Marktwachstumsprozeß derart erschüttert, daß führende europäische High-Tech-Unternehmen und Technologiekonzerne seit jeher in Eigenregie und ohne strategische Einbindung staatlicher Instanzen auf den Weltmärkten agieren. Im folgenden soll deshalb beispielhaft für die unternehmerischen Fehleistungen die Performance vom Technologiekonzern *Daimler-Benz* erörtert werden. Dabei handelt es sich im Umkehrschluß um ein Symptom des industriepolitischen "Nicht"-Verhaltens. Andererseits hat es die Kommission versäumt, die (wenigen) unternehmerischen Erfolgsbeispiele (*Siemens*) zu analysieren und ihr technologiepolitisches Konzept entsprechend anzupassen. Dies gilt gleichermaßen für die Teilerfolge des JESSI-Programms, dessen Nichtbeachtung zunächst dokumentiert werden soll.

8.3.3.2 Analyse der Teilerfolge des JESSI-Programms

Der vorgestellte Auszug der Ergebnisse aus dem JESSI-Programm und die ersichtlichen Teilerfolge sind durchaus kein Zufall. Beim JESSI-Programm haben Hersteller und Anwender von mikroelektronischen Produkten zusammengearbeitet. Der reinen Angebotsforschung wurde bereits bei der Themenauswahl durch große Hersteller und Anwender sowie namhaften Forschungsinstituten entgegengewirkt. Beide Seiten wurden von Beginn an in die Entwicklungsprogramme einbezogen und konnten wertvolle Beiträge zum gegenseitigen Interessensausgleich und somit zur Problemlösung für die Mikroelektronik liefern. Die Notwendigkeit, die hohen angebotsseitigen Kosten durch die Generierung entsprechender Nachfragepotentiale wieder zu verdienen, wurde von den teilnehmenden Unternehmen und der koordinierenden halbstaatlichen Moderationsstelle sehr viel klarer in praktische Politik umgesetzt als dies bei den Projektierungen der Kommission der Fall war.

Die rege Teilnahme nahezu aller bedeutenden Hersteller von Mikroelektronik belegt das unternehmerische Vertrauen in diese Vorgehensweise. Hier arbeiten Teilnehmer zusammen, die zusammenarbeiten wollen und nicht die, die das Ausschreibungsverfahren am besten gemeistert haben. Innerhalb des Teilnehmerkreises hatte man die Notwendigkeit zur kooperativen Forschung und arbeitsteiligen Pilotentwicklung im Bereich der Mikroelektronik erkannt. Die frühzeitige Beteiligung der Projektteilnehmer an den FuE-Inhalten steigert deren Motivation mehr als dies ein breitgerichtetes Ausschreibungsverfahren vermag.

Der sich daraus ergebende konsensorientierte industriepolitische Ansatz ist punktuell und gezielt auf die Probleme der Mikroelektronik-Branche bezogen und klar auf die Verbesserung der Weltmarktstellung europäischer Anbieter ausgerichtet. Die Partner haben unterschiedliche Einzelaktivitäten in ein strategisches Gesamtkonzept integriert. Die aus Gründen der Arbeitsteilung abgeleiteten Flaggschiff-Projekte mit spezifizierten Einzelaufgaben haben genau formulierte Zielsetzungen, deren Erreichung für den Gesamterfolg wichtig ist. In diesem Sinne hat sich ein Gemeinschaftsgeist entwickelt, der Maßnahmenabstimmungen und pragmatische Handhabungen erleichtert hat.

8.3.3.3 Unternehmerische Fehlleistungen (Daimler-Benz)

Nicht nur das starre Förderkonzept auf europäischer Ebene und die ignorante Beobachtung des alternativen Förderansatzes beim JESSI-Programm beeinträchtigten die Erfolgsaussichten der europäischen High-Tech-Anbieter. Infolge des industriepolitischen "Nicht"-Verhaltens in Europa haben die großen Technologiekonzerne ihrerseits versucht, den dynamischen Herausforderungen auf den Weltmärkten zu begegnen. Die Tatsache, daß unter den 20 führenden Herstellern von Halbleitern mit Siemens und Philips gerade einmal zwei europäische Anbieter vertreten sind[49], illustriert, daß dieser privatwirtschaftliche Anpassungsprozeß im Vergleich zur asiatischen und US-amerikanischen Industriepolitik allenfalls mäßig funktioniert.

Edzard Reuter (bis zum Frühjahr 1995 Vorstandsvorsitzender der Daimler-Benz AG) hat den Handlungsbedarf auf den Weltmärkten im Zusammenhang mit den technologieintensiven Wachstumsbereichen Mitte der 1980er Jahre gesehen.[50] Die Berührungspunkte zum Kerngeschäft (Automobile) waren die strategische Versorgung mit Elektronikzulieferern sowie eine Diversifizierungsstrategie als Absicherung zum Stammgeschäft. Nach Ansicht von *Reuter* war es für einen *global player* notwendig, die hohen FuE-Kosten durch Synergieeffekte zu senken und besser zu verteilen.[51] Ebenso sollte eine schnellere Technologiediffusion innerhalb des Konzerns sowie eine zügige Bedarfsabstimmung zwischen Technologiehersteller und -anwender einsetzen. So entstand die Vision vom integrierten Technologiekonzern, bei dem sich die Technologien der einzelnen Konzernbereiche ergänzen, wodurch letztlich die internationale

[49]Vgl. Siemens AG, Presseinformation Halbleiter: Vorläufiges Ranking der Halbleiterhersteller weltweit 1996, Zentrales Pressereferat, 20.02.1997, dataquest(Quelle), München 1997, o.S..
[50]Vgl. o.V.: Abrechnung, Interview mit E. Reuter, in: manager-magazin 3/1995, S. 36-47.
[51]Vgl. o.V.: Abrechnung, a.a.O. (FN 50), S. 36-47.

Wettbewerbsfähigkeit in den einzelnen Technologiefeldern gesteigert werden sollte.

Seit 1985 fand eine sukzessive Vergrößerung des Daimler-Benz-Konzerns statt. Die Unternehmenskäufe von MTU, Dornier, AEG über MBB, Fokker, Debis und Cap Gemini sollten die technologische Kompetenz im Konzern erweitern. Die Ergebnisse dieser visionären Unternehmensstrategie und der Kosten des Konzernausbaus in Höhe von 12 Mrd. DM[52] wurden spätestens beim Abgang von *Reuter* angeregt diskutiert:

- seit 1988 liegt Daimler-Benz in seiner Performance ständig um ca. 20% unter dem DAX (Deutscher Aktienindex)[53]; der Börsenkurswert schrumpfte von 52 Mrd. DM (1986) auf 31 Mrd. DM (1995),[54]
- der Jahresüberschuß vor Steuern ist seit Mitte der 1980er Jahre von durchschnittlich ca. 6 Mrd. DM auf 2 Mrd. DM 1994 gesunken, bei einer gleichzeitigen Umsatzausweitung von ca. 30% im gleichen Zeitraum,[55]
- Vernichtung von ca. 80.000 Arbeitsplätzen seit 1986,[56]
- der Elektronik-Konzern AEG ist in seinen fünf Geschäftsbereichen nirgendwo Marktführer, insbesondere in der Schlüsselsparte Mikroelektronik fehlt durch den großflächigen Konzernausbau Geld, um notwendige Investitionen zu tätigen,[57]
- der Luft- und Raumfahrtbereich DASA hat bis einschließlich 1995 kein positives Betriebsergebnis erzielt.[58]

Nachfolger *Schrempp* strebt seit seinem Amtsantritt eine Neuordnung des Konzerns an, bei der das Kerngeschäft wieder im Vordergrund stehen soll.[59] Die

---

[52]Vgl. o.V.: Abrechnung, a.a.O. (FN 50), S. 44.
[53]Vgl. Glöckner, T.; Kowalewsky, R.; Schnitzler, L.: Etwas bewegen, in: wiwo Nr. 50. 7.12.1995, S. 61; Linden, F.A.; Wilhelm, W.: Mit leeren Händen, in: manager-magazin 9/1993, S. 50.
[54]Vgl. Schweer, D.: Nummer kleiner, in: wiwo Nr. 21, 18.5.1995, S. 56; Linden, F.A.; Wilhelm, W.: Die Akte Reuter, in: manager-magazin 8/1995, S. 32.
[55]Vgl. Linden, F.A.; Wilhelm, W.: Mit leeren Händen, a.a.O. (FN 53), S. 39; o.V.: Abrechnung, a.a.O. (FN 50), S. 38.
[56]Vgl. Schweer, D.: Nummer kleiner, a.a.O. (FN 54), S. 51.
[57]Vgl. Linden, F.A.; Wilhelm, W.: Mit leeren Händen, a.a.O. (FN 53), S. 51 sowie Behrens, B.; Schnitzler, L.: Schwacher Trost, in: wiwo Nr. 46, 9.11.1995, S. 83-91.
[58]Vgl. Glöckner, T.; Kowalewsky, R.; Schnitzler, L.: Etwas bewegen, a.a.O. (FN 53), S. 61 sowie Kowalewsky, R.: Großer Bluff, in: wiwo Nr. 5, 25.1.1996, S. 42.

Probleme bei der Schmiedung eines Technologiekonglomerats wurden innerhalb der Konzernspitze zu spät erkannt und auf politischer Ebene nicht als unternehmerische Fehlleistung registriert. Das *Reuter*-Desaster bei einem der bis dato gesündesten und größten deutschen Unternehmen im Zusammenhang mit der Behauptung auf den Welttechnologiemärkten wurde nicht als Indiz für die Unzulänglichkeit einzelwirtschaftlicher Innovationsstrategien gewertet.[60] Insbesondere hätten folgende Schwachpunkte der *Reuter*-Vision durch eine staatlich induzierte und analytisch fundierte Forschungs- und Technologiepolitik vermieden werden können:

[59]Vgl. L i n d e n, F . A . : Krawall-Macher, in: manager-magazin 5/1995, S. 58-66 sowie G l ö c k n e r, T . ; K o w a l e w s k y, R . ; S c h n i t z l e r, L .: Etwas bewegen, a.a.O. (FN 53), S. 56-61.

[60]In gleicher Weise wurde das "Sterben" der europäischen Unterhaltungselektronik mißgedeutet. In weniger als fünfzehn Jahren hat die Branche mehr als zwei Drittel ihrer Arbeitsplätze gestrichen. Die Liste der ausgestiegenen bzw. völlig überschuldeten Anbieter reicht von Grundig, Thomson, Siemens, Blaupunkt, Saba, Nordmende bis Telefunken. Die übriggebliebenen Konkurrenten müssen sich einen weiterhin schrumpfenden Markt teilen. Die Konsumenten kaufen nicht weniger Geräte, aber die Konkurrenz aus Südkorea und China treibt die Preise Jahr für Jahr nach unten. Vgl. H e u s e r, U . J .: Pleiten, Pech und Preisverfall, Die ZEIT 17.1.1997, S. 22. Obwohl für diesen Markt globale Spielregen gelten, wurde von politischer Seite keine gesamteuropäische Lösung angestrebt. Einzelwirtschaftlich liefern sich die europäischen Konkurrenten bis heute einen ruinösen Verdrängungswettbewerb. Nur wenige Anbieter sind ohne politische Intervention bisher konsequent ausgestiegen (Siemens) oder betreiben eine erfolgreiche Nischenpolitik (Loewe, Metz). Anwenderinteressen (Kinoformat 16:9 bei Fernsehern) wurden zugunsten fortgeschrittener Entwicklungen (Hochauflösendes Fernsehen) ignoriert; anfänglich bestehende Entwicklungsvorsprünge wurden somit durch die unterbrochene Weiterbeoachtung der Anwenderinteressen verspielt. Privatwirtschaftlich setzte keine technologieübergreifende Betrachtungs- und Vorgehensweise dergestalt ein, daß durch die Ausrichtung der heimischen Nachfrage nach mikroelektronischen Vorprodukten auf heimische Mikroelektronikhersteller (parallele Angebots- und Nachfragestimulierung) preisgünstige Produkte in entsprechender Losgröße volkswirtschaftlich verfügbar werden. Gerade die Unterhaltungselektronik war Mitte der 1980er Jahre eine der großen Abnehmerbranchen für Mikroelektronik. Als Resultat konstatiert Forschungsminister Rüttgers, daß Deutschland im Bereich der Unterhaltungselektronik heute noch weiter zurückliegt als im Bereich der Mikroelektronik (Verlust positiver externer Effekte für nachgelagerte Bereiche). Vgl. ebenda.

- *Mangelnde Interessenabstimmung* durch den Vorstandsvorsitzenden *Reuter*. Seine egozentrische Vision wurde weder von der Mehrzahl der Vorstandskollegen getragen, noch wurden die unterschiedlichen Unternehmenskulturen durch Kommunikationsmechanismen angeglichen oder bezüglich ihrer Stärken gezielt genutzt. Die Folge war, daß *Reuters* Ziele und Planung nicht von allen Beteiligten getragen wurden. Erst bei der letzten Fünf-Jahres-Planung von *Edzard Reuter* zeigten die Vorstandskollegen ihren Unmut und genehmigten nur eine Ein-Jahres-Planung.[61] Ein Indiz für die mangelnde Entscheidungsflexibilität in Großunternehmen: denn obwohl der Kapitalvernichtungsprozeß innerhalb des Konzerns sowie der Unmut unter Vorstandskollegen und Aufsichtsrat schon 8 Jahre anhielt, regte sich faktisch erst 1993 Widerspruch.

- *Schwache Analyse* der Bedingungen auf Technologiemärkten. Bei einer Management-Umfrage im Daimler-Benz-Konzern 1995 bescheinigt der größte Teil der Manager dem Konzern mangelnde Markt- und Technologiekenntnisse.[62] Die gekauften Technologiefelder waren demnach weniger komplementär als ursprünglich (insbesondere aufgrund der Einzelvision von *Reuter*) angenommen[63]. Demzufolge kam es zu einer Fehleinschätzung bezüglich der hohen Folgekosten im Bereich FuE. Die Synergien blieben aus, die weiterhin hohen Investitionsnotwendigkeiten blieben bestehen, aber die Liquidität innerhalb des Konzerns sank.

[61] Vgl. Linden, F. A.; Wilhelm, W.: Mit leeren Händen, a.a.O. (FN 53), S. 37.
[62] Vgl. o. V.: Abrechnung, a.a.O. (FN 50), S. 36-47.
[63] Vgl. Meier, F.: Private Kontakte, in: wiwo Nr. 17, 20.4.1995, S. 96.

- *Schwache operative Umsetzung* der Strategie. Der gegenseitige Bezug von technologischen (insbesondere mikroelektronischen) Vorprodukten innerhalb des Konzerns blieb weitgehend aus. Die Mercedes-Manager kauften bei anderen Zulieferern ein (statt bei AEG), mit denen sie jahrelange Geschäftsbeziehungen pflegten.[64] Da innerhalb des Konzerns mit Blick auf die Konzernstrategie kein Gemeinschaftsgeist generiert worden war, blieb ein Handeln entsprechend der übergeordneten (aber längst nicht jedem mitgeteilten) Zielsetzungen aus. Da insbesondere das mittlere Management nicht ausreichend involviert war, fanden kaum Koordinationsbestrebungen statt. Das Resultat war - laut Managerbefragung - häufig unproduktive Doppelarbeit.[65]
  Die nicht abgeglichenen unterschiedlichen Unternehmenskulturen und -interessen führten sogar dazu, daß die Weitergabe von Forschungsergebnissen innerhalb des Konzerns von großem Mißtrauen begleitet war. Auf diese Weise entstanden weniger Synergieeffekte als vielmehr Reibungsverluste. Auch zeigte die Führungsspitze um *Reuter* wenig Flexibilität im Umgang mit diesen Problemen. Die wöchentlichen Konsultationen aller Konzernbereiche wurden von *Reuter* auf maximal 3 Stunden gekürzt.[66] D.h. trotz der ohnehin zu geringen Kommunikation im Konzern wurden bestehende Kommunikationselemente noch weiter reduziert. Auf diese Weise wurde die informative Kommunikation im Konzern gekürzt und das sture Festhalten an Visionen institutionalisiert, ohne die einzelnen Komponenten von der notwendigen Mitarbeit zu überzeugen.

Als *Edzard Reuter* im Frühjahr 1995 abtritt und für den Konzern der Einstieg in das lukrative Multimedia- und Telekommunikationsgeschäft anstand, fehlte den Stuttgartern das Konzept.[67] In Ermangelung nationaler oder europäischer Strategieentwicklungen (z.B. gesamteuropäische F&T-Politik für den Telekommunikationssektor) und eingedenk eigener unternehmerischer Fehlkonzepte bleiben trotz zaghafter Lippenbekenntnisse zur multimedialen Zukunft eigene Wettbewerbsnachteile bestehen.

---

[64]Vgl. Behrens, B.; Schnitzler, L.: Schwacher Trost, a.a.O. (FN 57), S. 89.
[65]Vgl. o. V.: Abrechnung, a.a.O. (FN 50), S. 46 sowie Linden, F. A.; Wilhelm, W.: Mit leeren Händen, a.a.O. (FN 53), S. 40.
[66]Vgl. Linden, F. A.; Wilhelm, W.: Die Akte Reuter, a.a.O. (FN 54), S. 38.
[67]Vgl. Meier, F.: Private Kontakte, a.a.O. (FN 63), S. 96-99.

8.3.3.4 Unternehmerische Erfolge (Siemens)

Auf der anderen Seite haben es die staatlichen Instanzen versäumt (und die betroffenen Unternehmenslenker haben nicht entsprechend daraufhingewirkt), die wenigen unternehmerischen Erfolgsbeispiele zu analysieren, um Grundzüge einer möglichen Forschungs- und Technologiepolitik abzuleiten. Die Siemens AG hat als Elektronikkonzern die unternehmerischen Herausforderungen als *global player*, insbesondere auch im Bereich der Mikroelektronik besser gemeistert.

Gegen Mitte des Jahres 1994 stand *Heinrich von Pierer* (Vorstandsvorsitzender) dem Problem gegenüber, daß über 3/4 der gesamten Palette elektronischer Produkte vom Konzern angeboten wurde.[68] Nirgendwo war man besonders stark und die Investitionen konzentrierten sich auf die schwachen Felder, wodurch für die profitablen Bereiche das notwendige Geld fehlte, um Größenvorteile zu erzielen. Auch im Bereich der Halbleiter und Computer lieferte Siemens eine mäßige Performance. Als einstiger Hoflieferant des öffentlichen Sektors mit unzureichendem Kostenmanagement mußte man sich nun der starken Konkurrenz aus Asien und den USA im Kampf um neue Produkte stellen.[69]

Auf Vorstandsebene setzte man sich zusammen und kam zu dem Ergebnis, daß ein Elektronikkonzern in jedem Fall auf den Wachstumsmärkten vertreten sein muß. Das Produktportfolio sollte verjüngt werden. Darin inbegriffen war der Ausstieg aus schrumpfenden Märkten (z.B. Unterhaltungselektronik)[70]. Die Kommunikation im eigenen Unternehmen sollte intensiviert werden, um eine einheitliche Strategie zu kultivieren.[71] Es sollten desweitern Visionen von zukünftigen Märkten entwickelt werden und Markterfordernisse durch Partner vor Ort abgeleitet werden. Sowohl im eigenen Konzern als auch bei den strategischen Kooperationen mit ausländischen Konkurrenz- oder Anwenderunternehmen sollten stets Konsenslösungen angestrebt werden. Kurzfristige Renditeüberlegungen sollten zugunsten einer gemeinsam getragenen

---

[68]Vgl. F i s c h e r , G . ; S c h w a r z e r , U . : Überall dabei, in: manager-magazin 12/1994, S. 73-78.
[69]Vgl. ebenda, S. 63-78 sowie S c h n i t z l e r , L .: Wie eine Lawine, in: wiwo Nr. 44, 26.10.1995, S. 66.
[70]Vgl. H e u s e r , U . J . : Pleiten, Pech und Preisverfall, a.a.O. (FN 60), S. 22.
[71]Vgl. F i s c h e r , G . ; S c h w a r z e r , U .: Überall dabei, a.a.O. (FN 68), S. 73-91.

Langfrist-Lösung unbeachtlich sein.[72] Die vom Vorstand entwickelten Strategieüberlegungen waren wie folgt gekennzeichnet:

- *Herbeiführung eines Interessengleichklangs* innerhalb des Konzerns für umfangreiche Investitionen in die Bereiche Mikroelektronik und Telekommunikation.[73] Dies geschah inbesondere im Bereich der Mikroelektronik entgegen allen Unkenrufen der deutschen Industrie, daß man gegen Amerikaner und Asiaten kaum bestehen könne,

- *Analyse der Technologiemärkte.* Hier wurden zunächst die umfangreichen eigenen Technologiekenntnisse (Angebot von 3/4 der gesamten elektronischen Produktpalette) durch Informations- und Konsultationsmeetings aufbereitet und im Hinblick auf die Brauchbarkeit für Zukunftstechnologien ausgewertet. Ergänzend ging man auf den außereuropäischen Wachstumsmärkten (Asien-Pazifik, Nordamerika) Joint-Ventures (Schaffung von Produktionsvolumina vor Ort) und strategische Allianzen (technische Kompetenz) ein, um regionale Markt- und Kundenkenntnisse bei der Produktentwicklung und Vertriebsorganisation zu nutzen,[74]

---

[72]Vgl. Lamparter, D.H.: Rendite ist nicht alles, in: Die ZEIT, 14.2.1997, S. 15.
[73]Vgl. o.V.: Öfter auf Ideen hören, Interview mit Siemens-Forschungsvorstand Danielmeyer, in: wiwo Nr. 18, 27.4.1995, S. 107 f. sowie Wettwer, B.; Wulff, M.: Roter Puck, in: wiwo Nr. 34, 17.8.1995, S. 48 f..
[74]Vgl. Wettwer, B.; Wulff, M.: Roter Puck, a.a.O. (FN 73), S. 48 f. sowie Schnitzler, L.: Wie eine Lawine, a.a.O. (FN 69), S. 66-72.

- *Flexible praktische Umsetzung* entsprechend den Markterfordernissen. Die eigenen Technologiekenntnisse sollten stets im Dienste der aus den strategischen Allianzen abgeleiteten Erfordernisse eingesetzt und ergänzt werden. In diesem Sinne müsse zwischen den internationalen Partnern vor Ort und den eigenen Mitarbeitern eine reibungslose Weitergabe von Know-How in beide Richtungen stattfinden. Weniger schlecht gewählte Unternehmensaquisitionen (s. Daimler-Benz, u.a. im Zuge der unzureichenden Technologiekenntnisse) als vielmehr gezielte Kooperationen mit Konkurrenten bzw. Anwendern sollten komplementäre Technologie- und Marktkenntnisse liefern. Auf diese Weise wurde Doppelarbeit im Bereich FuE ohne hohen Koordinationsaufwand minimiert. Notwendig war jedoch der regelmäßige informelle Austausch zwischen den Partnern und den einzelnen Konzernbereichen. Beachtlich in der unternehmerischen Flexibilität des Siemens-Ansatzes ist, daß sich die Auswahl eines regionalen Partners nicht auf privatwirtschaftliche Unternehmen beschränken muß. Am Standort Dresden, wo die Siemens-Tochter Simec zusammen mit zwei Konkurrenten hochintegrierte Speicher produziert (geschätzte Gesamtmitarbeiterzahl im Jahre 2000: 16.000 bis 24.000) erfolgte eine gezielte regionalpolitische Sensibilisierung des Freistaats Sachsen für Industriepolitik. Insgesamt hat die öffentliche Hand hier mehr als eine Mrd. DM für den High-Tech-Standort Dresden investiert.[75]

Die Performance-Entwicklung im Bereich Halbleiter seit Mitte 1994 ist in Tabelle 8.3 wiedergegeben.

[75]Vgl. M ü l l e r , U . : Chip-City Dresden, in: Die ZEIT 31.1.1997, S. 14.

	1993/94	1994/95	1995/96
Umsatz (in Mio. DM)	3.068	4.163 (+36%)	4.663 (+12%)
Mitarbeiter	13.783	15.889 (+15%)	19.316 (+22%)
Investitionen (in Mio. DM)	671	1.300 (+94%)	2.217 (+71%)
FuE (in Mio. DM)	546	624 (+14%)	728 (+17)
Ranking/Weltmarkt	17	15	12

Quelle: Siemens AG, Presseinformation Halbleiter: Vorläufiges Ranking der Halbleiterhersteller weltweit 1996, Zentrales Pressereferat, 20.02.1997, dataquest(Quelle), München 1997

Tabelle 8.3: Performance der Siemens AG im Bereich Halbleiter 1994-1996

	1993/94	1994/95	1995/96
Deutschland	1.206	1.681 (+39%)	1.697 (+1%)
Europa (ohne BRD)	832	1.162 (+40%)	1.178 (+1%)
Nordamerika	494	563 (+14%)	775 (+38%)
Asien-Pazifik	479	709 (+48%)	871 (+23%)
sonstige	49	48	142
Gesamt	3.060	4.163	4.663

Quelle: Siemens AG, Presseinformation Halbleiter: Vorläufiges Ranking der Halbleiterhersteller weltweit 1996, Zentrales Pressereferat, 20.02.1997, dataquest(Quelle), München 1997.

Tabelle 8.4: Umsatzentwicklung nach Regionen in Mio. DM

Das konsensorientierte Vorgehen innerhalb der Konzernsparten hat innerhalb von zwei Jahren zu einer Verdreifachung der Investitionen geführt. Auch FuE-Investitionen und Mitarbeiterzahl wurden stetig und umfangreich ausgebaut. Siemens hat seine Weltmarktposition um fünf Plätze von Platz 17 auf Platz 12 verbessern können. Das Ziel, zu den 10 besten Anbietern der Welt aufzusteigen ist in greifbare Nähe gerückt. Wie sehr man sich bei Siemens im Rahmen dieses

Aufholprozesses jedoch von den rückständigen europäischen Infrastrukturen löst, verdeutlicht Tabelle 8.4.

Die Umsatzausweitung in Europa (incl. Deutschland) betrug im letzten Jahr trotz Expansionskurs nur 1%, während in Nordamerika 38% und in Asien 23% mehr verkauft wurde. Hier wird ein eklatanter wirtschaftspolitischer Fehler in Europa sichtbar: die Nachfrage der Anwender und Konsumenten ist nicht stimuliert worden, wodurch europäische Anbieter selbst bei hoher angebotsorientierter Förderung nur über die industriepolitisch geschürte Auslandsnachfrage Größenvorteile erzielen können. Das Erkennen dieser Tatsache durch die Siemens-Strategen und eine entsprechend darauf ausgerichtete gezielte Erschließung asiatischer und nordamerikanischer Märkte, verbunden mit einem regional flexiblen Technologiemanagement, hat der Halbleitersparte ihre Wettbewerbsfähigkeit verschafft. Der gesamte Konzern bietet heute kein Produkt an, daß älter als fünf Jahre ist.[76] Auch wenn derzeit die Analysten die Fokussierung auf den *shareholder value* (kurzfristige Rendeiteüberlegungen) mahnen, so war doch gerade die an Konsenslösungen orientierte langfristige Marktanteilsbetrachtung für die Erlangung der internationalen Wettbewerbsfähigkeit wertvoll.

8.3.4 Funktionszuordnung der Marktkräfte

Die aufgezeigten analytischen Fehler und praktischen Umsetzungshemmnisse münden schließlich in einer Unkenntnis von Wachstumsmechanismen und somit in einer falschen Funktionszuordnung der Marktkräfte im Rahmen der industriepolitischen Erfordernisse. Unter Funktionszuordnung soll die gezielte industriepolitische Nutzung bzw. Einschränkung der freien Marktkräfte verstanden werden. Industriepolitik bedeutet in diesem Sinne weder die vollständige Ausschaltung des Wettbewerbs noch dirigistische Industriepolitik. Der Wachstumsprozeß ist dabei entsprechend Abb. 4.9 in drei Phasen eingeteilt, die unterschiedliche staatliche Aktionspotentiale erfordern.

[76] Vgl. Schnitzler, L.: Wie eine Lawine, a.a.O. (FN 69), S. 70.

8.3.4.1 Zuordnung bei der Entstehung von technischem Fortschritt

Um technologische Neuerungen - sowohl produktive als auch unproduktive - in einem erforderlichen Maße hervorzurufen, muß zunächst die gesamtwirtschaftliche FuE-Tätigkeit auf ein vergleichbares Niveau der internationalen Konkurrenz gehoben werden. Denn die quantitative Ausweitung der Forschung und Entwicklung erhöht zwangsläufig den Pool verfügbarer technologischer Neuerungen, aus dem später mittels gezielter Kanalisierung eine qualitative Auswahl vorgenommen werden muß.

Der staatliche Handlungsbedarf liegt zunächst in einer gesamtwirtschaftlichen Animation zu hoher FuE-Tätigkeit. Wie das japanische Beispiel gezeigt hat, liefert die steuerliche Begünstigung von Forschungs- und Entwicklungsinvestitionen dazu einen wertvollen Beitrag (indirekte horizontale FuE-Förderung). Darüberhinaus können in bestimmten - bereits als lukrativ und zunkunftsträchtig eingestuften - Technologiefeldern FuE-Zuschüsse ausgereicht oder zinsverbilligte Investitionsdarlehen für FuE angeboten werden (direkte punktuelle FuE-Förderung). Allerdings sollte - je konkreter die Forschungs- und Entwicklungsrichtung ist - dann bereits in dieser frühen Phase auch ein Einbezug der potentiellen Anwender in die Entwicklungsprogramme erfolgen. Ebenso bilden eigene staatliche oder von halbstaatlichen Forschungseinrichtungen durchgeführte Forschungsprogramme einen komplementären Beitrag zur einzelwirtschaftlichen Forschungstätigkeit. Gerade für die weltmarktorientierten Technologieunternehmen sind in späteren Entwicklungsphasen strategische FuE-Kooperationen wichtig, um einerseits ihre technologischen Kompetenzen kostengünstig zu erweitern und andererseits Markt- und Anwenderinformationen auf regionalen Märkten kennenzulernen. Hier sind die staatlichen Stimulierungsinstrumente jedoch begrenzt, so daß dies höchstens als Produkt der vormarktlichen Sensibilisierung des Unternehmenssektors für eine ausgedehnte FuE-Tätigkeit betrachtet werden kann (indirekte Stimulierung).

Damit sind in dieser ersten Phase eines potentiellen Wachstumsprozesses keine staatlichen Marktstruktureingriffe notwendig. Vielmehr ist von staatlicher Seite eine großflächige öffentliche Kultivierung von FuE sowie - speziell bei anwendungsbezogener FuE - eine Sensibilisierung der Technologiehersteller für Anwenderinteressen anzustreben.

In Europa hat man die mangelnde Wettbewerbsfähigkeit der europäischen Anbieter im Hochtechnologiesektor allgemein und im Bereich Mikroelektronik im besonderen zwar erkannt, auch hat man die im Vergleich zu den USA und Japan geringeren Gesamtaufwendungen für FuE (in Prozent vom BIP) registriert, doch eine adäquate FuE-Förderung zur Beseitigung dieses Defizits ist nicht eingeleitet worden.[77]

Bis heute gibt es keine gesamtwirtschaftliche steuerliche Begünstigung von FuE-Investitionen. Die Kommission befürchtet vielmehr den Mißbrauch und Mitnahmeeffekt durch Deklarierung normaler Produktions- und Vertriebsinvestitionen als FuE-Investitionen.[78] Daß dieses rein formale Problem durch die Festlegung entsprechender Förderkriterien gelöst werden kann, beweist die FuE-Förderung in Japan. Dort hat sich diese indirekte Fördermaßnahme als sehr wirkungsvoll erwiesen, um die FuE-Anstrengungen der Unternehmen - unabhängig von staatlich initiierter FuE - auf ein gesamtwirtschaftlich hohes Maß zu steigern.

Auf EU-Ebene herrscht überwiegend die direkte Förderung über FuE-Zuschüsse bzw. über FuE-Projekte vor, welche die gesamtwirtschaftliche Steigerung von Forschung und Entwicklung nicht bewirken kann. Die Forschungs- und Entwicklungsanstrengungen sind in dieser frühen Phase mehrheitlich wenig konkretisiert, so daß bei der Zuteilung von Forschungszuschüssen bzw. bei der Auswahl von Projektthemen und -teilnehmern zu diesem Zeitpunkt ein Auswahlproblem besteht. In diesem Sinne ist die direkte Förderung in Europa an dieser Stelle zu breit angelegt. Um von staatlicher Seite eine treffsicherere Auswahl vornehmen zu können, bedarf es einer besseren Informationsgrundlage, sonst läuft die staatliche FuE-Politik umso mehr Gefahr, technologische Trends zu verpassen. Die ausschließliche Projektmethode in dieser frühen Phase verhindert eine flexible Anpassung, falls dies technologisch geboten scheint. Dann wird zwangsläufig bis zum Projektende dem "schlechten" Geld gutes nachgeworfen. Durch diese sehr frühe punktuelle Förderung wird die - praktisch jederzeit vorhandene - Breite der technologischen Basisinnovationen kaum

---

[77]Dies umso weniger, als man doch im Kreise der Europäischen Kommission entsprechend den Erkenntnissen der "Neuen Wachstumstheorie" davon überzeugt ist, daß ausreichende FuE- und Humankapitalinvestitionen endogene Wachstumsfaktoren darstellen. Vgl. Kapitel 3.
[78]Vgl. K O M . E G : Grünbuch zur Innovation, a.a.O. (FN 33), S. 34-38.

ausgenutzt und keiner späteren unternehmerischen Resonanzbetrachtung unterworfen.

Es wird frühzeitig ausgewählt und punktuell interveniert, ohne die Palette der Wahlmöglichkeiten zu betrachten und einer gewissen Zeit lang der marktlichen Akzeptanz auszusetzen. Auf diese Weise wird weder die gesamtwirtschaftliche FuE-Tätigkeit durch staatliche Subventionierung erhöht, noch werden Industrieunternehmen dadurch zu mehr FuE-Anstrengungen animiert. Auch ist die Ziel- und Erfolgsbezogenheit in dieser frühen Phase kaum transparent zu machen, da die noch bestehenden Ungewissheiten operable Unterziele kaum zulassen. Das effektive Einschwören der Projekteilnehmer auf bestimmte Gemeinschaftsziele wird durch eine labile Informationsgrundlage verhindert. Dadurch erhöht sich die Gefahr von industriepolitischen Fehlschlägen, die dann von den Kritikern der europäischen Technologieförderung immer wieder zitiert werden.

Das Ergebnis der mangelnden indirekten und der (an dieser Stelle) nicht bedarfsgerechten direkten FuE-Förderung ist in Europa ein seit 1992 rückläufiger Anteil von Forschungs- und Entwicklungsaufwendungen am BIP. Seit 1981 hat sich beispielsweise der Abstand zu Japan verdreifacht. Dabei betrug 1992 der staatlich finanzierte Anteil in Europa 12,2% während er sich in Japan lediglich auf 1,2% belief.[79] Letzteres ist ein Indiz für die erfolgreiche Animation der japanischen Unternehmen zu hoher eigener FuE-Tätigkeit mittels indirekter FuE-Förderung. Durch diese ausgedehnte FuE-Tätigkeit entstehen volkswirtschaftlich mehr Erfindungen und somit auch mehr Innovationen (produktionstechnische Umsetzungen), wodurch die Optionen zur Auslösung eines Wachstumsprozesses mittels technologischer Neuerungen steigen. Eine unzureichende Stimulierung der gesamtwirtschaftlichen FuE-Tätigkeit hat die europäischen Mitgliedsländer auch im Bereich der Mikroelektronik somit bereits bei der Schaffung von Wachstumsoptionen ins Hintertreffen gebracht.

8.3.4.2 Zuordnung bei der Technologiediffusion

Eine starke FuE-Tätigkeit eröffnet zunächst "lediglich" Möglichkeiten zu einem späteren Marktwachstum, da auf diese Weise eine schlichte mengenmäßige

[79] Vgl. K O M . E G : Grünbuch zur Innovation, a.a.O. (FN 33), S. 28.

Erhöhung der technischen Ideen stattfindet. Weitere Kanalisierungen im Zusammenspiel staatlicher und unternehmerischer Eindrücke sind notwendig. Die Verbreitung von Innovationen (Technologiediffusion) muß nicht nur in räumlicher Hinsicht flächendeckend geschehen, sondern auch eine große Bandbreite von technologischen Neuerungen umschließen, damit die auf die einzelnen Innovationen entfallende unternehmerische Resonanz einen möglichst zutreffenden Hinweis auf künftige Förderbereiche liefern kann. In diesem Sinne lassen sich marktliche Signale (=unternehmerisches Feedback auf bestimmte Innovationen) nutzen, um die Förderrichtung zu bestimmen und die Förderung später sukzessive auszuweiten.

Aus diesem Grund hat man in Japan flächendeckend FuE-Zentren errichtet, um so keinem potentiellen Anbieter bzw. insbesondere auch Anwender den Zugang zur neuen Technologie zu verbauen. Zwischen den einzelnen Forschungsstellen muß dann eine rege Kommunikation einsetzen. Von staatlicher Seite ist es erforderlich, breitangelegte Informations- und Präsentationsveranstaltungen mit Herstellern, Anwendern und Forschungsstellen zu initiieren. Dort werden neueste technologische Trends von Seiten der Forschungsstellen vorgestellt sowie Herstellerzwänge und Anwendernutzen diskutiert. Auf diese Weise setzt ein früher Einbezug der potentiellen Anwender in die technologischen Entwicklungslinien ein. Die staatlichen industriepolitischen Entscheidungsträger sind auf dieser Kommunikationsplattform als Beobachter vertreten. Über diese Informationsveranstaltungen und mittels ihrer persönlichen Kontakte zur Industrie beobachten die Ministerialbeamten die Resonanz des Unternehmenssektors auf bestimmte technologische Trends.

Damit sind in dieser zweiten Phase weiterhin keine wettbewerbsbeschränkenden Markstruktureingriffe notwendig. Vielmehr erfolgt hier die Konfrontation der Industrie mit den technischen Neuerungen und parallel die Sensibilisierung staatlicher Förderinstanzen für die Lukrativität bestimmter technologischer Innovationen. Damit erfolgt keine Ausschaltung des Wettbewerbs als Entdeckungsverfahren (wie von den Kritikern immer wieder behauptet wird), sondern die Nutzung der Marktsignale zur industriepolitischen Entscheidungsunterstützung.

Die erforderlichen staatlichen Rahmensetzungen im Zusammenhang mit dem Prozeß der Technologiediffusion sind in Europa in der Vergangenheit nur unzureichend erfolgt. Von einer breiten Verfügbarkeit der FuE-Ergebnisse zugunsten einer schnellen und breiten Ausbreitung kann nicht die Rede sein. Wie die Kommission in ihrem Innovations-Statement selbst einräumt, befinden sich High-Tech-Zentren lediglich in bestimmten Regionen der wirtschaftlich stärkeren Mitgliedsländer (Deutschland, Frankreich, Großbritannien, Italien).[80] Die Bündelung technologischer Kompetenzen in bestimmten Regionen Europas ist in diesem Sinne deutlich abzugrenzen von der Verfügbarmachung technologischen Know-Hows über gleichmäßig verteilte FuE-Zentren.

Gerade die Europäische Kommission als supranationale Instanz hat es versäumt, eine länderübergreifende Zusammenarbeit im Bereich FuE zugunsten einer schnellen und effizienten Technologiediffusion zu initiieren, um eine technologiebezogene gesamteuropäische Resonanz aus dem Bereich der privaten Unternehmen zu erhalten. Dazu hätten zunächst rechtliche Grundlagen zum europäischen Patentschutz und Weiterverwendungsregelungen den Anfang der Infrastrukturmaßnahmen bilden müssen. Die EU-Projekte sind auf bestimmte teilnehmende Unternehmen begrenzt, und somit zwangsläufig auf bestimmte Regionen. Die Limitierung der involvierten Unternehmen macht aber nur auf der Herstellerseite im Zuge einer späteren Intensivierung der Förderung zur Generierung von Marktwachstum Sinn; also dann, wenn bereits genügend Informationen über die unternehmerische Beurteilung bestimmter Innovationen vorliegen. Auch ist die regionale Begrenzung nur temporär im Rahmen der eigentlichen Forschungs- und Entwicklungsphase sinnvoll, aber nicht bei der Technologiediffusion.

Jene, dem Förderkonzept der EU innewohnende Einschränkung der Technologiediffusion wäre prinzipiell durch eine großflächige und breite Unternehmerkreise einbeziehende Informationspolitik heilbar. Doch derartige Informationsplateaus fehlen in Europa. 1995 wurde in Sevilla das Institut für technologische Zukunftsforschung (IPTS) gegründet, dessen vorrangige Aufgabe es ist, technologische Entwicklungen eurozentral zu erfassen. Verfügbare technologische Informationen sollen hier analysiert und auch bezüglich ihrer

---

[80]Vgl. KOM. EG: Grünbuch zur Innovation, a.a.O. (FN 33), S. 19.

Zukunftstauglichkeit ausgewertet werden.[81] Doch dieser informationspolitische Ansatz ist nicht nur wegen seiner räumlichen Entfernung zu den zentraleuropäischen Hochtechnologie-Zentren unzureichend. Die Sammlung technologischer Daten durch das IPTS erfolgt zwar sinnvoller Weise zentral, doch für eine effiziente Technologiediffusion ist einerseits die Qualität des Informationsinputs, andererseits sind die Informationsverteilungs- und -ergänzungsmechanismen bedeutsam.

Das IPTS sammelt technologische Daten von europäischen Forschungsstellen sowie durch aufmerksame Lektüre von Fachzeitschriften und Pressemitteilungen der Unternehmen. Durch diese angebotsbezogene Informationsbeschaffung werden nicht nur Anbieterzwänge, sondern im besonderen die gesamten potentiellen Anwenderinteressen ausgeblendet. Da Kommunikation und informeller Austausch mit privaten Unternehmen nicht stattfinden, besteht die Gefahr, daß die bereits zu Papier gebrachten Eingangsinformationen des IPTS veraltet oder unbrauchbar sind und somit möglicherweise zu falschen zukunftsbezogenen Rückschlüssen führen. Marktsignale in Form von geäußerten Hersteller- und Anwendereindrücken werden nicht genutzt, sondern regelrecht ausgeschaltet.

Zum zweiten beraubt man sich durch fehlende informelle Kontakte der bedarfsgerechten stetigen Ergänzung bereits vorhandener Informationen. D. h. selbst wenn die von Forschungsstellen und aus Zeitungsberichten aggregierten Daten technologische Trends einmal zutreffend und kritisch wiedergeben, so wird auf diesem Wege eine evtl. notwendige Anpassung verhindert. Noch unbefriedigender ist jedoch die anschließende Verteilung und Weitergabe der innovativen Kenntnisse. Das IPTS verfasst über seine Tätigkeit einen monatlichen Bericht, der *einzig* an den für Forschung, allgemeine und berufliche Bildung zuständigen Kommissar geht.[82] Diejenigen, die die ganzen technischen Ideen und Umsetzungen beurteilen und anwenden sollen, werden, wenn überhaupt, erst zeitversetzt informiert: die privaten Hersteller und Anwender. Die zweifellos auch aufgrund von Marktsignalen eruierten Informationen des IPTS werden in einem unausgereiften Stadium für "bare Münze" genommen, anstatt diese "technologischen Indizien" einer weiteren Überprüfung durch den Markt zu

---

[81] Vgl. KOM. EG: Grünbuch zur Innovation, a.a.O. (FN 33), S. 25 f..

[82] Vgl. ebenda, S. 26.

unterziehen. Danach wären mögliche Marktstruktureingriffe von einer höheren unternehmerischen Akzeptanz begleitet. Das Risiko eines industriepolitischen Fehlschlags wäre durch eine derartige Verstärkung der Markttendenz verringert.

Die Beobachtung der unternehmerischen Resonanz auf technische Neuerungen findet nicht statt, da den Unternehmen erst gar keine Möglichkeit zur Abgabe eines konstruktiven Feedbacks gegeben wird. Anstelle von Informationsveranstaltungen werden Broschüren als Leitfaden für Antragsteller herausgegeben, aus denen bereits festgelegte Forschungsinhalte und formale Antragskriterien hervorgehen.[83] Statt persönliche Kontakte zwischen der Kommission bzw. den Beamten der Vergabestellen und den Unternehmen zu knüpfen, hat sich gerade auf EU-Ebene ein stark formalisiertes Informationsaustauschverfahren etabliert. Dieser Eurobürokratismus hat in den Kreisen der privaten Unternehmen bisher die Schaffung einer vertrauensvollen Basis verhindert. Die unternehmerischen Unsicherheiten im Zusammenhang mit Innovationsprozessen konnten dadurch nicht beseitigt werden. Wie gezeigt wurde, hat der Mangel an staatlicher Kanalisierung und Moderation vielmehr mehrheitlich zu unternehmerischen Fehlleistungen geführt.

Im Ergebnis sind damit in Europa die Rahmenbedingungen für eine effiziente Technologiediffusion im Rahmen von Wachstumsprozessen durch technologische Neuerungen nur unzureichend geschaffen worden. Dadurch ist die rechtzeitige und nachhaltige Sensibilisierung staatlicher Instanzen für die Lukrativität bestimmter Technologiefelder ausgeblieben. In Japan wurde Anfang der 1960er Jahre eine eigene Elektronikindustrieabteilung innerhalb des MITI gegründet, als man im Zuge des Computerbaus durch entsprechendes Feedback der damals führenden Haushaltsgeräte-hersteller (!!!) für die Lukrativität der Mikroelektronik sensibilisiert worden war. Der mangelnde informelle Austausch mit dem Unternehmerlager hat somit seit Mitte der 1980er Jahre zu einer nicht bedarfsgerechten Ableitung staatlicher Hilfestellungen bei Innovationsprozessen geführt. Dies war und ist entscheidend für den späteren Erfolg von gezielten Marktstruktureingriffen und somit für die Güte staatlicher Diagnose- und industriepolitischer Handlungsfähigkeit. Denn besonders in der Diffusionsphase geht es im Rahmen einer staatlichen Technologiepolitik darum zu sehen, wo der

[83]Vgl. K O M . E G : Die Forschungsprogramme der Gemeinschaft, Ein Leitfaden für Antragsteller, Luxembourg 1996.

Markt hintendiert, damit später geholfen werden kann, daß heimische Anbieter und Anwender an diesem Trend teilnehmen, bevor die internationale Konkurrenz die Markteinstiegskosten durch Wettbewerbsvorsprünge und Monopolgewinne drastisch erhöht hat.

8.3.4.3 Zuordnung bei der Generierung von Marktwachstum

Auf einem durch die Beobachtung der Technologiediffusion hohen Informationsstand hinsichtlich der Lukrativität einzelner Technologiefelder kann dann eine staatlich induzierte Industriepolitik sukzessive über eine breit angelegte indirekte Förderung bis zu gezielten Marktstruktureingriffen gesteigert werden. Hintergrund ist eine Forcierung des offensichtlich (in bestimmten Technologien) anstehenden Marktwachstums, d.h. eine gezielte Verstärkung der Marktkräfte zugunsten heimischer Anbieter und Anwender. Um das Risiko eines wirtschaftspolitischen Fehlschlags weiterhin zu minimieren, hat man in Japan beispielsweise bei der Förderung der Computerindustrie zunächst eine "leichte" Förderphase auf der Grundlage eines bis dahin gewachsenen Informationsstands initiiert.

Durch Steuervergünstigungen bei der Herstellung und Anwendung der neuen Technologie sollten angebotsseitig Markteintritte und weitere Forschungsanstrengungen im Bereich Mikroelektronik stattfinden. Andererseits sollte eine Stimulierung zur unternehmerischen Anwendung einsetzen. Parallel wurde weiterhin beobachtet und mittels Markforschung abgeleitet, wie die unternehmerische Resonanz auf diese leichte Förderung ausfällt. Wie wird das Förderangebot aufgenommen und wie ist die Marktentwicklung?

Ergibt die Auswertung ein überproportionales Marktwachstum seit Beginn der steuerlichen Begünstigung und ist aus Marktforschung und informativen Kontakten zu den Unternehmen ersichtlich, daß es sich hierbei nicht bloß um Mitnahmeeffekte (rent-seeking) handelt, so kann eine gezielte Intensivierung der Förderung einsetzen. Bei Produktinnovationen hat man in Japan die Zahl heimischer Anbieter limitiert und die heimische Nachfrage auf diese Anbieter gelenkt, damit diese frühzeitig Größenvorteile erzielen konnten. Bei Prozeßinnovationen ist der Aspekt der Nachfragestimulierung bedeutungsvoller, da Marktwachstum dann wesentlich durch die technologischen

Produktionsvorsprünge der Anwender von Prozeßinnovationen hervorgerufen wird.

Schließlich ist es bei den Fördermaßnahmen zur Generierung von Marktwachstum erforderlich, daß die Förderung bei erreichter Wettbewerbsfähigkeit eingestellt wird, um die Zuführung der Mittel zu anderen (mittlerweile "bedürftigeren") Wachstumsbereichen nicht zu versperren. Eine Unterstützung über den Punkt erreichter Konkurrenzfähigkeit hinaus provoziert mittel- und langfristig Fehlallokationen, da die protektionierte Branche die Marktsignale zumindest teilweise ignoriert.

Damit ist in der dritten Phase des technologiebedingten Wachstumsprozesses - bei der Generierung von Marktwachstum - eine sukzessive Steigerung von breitangelegten indirekten Interventionen bis hin zu gezielten Marktstruktureingriffen in Abhängigkeit vom Informationsstand und dem unternehmerischen Feedback erforderlich. Die Qualität des Informationsaustausches und die Ausdehnung der Interessensidentifikation (insbesondere zwischen Hersteller und Anwender) bestimmen die Tiefe staatlicher Interventionen. Staatlich aggregierte Informationen und daraufhin getroffene Entscheidungen sind auf diese Weise nicht schlechter als privatwirtschaftliche Allokationen. Im Gegenteil: Einzelwirtschaftliche Fehlleistungen werden durch die gegenseitige Sensibilisierung staatlicher Instanzen und unternehmerischer Interessen minimiert.[84] Der dargestellte gesamtwirtschaftliche Abstimmungs- und Informationsaustauschprozeß dauert nicht länger als das einzelwirtschaftliche "trial-and-error", jedoch unter Vermeidung der ruinösen Anpassungstendenzen und mit der Schaffung von brauchbaren staatlichen Diagnosemechanismen.

Die notwendigen staatlichen Interventionen zur Generierung von Marktwachstum sind auf europäischer Ebene im Bereich der Mikroelektronik seit Mitte der 1980er Jahre bis heute nicht erfolgt. Eine indirekte Förderung (beipielsweise über Steuererleichterungen) zur Steigerung der Lukrativität mikroelektronischer Produkte und eine Stimulierung zur unternehmerischen Anwendung ist ausgeblieben. Über Projektarbeit wird lediglich seit dem Beginn einer eigenen

[84]Dies belegt auch die deutlich geringere Zahl von Unternehmenszusammenbrüchen in Japan, da auf diese Weise oftmals ruinöser Wettbewerb vermieden wird.

Forschungs- und Technologiepolitik auf europäischer Ebene versucht, Entwicklungsrückstände gegenüber der US-amerikanischen und japanischen Konkurrenz aufzuholen sowie angebotsbezogen über Forschungsvorhaben Kosten zu senken. Dadurch wurden und werden weder Markteintritte eingeleitet noch werden die Unternehmen animiert, eigene Forschungsanstrengungen zu forcieren. Neben dem Fehlen steuerlicher Anreize als volkswirtschaftliche Signalwirkung wurden die Anwender auch nicht durch Finanzierungsangebote gelockt. Das Computer-Leasing-Geschäft hat in Japan die heimische Nachfrage gesteigert und auf die heimischen Anbieter gelenkt.

Das Fehlen einer nachfrageseitigen Stimulanz wirkt sich nicht nur auf die Teilnahme europäischer Anbieter am Wachstumsprozeß für mikroelektronische Produkte negativ aus, sondern auch auf die unternehmerische Motivation zu FuE. Das bedeutet im Umkehrschluß, daß - selbst wenn auf diesem Wege Entwicklungsrückstände gegenüber der Konkurrenz reduziert werden - die aufgeholten Rückstände nichts wert sind, da man bereits schon wieder hinter dem Marktwachstum herhinkt. Dies insbesondere deshalb, weil die technologische Kompetenz europäischer Anbieter durch die im Vergleich zu den Konkurrenten niedrigeren FuE-Anstrengungen (u.a. bedingt durch die mangelnde Nachfrage-Stimulierung) geringer ist.

Auch die im Anschluß an beginnende Fördermaßnahmen laufende Beobachtung und Marktforschung findet in Europa nicht statt. Angebotsseitig wird nur punktuell "interveniert" (Inhaltlich festgelegte Technologieprojekte mit bestimmtem Unternehmenskreis), so daß keine aktuellen Marktentwicklungen und -tendenzen sichtbar werden können. Dies insbesondere auch deshalb nicht, da keine nähere Kontaktaufnahme zu einem breiten Kreis von Herstellerfirmen und insbesondere nicht zu potentiellen Anwenderindustrien erfolgt. Die Europäische Kommission ignoriert insofern eine weiteres Feedback zur bis dato eingeleiteten Förderung. Wie schon im Rahmen der Technologiediffusion, als die Beobachtung der unternehmerischen Resonanz auf bestimmte technologische Neuerungen unterblieb, wird auch in dieser weiter fortgeschrittenen Phase des Innovationsprozesses auf dezidierte unternehmerische Beurteilung verzichtet.

Entsprechend fehlt abschließend die Informationsgrundlage - und erwiesenermaßen die staatliche Diagnosefähigkeit - auf europäischer Ebene, um eine gezielte Intensivierung der Fördermaßnahmen einzuleiten. Dazu könnten in Abhängigkeit der eruierten Informationen temporäre Importbeschränkungen und gezielte Finanzierungshilfen für mittelständische Anwender (um die heimische Nachfrage zu steigern und auf die heimischen Anbieter zu lenken) angeboten werden. Ebenso sind staatliche Beschaffungsaufträge (sofern in Abhängigkeit der technologischen Richtung möglich), technologiebezogene FuE-Zuschüsse, eine Intensivierung der entsprechenden Ingenieurausbildung oder Kreditgarantien für ein schlagkräftiges Herstelleroligopol denkbar. In Japan hat man den hohen Erkenntnisstand über ein offensichtlich anstehendes Marktwachstum genutzt, um diese Fördermaßnahmen in einem Sondergesetz zu manifestieren und öffentlich zu kultivieren. Auf diese Weise wurden Markteintritte gefördert, Forschungsanstrengungen forciert und die Anwendung stimuliert.

Technologische Rahmenprogramme und die dezidierte Ausgestaltung von Einzelprojekten - wie sie auf EU-Ebene stattfinden - machen erst an dieser Stelle Sinn. Erst jetzt, nach aufmerksamer Beobachtung eines Innovationsprozesses von der Auswahl einer technischen Idee über die Kanalisierung der Technologiediffusion bis zum anstehenden Marktwachstum ist die Informationsbasis geschaffen, um punktuell zu intervenieren.

Bei der Auswahl zu fördernder Technologien von staatlicher Seite handelt es sich nun nicht mehr um eine "Anmaßung von Wissen", sondern um das Produkt eines konsensorientierten Abstimmungsprozesses und um eine ausgedehnte Interessenidentifikation zwischen unternehmerischen Ideen und staatlicher Verantwortung für die gesamte Volkswirtschaft. Es wurde ein breitgetragener Konsens zwischen Anbieter und Anwender, zwischen Öffentlichkeit und Staat hergestellt, was die gemeinsame Zielorientierung einerseits und die Durchführbarkeit möglicher Maßnahmen andererseits erheblich erleichtert. Dies gilt speziell für Inhalte, Interventionsformen, Prioritäten, Zeitrahmen und Programmteilnehmer. Dabei ist für den unternehmerischen Sektor auch die Gewährleistung mittelfristiger Planungssicherheit durch die Konzept- und Zielorientierung als vertrauenschaffende Tatsache wichtig.

Dennoch muß die dargestellte industriepolitische Konzeption auch Kriterien über die Einstellung der Förderung beinhalten. Wie bereits dargestellt, wird gerade auf diesem Höhepunkt der industriepolitischen Unterstützung den Marktsignalen diese Funktion zugeordnet. D.h. über die Beobachtung und Analyse der heimischen Wettbewerbsfähigkeit wird ein Erfolgsmaßstab und somit ein Marktsignal benutzt, um die Förderung sukzessive abzubauen. Das Ende der europäischen Forschungsprogramme für den Bereich Mikroelektronik (ESPRIT) ist hingegen nicht erfolgsabhängig, sondern war in seinen ersten drei Ausführungen stets beendet, sobald das zugeteilte Geld verbraucht und der Zeitrahmen abgelaufen war. Auch wurden umgekehrt in Europa die Marktsignale nicht genutzt, um die Förderung aufzustocken. Trotz der von der Kommission festgestellten mangelnden Wettbewerbsfähigkeit der europäischen Anbieter von Informations- und Kommunikationstechnologien (also incl. Mikroelektronik)[85] wurde das Budget für diesen Bereich seit 1991 bei jedem folgenden Rahmenprogramm um ca. 8 bis 10% gekürzt.[86] Trotz aller marktwirtschaftlichen Lobpreisungen wurden und werden die Marktsignale nicht genutzt, um Förderungen zu intensivieren bzw. um einen bestehenden Förderumfang abzubauen, damit Bereiche mit einer mittelfristig höheren Faktorproduktivität davon profitieren können. Auch die Japaner haben stets versucht, neue Trends zu antizipieren: Nach der Computer-Hardware erkannte man die zukünftige Bedeutung der Software und legte dort entsprechende Förderschwerpunkte; schließlich wurde das MITI seit dem Ende der 1980er Jahre für die absehbare Lukrativität von "künstlicher Intelligenz" sensibilisiert.

Auf europäischer Ebene hat man es somit nicht verstanden, eine Steigerung und Intensivierung der Fördermaßnahmen an die Qualität der Informationsgrundlage und Höhe der Interessenidentifikation zu koppeln. Die projektorientierte Förderung ist gleichbleibend flach und horizontal. Die Informationssammlung erfolgt aus wenig repräsentativen Facetten. Die darauf basierenden Fördermaßnahmen sind somit unzureichend auf die Marktbedürfnisse abgestimmt, was die Gefahr von forschungspolitischen Fehlschlägen erhöht, zu denen es mit Blick auf die Wettbewerbsfähigkeit im Bereich der Hochtechnologie-Güter auch gekommen ist. Der Effekt des europäischen Ansatzes liegt auf unternehmerischer Seite höchstens in der Kultivierung von Mitnahmeeffekten. Ein privatwirtschaftliches Vertrauen in die staatliche Diagnosefähigkeit wird derartig jedenfalls nicht erzeugt. Die zu Beginn des

[85]Vgl. K O M . E G : Grünbuch zur Innovation, a.a.O. (FN 33) S. 6-9.
[86]Vgl. K O M . E G : a.a.O. (FN 83), S. 28.

Kapitels erwähnte Kritik an der europäischen Forschungs- und Technologie-Politik ist somit hinsichtlich ihrer Art und Weise berechtigt.

Kapitel 9: Zusammenfassung wesentlicher Ergebnisse

In den Kapiteln 6 bis 8 wurden Teilbereiche der europäischen Industriepolitik unter dem Blickwinkel der japanischen Erfahrungen analysiert. Aus der Untersuchung lassen sich folgende Ergebnisse konstatieren:

In **Kapitel 6** wurden die Rahmenbedingungen für eine europäische Industriepolitik analysiert. Dazu wurde zunächst anhand ökonomischer Basisdaten die allenfalls mäßige *performance* der europäischen Industrie im Vergleich zu den USA und Japan illustriert. Losgelöst von branchenspezifischen Besonderheiten wurde daraufhin untersucht, welche Qualität Industriepolitikformulierung auf Ebene der Europäischen Kommission besitzt. Anhand der industriepolitischen Mitteilungen der Kommission seit den Maastrichter Verträgen und mit Blick auf die in Kapitel 4 abgeleiteten industriepolitischen Basismechanismen lassen sich folgende Feststellungen treffen:

- In den *Maastrichter Verträgen* ist mit Art. 130 i.V.m. Art. 3 Buchstabe l) EUV ein industriepolitisches Mandat kodifiziert worden. Die Tatsache, daß die Kodifizierung einer unbedenklichen Rahmensetzung nicht erforderlich gewesen wäre und die Entstehung unter entsprechenden Forderungen aus Politik, Wirtschaft und Wissenschaft lassen zunächst vermuten, daß damit auch staatliche Interventionen bis hin zu Marktstruktureingriffen legitimiert werden sollten. Die Ableitung eines industriepolitischen Profils im Vergleich zur japanischen Industriepolitik obliegt der Analyse der diesbezüglichen Veröffentlichungen der Kommission.

- Im sogenannten *"Bangemann-Papier"* von 1990 hat die Kommission erstmals ein industriepolitisches Statement abgegeben. Dort erfolgt jedoch weder eine Thematisierung der frühzeitigen Interessenabstimmung unter den beteiligten Wirtschaftsteilnehmern noch eine Definition des staatlichen Aktionspotentials als Initiator von Interessensausgleich bzw. als Schlichter bei Interessenkonflikten.

Die daraufhin schwache Situationsanalyse im Vorfeld von industriepolitischen Handlungen führt zu Lösungsvorschlägen, die sachlich wenig fundiert sind und durch die mangelnde Konsensorientierung keiner breiten Akzeptanz im Unternehmer- und Arbeitnehmersektor gegenüberstehen. Ebenso wird die zielorientierte Nutzung bzw. Einschränkung der Marktkräfte nicht als problembezogener Aspekt einer staatlich induzierten Industriepolitik verstanden. Die schwache Informationsbeschaffung, die wenig fundierte Problemanalyse, die versäumte Ableitung industriepolitischer Zielsetzungen sowie der nicht problemorientierte Einsatz der Marktkräfte schwächen letztlich die staatliche Diagnosefähigkeit als Grundlage industriepolitischer Erfolge.

- Im *Weißbuch* von 1993 über "Wachstum, Wettbewerbsfähigkeit und Beschäftigung" hat sich die Kommission bzgl. der Industriepolitik an den Ausführungen im "Bangemann-Papier" orientiert. Es werden zusätzliche analytische Fehler offenbart. Die Probleme der europäischen Industrie werden nicht analysiert, woraufhin die vorgeschlagenen Lösungsstrategien auch wenig Bezug zu diesen Problemen haben. So wird für strukturschwache Industrien eine Ausweitung der FuE-Anstrengungen zur Steigerung der Wettbewerbsfähigkeit empfohlen, obwohl in diesen Bereichen vorrangig ein kontrollierter Kapazitätsabbau und Arbeitsmarktpolitik erforderlich sind. Auch wird eine forcierte Öffnung der Weltmärkte weiterhin angemahnt, obwohl die westlichen Industrieländer trotz enormer Handelsausweitung seit dem Beginn der 1970er Jahre unter Wachstumsschwächen leiden. Auf die industriepolitischen Aktionen der Kontrahenten in Asien und den USA wird zwar verwiesen, deren Erfolgsrezepte werden allerdings nicht analysiert. Industriepolitik kann somit weder bedarfsgerecht konzipiert werden, noch ist es möglich, sie einer breiten Öffentlichkeit gegenüber zu kultivieren.

- In der Mitteilung der Kommission über *"Eine Politik der industriellen Wettbewerbsfähigkeit für die Europäische Union"* von 1994 wird abermals auf die industriepolitischen Äußerungen in den vorangegangenen Veröffentlichungen verwiesen. Auch dort mangelt es an einer problembezogenen Analyse. So wird durch die einseitige Konzentration auf die Wachstumsmärkte das Problem der hohen und stetigen Arbeitslosigkeit in den Mitgliedsländern ausgeblendet.

Eine strukturpolitische Anpassungskomponente für weniger zukunftssichere Industriebereiche fehlt gänzlich. Doch selbst im Rahmen der Industriepolitik für Wachstumsbereiche wird der staatliche Handlungsrahmen nicht konkretisiert. Weder wird die Notwendigkeit zur Kommunikation zwischen Herstellern und Anwendern eingebracht noch die Wichtigkeit einer problemorientierten Analyse auf den Welttechnologiemärkten. Demzufolge sind die vagen Zielformulierungen leerformelartig und ohne faßbaren Nutzen für die Betroffenen. Ein Vertrauen der Privatindustrie in die Analyse- und problembewußte Handlungsfähigkeit staatlicher Instanzen kann dadurch nicht entstehen. Die Scheu vor klaren interventionistischen Stellungnahmen seitens der Europäischen Kommission verhindert darüberhinaus eine klare Zuordnung der Marktbedeutung im Sinne industriepolitischer Zielsetzungen.

In **Kapitel 7** wurde die europäische Stahlpolitik seit den 1970er Jahren analysiert. Dies geschah wiederum vor dem Hintergrund der Erkenntnisse aus der Analyse der japanischen Strukturanpassungspolitik. Mit Blick auf die dort herausgearbeiteten Strukturanpassungsmechanismen und staatlichen Aufgaben läßt sich folgendes festhalten:

- Im Rahmen der **freiwilligen Quotenregelung** der 1970er Jahre hat es die Kommission versäumt, nachdrücklich als Initiator eines *Interessensabgleichs* und besonders als Schlichter bei Interessenkonflikten zu fungieren. Dies war durch die Freiwilligkeit des Kapazitätsabbaus umso wichtiger, da die Unternehmen bei dieser Regelung weiterhin versuchten, durch Preisunterbietungen die eigenen hohen Kapazitäten auszulasten, mit der Folge eines ruinösen Verdrängungswettbewerbs.

  Ebenfalls um die eigenen Produktionskapazitäten besser auszulasten, waren die von den Unternehmen gemeldeten Investitions- und Produktionsdaten geschönt gegenüber den tatsächlichen Werten, so daß der Dateninput der Kommission durch unzureichende Kommunikation mit den Unternehmen zu unrealistischen *Analysen, Zielsetzungen und Planungen* führte. Die Folge war eine Beibehaltung von Überkapazitäten über die gesamten 1970er Jahre.

Der unzureichende Einbezug der Unternehmer- und Arbeitnehmerinteressen seitens der Kommission hat die Stahlunternehmen nicht von ihrem rein marktwirtschaftlichen Anpassungsverhalten abgebracht. Durch das Fehlen regelmäßiger Konsultationen mit den Stahlproduzenten sowie einer *laufenden Bedürfnisanalyse* konnte die Kommission nicht für notwendige Maßnahmenkorrekturen sensibilisiert werden. Ebenso wurden die Belange der Arbeitnehmer nicht durch arbeitsmarktpolitische Hilfen berücksichtigt, so daß sowohl die Kommission als auch die Unternehmer aus der sozialen Verantwortung für die Beschäftigungsverhältnisse entlassen wurden. Die freiwillige Quotenregelung scheiterte in ganz besonderem Maße an der mangelhaft organisierten und wenig konsensorientierten Zusammenarbeit zwischen Kommission, Unternehmer und Arbeitnehmer.

Schließlich hat die Kommission die Marktsignale nicht als Indikator für notwendige Anpassungsmaßnahmen genutzt, wodurch die tatsächliche Kapazitätsentwicklung bis 1980 nicht an die rückläufige Nachfragetendenz angepaßt wurde. Ebensowenig wurden die *Marktkräfte* bei der Lösung der Strukturprobleme in klar definierter Form eingeschränkt, so daß ruinöse Anpassungsmechanismen beibehalten wurden.

- Im Zuge der **Zwangsquotenregelung** der 1980er Jahre wurden die *Marktkräfte* einerseits hinsichtlich Richtung und Umfang der Strukturanpassung genutzt und zum anderen bei der Lösung der Strukturprobleme eingeschränkt, so daß dieser pragmatische Umgang mit den Marktkräften die Rohstahlkapazität in Europa von 1980 bis 1987 um 41,6 Mio. Tonnen reduziert hat.

  Zur Nutzung und Einschränkung der Marktkräfte hat die Kommission reale Marktdaten anstelle von ungenauen Unternehmensplanzahlen verwendet. Dadurch ist die der *Analyse* zugrunde liegende Qualität der Basisdaten gestiegen. Sowohl *Zielorientierung* als auch *Planung* sind dadurch - soweit es reine Marktdaten betrifft - bedarfsgerecht konzipiert worden. Zu einer konsensorientierten Informationsaufbereitung und Entscheidungsfindung fehlten jedoch noch Informationen über unternehmensbezogene Gegebenheiten und Arbeitnehmerinteressen.

So wurden insbesondere Rentabilitätskriterien ausgeblendet, so daß sich mittelfristig eine Fixierung bestehender Produktionsstrukturen ergab, statt bestimmte (konkurrenzfähigere) Stahlproduktbereiche auszubauen und andere stillzulegen. Darüberhinaus fehlte eine aktive Arbeitsmarktpolitik zur besseren Anpassung der Arbeitnehmer an die veränderten Beschäftigungsverhältnisse ebenso wie (in diesem Zusammenhang) die Verbindung zu einer parallelen Kapazitätsaufbaupolitik in Wachstumsbereichen. Dadurch blieb eine positive *Identifikation* der Arbeitnehmer mit dem notwendigen Umstrukturierungsprozeß aus, da die Anpassungskosten zu Lasten des Arbeitsfriedens ungleich verteilt waren.

Die *Durchführungsflexibilität und laufende Analysetätigkeit* der Kommission war somit auf reine Gesamtmarktdaten begrenzt. Durch die Ausblendung unternehmerischer (Fixierung bestehender Produktionsstrukturen) und Arbeitnehmerinteressen (Anpassungshilfen an veränderte Beschäftigungslage) wurden nach außen hin nur massive Subventionszahlungen, immer noch bestehende Überkapazitäten und hohe Arbeitsplatzverluste sichtbar. Die Kommission hat es somit im Rahmen der laufenden Analysetätigkeit nicht verstanden, ihre industriepolitischen Teilerfolge (Erreichung des geplanten Kapazitätsabbaus) der Öffentlichkeit darzulegen und die Kritikpunkte zur konstruktiven Ergänzung zu nutzen.

- Die **Stahlkrise zu Beginn der 1990er Jahre** offenbart erneut eklatante *Analyseschwächen* der Europäischen Kommission. Obwohl 1992 kein EGKS-integriertes Stahlunternehmen Gewinne macht, sieht die Kommission keinen Handlungsbedarf. Aufgrund der schwachen Marktbeobachtung eines konjunkturanfälligen Sektors ist sie dann ein Jahr später unter Verlust ihrer Diagnosefähigkeit nur zu unkoordiniertem Aktionismus fähig. Ohne die Teilerfolge der Zwangsquotenpolitik im Sinne eines kontrollierten Kapazitätsabbaus analysiert zu haben, wird eine derartige Lösung abgelehnt. Statt dessen wird den Unternehmen ebenfalls in Ermangelung einer fundierten Nachbetrachtung eine abermalige freiwillige Kapazitätsanpassung nahegelegt. Eine *Kapazitätsplanung* und die Formulierung von *Kapazitätszielen* bleibt im Zuge einer distanzierten Brüsseler Betrachtung ganz aus.

Auf der Grundlage dieser abgehobenen "Schreibtisch"-Politik konnte von einer *Interessenabstimmung* zwischen den Unternehmen und Arbeitnehmern keine Rede sein. Dies war umso weniger der Fall, da durch das zögerliche Verhalten der Kommission auch das Vertrauen der nationalen Regierungen in eine europäische Lösung schwand. Dadurch wurde ein Interessenabgleich unter den Mitgliedsstaaten verhindert und als Folge kam es einer Eskalation der nationalen Beihilfepraktiken.

Die Durchführung einer europäischen Unterstützungspolitik war zwangsläufig durch das Fehlen jeglichen Kooperationsverhaltens gekennzeichnet. Wegen des Widerstands der Regierungen und Stahlunternehmen gegen die von der Kommission geäußerten Vorschläge erklärte die Kommission die EU-Umstrukturierungspläne 1994 für gescheitert, da es an unternehmerischer Kooperation mangele. Damit hat die Kommission erneut wenig *Analysefähigkeit und Flexibilität*, sondern eher bürokratischen Starrsinn offenbart.

Die *Einschränkung der Marktkräfte* erfolgte weder gezielt noch problemorientiert (bedingt durch schwache Informationsgrundlagen und unzureichende Analysen, s.o.). Die Vorfinanzierung der Kommission von Zahlungen der kapazitätsbeibehaltenden an die kapazitätsstillegenden Unternehmen konnte nicht einsetzen, da in Ermangelung einer Kapazitätsabbauplanung weder Höhe, Umfang noch Betroffene bekannt waren. Soziale Ausgleichszahlungen (gedacht als Anreiz zum Kapazitätsabbau) erfolgten losgelöst von einer der Beschäftigungssicherung verpflichteten Unternehmenspolitik. Ohne den Arbeitsplatzabbau konstruktiv anzugehen, konnten sich die Unternehmen somit ohne Hilfsbeitrag aus der sozialen Verantwortung stehlen. Ebenso blieb die angestrebte Förderung von Fusionen mit Blick auf die mittlerweile hohen nationalen Subventionierungen ohne Akzeptanz im Unternehmerlager. Die *Nutzung der Marktkräfte* hätte die Bewältigung der heraufziehenden Krise erleichtert (s.o).

Ebenso wurde die Beendigung der ad-hoc-Politik nicht durch die Sichtung konjunktureller Reflektoren eingeleitet, sondern durch den starrsinnigen Rückzug der Kommission. Es steht zu befürchten, daß die anschließende konjunkturelle Erholung abermals verhindert hat, daß die Kommission eine fundierte Analyse der bisherigen Stahlpolitik sowie struktureller Sachzwänge vornimmt.

In **Kapitel 8** wurde die Forschungs- und Technologiepolitik der Europäischen Kommission insbesondere im Bereich der Mikroelektronik untersucht. Dazu wurde der technologische Rückstand Europas illustriert, um anschließend jene Rückständigkeit im Bereich der Hochtechnologiegüter im Vergleich zu den japanischen Erfolgen zu analysieren. Entsprechend der abgeleiteten Wachstumsförderungsmechanismen und dem staatlichen Aktionspotential lassen sich folgende Feststellungen treffen:

- Die Kommission hat es nicht verstanden, die Uneinigkeit zwischen den Mitgliedsländern hinsichtlich Art und Umfang einer F&T-Politik zu schlichten. Behinderungen im Rahmen der *Interessenabstimmung zwischen den Mitgliedstaaten* treten insbesondere durch ordnungspolitische Divergenzen sowie durch nationale und regionale Rücksichtnahmen auf. In diesem Sinne scheint derzeit eine konsensfähige Hochtechnologie-Förderung weniger auf europäischer als auf nationaler Ebene möglich.

  Auch die frühzeitige *Interessenabstimmung zwischen den Unternehmen* zur Festlegung der Rahmenprogramme deckt durch den Einbezug stets gleicher Personenkreise nur bestimmte Facetten unternehmerischer Innovationstätigkeit ab. In diesem Sinne ist die Informationsbeschaffung nicht breit genug angelegt, um zuverlässige Daten abzuleiten. Auch die Auswahl der zu fördernden Unternehmen vollzieht sich über die formalisierte Ordnungsmäßigkeit des Antragsverfahrens statt über technologiebezogene Kriterien. Nicht die Kommission macht als Initiator eines Informationsaustausches den ersten Schritt, sondern die Unternehmen müssen über einen erheblichen bürokratischen Aufwand ihre Teilnahmefähigkeit unter Beweis stellen.

- Der Rückstand Europas im Bereich der Mikroelektronik ist in besonderem Maße darauf zurückzuführen, daß man in Ermangelung einer dezidierten *Analyse* nicht die Notwendigkeit erkannt hat, in diesem Segment wettbewerbsfähig sein zu müssen. Lange Zeit ist - entsprechend einer klassischen Außenhandelsideologie - darauf vertraut worden, daß eine mögliche Abhängigkeit in diesem Industriezweig durch Vorteile bei der Produktion von anderen Gütern ausgeglichen werden könne. Diese statisch komparative Kostenbetrachtung vernachlässigte allerdings das überdurchschnittliche Absatz- und Innovationspotential der Mikroelektronik. Ähnlich versäumte es die Kommission, trotz Verweis auf die Industriepolitik der Konkurrenten, jene fremden Erfolgsrezepte zu analysieren. Die im Grünbuch zur Innovation aufgelisteten Bestimmungsfaktoren für US-amerikanische und japanische Erfolge werden dort weder hergeleitet noch - sofern tatsächlich zutreffend - bei der Konzeption einer zukünftigen F&T-Politik für Europa genutzt.

  In Ermangelung einer fundierten Problemanalyse ist auch die *Formulierung von Zielen* durch die Kommission nicht auf die Probleme der europäischen Industrie und an den Erfordernissen der weltweiten Technologiemärkte ausgerichtet. Damit ist weder für die Kommission noch für die beteiligten Unternehmen selbst eine spätere Messung von Zielerreichungsgraden bzw. eine brauchbare Erfolgskontrolle durchführbar. Im Ergebnis versäumt die Kommission damit im Zuge der Plan-/Programmdurchführung eine öffentliche Kultivierung der Förderung zukunftsträchtiger Bereiche.

- Der dargestellte forschungs- und technologiepolitische Ansatz der Kommission ist durch den sehr frühzeitig thematisch vorgegebenen Rahmen der Programme und Einzelprojekte *wenig flexibel*. Denn diese frühzeitige Verengung und Konzentration auf bestimmte Forschungsinhalte, Finanzierungsbudgets und Durchführungsmodalitäten erfolgt - wie gezeigt - ohne fundierte Interessenabstimmung und Problemanalyse.

Die festgezogenen Determinierungen lassen dann keinen Raum mehr für problembezogene Korrekturmöglichkeiten durch unternehmerische Ideen und Anregungen. Die Auswahlkriterien der Kommission für Projektteilnehmer sind vielmehr dazu bestimmt, eine Anpassung der Unternehmen an die technologiepolitischen Vorstellungen der Kommission zu verfestigen, statt eine flexible Orientierung des Förderkonzepts an das unternehmerische Feedback zu gewährleisten.

Darüberhinaus hat die Kommission europäische Erfolge und Fehlleistungen im Bereich der Hochtechnologiemärkte kaum tiefgehender untersucht. So fand keine *Analyse der Teilerfolge des JESSI-Programms* statt. Doch hier haben Hersteller und Anwender von mikroelektronischen Produkten durch problembezogene Kommunikation von Anfang an zusammengearbeitet. Die Notwendigkeit zur Deckung der hohen angebotsseitigen Kosten durch entsprechende Nachfragepotentiale mündete in anwendungsbezogene Projekte zwischen Hersteller und Anwender. Die Teilnahme nahezu aller bedeutenden Mikroeletronikhersteller belegt das unternehmerische Vertrauen in jenes unbürokratische Förderprogramm und hat zur Entwicklung eines Gemeinschaftsgeistes beigetragen.

Ebensowenig wurden unternehmerische Fehlleistungen im Hinblick auf die Herausforderungen der Weltmärkte analysiert, um daraus Rückschlüsse für eine zukünftige europäische Förderpolitik abzuleiten. Beispielhaft für unternehmerische Fehlleistungen wurde der Versuch des Daimler-Benz-Konzerns analysiert, sich durch Diversifikation zum wettbewerbsfähigen Technologiekonzern zu entwickeln.

Nach dem Abgang von *Edzard Reuter* hatte sich seine fast zehnjährige Vision vom *integrierten Technologiekonzern,* bei dem sich die Technologien der einzelnen (hinzugekauften) Konzernbereiche ergänzen und wodurch letztlich die Wettbewerbsfähigkeit der einzelnen Technologiefelder gesteigert werden sollte, nicht erfüllt. Die Ergebnisse dieser visionären Kapital- und Arbeitsplatzvernichtung wurden auf politischer Seite nicht zum Anlaß genommen, jene Managementfehler zu analysieren und als Unzulänglichkeit bestimmter einzelwirtschaftlicher Innovationsstrategien zu werten.

Bei genauer Betrachtung hätten die Schwachpunkte der *Reuter*-Vision durch eine staatlich induzierte und analytisch fundierte Forschungs- und Technologiepolitik vermieden werden können. Dazu zählt die mangelnde Interessenabstimmung von *Reuter* innerhalb des Konzerns, da er seine egozentrische Vision weder auf Vorstandsebene ausreichend kultiviert hatte noch bei der Zielformulierung und Planung alle Konzernbereiche beteiligte. Anschließend wurden die Bedingungen auf den Technologiemärkten nur mangelhaft analysiert, da das zusammengekaufte Technologieportfolio weitaus weniger komplementär zueinander stand als angenommen. Schließlich litt die Strategie unter der schwachen operativen Umsetzung. Denn innerhalb des Konzerns gelang es zu keiner Zeit, einen Gemeinschaftsgeist zu generieren.

Ebenso wurden die wenigen unternehmerischen Erfolgsbeispiele adäquat rezipiert. Die *Siemens AG* hat im Gegensatz zum Daimler-Konzern im Rahmen der Strategieüberlegungen zunächst einen Interessengleichklang innerhalb des Konzerns herbeigeführt, der den Weg für umfangreiche und gezielte Investitionen in den zukunftsträchtigen Bereichen Mikroelektronik und Telekommunikation ebnete. Anschließend wurden die Anforderungen der Welttechnologiemärkte mittels eigener umfangreicher Konzernkenntnisse und zusätzlich mittels gezielter internationaler Joint-Ventures und Allianzen abgeleitet, um bei der praktischen Umsetzung den Markterfordernissen gerecht zu werden. Durch diese antizipative und auf innerkonzernlichen Konsens ausgerichtete Strategie steht Siemens 1997 kurz davor, unter die zehn führenden Anbieter auf dem Weltmarkt für Halbleiter vorzustoßen.

- Die aufgezeigten analytischen Fehler und praktischen Umsetzungsprobleme haben schließlich im Rahmen der europäischen Forschungs- und Industriepolitik zu einer nicht ziel- und problembezogenen *Zuordnung der Marktkräfte* in den einzelnen Phasen des Wachstumsprozesses geführt. Die in der ersten Phase (*Entstehung des technischen Fortschritts*) notwendige staatliche Animation zu einer hohen Forschungs- und Entwicklungstätigkeit der Unternehmen durch indirekte horizontale Steuerbegünstigungen ist auf europäischer Ebene ausgeblieben.

Durch die in Europa überwiegend direkte Förderung über FuE-Zuschüsse bzw. FuE-Projekte wird einerseits die technologische Richtung zu früh ausgewählt (ohne ausreichende Informationsbasis) und andererseits keine gesamtwirtschaftliche Steigerung der FuE-Tätigkeit erreicht. Da in dieser frühen Phase prinzipiell bereits die Optionen für potentielle Wachstumsprozesse durch technologische Neuerungen geschaffen werden, ist Europa bereits bei der Optionenschaffung ins Hintertreffen geraten.

Im Rahmen der anschließenden *Technologiediffusionsphase* ist es wichtig, daß eine breitflächige Verfügbarkeit der FuE-Ergebnisse gewährleistet wird, Informationsveranstaltungen durchgeführt werden und die unternehmerische Resonanz beobachtet wird. Doch durch die projektorientierte Förderung bleibt die Verfügbarkeit der FuE-Ergebnisse auf den Kreis der Teilnehmer beschränkt. Ebenso wird durch die institutionalisierte Sammlung technologischer Daten in Sevilla keine breite Verfügbarkeit und großflächige Informationsverbreitung bewirkt. Da den europäischen Technologieunternehmen außerhalb des Teilnehmerfeldes keine Möglichkeit zur Abgabe eines konstruktiven Feedbacks gegeben wurde, hat auch keine rechtzeitige und nachhaltige Sensibilisierung staatlicher Instanzen für die Lukrativität bestimmter Technologiefelder eingesetzt. Durch die faktische Begrenzung auf den Projektteilnehmerkreis hat die Kommission tendenzielle Marktsignale (repräsentiert durch den größeren, nicht teilnehmenden Unternehmenskreis) ignoriert und ein großes innovatives Informationspotential ausgeblendet. Dadurch ist es zu forschungs- und technologiepolitischen Fehlschlägen gekommen. In diesem Maße bleibt auch eine erfolgsbezogene Beendigung der Förderung aus, da die Projekte beendet sind, wenn das Geld verbraucht ist, statt die Unterstützung bei erreichter Wettbewerbsfähigkeit auszusetzen.

Durch die unzureichende Kanalisierung technologischer Informationen in den ersten beiden Phasen des Wachstumsprozesses konnte in der dritten Phase (*Generierung von Marktwachstum*) keine sukzessive Steigerung von breit angelegten indirekten Interventionen bis hin zu gezielten Marktstruktureingriffen erfolgen.

In diesem Sinne ist das europäischen Förderkonzept auch über die gesamte Förderprogrammdauer gleichbleibend flach hinsichtlich der Kommunikation mit dem Unternehmersektor angelegt. War auf diese Weise schon die durchweg angebotsseitige Unterstützung wenig problemgerecht, so hat sich das Fehlen einer nachfrageseitigen Stimulanz nicht nur auf die Teilnahme führender europäischer Anbieter negativ ausgewirkt, sondern ebenso die Motivation der teilnehmenden Unternehmen geschmälert.

Technologische Rahmenprogramme und die dezidierte Ausgestaltung von Einzelprojekten auf EU-Ebene sind erst nach der aufmerksamen Beobachtung des Innovationsprozesses von der Auswahl der technischen Idee über die Kanalisierung der Technologiediffusion bis zum anstehenden Marktwachstum sinnvoll. Erst dann ist die Informationsbasis geschaffen, um punktuell zu intervenieren. Bei der Auswahl zu fördernder Technologien von staatlicher Seite handelt es sich insofern nicht mehr um eine "Anmaßung von Wissen", sondern um das Produkt eines konsensorientierten Abstimmungsprozesses und um eine ausgedehnte Interessensidentifikation zwischen unternehmerischen Ideen und staatlicher Verantwortung für die gesamte Volkswirtschaft.

LITERATURVERZEICHNIS

Abelshauser, W.: Wirtschaftsgeschichte der Bundesrepublik Deutschland von 1945-1980, Frankfurt a.M. 1983;

Adams, F.G.; Klein, L.R.: Industrial Policies for Growth and Competitivness, Wharton Econometric Studies, Lexington Books, Massachusetts, Toronto 1983;

Aislabie, C.J.: Targets and Instruments in Industrial Policy, Bureau of Industrial Economics, Canberra 1978;

Albach, H.: Venture Capital-Firmen in Japan und den USA, in: ZfB 1983, S. 993-1002;

Anchordoguy, M.: Computers Inc., Japan`s Challenge to IBM, Cambridge 1989;

Balassa, B.: Tariff Reductions and Trade in Manufactures among the Industrial Countries, in: American Economic Review, Vol.56, 1966, S. 466-473;

Balassa, B.: European Economic Integration, Amsterdam 1975;

Bangemann, M.: Mut zum Dialog, Wege zu einer europäischen Industriepolitik, München 1992;

Barlett, D.L.; Steele, J.B.: America: What went wrong?, Kansas City 1992;

Bartling, H.: Schlußfolgerungen aus Entwicklungstendenzen der Wettbewerbstheorie für die Wettbewerbspolitik, in: wuw 1/1993, S. 29;

Batra, R.: The Myth of Free Trade - A Plan for America`s Economic Revival, New York, Toronto, Oxford, 1993;

Behrens, B.; Schnitzler, L.: Schwacher Trost, in: wiwo Nr. 46, 9.11.1995, S. 83-91;

Bender, D.: Außenhandel, in: Vahlens Kompendium der Wirtschaftstheorie und Wirtschaftspolitik, Bd. 1, 4. Aufl., München 1990;

Bender, D.: Neuere Entwicklungen in der Theorie internationaler Handelsbeziehungen, in: Jahrbuch für Sozialwissenschaften 1994, S. 1-49;

Beresford, M.: The lost villages of England, London 1954;

Bhagwati, J.; Irwin, D.: The Return of the Reciprocitarians: U.S. Trade Policy Today; in: World Economy, 1987, Nr. 10, S. 109-110;

Bhagwati, J.: Geschützte Märkte, Frankfurt a. M., 1990;

Bletschacher, G.; Klodt, H.: Braucht Europa eine neue Industriepolitik?, Kieler Diskussionsbeiträge, Kiel 1991, S. 11-16;

Bletschacher, G.; Klodt, H.: Strategische Handels- und Industriepolitik, Kieler Studien Nr. 244, Tübingen 1992;

Blum, R.: Wirtschaftsordnung II: Wirtschaftsordnungspolitik, in: Albers, W.; Born, K.E.; Dürr, E. u.a. (Hrsg.): Handwörterbuch der Wirtschaftswissenschaft (HdWW), Bd. 9, Stuttgart, New York, Tübingen, Göttingen, Zürich 1982, S. 149-155;

Borchert, M.: Außenwirtschaftslehre, Opladen 1977;

B o w l e y, A. L.: Mathematical Groundwork of Economics, Oxford 1924;

B r a n d e r, J. A.; S p e n c e r, B. J.: Strategic Commitment with R&D: The Symmetric Case, in: The Bell Journal of Economics, Vol. 14, 1983, S. 225-235;

B r a n d e r, J. A.; S p e n c e r, B. J.: Tariff Protection and Imperfect Competition, in: Kierzkowski, Henryk (Ed.): Monopolistic Competition and International Trade, Oxford 1984, S. 194-206;

B r a n d e r, J. A.; S p e n c e r, B. J.: Trade Warefare: Tariffs and Cartels, in: Journal of International Economics, Vol.16, 1984, S. 227-242;

B r a n d e r, J. A.; S p e n c e r, B. J.: Export Subsidies and International Market Share Rivalry, in: Journal of International Economics, Vol. 18, 1985, S. 83-100;

B r a n d e r, J. A.: Rationales for Strategic Trade and Industrial Policy, in: Krugman, Paul R.: Strategic Trade Policy and the New International Economics, MIT Press, Cambridge, Massachusetts, London, England 1988, S. 23-46;

B r i g g s, V. M. (ed.): The Internationalization of the U.S. Economy: Its Labor Market Implications, New York, Oxford, 1986;

B r i g g s, V. M.: Mass Immigration, Free Trade and the Forgotten American Worker, in: Challenge, May-June 1995, S. 37-44;

B r ö s s e, U.: Mikroökonomische Grundlagen der Preistheorie, Aachen 1986;

B r ö s s e, U.: Industriepolitik, München 1996;

B r o l l, U.; G i l r o y, B. M.: Außenwirtschaftstheorie. Einführung und neuere Ansätze, München 1989;

B r o w e r, H.; W o l f f, H.: Forschungs- und Entwicklungssystem in Japan, Kurzfassung, Untersuchung im Auftrag des Bundesministeriums für Forschung und Technologie (BMFT), Basel 1983;

B u n d e s m i n i s t e r i u m f ü r F o r s c h u n g u n d T e c h n o l o g i e (B M F T): Forschung in Europa, Amt für Öffentlichkeitsarbeit, Bonn, Juli 1994;

B u n d e s m i n i s t e r i u m f ü r F o r s c h u n g u n d T e c h n o l o g i e (B M F T): JESSI - das EUREKA-Programm für die europäische Silizium-Mikroelektronik, Pressedokumentation 04/1994;

B u s s m a n n, K. F.: Industrie- und Gewerbepolitik, in: Handwörterbuch der Betriebswirtschaft, Stuttgart 1975, Sp. 1859;

C a r l i n e r, G.: Industrial Policies for Emerging Industries, in: Krugman, Paul R.: Strategic Trade Policy and the New International Economics, Oxford 1986, S. 147-166;

C a s p a r i, M.: Zur Abgrenzung von Industriepolitik und Wettbewerbspolitik der EG, in: Gröner, H. (Hrsg.): Wettbewerbsfragen der Europäischen Gemeinschaft, Berlin 1989, S. 9-35;

C o n r a d, C.: Abbau von Überkapazitäten durch Industriepolitik - die EU-Stahlpolitik, in: wd, 1994, XII, S. 640;

C o n r a d, M.: Industriepolitik als wirtschaftspolitische Option in der Sozialen Marktwirtschaft, Hamburg 1987;

Csaplar, W.W.Jr.; Tower, E.: Trade and International Policy under Oligopoly: Comment, in: Quarterly Journal of Economics, Vol. 103, 1988, S. 599-602;

Dam, K.: The GATT-Law and International Economic Organization, Chicago, London 1977;

Dertouzos, M.L.; Lester, R.K.; Solow, R.M.: Die Krise der USA, Frankfurt a.M. 1989;

Deutsch, C.: Gute Kontakte, in: wiwo 1.2.1996, S. 68-72;

Deutscher Wirtschaftsdienst: Leitfaden zur EU-Förderung, März 1994, Bereich Informationstechnologie, Amt für Veröffentlichungen, Brüssel 1994;

Deutscher Bundestag: Wettbewerb und strategische Handelspolitik, 12. Wahlperiode, Drucksache 12/3031, Kap. VII, S. 373-401;

Deutscher Maschinen- und Anlagenbau e.V. (VDMA): Sicherung der Wettbewerbsfähigkeit der deutschen Investitionsgüterindustrie, Frankfurt/ M. 1994;

Deutsches Institut für Wirtschaftsforschung (DIW) (Hrsg.): Industriepolitik im westlichen Ausland - Rahmenbedingungen, Strategien, Außenhandelsaspekte, Band 2, Berlin 1987;

Deutsches Koordinierungsbüro für das EUREKA-Programm JESSI (Hrsg.): JESSI - Flexible Automated Wafer Production (FAW), Berlin, April 1992;

Deutsches Koordinierungsbüro für das EUREKA-Programm JESSI (Hrsg.): JESSI - Ergebnisse, Berlin, März 1993;

Dixit, A.K.; Kyle, A.: The Use of Protection and Subsidies for Entry Promotion and Deterrence, in: American Economic Review, Vol. 75, 1985, S.139-152;

Dixit, A.K.: International Trade Policy for Oligopolistic Industries, in: The Economic Journal Conference Papers, Vol. 94, 1984, S. 1-16;

Domar, E.D.: Capital Expansion, Rate of Growth and Employment, in: Econometrica, Bd. 14, 1946, S. 137-147;

Dunn, M. H.: Wettbewerbsfähigkeit und Technologiepolitik - Die japanischen Erfahrungen, in: Jahrbuch für Nationalökonomie und Statistik, Vol. 212, 3-4, 1993, S. 293-305;

Eaton, J.; Grossman, G. M.: Optimal Trade and Industrial Policies under Oligopoly, in: Quarterly Journal of Economics, Vol. 101, 1986, S. 383-406;

Economic Report of the President, Washington D.C.: U.S. Government Printing Office, 1988, 1991 and 1992;

Eekhoff, J.: Die ordnungspolitische Problematik der Industriepolitik, in: Oberender, Peter (Hrsg.): Industriepolitik im Widerstreit mit der Wettbewerbspolitik, Berlin 1994, S. 69-78.

Ehlermann, C.-D.: Industriepolitik aus europäischer Sicht, in: Oberender, P. (Hrsg.): Industriepolitik im Widerstreit mit der Wettbewerbspolitik, Berlin 1994, S. 107-125;

Einem von, E.: Industriepolitik: Anmerkungen zu einem kontroversen Begriff, in: Jürgens, U.; Krumbein, H. (Hrsg.): Industriepolitische Strategien: Bundesländer im Vergleich, Berlin 1991, S. 11-34;

Eli, M.: Die Bedeutung wirtschaftlicher Verbundgruppen: Netzwerkstruktur und Keiretsu-Effekt, in: Mayer, H.-J.; Pohl, M.: Länderbericht Japan, Darmstadt 1995, S. 265-277;

Enderlein, R.: Mikroelektronik, Heidelberg, Berlin, Oxford 1993;

Engel, H.-U.; Freier, G.: Die Ermittlungsbefugnise der EG-Kommission bei Wettbewerbsverstößen, in: EWS 12/1992, S. 361-372;

Ernst, A.: Japans unvollkommene Vollbeschäftigung - Beschäftigungsprobleme und Beschäftigungspolitik, Hamburg 1980;

Ernst, A.; Hilpert, H. G.; Laumer, H.: Japans Wirtschaft im strukturellen Wandel, in: Maull, H. (Hrsg.): Japan nach dem Ende des Kalten Krieges, München 1992, S. 51-84;

Eucken, W.: Technik, Konzentration und Ordnung der Wirtschaft, in: Eucken, W.; Böhm, F. (Hrsg.): ORDO, Jahrbuch für die Ordnung von Wirtschaft und Gesellschaft, Bd. 3, Godesberg 1950, S. 3-17;

EuGH: Urteil vom 30.06.1966, Rechtssache 56/65 ("LTM/MBU"), Société Technique Minière gegen Maschinenbau Ulm GmbH, Slg. 1966, S. 303;

Europäischer Unionsvertrag (EUV), Vertrag über die Europäische Union (Maastricht-Vertrag) mit Protokollen, Schlußakte und Erklärungen, EG-Vertrag, Beck-Texte im dtv, München 1995;

EUROPE vom 20.5.1994, Nr. 6234;

Feigenbaum, E.A.; McCorduck, P.: The Fifth Generation - Artificial Intelligence and Japan`s Computer Challenge to the World, New York 1984;

Fels, G.: Industriepolitik, Instrument zur Förderung der internationalen Wettbewerbsfähigkeit, in: wd, V, 1985, S. 233-237;

Fisch, P.: Das europäische Mikroelektronik-Projekt JESSI, in: WiSt 8/90, S. 400-401;

Fischer, G.; Schwarzer, U.: Überall dabei, in: manager-magazin 12/1994, S. 73-78;

Flemming, J.; Götz, G.: Externalitäten, Nichtkonvexitäten und endogener technischer Fortschritt - Ein Einblick in die Funktionsweise der "neuen" Wachstumstheorie, in: Jahrbuch für Sozialwissenschaften, 1993, II, S. 203-215;

Foljanty-Jost, G.: Informelles Verwaltungshandeln: Schlüssel effizienter Implementation oder Politik ohne Politiker?, in: Menzel, U.: Im Schatten des Siegers: Japan - Ökonomie und Politik, Frankfurt/M. 1989, S. 171-190;

Foljanty-Jost, G.: Ökonomie und Ökologie in Japan, Opladen 1995;

Franzmeyer, F.: Zum Begriff Industriepolitik im Verhältnis zu anderen Bereichen der Wirtschaftspolitik, in: Deutsches Institut für Wirtschaftsforschung (Hrsg.): Industriepolitik im westlichen Ausland - Rahmenbedingungen, Strategien, Außenhandelsaspekte, Band 1, Berlin 1987;

Freytag, A.: Zur Rolle der EG-Kommission in der Europäischen Industriepolitik, in: zfw 42/3, 1993, S. 295-307;

Friedman, J. W.: Oligopoly and the Theory of Games, Amsterdam 1977;

Fuest, W.; Puf, P.-R.: Erfahrungen mit der "neuen" Industriepolitik, in: wd, IX, 1989, S. 454-459;

Gabler Wirtschaftslexikon, 12. Auflage, Wiesbaden 1988;

Gahlen, B.: Anpassen statt erhalten, in: wiwo Nr. 18, 29.4.1983, S. 56;

Gandolfo, G.: International Economics, Berlin 1987;

Geister, H.-A.: Wettbewerbs- und Industriepolitik der Europäischen Gemeinschaft, Berlin 1981;

Gerstenberger, W. u.a.: Subventionen in Europa - Konsequenzen einer Laissez-Faire-Politik am Beispiel der deutschen Stahlindustrie, ifo-Studien zur Industriewirtschaft Nr.29, München 1985;

Gerybadze, A.: Raumfahrt und Verteidigung als Industriepolitik?, Frankfurt/M., New York 1988;

Glaesner, H.-J.: Europarecht, Baden-Baden 1995;

Glöckner, T.; Kowalewsky, R.; Schnitzler, L.: Etwas bewegen, in: wiwo Nr. 50, 7.12.1995, S. 61;

Glos, M.: Brauchen wir eine strategische Industriepolitik à la MITI?, in: wd, V, 1992, S. 235-238;

Goerdeler, A.: Die keynesianische Prägung der japanischen Wirtschaftspolitik, Berlin 1987;

Gray, H.P.: The Theory of International Trade among Industrial Nations, Weltwirtschaftliches Archiv, Bd. 116, 1980, S. 447-470;

Gröner, H. (Hrsg.): Wettbewerbsfragen der Europäischen Gemeinschaft, Berlin 1989;

Grossman, G.; Helpman, E.: Innovation and Growth in the Global Economy, Cambridge, Massachusetts 1991;

Gundlach, E.: Determinanten des Wirtschaftswachstums: Hypothesen und empirische Evidenz, in: Die Weltwirtschaft (Vierteljahresschrift), 1993, S. 466-498;

Hardes, H.-D.: Wettbewerbspolitik in Deutschland und in der EU, in: WiSt 9/1994, S. 440-445;

Harris, R.G.: Why Voluntary Restraints are Voluntary, in: Canadian Journal of Economics, Vol. 18 1985, S. 799-809;

Harrison, B.; Bluestone B.: The Great U-Turn - Corporate Restructuring and the Polarizing of America, New York 1988, S. 109-138;

Harrod, R.F.: An Essay in Dynamic Theory, in: Economic Journal, Bd. 49, 1939, S. 14-33;

Hausherr, H.: Wirtschaftsgeschichte der Neuzeit, Köln 1960;

Hayek von, F.A.: Der Wettbewerb als Entdeckungsverfahren, Kieler Vorträge, N.F. 56, Tübingen 1968;

Hayek von, F. A.: Die Anmaßung von Wissen, in: Böhm, F. u.a. (Hrsg.): ORDO, Jahrbuch für die Ordnung von Wirtschaft und Gesellschaft, Bd. 26, Stuttgart 1975, S. 12-21;

Heath, Ch.: Bürokratie und Kartellkultur in Japan, in: wuw 6/93, S. 474-482;

Helpman, E.; Krugman, P. R.: Trade Policy and Market Structure, Cambridge, Massachusetts 1989;

Hentschel, V.: Wirtschaftsgeschichte des modernen Japans, Band 1 und 2, Mainz 1986;

Heuser, U. J.: Pleiten, Pech und Preisverfall, Die ZEIT 17.1.1997, S. 22;

Hilpert, H. G.: Japanische Industriepolitik - Grundlagen, Träger, Mechanismen, in: ifo-Schnelldienst, Nr. 17-18, 1993, S. 7-22;

Hofman, B.; Koop, M. J.: Die "Neue Wachstumstheorie" und ihre Bedeutung für die Wirtschaftspolitik, in: Die Weltwirtschaft, 1991, II, S. 86-94;

Hofmann, A.: Im Zeichen des Krebses, in: ZEIT-Punkte, Nr. 3, 1993, ZEIT-MAGAZIN, S. 34-36;

Holzem, R.: Industriepolitik und Wirtschaftsordnung - Ordnungstheoretische Bewertung von Schwerpunkten der Europäischen Industriepolitik und der Deutschen Forschungs- und Technologiepolitik, Aachen 1995;

Horstmann, I. J.; Markusen, J. R.: Up the Average Cost Curve: Inefficient Entry and the New Protectionism, in: Journal of International Economics, Vol. 20, 1986, S. 225-247;

Immenga, U.: Wettbewerbspolitik contra Industriepolitik nach Maastricht, in: Gerken, L. (Hrsg.): Europa 2000 - Pespektive Wohin? Die Europäische Integration nach Maastricht, Freiburg 1993, S. 147-165;

Institut der Deutschen Wirtschaft Köln: 1991 - Zahlen zur wirtschaftlichen Entwicklung der Bundesrepublik Deutschland, Köln 1991;

Johnson, C.: MITI and the Japanese Miracle, Stanford, California 1982;

Jürgens, U.; Krumbein, H. (Hrsg.): Industriepolitische Strategien: Bundesländer im Vergleich, Berlin 1991;

Junge, R.: Weltgeschichte der Standortentwicklung der Wirtschaft in der Klassengesellschaft, Berlin 1961;

Keller, D.: Eine gezielte Förderung von Schlüsselbranchen für Europa?, in: wd, IV, 1992, S. 183-189;

Kerz, S.: Bewältigung der Stahlkrisen in den USA, Japan und der Europäischen Gemeinschaft, insbesondere in der Bundesrepublik Deutschland, Institut für Europäische Wirtschaftspolitik und für Industrie- und Gewerbepolitik der Universität Hamburg, Göttingen 1991;

Keynes, J. M.: Allgemeine Theorie der Beschäftigung, des Zinses und des Geldes, 6. Auflage, Berlin 1983;

Kindleberger, C.: Die Weltwirtschaftskrise 1929-1939, München 1973;

Kinnen, H.: Die japanische Herausforderung dargestellt am Beispiel der deutschen Automobilindustrie, München 1982;

Klenner, W.: Grundzüge der wirtschaftlichen Entwicklung und der Wirtschaftspolitik seit dem zweiten Weltkrieg, in: Menzel, U.: Im Schatten des Siegers: Japan - Ökonomie und Politik, Frankfurt/M. 1989, S. 63-96;

Klodt, H.; Schmidt, K.-D.: Weltwirtschaftlicher Strukturwandel und Standortwettbewerb, Kieler Studien Nr. 228, Tübingen 1989;

Klodt, H.; Stehn, J. u.a.: Die Strukturpolitik der EG, Tübingen 1992;

Klodt, H.: Wettlauf um die Zukunft - Technologiepolitik im internationalen Vergleich, Tübingen 1987;

Kokalj, L.; Albach, H.: Industriepolitik in der Marktwirtschaft - Ein internationaler Vergleich, Stuttgart 1987;

Komiya, R.; Okuno, M.; Suzumura, K.: Industrial Policy of Japan, Tokyo, New York, London, 1988;

KOM.EG: Amt für Veröffentlichungen der EG: Eisen und Stahl, Statistisches Jahrbuch 1990;

KOM.EG: Die Europäische Elektronik- und Informatikindustrie: Situation, Chancen und Risiken, Aktionsvorschläge, Bulletin der Europäischen Gemeinschaften, Beilage 3/91;

KOM.EG: Industriepolitik in einem offenen und wettbewerbsorientierten Umfeld: Ansätze für ein Gemeinschaftskonzept, in: Bulletin der Europäischen Gemeinschaften, Beilage 3/91, Luxembourg 1991;

KOM.EG: Mitteilung der Kommission an den Rat und an das Europäische Parlament: Stärkung der Wettbewerbsfähigkeit der Stahlindustrie: Die Notwendigkeit einer erneuten Umstrukturierung, Brüssel, 23.11.1992, SEK (92) 2160 endg.;

KOM.EG: XXI. Bericht über die Wettbewerbspolitik 1991, Brüssel 1992;

KOM.EG: Von der Einheitlichen Europäischen Akte zu der Zeit nach Maastricht. Ausreichende Mittel für unsere ehrgeizigen Ziele, Dokument., Brüssel 1992;

KOM.EG: XXII. Bericht über die Wettbewerbspolitik der Gemeinschaft 1992, Brüssel 1993;

KOM.EG: Bekanntmachung der Kommission: Gruppenfreistellungsverordnung über kooperative Gemeinschaftsunternehmen verabschiedet, in: wuw 3/1993, S. 217;

KOM.EG: XXIII. Bericht der Kommission über die Wettbewerbspolitik 1993, Brüssel 1994;

KOM.EG: Amt für Veröffentlichungen der EG: Eisen und Stahl, Statistisches Jahrbuch 1994;

KOM.EG: Wachstum, Wettbewerbsfähigkeit, Beschäftigung - Herausforderungen der Gegenwart und Wege ins 21. Jahrhundert, Brüssel, Luxemburg 1994;

KOM.EG: Mitteilung der Kommission an den Rat und an das Europäische Parlament: Zwischenbilanz der Umstrukturierung in der Stahlindustrie der Gemeinschaft, KOM (94), 125 endg., Brüssel, 13.4.1994;

K O M . E G : Eine Politik der industriellen Wettbewerbsfähigkeit für die Europäische Union, Mitteilung der Kommission an den Rat, Brüssel, 14.09.1994;

K O M . E G : Die Wettbewerbspolitik der Europäischen Gemeinschaft 1994, Brüssel, Luxemburg 1995;

K O M . E G : Forschung und Technologie: Das vierte Rahmenprogramm (1994-1998), Brüssel, Luxemburg 1995;

K O M . E G : Die Wettbewerbsfähigkeit der Europäischen Industrie - Eine Bewertung mittels Benchmarking, Brüssel, 9.10.1996;

K O M . E G : Grünbuch zur Innovation, Mitteilung der Kommission vom 20.12.1995, Luxembourg 1996;

K O M . E G : Die Forschungsprogramme der Gemeinschaft, Ein Leitfaden für Antragsteller, Luxembourg 1996;

K o w a l e w s k y , R . : Großer Bluff, in: wiwo Nr. 5, 25.1.1996, S. 42;

K r ä g e n a u , H . : Stahlpolitik und Strukturanpassung in der EG-Stahlindustrie, HWWA-Report Nr. 72, 1986;

K r a u s , W . : Japan - lenkungswirtschaftliches oder marktwirtschaftliches System ?, in: List Forum, Bd. 12, Heft 1, Feb. 1983, S. 5-26;

K r i s h n a , K . : Trade Restrictions as Facilitating Practices, in: Journal of International Economics, Vol. 26, 1989, S.251-270;

K r u g m a n , P . R .: Import Protection as Export Promotion: International Competition in the Presence of Oligopoly and Economies of Scale, in: Kierzkowski, Henryk (Ed.): Monopolistic Competition in International Trade, Oxford 1984, S. 180-193;

K r u g m a n , P . R . : Market Access and Competition in High Technology Industries: A Simulation Exercise, in: Kierzkowski, H. (Ed.): Protection and Competition in International Trade, Basil Blackwell 1987, S. 128-142;

K r u g m a n , P . R .: Is Free Trade Passe?, in: Economic Perspectives, Vol.1 (1987), S.131-144;

K ü l p , B . : Wohlfahrtsökonomik I, Die Wohlfahrtskriterien, Düsseldorf 1975;

K ü l p , B . : Wohlfahrtsökonomik II, Maßnahmen und Systeme, Düsseldorf 1976;

L a k e , D . A .: International Economic Structures and American Economic Policy, in: Frieden, J. A.; Lake, D. A.: International Political Economy, New York, 1991;

L a m b s d o r f f , O . G . : Delors wandelt auf den falschen Pfaden, in: FAZ, 02.07.1993, S. 16;

L a m p a r t e r , D . H . : Rendite ist nicht alles, in: Die ZEIT, 14.2.1997, S. 15;

L a n g , F . - P . : Komparative Kostenvorteile und Außenhandel, in: WISU, 1989, 10, S. 540-542;

L a u m e r , H . ; O c h e l , W . : Strukturpolitik für traditionelle Industriezweige in Japan, IFO-Institut für Wirtschaftsforschung, Berlin 1985;

L a u m e r, H . : Forschung und Entwicklung in Japan: Kooperation von Staat und Wirtschaft, in: ifo-Schnelldienst 9, 1984, S. 9-23;

L a u m e r, H . : Die Klein- und Mittelbetriebe, in: Mayer, H.-J.; Pohl, M.: Länderbericht Japan, Darmstadt 1995, S. 278-283;

L e o n e, R . B . ; B r a d l e y, S . P . : Toward an effective industrial Policy, in: Harvard Business Review, Vol. 59, No. 6 1981, Boston, S. 91-122;

L e o n t i e f, W . : Essays in Economics, Vol. 2, Oxford 1977, S 111-149;

L i e r e s v o n, C . - T . : Sind Investitionsbeihilfen mit dem Montan-Vertrag vereinbar?, in: wuw 3/1994, S. 220-225;

L i n d e n, F . A . : Krawall-Macher, in: manager-magazin 5/1995, S. 58-66;

L i n d e n, F . A . ; W i l h e l m, W . : Mit leeren Händen, in: manager-magazin 9/1993, S. 50;

L i n d e n, F . A . ; W i l h e l m, W . : Die Akte Reuter, in: manager-magazin 8/1995, S. 32;

L i p s o n, E . : The History of the Woolen and Worsted Industries, London 1921;

L i s t, F . : Das Nationale System der Politischen Ökonomie, Berlin 1930;

L u c a s, R. E .: On the Mechanics of Economic Development, in: Journal of Monetary Economics, Vol. 22, 1988, S. 3-42;

M a d i s o n, A . S . : Growth and Slowdown in Advanced Capitalist Economies, Techniques of Quantitative Assessment, in: Journal of Econonic Literature, Vol. 25, 1987, S. 649-698;

M a g a z i n e r, I . R . ; R e i c h, R . B . : Minding America`s Business - The Decline and Rise of the American Economy, New York 1982;

M a r s c h a l l, B . ; R e i c h e r t, P .: Schon bedenklich, in: wiwo, Nr. 6, 8.2.1996, S. 21-22;

M a r v e l, H . P . ; R a y, E . J . : The Kennedy Round: Evidence on the Regulation of International Trade in the United States, in: American Economic Review, March 1983, S. 190-197;

M a r x, K . : Das Kapital, Band 2, Berlin 1982;

M c M i l l a n, C h. J .: The Japanese Industrial System, Berlin, New York 1984;

M e i e r, F . : Private Kontakte, in: wiwo Nr. 17, 20.4.1995, S. 96;

M e s t m ä c k e r, E . - J . : Europäische Kartellpolitik auf dem Stahlmarkt, Baden-Baden 1983;

M e y e r, D . : Die Forschungs- und Entwicklungskooperation als strategische Allianz, in: WiSt 1994, 1, S. 15-19;

M i n x, E . : Von der Liberalisierungs- zur Wettbewerbspolitik, Berlin, New York, 1980;

M i r o w, M . : Wettbewerbsbedingungen in der Elektronikindustrie - Notwendigkeit einer Industriepolitik, in: Oberender, P. (Hrsg.): Industriepolitik im Widerstreit mit der Wettbewerbspolitik, Berlin 1994, S. 79-106;

Mittelsten-Scheid, J.: Perspektiven der Industriepolitik in Europa, in: Oberender, Peter (Hrsg.): Industriepolitik im Widerstreit mit der Wettbewerbspolitik, Schriften des Vereins für Socialpolitik, Bd. 231, Berlin 1994, S. 43-53;

Möschel, W.: EG-Industriepolitik nach Maastricht, in: ORDO, Jahrbuch für die Ordnung von Wirtschaft und Gesellschaft, Bd. 43 (1992), S. 415-421;

Müller, U.: Wohlstandseffekte des internationalen Handels unter den Regeln des Allgemeinen Zoll- und Handelsabkommens, Köln 1983;

Müller, U.: Chip-City Dresden, in: Die ZEIT, 31.1.1997, S. 14;

Nahrendorf, R.: Zwei Jahre vor Produktionsbeginn schon Hunderte von Mitarbeitern, in: Handelsblatt 24/25.2.1995, S.6;

Narjes, K.-H.: Europas Antwort auf die technologische Herausforderung, in: Die strukturpolitische Information, Nr. 4, 1987, S.1-2;

Neary, P.: Export Subsidies and National Welfare, in: Empirica, Nr. 15, 1988, S. 243-261;

Nester, W.R.: The Foundation of Japanese Power: Continuities, Changes, Challenges, New York 1990;

Neuberger, D.: Das Stackelberg-Gleichgewicht im Oligopol, in: WiSt 1993, 12, S. 617-623;

Neumann von, J.; Morgenstern, O.: Theory of Games and Economic Behavior, Princeton 1972;

Neumann, W.; Uterwedde, H.: Industriepolitik - Ein deutsch-französischer Vergleich, Opladen 1986;

Neuschwander, T.: Mythos MITI, Industriepolitik in Japan, Frankfurt a.M., Berlin 1994;

Nomura Research Institute: Financial Analysis of R & D in Japan, Tokyo, Project 78-2210, December 1978;

o.V.: Edelstahlmarkt, in: FAZ, 1.11.1980, S.14;

o.V.: Administrative Guidance, in: The Japan Economic Journal, 24.11.1990, S.3;

o.V.: Krise am europäischen Stahlmarkt, in: FAZ, 12.12.1992, S. 14;

o.V.: Europas Stahlkocher bieten einen Kapazitätsabbau an, in: FAZ, 9.2. 1993, S.19;

o.V.: Stahlkrise: SPD fordert europäische Lösung, in: Handelsblatt, 20./21.2.1993;

o.V.: Macht Freihandel arbeitslos?, in: FAZ, 20.08.1993, S. 34-35;

o.V.: Dauerkrise am europäischen Stahlmarkt wegen Stahlpolitik statt Marktwirtschaft, in: VDI-Nachrichten, 28.10.1994;

o.V.: Räte für die Revolution, in: Die ZEIT, 18.11.1994, S. 37-38;

o.V.: Abrechnung, Interview mit E. Reuter, in: manager-magazin 3/1995, S. 36-47;

o.V.: Öfter auf Ideen hören, Interview mit Siemens-Forschungsvorstand Danielmeyer, in: wiwo Nr. 18, 27.4.1995, S. 107 f.;

o. V.: Stahlmarkt, in: Welt Report, 16.11.1995, S. 1-6;

o. V.: ZEIT magazin: ZEIT Punkte: Wie geht`s, Europa?, 4/1996;

Oberender, P.; Okruch, S.: Gegenwärtige Probleme und zukünftige Perspektiven der europäischen Wettbewerbspolitik, in: wuw 6/1994, S. 508;

Oberender, P.: Industrieförderung: Eine ordnungspolitische Betrachtung, in: wd, X, 1987, S. 517-521;

Oberender, P. (Hrsg.): Industriepolitik im Widerstreit mit der Wettbewerbspolitk, Berlin 1994;

OECD: Positive Adjustment Policies, Managing Structural Change, Paris 1983;

OECD: Government Aid: The Positive Adjustment Perspective, Paris 1984;

OECD: Costs and Benefits of Protection, Paris 1985;

OECD: Wirtschaftsausblick, Nr. 50, 1991;

OECD: Wirtschaftsausblick, Paris, Dezember 1994;

OECD: Wirtschaftsausblick, Nr. 57, Juni 1995;

OECD OBSERVER: No. 201, Aug./Sept. 1996;

Ohlin, B.: Interregional and International Trade, Harvard Economic Studies, London 1967, S. 305-319;

Opitz, M.: Staatsbetriebe zur Unterstützung einer aktiven Strukturpolitik? - Das Beispiel Frankreich, in: wd , IV, 1992, S. 190-195;

Oppermann, T.: Europarecht, München 1991;

Ott, A. E.: Grundzüge der Preistheorie, 3.Aufl., Göttingen 1986;

Pape, W.: Das Japanische am Kartellrecht Nippons, in: wuw 6/92, S. 482-493;

Penzkofer, H.; Ochel, W.: Internationale Wettbewerbsfähigkeit und ihre Implikationen für die europäische FuE-Politik, in: ifo-schnelldienst, 10/96, S. 3-1;

Peterson, W. C.: The Silent Depression, in: Challenge, July-August 1991, S. 29-34;

Pfähler, W.; Wiese, H.: Oligopoltheorie aus spieltheoretischer Sicht, in: WISU, 7, 1990, S. 438-444;

Piper, N.: Handel in Not - Ökonomischer Nationalismus bedroht die EG, in: Die ZEIT, 03.09.1993, S. 26;

Pohl, M.: Japanische F&E-Politik, in: Heiduk, G. (Hrsg.): Japan als führende Wirtschaftsmacht in einem zukünftigen pazifischen Weltwirtschaftszentrum, Baden-Baden 1984;

Pohl, M.: Wirtschaftsverbände und Interessensgruppen, in: Mayer, H.-J.; Pohl, M.: Länderbericht Japan, Darmstadt 1995, S. 103-106;

Porter, M.: Nationale Wettbewerbsvorteile, München 1991;

Rauscher, M.: Marktzutritt durch Exportsubventionen, in: Zeitschrift für Wirtschafts- und Sozialwissenschaft, Bd. 110, 1990, S. 83-91;

Ricardo, D.: Grundsätze der Volkswirtschaft und Besteuerung, 3. Aufl., London 1821, deutschsprachige Ausgabe in: Waentig, H. (Hrsg.): Sammlung sozialwissenschaftlicher Meister, Bd. V, 3. Aufl., Jena 1923;

Rode, R.: High Tech Wettstreit 2000, Frankfurt 1993;

Röpke, J.: Vom Nachzügler zum Pionier. Industriepolitische Anmerkungen zum Erwerb innovativer Fähigkeiten im Prozeß der nachholenden Entwicklung, in: Menzel, U.: Im Schatten des Siegers: Japan - Ökonomie und Politik, Frankfurt/M. 1989, S. 29-62;

Romer, P. M.: Increasing Returns and Long Run Growth, in: Journal of Political Economy, Vol.94, 1986, S. 1002-1087;

Romer, P. M.: Dynamic Competitive Equilibria with Externalities, Increasing Returns and Unbounded Growth, Ph. D. Dissertation, University of Chicago, 1983, mimeo;

Romer, P. M.: Endogenous Technological Change, in: Journal of Political Economy, Vol. 98, 1990, Nr. 5, S. 71-102;

Romer, P. M.: Human Capital and Growth: Theory and Evidence. Carnegie Rochester Series on Public Policy, Vol. 32, 1990, S. 251-286;

Rose, K.: Theorie der Außenwirtschaft, 10. Aufl., München 1989;

Roskovsky, H.: Japans Übergang zum modernen Wirtschaftswachstum 1868-1885, in: Fischer, W. (Hrsg.): Wirtschafts- und sozialgeschichtliche Probleme der frühen Industrialisierung, Band 1, Berlin 1968, S. 133-178;

Rüstow, A.: Das Versagen des Wirtschaftsliberalismus, o.O. 1950;

Satori, A.: Gewaltige Schieflage, in: wiwo, 09.07.1993, S. 14-20;

Sachverständigenrat (SVR): Jahresgutachten 1992/93;

Scharrer, H.-E; Hesse, W.; Krägenau, H.: Japans Wirtschaftsentwicklung, Außenhandel und Wettbewerbsfähigkeit, Hamburg 1982;

Schlecht, O.: Macht und Ohnmacht der Ordnungspolitik - Eine Bilanz nach 40 Jahren Sozialer Marktwirtschaft, in: Lenel, H. O. u.a. (Hrsg.): ORDO, Jahrbuch für die Ordnung von Wirtschaft und Gesellschaft, Bd. 40, Stuttgart, New York 1989, S. 303-320;

Schmid, K.-P.: Konzert für viele Solisten, in: Die ZEIT, 16.09.1994, S. 38;

Schmid, K.-P.: Flaggschiffe unter Beschuß, in: Die ZEIT, 23.09.1994, S. 48;

Schmidt, I.: EG-Integration: Industrie- versus Wettbewerbspolitik, in: wd, XII, 1992, S. 628-633;

Schmiegelow, M.: Japans Antwort auf Krise und Wandel in der Weltwirtschaft, Hamburg 1989;

Schmookler, J.: Invention and Economic Growth, Cambridge/ Mass. 1966;

Schnitzler, L.: Wie eine Lawine, in: wiwo Nr. 44, 26.10.1995, S. 66;

Scholz, L.: Forschungs- und Technologiepolitik in Japan und in der Bundesrepublik Deutschland, in: ifo-Schnelldienst 26-27/85, S. 52-58;

Schumann, J.: Grundzüge der mikroökonomischen Theorie, 5. Aufl., Berlin u.a. 1987;

Schumpeter, J.A.: Theorie der wirtschaftlichen Entwicklung. Eine Untersuchung über Unternehmergewinn, Kapital, Kredit und den Konjunkturzyklus, 6.Aufl., Berlin 1964;

Schweer, D.: Nummer kleiner, in: wiwo Nr. 21, 18.5.1995, S. 56;

Scientific Consulting (Hrsg.): Bewertung des Verfahrens der EG-Kommission im Bereich der Informations- und Kommunikationstechnik, Köln 1993;

Scott, J.: Capitalist Property and Financial Power, New York 1986;

Seifert, W.: Wirtschaftsorganisationen und politische Macht: Formen, Institutionen, Gewichte, in: Menzel, U.: Im Schatten des Siegers - Japan - Ökonomie und Politik, Frankfurt/M. 1989, S. 134-170:

Seitz, K.: Die japanisch-amerikanische Herausforderung, München 1990;

Siebert, H.: Strategische Handelspolitik - Theoretische Ansätze und wirtschaftspolitische Empfehlungen, in: Außenwirtschaft, IV, 1988, S. 549-584;

Siebert, H.: Die Weisheit einer höheren Instanz, in: FAZ, 14.3.1992;

Siebert, H.: Außenwirtschaft, Stuttgart 1994, 6. Aufl.;

Siebke, J.: Preistheorie, in: Vahlens Kompendium der Wirtschaftstheorie und Wirtschaftspolitik, 4. Aufl., Bd. 2, München 1990, S. 96-120;

Siemens AG, Presseinformation Halbleiter: Vorläufiges Ranking der Halbleiterhersteller weltweit 1996, Zentrales Pressereferat, 20.02.1997, dataquest(Quelle), München 1997;

Smeets, H.-D.: Importschutz und GATT - Eine handelspolitische Studie unter besonderer Berücksichtigung der spezifischen Schutzklausel (Artikel XIX) des GATT, Stuttgart 1987;

Smith, A.: Wealth of Nations, Eine Untersuchung über Wesen und Ursachen des Volkswohlstandes, Gießen 1973;

Sobel, R.: IBM vs. Japan - The Struggle for the Future, New York 1986;

Solow, R. M.: A Contribution to the Theory of Economic Growth, in: Quarterly Journal of Economics, Vol. 70, 1956, S. 76-90;

Solow, R.M.: Technical Change and the Aggregate Production Function, in: Review of Economics and Statistics, Vol.39, 1957, S. 312-320;

Stackelberg von, H.: Marktform und Gleichgewicht, Wien 1934;

Stackelberg von, H.: Grundlagen der theoretischen Volkswirtschaft, Bern 1948;

Stahlfibel: Stahleisen m.b.H., Düsseldorf 1980;

Starbatty, J.; Schäfers, M.; Vetterlein, U.: Europäische Technlogiepolitik: Entwicklungslinien und Einwirkungsmöglichkeiten aus Sicht der Bundesrepublik Deutschland, Baden-Baden 1990;

Starbatty, J.; Vetterlein, U.: Muß die Halbleiterproduktion subventioniert werden?, in: wd, IV, 1988, S. 194;

Stegemann, K.: Wirtschaftspolitische Rivalitäten zwischen Industriestaaten: Neue Erkenntnisse durch Modelle strategischer Handelspolitik?, in: Streit, Manfred E.: Wirtschaftspolitik zwischen ökonomischer und politischer Rationalität, Wiesbaden 1988, S. 3-23;

Stehn, J.: Stahlkrisenmanagement: Lehren der Vergangenheit für die Wirtschaftspolitik, in: wd, III, 1993, S. 147-150;

Stehn, J.: Wettbewerbsverfälschungen im Binnenmarkt: Ungelöste Probleme nach Maastricht, in: die Weltwirtschaft 1993, S. 54;

Stern, R.: The U.S. Tariffs and the Efficiency of the U.S. Economy, in: American Economic Review, May 1964, S. 459-470;

Stock, W.G.: Europas Weg in die Informationsgesellschaft, in: ifo-Schnelldienst, 6/1995, S. 15-28;

Stolpe, M.: Industriepolitik aus Sicht der neuen Wachstumstheorie, in: die Weltwirtschaft, 1993, S. 361-377;

Stotz, R.: Die EG-Stahlkrise im Lichte der Wirtschaftsverfassung des EGKS-Vertrages, Baden-Baden 1983;

Streck, W. R.: Welthandel mit High-Tech-Produkten, in: ifo-schnelldienst, 1-2/96, S. 20-26;

Strohmeier, R. (Hrsg.): Die Europäische Union - Ein Kompendium aus deutscher Sicht, Opladen 1994;

Sweezy, P.M.: Demand under Conditions of Oligopoly, in: (deutsche Übersetzung) Ott, A.E. (Hrsg.): Preistheorie, Köln 1965, S. 230-325;

Tatsuno, Sh.: Created in Japan - From Imitators to World-class Innovators, New York 1990;

Tomann, H.: Die neue EG-Stahlmarktordnung: Einstieg in die Liberalisierung?, in: wd, XII, 1985, S. 620;

Van de Sande Backhuyzen, M.: Cross-country Tests of Neoclassical Growth Models, in: Economic Letters, Vol. 36, 1991, S. 165-168;

VDE/VDI-Studie: Trends der Mikroelektronik und ihrer Anwendungen 1991 - 2000, VDE/VDI-Gesellschaft für Mikroelektronik (GME) anläßlich der Hannover-Messe 1993;

VDE/VDI-Studie: Trends der Mikroelektronik und ihrer Anwendungen 1995 - 2000, VDE/VDI-Gesellschaft für Mikroelektronik (GME) anläßlich der Hannover-Messe 1996;

Venables A. J.: International trade in identical commodities; Cournot equilibrium with free entry, Centre for Economic Policy Research, Discussion Papers No. 9, London 1984;

Venables A. J.: International Trade - Trade and Industrial Policy and Imperfect Competition: A Survey, Centre of Economic Policy Research, Discussion Papers No. 79, London 1985;

Voigt, F.; Melcher, J.: Industrialisierung und Industriepolitik, in: Glastetter, W. u.a. (Hrsg.): Handwörterbuch der Volkswirtschaft, Wiesbaden 1978, Sp. 518-530;

Vondran, R.: Probleme der Weltstahlindustrie, Arbeitsgruppe Wettbewerb im wirtschaftspolitischen Ausschuß; Bonn 1985, Anlage 1;

Wagner, A.: Mikroökonomik, 2.Aufl., Stuttgart 1989;

Walter, H.: Theoretische Probleme und Ansatzpunkte der Wachstumspolitik, in: WISU, 1984, 1, S. 36-42;

Wartenberg von, L. (BDI): Industriepolitik im Widerstreit zur Wettbewerbspolitik, in: Oberender, Peter (Hrsg.): Industriepolitik im Widerstreit mit der Wettbewerbspolitik, Berlin 1994, S. 55-67;

Wattenberg, B.J.: The Statistical History of the United States, From Colonial Times to the Present, Bd. 1-3, New York 1981;

Weidenfeld, W.; Turek, J.: Technopoly - Europa im globalen Wettbewerb, Wiesbaden 1994;

Weizsäcker von, C.C.; Waldenberger, F.: Wettbewerb und strategische Handelspolitik, in: wd, VIII, 1992, S. 403-409;

Wettwer, B.; Wulff, M.: Roter Puck, in: wiwo Nr. 34, 17.8.1995, S. 48 f.;

Wied-Nebbling, S.: Grundmodelle der Oligopoltheorie, in: WISU, 1990, 10, S. 558

Wilks, S.; Wright, M.: The Promotion and Regulation of Industry in Japan, London 1991;

Wolferen van, K.: Vom Mythos der Unbesiegbaren - Anmerkungen zur Weltmacht Japan, München 1989;

Ziegler, B.: Auf dem Weg zu einer neuen Industriepolitik, in: Jahrbuch für Sozialökonomie und Gesellschaftstheorie, 1986, S. 231;

Zinn, K.G.: Die Aufstiegsphase Japans - ein Beispiel für interventionistische Entwicklungspolitik, in: Zeitschrift für die gesamte Staatswissenschaft, Bd. 127, 1971, S. 668-685

Zinn, K.G.: Über die Kategorien "produktiv" und "unproduktiv" in der Ökonomie, in: Aus Politik und Zeitgeschichte. Beilage zur Wochenzeitung "Das Parlament", hrsg. von der Bundeszentrale für Politische Bildung, B 17/80 vom 26. April 1980, S. 21-39;

Zinn, K.G.: Krisen und Perspektiven des Interventionismus, in: Wirtschaft und Gesellschaft, Jhg. 9, 1983, Heft 3, S. 325-340;

Zinn, K.G.: Makroökonomie, Einführung in die Einkommens- und Beschäftigungstheorie, Aachen 1986;

Zinn, K.G.: Kanonen und Pest, Über die Ursprünge der Neuzeit im 14. und 15. Jahrhundert, Opladen 1989;

Zinn, K.G.: Das amerikanische Produktivitätsproblem, Krisensymptom oder Normalität einer reifen Volkswirtschaft?, in: Wirtschaft und Gesellschaft, 1/1991, 17. Jahrgang, Heft 1, S. 37-54;

Zinn, K.G.: Konjunktur und Wachstum, Aachen 1994;

Zysman, J.: Governments, Markets and Growth, Financial Systems and the Politics of Industrial Change, Ithaka, London 1983.